경영혁신과
창조경영

경영혁신과 창조경영

양창삼 지음

이담
Books

현대경영학의 키워드는 혁신(innovation)과 창조(creativity)다. 이것은 우리 시대가 얼마나 변화를 갈망하는가를 보여준다. 흔히 애플의 성공과 노키아의 실패의 차이는 혁신에 있다고 말한다. 그래서 어느 기업이고 혁신과 창조를 말하지 않는 곳이 없을 정도다. 그러나 정작 그것이 과연 무엇을 의미하는가를 말할 수 있는 사람은 그리 많지 않다. 이 책은 바로 이 두 가지에 초점을 맞춰 경영학이 무엇을 지향하고 있으며, 앞으로 어떤 쪽으로 나아가야 하는가를 보여주고자 한다.

혁신, 곧 이노베이션(innovation)은 '새롭다'는 의미를 가진 라틴어근 '노부스(novus)'에서 파생한 단어이다. 혁신은 한마디로 새롭게 하는 것을 의미한다. CNN은 뉴스란 일정한 시간에 전달해야 한다는 기존방식에 도전하여 언제 어디서라도 24시간 뉴스를 시청하도록 함으로써 발상을 전환했다. 야마하는 디지털 시그널을 이용하여 리코딩할 수 있는 피아노를 개발함으로써 디지털 피아노의 수요를 창출했다. 새롭게 한다는 것은 발상의 전환부터 시작된다. 혁신은 고정관념을 깨는 작업이다. 혁신과 창조는 이런 점에서 어깨를 나란히 하고 있다.

창조와 혁신은 공동체 구성원 모두 함께하는 작업이다. 이 일을 어느 특정 인물에게만 맡기지 않는다. 창조성이 돋보이는 3M에도 창의적인 문화가 깊게 뿌리 내려져 있다. 문화가 문화를 만든다. 그러나 혁신은 한 기업만의 전유물은 아니다. 따라서 다각적인 협력이 필요하다.

버클리대 교수 헨리 체스브로는 2003년 기술혁신 전략으로 개방형 혁신(open innovation)을 주장했다. 기업들이 연구·개발·상업화 과정에서 다른 기업이나 대학·연구소 등 외부 기술과 지식을 활용해 효율성을 높이라는 것이다. 화학이 차와 손잡는다. 생존을 위한 필수 동맹으로 이종기업 간 공동협업도 활발하다. 산업계의 오픈 이노베이션인 것이다. 이로 인해 항공기·친환경차·신소재 등 기술 수준이 갈수록 고도화되고 있다.

미래 신기술은 혼자서 만들지 못한다. 투자 위험을 줄이고 시장을 확대하며 경쟁관계끼리도 기술융합을 해야 한다. 혁신은 기술혁신에만 한정되지 않는다. 사고혁신에서부터 관리혁신, 조직혁신, 전략혁신, 디자인혁신 등 다양하다.

혁신을 위해선 기본적으로 창조성이 높아야 한다. 창조성은 늘 특이한 것에서 시작된다는 생각부터 버려야 한다. 오늘날의 모든 창조는 내버려둔 것에서 시작되었다. 조각보는 작은 천 조각을 버리지 않고 엮은 것이다. 맥주 공장에서는 남은 찌꺼기를 버리지 않고 남겨두었다가 버섯을 키우는 재료로 활용하기 시작했고, 버섯을 키우는 과정에서 쓰레기가 나오자 그것을 돼지 사육에 활용했다. 이 작은 생각들이 모여 큰 창조를 이룬다.

창조성에는 한계가 없다. 인문학적 상상력과 과학적 상상력이 결합하고, 퓨전, 커넥션, 하이브리드가 일어나고 있다. 창조기업은 오늘도 잠을 자지 않는다. 잠자는 기업에 내일은 없기 때문이다. 오늘날 기업경영에 필요한 것이 바로 혁신과 창조성이다. 당신은 이 책을 통해 바로 그것을 만나보게 될 것이다.

2013년
양창삼

차례

제1부 혁신이 없으면 전진할 수 없다

제2부 창조경영

창조적 아이디어 개발기법 343

혁신이 없으면
전진할 수 없다

창조사회로의 기축이동과 혁신

1. 창조사회로의 기축이동

사회는 당신이 잠든 사이에도 변하고 있다. 중심가치가 달라지고 기축마저 이동하고 있다. 과거엔 그 변화의 정도가 심하지 않고 속도도 느려 변화를 체감하기조차 어려웠다. 예를 들어 수렵사회에서 농업사회로 변하는 데는 수천 년이 필요했다. 산업사회에서 정보사회로 가는 데도 몇백 년이 필요했다. 그러나 지금의 변화는 너무 빠르고, 그 깊이도 달라 가히 예측이 어렵다.

심지어 앞으로 어떤 사회가 도래할지 모른다는 말도 한다. 그것은 창조에 바탕을 둔 사회가 만들어낼 가공할 만한 상상력이 사회를 변화시킬 것이기 때문이다. 창조, 창의, 창신, 창발은 사회의 슬로건이 된 지 오래다. 이 슬로건이 말한 대로 우리 사회는 창조사회, 창발사회, 창발경제를 만들어 가고 있다. 공급자의 권위주의적 체계도 무너지고 고객 중심의 사회, 고객이 생산에 깊이 영향을 주는 사회로

변하고, 우리의 생각도 일방주의에서 쌍방커뮤니케이션 체계로 구축
되고 있다. 나아가 우리 사회가 지구에 한정되지 않고 그 지경을 우주
에로 확장할 경우 경영환경은 물론 우리의 경영마당도 달라질 것이다.

가치이동과 기축이동

농업사회	산업사회	정보사회	창조사회
협동경제	규모경제	범위경제	창발경제
뉴턴법칙	상대성이론	양자이론	카오스이론
제1의 물결	제2의 물결	제3의 물결(토플러)	
농업혁명기	과학기술혁명기		
1만 년 전~AD1700	1700~2000	2000~	
	대형화(큰 것)	비대형화(작은 것이 아름답다)	
	인격의 존엄성 낮아	인격이 대접받는 사회	
	소외감 높아	개성과 창의성 존중	
	삶의 위치 상실	인간성 회복	
	소속감 상실		
	부모와 같이 사는 데도 삶의 나눔 없어		
	선생을 매일 만나는 데도 공감자리 없어		

시스템의 확장--→
생산자 중심   종업원 중심   고객 중심
과학적 관리   인간관계   리엔지니어링(시작)
기업 내   기업 내(intra)   기업 내외(extra)
                         종업원이 가장 불안정
                         무사안일척결, 창조능력요구

가시고객--→ 불가시고객
visible customer   invisible customer
                                가상시장(기업, 문화)
지구경영--→ 탈 지구경영

    사회가 변화한다면 경영자는 그 누구보다 변화에 민감하게 반응할
줄 알아야 한다. 앞으로는 그 변화에 대한 기업의 비전, 곧 미래에 대

한 비전을 제시하는 기업이 선도하는 기업이 되고, 그 미래를 함께 호흡할 수 있도록 하는 기업이 더욱 존경을 받게 될 것이다.

2. 전쟁 4.0 시대와 창조경영 시대의 도래

1) 전쟁 4.0 시대와 혁신 4.0 시대

기업이 급변하는 환경에서 승리하기 위해서는 급변하고 있는 패러다임의 성격을 이해해야 한다. 조지프 나이(J. Nye)는 경쟁이 심한 이 시대를 가리켜 '전쟁 4.0 시대'라 했다. 이것은 과거와는 전혀 다른 성격을 가지고 있다.

전쟁 1.0은 적과 마주 보며 직접 대결한다. 전쟁 2.0은 포로 적 후방을 공격한다. 전쟁 3.0은 기계화된 부대와 기동력으로 적 후방에 침투한다. 그러나 전쟁 4.0은 하이브리드 전쟁이다. 재래식 무기와 비정규적 전술 등이 뒤섞이고 군사력과 경제력, 소프트 파워와 사이버 파워가 혼합되어 있으며, 군과 민, 전후방의 경계가 불분명하고 전쟁터와 전선이 따로 없다. 이 시대의 싸움터는 사람들의 마음속이 되고 있다. 따라서 마음을 잡아야 이길 수 있는 총력 경쟁 상태이다 (나이, 2012).

기업도 전쟁 4.0을 닮아 초경쟁(hyper-competition)을 하고 있다. 이런 상황에서 기업들은 한 가지 전략이나 강점에 의존하지 않고 현 상태를 혼란스럽게 만들어 상대의 경쟁우위를 무너뜨리며 판도를 계속 바꾸려 한다. 생산과 소비의 경계를 허물고 소비자를 적극 참여시켜 소비자의 마음을 홀리기도 한다.

송병락은 기업전쟁 4.0 시대에는 기술이 아니라 마음을 얻어야 이길 수 있다고 한다. 그는 전쟁 4.0에 맞는 대응전략을 세워 나가되 이에 맞는 시스템 지능 4.0을 갖춰야 한다고 주장한다. 시스템 지능 1.0이 기업을 시계처럼 만들면 되는 것이라면 시스템 지능 2.0은 동식물과 같이 생명체로 만드는 것이다. 시스템 지능 3.0은 일류기업처럼 조직하면 되는 것이라면 시스템 지능 4.0은 3.0에 혼을 더한 시스템 지능을 갖추는 것이다. 필립 코틀러가 말하듯 영혼을 울릴 수 있는 마케팅이 되어야 한다. 아울러 최고수준의 창의성, 기업가정신, 독창적 기업문화를 만들어나가야 한다(송병락, 2012).

하버드 비즈니스 리뷰(HBR)는 혁신 4.0 시대가 열리고 있다 했다. 이것은 개인에 의해 주도되던 혁신 1.0이나 기업 연구실이 주축이 된 혁신 2.0, 창업과 VC를 바탕으로 한 실리콘 밸리식 혁신 3.0을 지나 대기업이 견인하는 혁신 4.0 시대다. 유니레버의 휴대용 정수기, IBM의 스마터 시티(smarter city) 등이 대기업 중심의 혁신 4.0의 보기다.

마이크로소프트(MS), 구글, 페이스북은 최근 20여 년간 전 세계인의 삶에 변화를 낳은 혁신 서비스 기업들이다. 이들의 공통점은 창업으로부터 혁신을 키워냈다는 점이다. 창업자의 아이디어를 바탕으로 기업을 세우고 벤처캐피털(VC)로부터 자금을 투자받아 성장했다. 여기서 더 진화한 새로운 혁신 트렌드가 등장하고 있다. 대기업이 혁신의 중핵으로 부상하는 뉴(New) 혁신 모델이다. 이 모델의 중심에 있는 대기업은 자본과 비즈니스 능력이 뛰어나 실리콘 밸리식 혁신을 넘어서고 있다.

혁신 4.0 시대가 활짝 열리는 이유는 세 가지이다. 아무리 참신한 아이디어로 창업해도 벤처기업 간 경쟁이 워낙 치열해 자본력이 없으면 혁신을 지속적으로 발전시키기 힘들고, 대기업 조직이 혁신 친화형으로 바뀌고 있으며, 새로운 아이디어와 서비스를 내놓는 데는 벤처기업이 뛰어나지만 이를 상품화해 지속 가능한 비즈니스 모델로 만드는 데는 대기업이 훨씬 더 능숙하다(이인묵, 2012).

혁신 4.0에서 대기업이 주목을 받고 있는 것은 개방형 혁신조직으로 활성화되면서 창의적인 아이디어가 쏟아지기 때문이다. 자금력과 강력한 브랜드, 협력사들의 지원, 글로벌 조직의 전후방 효과, 규제 당국과의 협상력 등이 뛰어난 점도 작용한다. 전쟁 4.0 시대에 대기업이 먼저 나서줘야겠지만 혁신에 관한 한 중소기업도 가만히 있어서는 안 된다. 힘든 시기일수록 기업 모두의 역할이 크다.

2) 창조경영 시대의 도래

이건희 삼성그룹 회장은 앞으로 창조경영을 해야 한다고 선언했다. 박근혜 정부도 창조경제를 강조했다. 삼성은 창조경영이 그룹 내에서 활발히 전파되기 위해 계열사 간 사업협력을 통해 새로운 성장동력을 발굴해야 하며, 그러려면 조직을 둘러싸고 있는 벽을 과감히 허물어야 한다는 생각 아래 조직을 개편했다. 이제 창조경영은 기업에만 해당되는 것이 아니라 국가도 창조경영을 해야 한다는 의식이 확산되고 있다. 지금까지 경영의 화두가 되어온 혁신이 창조로 바뀌고 있다.

그러면 혁신과 창조는 무엇이 다른가?

첫째, 혁신이 기존의 방식을 바꾸는 것이라면 창조는 무에서 유를 만든다는 점에서 다르다. 어디서 시작해야 하는지 알 수 없고 혁신에 비해 체계적 접근이 어렵다.

둘째, 아는 것을 바꾸는 혁신은 그 범위와 가능성이 유한하지만 창조는 무한한 가능성이 있다. 현재 우리가 알고 있는 것은 모르는 것의 1%, 아니 0.0001%도 안 되기 때문이다.

셋째, 혁신은 익숙한 것을 버려야 하지만 창조는 익숙한 것이 없으므로 버릴 필요가 없다. 이 점에서는 더 쉽다고도 할 수 있다.

창조경영의 출발은 백지 위에 미래에 도달하고 싶은 모습, 비전을 그리는 것이다. 그러나 창조경영에 있어서 더 중요한 과제는 비전을 실현하는 데 필요한 환경과 자원을 창조하는 것이다. 내가 원하는 환경과 자원을 찾을 수 없다면 만들어 넣어야 한다. 있는 환경과 자원을 활용하는 방법만 따지는 소극적인 사고에서 벗어나야 한다.

어떤 이는 창조란 하나님이 주신 선물, 즉 타고 태어나는 것이지 공부해서 습득하는 것이 아니라고 말한다. 그러나 이러한 생각은 늘 맞는 말이 아니다. 창조를 등산에 비유해보자. 높이 8,848m인 에베레스트 산에 올라갈 때 해발 0m에서 시작하는 사람은 없다. 해발 4,800m, 5,300m, 그리고 더 높이 베이스캠프를 칠수록 더 많은 사람들이 올라갈 수 있고, 정상에 도달할 가능성이 높아진다. 등산이 과학과 체력이 합쳐서 이루어지듯 창조 역시 체계적 접근과 상상력이 합해 이루어진다(조동성, 2007).

톰 피터스는 창조성을 경제자원 중 가장 가치 있는 것으로 꼽고, 사회와 교육구조가 오히려 창의성을 말살하고 있다고 주장하였다. 그는 지동설을 주장한 코페르니쿠스를 예로 들며 "우리 역사책에 나오는 사람치고 당시에 정상인으로 취급받은 사람이 없다"고 말한다. 기업의 미래는 괴짜들의 열정에 달렸다. 상상을 경영하라.

3. 미래 기업과 창의성 시스템 구축전략

스티브 잡스 애플 회장이 2007년 창조경영의 대명사로 떠올랐다. 그는 아이팟(iPod)을 잇는 빅 히트작 아이폰(iPhone)을 내놓으며 창조와 혁신경영의 주역이 된 것이다. 포천은 그를 '비즈니스의 베토벤'이라 부르며 가장 영향력 있는 기업인 25인 중 1위로 꼽았다.

창조성은 이제 이 시대의 키워드가 되고 있다. 오늘날 우리는 산업화 시대와 지식·정보화 시대를 거쳐 창조성이 경쟁력의 핵심인 시대에 살고 있다. 무사안일을 깨는 파괴적 창조성(destructive creativity)이 강조되고, 혁신은 경영의 주요도구로 등장했다. 인간은 모두 창조적 소명(creative imperative)을 타고 이 땅에 태어났다고 할 만큼 창조성에 대한 태도가 달라지고 있다.

인사조직에 관심이 있는 학생들과 함께 SK를 방문한 적이 있었다. 그 자리에서 인사분야의 최고경영자 중 한 분이 학생들에게 창조성의 중요성을 강조하고 창의성을 높이기 위해 학생들에게 몇 가지 의미 있는 주문을 했다.

- 변화를 즐기라(enjoy change). 무사안일을 좋아하는 곳에 창의성이 발휘될 수 없다.
- 창조에는 어느 정도의 긴장이 필요하다. 그는 이것을 창조적

긴장(creative tension)이라 불렀다.

- 좋은 것(good)은 위대한 것(great)의 적이다. 현재 좋다고 생각되는 것에 안주하지 말라.
- 습관으로부터 해방하라. 102+1=101이 된다는 것을 입증해보라. 우리 습관으로는 입증이 어렵다. 그러나 길이 있다. 10의 제곱+1=101이 된다.
- 그냥 일하기보다 열심히 일하고, 열심히 일하기보다 즐기며 일하고, 즐기며 일하기보다 미쳐서 일하라. 그러면 창의력은 발휘된다.

그분이 학생들에게 창조성을 강조한 것은 그만큼 중요하기 때문이다. 지금은 창조 시대라 할 만큼 창조성은 기업의 생사를 가름할 중요한 요건이 되고 있다. 갈수록 창조성은 기업경쟁력의 핵심으로 작용할 것이다. 무한경쟁시대에 마지막 성공 잣대는 창의성이다. 창의성은 미래 기업을 성공적으로 이끌고 성장시키는 가장 중요한 질서이다.

이를 반영하듯 주요기업의 최고경영자들은 기존의 사고를 깨는 변화와 혁신을 강조하고 있다. 창조란 창의적 아이디어를 잘 육성하여 발전시키고 이를 실행에 옮기는 것으로, 변화와 혁신은 이러한 창조의 바탕 위에서만 가능하다. 그러나 우리는 수많은 창의적 아이디어들을 기존의 시각과 고정된 틀로 질식시켜버리고 있다.

혁신은 비즈니스에서 직면하는 문제들에 대한 해답으로 간주되고 있으며, 혁신을 통한 명석한 사고와 자원의 정교한 재분배를 통해 원칙적으로 모든 문제들은 해결될 수 있다. 혁신은 중요할 뿐만 아니라 지금 당장 이루어져야 한다. 그럼에도 불구하고 많은 기업에서 혁신의 성공률은 매우 낮고 그 과정 또한 신속하지도, 효율적이지도 않다.

개인의 아이디어도 중요하지만 기업이 창조성을 발휘할 수 있도록 시스템을 구축하는 것이 필요하다. 창조성이 높은 기업과 그렇지 않은 기업 간에는 창조력을 위한 조직 내 노력에 차이가 있다. 창의적인 잠재력을 잘 발휘하는 조직과 그렇지 않은 조직에는 어떤 다른 점이 있을까? 창조성문제해결그룹(CPSB) 대표 스콧 아이잭슨은 각 기업 조직원, 임원을 만나 해당 기업 성과들을 비교한 결과 창조성 측면에서 우수기업과 열등기업은 3가지 점에서 차이가 있음을 지적했다(김응철·이호승, 2005).

첫째, 조직원이 자유스런 분위기에서 자신의 의견을 개진할 수 있는 분위기가 정착되어 있다. 이를 위해서는 가부장적인 조직문화를 바꿔야 한다. 창의력은 명령으로 끌어낼 수 있는 것이 아니기 때문이다. 조직구성원 한 사람, 한 사람이 스스로 생각할 수 있고 토론할 수 있도록 바꾸어 괴짜가 등장할 수 있는 공간을 만들어주고 인내할 수 있어야 한다.

둘째, 조직원의 창조력을 일깨우는 데는 조직원들의 자유로운 의견개진과 위험을 감수하면서 도전할 수 있는 분위기를 만들도록 CEO가 포용적인 리더십을 가져야 한다. 성과가 우수한 기업은 우선 조직의 창조성을 높이기 위해 조직원의 적극적인 참여를 유도하는 포용적인 리더십이 정착되어 있다. 임원이 항상 현장 가까이 있다는 점도 포용적 리더십의 특징이다.

셋째, 창조성이 높은 기업은 우연히 창조적인 아이디어가 나오기를 기다리지 않고 창조적인 아이디어를 생산해낼 수 있도록 하는 프로세스가 있다. 성과가 높은 기업은 창의력 창출 프로세스를 위해 관련 부문 교육프로그램을 마련해놓고, 이를 관리하는 담당자를 두고 있다. 조직의 창조성은 우연하게 발휘되지 않는다. 교육프로그램 등 창의력을 유도하는 계획적인 프로세스를 통해 만들어지는 것이다. 조직 내 창조력을 높이기 위해서는 시스템부터 구축해야 한다.

이 3가지 요소 중 한 가지에만 집중해서는 창의력이 발휘될 수 없으며 창조성이 우수한 기업은 3가지 요소를 골고루 갖추고 있다. 치열한 경쟁과 급격한 변화의 소용돌이 한복판에 놓여 있는 우리 기업들이 기존의 패러다임이나 틀에 안주하지 말고 창의적 사고와 새로운 혁신 패러다임에 눈을 돌려 지속 가능한 성장을 이루는 것이 중요하다.

4. 창의적 업무혁신

기업경영의 화두는 언제나 변화와 혁신에 있다. 사회 전반에 불확실성이 높아지면서 한 치 앞을 내다보기 어렵고, 미래를 정확하게 예측하는 것이 성공의 요소로 작용하기 때문이다. 기업이라는 배를 타고 험난한 바닷길을 가야 할 조직구성원들에게 절실하게 요구되는 것이 혁신이요, 창의요, 열정이다.

혁신은 무엇보다 새로운 길을 가는 것이다. 혁신은 새롭게 하는 것이다. 우리가 뉴스에 귀를 기울이는 것은 그것이 새롭기 때문이다. 사람들은 구문에 관심을 두지 않는다. 혁신적인 도서관의 경우 2년 동안 아무도 찾지 않는 책은 서가에서 제외시킨다. 새로운 것은 그만큼 우리 삶에 영향을 준다.

경영에 있어서 혁신은 많은 영역에서 새로워지기를 바라는 소망이 담겨 있다. 기업혁신, 조직혁신, 기술혁신, 제품혁신, 서비스혁신, 업무혁신 등 혁신 대상이 아닌 것이 없다. 왜 혁신을 하고자 하는가? 그것은 기업 스스로 새롭게 변화함으로 인해 고객에게 "우리는 이렇게 달라졌습니다"라는 메시지를 전하고, 그 달라진 것을 제품으로, 서비스로 입증해야 하기 때문이다. 기업이 정말 달라졌다면 고객은 박수를 칠 것이고, 구호뿐이라면 실망하게 될 것이다. 혁신은 기업이 살을 깎는 노력을 하고 있다는 것을 보여주는 증거이자 조직이 살아 있음을 입증하는 것이다.

혁신이라고 모두 수용할 수 있는 것은 아니다. 창조적이어야 한다. 21세기는 창의시대다. 창의를 생활화하지 않으면 살아가기 힘든 시대에 살고 있는 것이다. 그래서 "인간은 모두 창조적 소명(creative imperative)을 타고 이 땅에 태어났다"고 선언해야 할 만큼 창조성을 삶의 DNA로 삼고 있다.

업무혁신을 위해서는 우리의 어떤 것이 달라져야 할까?

첫째, 무엇보다 변화에 대한 수용능력이 높아야 한다. 변화를 기뻐하고 즐길 필요가 있다. 사람은 안주를 좋아한다. 처음에는 서먹하다가도 한곳에 오래 있다 보면 그곳이 편해져 고향과 같은 느낌을 갖는다. 안주는 우리를 무사안일의 늪에 빠지게 하고, 일어서지 못하게 한다. 조직에 있어서 안주는 생체를 마비시키는 바이러스와 같다. 살아 있는 조직구성원이라면 변화에 민감하고, 변화를 주도할 수 있는 능력을 키워나가야 한다. 변화에 대한 수용능력을 높이기 위해서는 조금이라도 새로운 것이 보이거나 생각나면 메모하는 습관을 기르고, 더 나은 업무혁신을 위해 "나는 무엇으로 공헌할까?" 숙고할 필요가 있다.

둘째, 자신의 안이한 습관을 과감히 수정할 필요가 있다. 우리 모두는 일한다. 그러나 '그냥' 일해서는 안 된다. 그냥이란 생각 없이, 해오던 옛 방식 그대로 일하는 모습을 담고 있기 때문이다. 이보다 좀 더 나은 단계는 '열심히' 일하는 것이다. 과거에는 열심히 일한 것도 성실과 근면이라는 점에서 인정을 받았다. 그러나 창의시대에는 열심히 일하는 것만으로는 족하지 않다. 생산성과 효율성을 더 높일 수 있는 방법을 찾아가며 일하는 것이 더 중요해졌기 때문이다. '그냥'과 '열심히'의 1, 2단계를 뛰어넘으려면 '즐기며'와 '미쳐서'라는 3, 4단계로 나가야 한다. '즐기며' 단계는 자기의 하는 일에 대해 관심이 높고, 능동적으로 업무에 임하며, 일에 대한 기쁨과 성취에 대한 기대로 가득 차 있는 단계다. '미쳐서' 단계는 창의적으로 업무에 임하며 순간순간 미래에 대한 도전과 열정의 바다에 빠져 업무성취의 절정감을 만끽하는 단계다. 매슬로우(A. Maslow)의 자아실현인이 경험하는 절정경험(peak experience) 상태다. 업무혁신을 위해서는 이처럼 일에 대한 자신의 태도에 강력한 변화가 있어야 한다.

셋째, 보다 나은 방법을 추구한다. 드러커는 지식혁명의 선두주자로 과학적 관리의 아버지 테일러(F. Taylor)를 꼽는 데 주저하지 않는다. 100년도 넘은 인물이 21세기에 와서도 칭송을 받는 이유는 무엇인가? 그것은 그가 최선의 방법을 추구해온 인물이기 때문이다. 최선의 추구는 시간연구 및 동작연구로 나타났다. 시간연구는 시간의 경제성을, 동작연구는 동작의 경제성을 추구하는 것이다. 시간과 동작에서 낭비의 요소를 최대로 줄이고자 한 것이다. 조직에서 업무혁신은 자기 업무에서 최선의 방법을 찾아내는 것을 말한다. 그것이 구체적으로 무엇인지는 업무가 요구하는 기술서(specification)에서 생각보다 쉽게 발견할 수 있다. 조직에 기술서가 마련되어 있지 않다면 지금부터 그것을 만들어 가면 된다.

지금 최선의 방법을 찾을 수 없다면 보다 나은 방법을 찾으려는 노력부터 해보라. 그러면 업무에 임하는 태도와 성취의 정도가 달라질 것이다. 나아가 조직은 각 업무에 적합한 창의적 방법을 찾아낼 수 있도록 유연성을 최대한 허용할 필요가 있다. 기존의 방법만을 고집하고, 그것을 잘 지키고 있는지 철저히 감독하며, 창의성을 발휘할 수 있는 여유를 주지 않는다면 더 나은 방법의 추구는 어렵다.

끝으로, 창의적 업무혁신이 계속 유지되기 위해서는 변화와 혁신을 향한 조직의 긴장감(tension)이 지속적으로 유지되어야 한다. 창의성과 혁신은 잠시 강조하다 끝나는 사안이 아니고 조직의 속성으로 자리 잡아, 이러한 정신이 개인 모두에게 체화되어야 하기 때문이다.

조직의 긴장감은 조직의 관성(organizational inertia)을 타파함으로써 가능하다. 조직이 관성에 빠지면 활성을 잃고 기업도 쇠퇴의 길을 걷게 된다. 조직의 관성을 타파하는 방안으로 도전적인 목표설정, 자유로운 커뮤니케이션 환경조성, 망각조직의 구축, 창의적 인재의 선발 등이 꼽힌다. 망각조직(forgetting organization)에서 망각은 기존의 사고, 기존의 기술, 과거의 영광을 '잊어버리고' 새롭게 출발하는 것을 말한다. 조직의 경우 기존의 틀에서 벗어나 새로운 변화기회를 포착하기 위한 것으로 기존의 영향을 차단, 신사업조직을 독립조직 형태로 별도 운영하는 것을 말한다. 소니의 게임산업, HP의 PC프린트사업 등은 망각조직으로 성공한 경우에 속한다. 이것은 기업이 얼마만큼 창의성을 중시하는가를 보여준다. 드러커는 이런 현상을 빗대어 이젠 "기존의 것을 포기하는 것이 미덕이다"고 말할 정도다.

창의적 업무혁신을 위해서는 조직부터 창의적 메커니즘을 갖춰야 한다. 메커니즘을 갖춘다는 것은 과거의 조직문화와는 그 성격을 달리하는 것이다. 이런 환경에서 기업이 갖추어야 할 조건은 파괴적 혁신이다. 과거와는 달라야 한다. 그것도 빨리 달라지지 않으면 안 된다. 한때 최고의 자리에 있던 거대기업이 파괴적 혁신을 하지 못하고 한순간에 무너진 이유는 경영진이 무능했기 때문이 아니라 커다란 수익을 창출한 기존의 사업분야에 안주하고 싶어 하기 때문이다. 벨이 발명한 전화기를 보고 당시 대기업이던 웨스턴 유니언 회장은 "그 장난감을 가지고 할 수 있는 것이 무엇인가?" 비꼬았다. 웨스턴 유니언은 자신들이 성공적으로 운영하고 있던 전보전신사업에 주력하고 싶었고, 그 결과 전화라는 혁신적인 기술의 파괴적인 힘을 발견하지 못하고 치열한 경쟁에서 밀려나고 말았다.

기업경영은 선택이다. 끊임없이, 빠르게 변화하는 상황에서 기업은 미래를 좌우할 크고 작은 선택을 한다. 창의성을 요구하는 시대에 당신의 업무도 혁신의 대상이다. 지금까지 해오던 방식을 이어갈 것인지, 아니면 이전과는 다른 길을 가야 할지 이젠 결단할 때다. 속도가 중요한 시대에 그 결단과 시행은 빠를수록 좋다.

혁신의 DNA를 확보하라

1. 변화마인드를 가져라

역사가 토인비에 따르면 역사적 실패의 절반은 찬란했던 시절에 대한 기억에서 시작된다. 개인도 기업도 자신의 성공방식을 반복하려 든다. 이것은 실패의 덫이 된다. 혁신을 멀리하기 때문이다.

런던 비즈니스스쿨 교수 도널드 설은 시장 상황이 극적으로 변하는 데도 기업이 과거의 성공공식에 머물러 문제해결을 어렵게 만드는 것을 '활동적 타성(active inertia)'이라 했다. 기존의 성공방식을 체화한 기업, 카리스마 있는 창업자가 있는 기업이 이 수렁에 빠지기 쉽다. 자동차가 수렁에 빠졌을 때 계속 가속 페달을 밟으면 더 깊은 수렁에 빠져든다. 다른 방식을 모색해야 한다.

중국에서는 등소평 이후 '불파불립(不破不立)'을 주장한다. 옛것을 파괴시키지 않으면 새로운 것을 세울 수 없기 때문이다. 지식사회는 변화관리가 필요한 시대다. 웰치는 변화하지 않으면 변화당한다며 변화를 주문한다. 그 변화도 명목적인 변화가 아니라 실질적인 변화다. 철저히 변하지 않으면 서서히 죽어간다.

'누가 내 치즈를 옮겼을까?' '누가 내 치즈를 잘랐을까?'는 현실안주를 경계하고 변화를 촉구하는 내용을 담고 있다. 인간은 기본적으로 변화를 지향한다. 더워도 짜증나고 추워도 짜증나고 일정해도 짜증을 내는 것은 변화가 필요하다는 것을 보여준다. 물고기는 0.02도의 변화에도 민감하게 반응한다. 물고기뿐 아니라 생존하는 물체는 변화에 민감한 것이 삶의 원칙이요 지혜다. 변화하는 시기에 저항은 부질없는 짓이다. 또 변화에 잘못 대처하면 위험에 처하거나 심지어 죽을 수도 있다. 패러다임이 변한다는 것은 변화의 폭이 크고 그 속성이 크게 다르다는 것을 말한다. 변화하는 시대에 경영자는 변화를 두려워하지 않고 변화 마인드를 키우는 작업을 해야 한다. 드러커는 변화리더가 되라 말하고 그 리더는 스스로 미래를 창조한다고 주장한다.

환경변화는 경영에 직접적으로 영향을 준다. 경영자는 그 변화에 잘 적응하고 오히려 그 변화의 주도자가 되기 위한 투쟁을 한다. 기업은 언제나 변화에 주목하고 그에 합당한 경영의 방법을 창출해야 한다. 변혁 시대에는 무엇보다 그 시대에 맞는 경영관리체계가 마련되어야 한다. 앞서 소개한 여러 혁신움직임뿐 아니라 뒤에 소개될 여러 사항은 극히 일부에 불과하다. 중요한 것은 우리 기업도 언제나 환경에 걸맞은 경영, 환경을 극복하고 선도할 수 있는 경영을 할 수 있도록 준비되어야 한다는 사실이다. 미래는 변화하는 자의 것이기 때문이다.

스티브 잡스의 고백

애플사 최고경영자 스티브 잡스가 스탠퍼드 대학 졸업식에서 진솔한 축사로 뜨거운 박수를 받았다. 샌들에 청바지를 입고 나타난 그는 "대학을 중퇴한 것이 내 인생 최고의 결정 중 하나였다. 나는 대학을 그만둬야 했기에 혁신으로 나를 채찍질했고, 암에 걸렸기에 삶의 순간순간을 아끼며 사는 법을 배웠다"고 했다.

그는 고등학교 졸업 후 오리건 주 포틀랜드의 리드 칼리지를 들어갔으나 학비를 낼 형편이 못 돼 여덟 달 만에 그만두었다. 그 후 빈 음료수병을 모아 병당 5센트의 보증금을 얻고, 무료급식으로 배고픔을 달래며 살아가기도 했다.

잡스는 인생의 고비로 1985년 자신이 공동 설립했던 애플사에서 쫓겨나야 했던 시기를 들었다. 그때는 실리콘 밸리에서 먼 곳으로 도망갈 생각까지 했다. 그러나 그는 도망가지 않고 다시 달려들었다. 그가 1년 후 공동 설립한 컴퓨터 애니메이션 스튜디오 픽사는 '토이스토리', '니모를 찾아서', '몬스터 주식회사' 등의 작품으로 영화사를 다시 썼다. 그는 이때를 회고하며 약이란 입에 쓴 법이지만 환자는 약을 먹어야 낫는다고 했다. 잡스는 췌장암 수술을 받았다. 그가 암 판정을 받았을 때 의사는 길어야 6개월 남았다고 했다. 나중에 그의 암은 치료가 가능한 매우 드문 케이스로 밝혀졌다. 그는 "우리는 모두 죽는다는 사실을 기억해야 가진 것을 잃을지도 모른다는 두려움을 극복할 수 있다"고 했다.

변화하는 자는 현재에 안주하지 않는다. 창조적 파괴와 함께 끊임없이, 그리고 빠르게 혁명한다. 현재 기업의 환경은 더 이상 잔잔한 호수가 아니다. 끊임없이 격랑이 이는 바다와 같다. 이 흐름에 당당히 맞서기 위해 해머(M. Hammer)는 책임, 자율성, 위험, 불확실에 익숙해야 한다고 말한다. 카오스 시스템(chaotic system)은 규칙도 없고, 무질서하며 도전적이다. 그런 가운데서도 변화를 지향하는 조직은 나비효과를 거둔다.

도요타는 변화에 있어서 강자다. 도요타는 변혁형 인재를 육성하여 끊임없이 기업을 혁신시켰다. 도요타의 경영마인드는 '이러면 안 되는데'이다. 생각하는 인재를 만드는 것이다. 이런 마인드로 그들은 내일을 생각하고 준비하고 혁신했다. 그리고 변화리더(change leader) 가 되었다. 도요타의 관리자 자주연구회의 경우 어떻게 이길지를 생각하고, 일을 스스로 만들며, 동료와 함께 일하게 한다. 문제의식을 갖게 하고, 변혁형 인재를 육성하는 것이 개혁의 중심이다. 경영자부터 문제의식이 강해야 한다. 그들은 "3년 안에 미국을 따라 잡자"라는 슬로건을 내세웠고, 그 결과 생산방식을 바꾸고 JIT를 내놓았다.

조직이 버려야 할 것은 변화에 대한 무감각이며, 키워야 할 것은 변화마인드다. 현대기업들은 도전적 과제들을 안고 있다. 실상이 이런데 무사안일을 생각하고 있다면 조직은 죽게 된다. 하이페츠와 로리는 변화적응형 과업을 이끌어나갈 리더는 다음과 같은 원칙에 유의하라고 말한다.

- 발코니에 올라서라. 조직 전체를 조망할 수 있는 위치에서 현상을 파악하라. 세밀한 부분도 전체와 유기적으로 연결하도록 하라.
- 적응이 필요한 도전과제들을 파악하라. 급변하는 환경에서 과거방식을 고수하는 것은 조직의 존립을 위협한다.
- 고충사항들을 적절하게 통제하라. 변화를 위해서는 조직 내에 일정 수준 긴장을 유지할 필요가 있다.
- 지속적인 관심과 주의를 기울여라. 지속적인 관심 없이는 갈등요인을 끄집어내 창조적 변화를 유도할 수 없다.
- 종업원들에게 문제해결의 과업을 되돌려주라. 리더는 더 이상 문제를 해결해주는 존재가 되어서는 안 된다. 종업원들 스스로

생각하며 문제를 해결하도록 한다.

- 아래로부터의 리더십에 귀를 기울인다. 그들이 맡고 있는 분야에서 최고는 바로 그들 자신이다. 부하의 능력을 인정하고 키운다.

시장이 있다 해도 구성원의 혁신마인드가 없으면 그 변화에 적응해 나가기 어렵다. 케인즈는 정부의 통제를 통해 시장을 다스려 나가는 정책을 내세웠다. 이에 반해 슘페터는 혁신을 통해 시장을 변혁적으로 주도하는 정책을 내세웠다. 통제시대에는 케인즈의 생각이 맞지만 정부의 통제를 최소화하고 그 변화를 시장의 자율성에 맡기려는 현재에는 슘페터의 생각이 맞다.

케인즈와 슘페터

케인즈(Keynes)	슘페터(Schumpeter)
정부통제	innovation/renovation
수요(D)조절	공급(S)조절

D+S

Demand(needs)-소비자 욕구

Supply(seeds)-변혁

현재 기업은 seeds뿐 아니라 needs의 변화에 따라 다양성을 추구하지 않으면 안 된다. 소품종대량생산시대에는 자장면 한 가지로도 만족했다. 다품종소량생산시대에는 자장면+짬뽕+볶음밥+질을 따졌고, 변종변량생산은 자장면+짬뽕+볶음밥+질+질에 따른 양의 변화를 추구한다.

생산방식과 함께 근무환경도 변화했다. 가내생산체계에서는 가내

공업이 주였고, 가정 중심의 근무를 했다. 객주생산체계에서는 중개인(putting-out)이 여러 가내 생산처에 주문해 판매했다. 공장생산체계에서는 한 지붕 아래 모아 생산을 하기 때문에 공장으로 출근해야 했다. 그러나 요즘은 재택근무가 발달하고 있다. C&C 발달로 공장과 사무실에서 근무하던 것에서 벗어나 집에서 근무하고 그곳에서 세계 각 곳에 주문생산을 한다. 이렇듯 변화하는 세상에서는 그 변화에 따른 혁신마인드가 요구된다.

스펜서 존슨은 『누가 내 치즈를 옮겼을까?』라는 책을 통해 변화와 혁신마인드의 중요성을 가르쳐준다. 우화를 중심으로 구성된 이 책은 단순한 먹이사냥에 나서는 네 캐릭터의 이야기를 다룬 것처럼 보이지만 이 캐릭터들을 통해 저자는 변화를 중요시하고 미래를 준비하는 자세의 필요성을 강조했다(존슨, 2000).

우화형식을 빌린 이 책은 생쥐인 스니프와 스커리, 꼬마인간인 햄과 허는 미로 속에서 치즈를 찾기 위해 열심히 뛰어다니며 살고 있는 장면으로 시작된다. 어느 날 그들 모두는 각자 좋아하는 치즈가 가득 쌓여 있는 치즈창고를 발견하게 되었다. 치즈창고를 발견한 후에도 주변의 환경에 관심을 기울이던 스니프와 스커리는 하루아침에 치즈가 없어진 상황에서 전처럼 미로를 탐색하기 시작했다.

그러나 치즈창고에서 안정을 얻고 방황하던 허는 치즈에 미련을 버리지 못하는 햄을 두고 홀로 새로운 치즈를 찾아 미로 속을 탐험하기 시작한다. 며칠간 치즈를 찾지 못한 허는 좌절을 느끼고 실패에 대한 두려움을 느끼게 된다. 하지만 이내 허는 극복할 수 있는 정도의 두려움은 변화를 향한 지름길임을 깨닫게 되고, 새로운 치즈를 마음속에 그리고 그것을 찾기 위한 모험을 즐기게 된다. 이제 허는 과거에 미련을 두지 않고 미래에 적응해갔다. 지금까지 경험하지 못한 힘이 그를 더욱 빠른 속도로 달리게 했다. 마침내 허는 자신의 영혼이 쉴 만한 쉼터를 발견하게 된다(존슨, 2000).

이 책에 등장하는 대표적인 인물의 특징은 다음과 같다.

- 스니프: 변화를 빨리 읽고 적응해 나가는 형.
- 스커리: 변화에 대해서 신속하게 대처하고 행동에 옮겨가는 행동형.
- 햄: 변화를 두려워하며 적응하지 못하고 낯익은 환경에 머물러 있고자 하는 무사안일형.
- 허: 변화에 빠르게 적응하지 못하여 두려워하지만 변화를 인정하고 구태의연한 생활태도를 버리고 두려움을 극복하면서 새로운 환경에 적응해가는 형.

스니프와 스커리 정도라면 문제가 없다. 우리가 햄이라면 아주 문제가 될 것이며, 허라면 그래도 희망이 있다. 허는 동굴 벽에 다음과 같은 교훈을 적어놓았다.

- 두려움을 없앤다면 성공의 길은 반드시 열린다.
- 치즈 냄새를 자주 맡다보면 치즈가 상해가고 있는 것을 알 수 있다.
- 새로운 방향으로 움직이는 것은 새 치즈를 찾는 데 도움이 된다.
- 새로운 치즈를 마음속으로 그리면 치즈가 더 가까워진다.
- 사라져버린 치즈에 대한 미련을 버릴수록 새 치즈를 빨리 찾을

수 있다.
- 빈 창고에서 기다리는 것보다 미로 속에서 찾아다니는 것이 안전하다.
- 과거의 사고방식은 우리를 치즈가 있는 곳으로 인도하지 않는다.
- 작은 변화를 일찍 알아차리면 큰 변화에 쉽게 적응할 수 있다.

변화하는 세계에서 조직의 구성원에게는 상황적응적인 생활이 요구된다. 문제가 발생할 때 방관하지 말고 문제해결능력을 키워야 하고, 매너리즘에 빠지지 않고 스니프와 스커리처럼 새로운 치즈를 찾아 나선다. 변화를 두려워하지 말고 맞선다. 변화의 시대에 적응하기 위해 각자는 능력을 키운다. 조직변화에 적응하고 스스로 능력을 키우는 것이다.

각자에게 치즈가 무엇인가는 다를 수 있다. 치즈는 직업, 인간관계, 재물, 건강, 혹은 영적인 평화를 상징한다. 기업가에는 기술, 이윤, 인재 등 다양하다. 이 책에서는 상징물을 통해 독자 스스로 자신의 상황에 맞게 목표물과 방법을 설정하도록 하고 있다. 중요한 것은 이 치즈를 얻기 위해서는 현 상황에 안주하지 말고 변화를 예측하고 대처할 수 있는 마음가짐을 가지며 그 변화에 당당히 맞서는 일이다. 존슨은 이 책에서 변화에 적절히 대처하기 위한 몇 가지 방법을 제시하고 있다.

- 자신의 주변을 간단하고 융통성 있게 유지하며 신속하게 행동하라.
- 사태를 지나치게 분석하지 말고 두려움으로 자신을 혼동시키지

말라.

- 작은 변화에 주의를 기울여서 큰 변화가 올 때 잘 대처할 수 있도록 준비하라.

무라야마 노보루에 따르면 직장인은 4가지 유형으로 나뉜다.

삶은 개구리형 직장인은 변화를 두려워하거나 변화에 민감한 사람이다. 조금씩 뜨거워지는 냄비를 벗어나지 못하고 익어버리는 개구리와 같다.

민들레 홀씨형은 봄바람에 휘날리는 민들레 홀씨처럼 정처 없이 직장을 옮겨 다니는 사람이다.

다나카형 직장인은 한 직장이나 분야를 선택하면 그곳에 자신의 일생을 건 승부를 던지는 사람이다. 한 직장에서 최고위층까지 올라가는 사람이다. 2002년 노벨화학상을 받은 다나카 고이치 같은 이가 여기에 해당된다.

피카소형 인간은 변화를 적극적으로 받아들이고 스스로 변화를 주도하는 사람이다. 평생 여러 차례 자신의 그림 스타일을 바꾼 끝에 오직 자신만의 독특한 미술세계를 쌓은 화가 피카소 같은 사람이다.

무라야마는 "기회는 위기라는 가면을 쓰고 다가온다", "자신을 대체 불가능한 존재로 만든다는 의지를 가져라", "회사는 평생 고용되는 안식처가 아니라 독립하기 위한 무대이며 발판이다"라는 말을 통해 삶은 개구리가 되지 말고 적극적으로 변화하도록 일깨워준다(무라야마, 2004).

변화를 두려워하지 말라. 새로운 것을 두려워하는 사람은 그렇지 않은 사람보다 수명이 짧을 수도 있음을 보여주는 연구결과가 나왔다. 시카고 대학의 소냐 카비겔리(S. Cavigelli) 교수는 새로운 것에 대해 공포증을 가진 동물은 이를 경험했을 때 스트레스 호르몬이 과다 분비되며, 공포증이 없는 동물보다 일찍 죽는다고 주장했다. 그는 쥐를 대상으로 실험한 결과 새로운 경험을 두려워하는 쥐들은 모험적인 쥐들보다 평균수명이 15% 정도 짧았고, 사망 확률도 60% 높은 것으로 나타났다고 밝혔다.

2. 혁신은 새롭게 하는 것이다

1) 이노베이션의 개념

혁신과 창조성을 강조하지 않는 기업이 없다고 할 만큼 이 두 단어는 현대의 키워드가 되고 있다. 이노베이션(innovation)은 '새롭게 한다(make new)'는 의미를 지닌 라틴어 '인노바레(*innovare*)'에서 나온 것이다. '인노바레'는 in과 novare를 합한 말로 '인'은 포함(within)과 방향(toward)을 나타내는 접두어이고, '노바레'는 'new'를 나타내는 '노부스(*novus*)'에서 나온 것이다. 우리는 이를 흔히 혁신이라 부른다.

혁신은 묵은 조직과 방법 등을 바꾸어 새롭게 하는 것으로 개인과 사회조직이 새로운 아이디어를 내놓거나 그 아이디어를 수용하고 개발하며 실용화하는 모든 과정을 포함하고 있다. 이에 대한 정의는 그 대상, 방법, 목적에 따라 차이를 보이고 있다.

혁신에 대한 학문적인 논의는 슘페터(J. Schumpeter)가 기술혁신(technological innovation)이 경제발전의 진정한 원동력임을 주장한 이른바 '슘페터가설'을 발표한 데서 비롯되었다. 그는 기술혁신을 신제품과 신기술을 경제시스템으로 도입하는 것으로 간주했다. 그의 주장에 따르면 이노베이션은 신제품 및 신기술 개발을 통하여 생산함수를 변화시키는 것을 의미하며 혁신을 성공적으로 수행하면 혁신 이전에는 불가능했던 생산능력을 발생시키거나 생산능력을 혁신 이전 수준보다 현저히 향상시킨다. 그는 혁신이란 새로운 원재료를 활용함으로써 경제시스템에 새로운 생산능력을 부여하는 것이므로 기술적 발명 없이도 혁신은 가능하다고 봄으로써 혁신과 발명과는 동의어가 아님을 강조하였다.

혁신에 대한 경제학자들의 관심은 경제발전을 위한 기술혁신의 역할에 있었고, 따라서 그들의 연구는 주로 생산함수를 사용하여 기술진보의 정도를 측정하는 데 초점을 두었다. 그러나 기술혁신분야에 국한되어온 경제학적 접근방법이 혁신과정에 영향을 미치는 여러 요인을 규명하지 못함에 따라 경영학·조직사회학·산업공학 등이 이에 관심을 가지면서 관리혁신·조직혁신·조직구조혁신·제품 및 서비스혁신·생산공정혁신·인적 혁신 등 다양하게 전개되었다. 제품 및 서비스혁신과 생산공정혁신은 일반적으로 기술혁신에 포함시키고 있으며 조직구조혁신 및 인적 혁신은 관리적 혁신(administrative innovation)으로 분류한다. 기업 차원에서 관심을 두는 것은 주로 기술혁신과 관리혁신이다. 특히 경영학은 이노베이션을 상당기간에 걸쳐 일어나는 통제 가능한 다단계과정으로 보고 있다.

톰슨

톰슨(V. A. Thompson)은 이노베이션을 새로운 프로세스, 제품 혹은 서비스 등을 조직 내에서 최초로 생성·수용·수행하는 과정이라 정의하였다. 그는 혁신을 조직 안에서의 시도이자 여러 단계적 과정을 거쳐 진행된다고 보았다.

캐럴

캐럴(J. Carroll)도 혁신을 경영시스템에 있어서 조직구조나 행동과정에 중요한 변화를 초래케 하는 새로운 무엇을 채택하는 과정이라 정의했다.

맨스필드

맨스필드(E. Mansfield)는 이노베이션을 새로운 제품, 서비스, 프로세스, 아이디어 등의 최초의 개발이며 모방과는 다르다고 보았다.

베커

베커(S. W. Becker)는 발명은 창조적 활동임에 비해 혁신은 발명의 결과를 조직이 활용하는 것으로 발명과 혁신은 구별되며 혁신은 발명의 다음 과정이자 시간상 차이가 있다고 보았다.

모어

모어(L. Mohr)도 이노베이션을 주어진 상황에서 새로운 것을 성공적으로 채택하는 과정으로 봄으로써 발명과 구별시켰다.

이반

이반(W. Evan) 등은 새로운 아이디어를 한 단계 발전시켜 조직 및 관련 환경의 변화를 가능케 하는 것이 이노베이션이라 정의하고 발명이나 새로운 아이디어를 현실에 적용 가능하도록 응용된 상태로 간주하였다.

세퍼드

세퍼드(H. Shepard)는 조직이 새로운 것을 채택하는 것뿐 아니라 계속적으로 행해지고 있던 것을 중단하는 행위도 이노베이션에 포함시켜야 한다고 주장했다.

이러한 경영학적 개념정의를 통해 우리는 이노베이션의 몇 가지 성격을 파악할 수 있다(조종래·이정훈: 51~53).

첫째, 이노베이션은 여러 단계를 거쳐 진행된다는 점이다. 혁신은 상당기간 통제 가능한 다단계과정을 거쳐 진행된다. 단계는 학자에 따라 다르다. 어떤 학자는 문제인지-진단-혁신에 대한 태도설정-목표설정-탐구 및 아이디어 형성-해결안 선택-적용-확산-혁신의 산출 등으로 길게 단계화하는가 하면 착안단계-실천단계로 짧게 압축하기도 한다. 어떤 혁신과정을 택하는가 하는 것은 기업마다 다르다. 그러나 혁신과정의 차이가 한 기업이 다른 기업보다 혁신을 효과적으로 수행하는 차이로 나타날 수 있다.

둘째, 이노베이션은 창조적 발명이나 모방과는 구별된다는 점이다. 발명은 창조적 행위의 결과로서 아직까지 존재하지 않았던 것을 생각해내거나 만들어내는 것이다. 모방은 다른 것을 단순히 본뜨거나 본받는 것으로 창조와는 반대된다.

		모방	창조
독창성	신규성	없음	강함
	연속적 변화	연속적 변화	비연속적 변화
	자기부정의 요소	없음	강함
임팩트	시장의 성장, 수익성	어느 정도 있음	강함
	기업의 사회적 지위	알려짐	강화됨
	기업 내 조직 활성화	어느 정도 됨	활발함

- 모방: 창조와 대극(對極)에 있다. 다른 사람에 의해 창조된 콘셉트를 그대로 빌려서 저렴한 가격이나 교묘한 판매력으로 매상이나 이익을 높이려는 것으로 임팩트는 생기지만 독창성은 없다.
- 개선 및 개량: 큰 콘셉트 자체는 이미 창조되어 있고 그 일부를 변경하는 것으로 매상이나 이익 등의 임팩트에 결부시키려는 것이다.
- 창조: 전혀 새로운 가치, 콘셉트를 창조하여 사회에 커다란 임팩트를 주어 나가는 활동이다.

이노베이션은 이미 존재하고 있던 아이디어나 기술을 이용하여 조직에 유익하면서도 그 구조, 행동양식, 제품, 생산방법 등 여러 곳에 중요한 변화를 초래케 하는 행위를 말한다. 발명, 이노베이션, 모방 등의 개념은 창의성 정도에 따라 구분되는 것으로 학자에 따라서는 넓은 의미에서 창조적 발명을 이노베이션에 포함시키기도 한다.

셋째, 혁신의 산출은 조직구조변화, 공정개선, 신제품개발 등과 같이 구체적 형태를 갖춘 상태로 나타난다. 이노베이션 개념은 본래

기술혁신분야에서 시작되어 그 산출의 척도로서 주로 신제품개발, 공정개선 등이 많이 사용되었으나 그 개념이 관리적 혁신에까지 확대되면서 조직구조혁신도 중요한 혁신 대상으로 간주되고 있다.

2) 이노베이션의 원천

이노베이션의 원천은 크게 다음 일곱 가지로 나눌 수 있다 (Drucker, 1985). 이 일곱 가지 가운데 처음의 네 개는 기업 내부에 존재하는 것이며 나중의 세 개는 기업이나 산업의 외부에서 발생하는 변화에 관련된 것이다.

- 예기치 못했던 것들: 예상하지 못했던 성공이나 실패, 예기치 못했던 외부의 변화 등
- 부조화: 실제로 나타나는 현실과 그렇게 되리라고 생각했거나 또는 당연히 그렇게 되어야 할 현실과의 괴리
- 프로세스 니드: 필수적인 절차나 공정상의 이노베이션
- 산업과 시장의 구조변화: 모든 사람들이 모르는 가운데 불시에 찾아드는 구조의 변화
- 인구구성의 변화
- 인식의 변화: 인간의 느낌, 기분 및 사고방식의 변화
- 새로운 지식: 과학 및 비과학 분야의 지식

이상의 이노베이션 기회를 제공하는 일곱 개의 원천의 영역은 확연히 구분되는 것도 아니며 이들 사이에는 상당한 정도의 중복도 있

다. 그러나 각 원천은 독특한 특성을 가지고 있다. 조직에서의 이노베이션은 이들 일곱 가지의 원천을 어떻게 수용하고 조정하느냐에 달려 있다.

3) 이노베이션의 원리

이노베이션은 신과의 접합이나 천재적 영감의 결과로 나타나는 경우가 거의 드물고 대개가 훈련을 통해서 달성된다. 이 훈련에도 해야 할 것과 하지 말아야 할 여러 조건들이 있다. 우선 의도적이고 조직적인 이노베이션은 여러 종류의 기회를 분석하는 일에서부터 출발하여 감각기능을 통해 인식되는 관념화 작업을 거쳐야 한다.

그다음에는 단순하면서도 효과적인 일에 초점을 맞추고 작은 것에서부터 이노베이션을 시작한다. 그러나 처음부터 이노베이션은 리더십을 목표로 하지 않으면 안 된다. 모든 기업가적인 전략은 이노베이션의 이용을 목표로 하고 있으며 주어진 환경에서 리더십을 달성해야 한다. 그렇지 않을 경우 이노베이션으로 야기되는 격심한 경쟁기회만 제공할 뿐이다.

한편 이노베이션을 추구하는 기업가들이 매사에 너무 영리를 추구하려 들면 실패할 우려가 있다. 또한 무리하게 처음부터 많은 것을 다양하게 시작해도 결과는 마찬가지이다. 이노베이션은 또 미래가 아닌 현재를 위한 것이어야 한다. 성공적인 이노베이터들은 보수적이며 반드시 그래야만 된다. 그들은 위험에 초점을 맞추려는 것이 아니라 기회에 초점을 맞추고 있는 것이다(Drucker, 1985).

3. 이노베이션과 아이디에이션의 차이

레비트에 따르면 이노베이션과 아이디에이션(ideation, 관념화)은 크게 차이가 있다. 아이디에이션이 아이디어의 창출(producing)이라면 이노베이션은 아이디어의 활용(implementation)과 연관된다(Levitt, 1963). 이노베이션은 단지 아이디어를 많이 내놓는 것이 문제가 아니라 그 아이디어가 시장에서 이익을 창출할 수 있어야 한다.

슘페터는 이노베이션을 "이용 가능한 여러 사물이나 힘의 결합방식을 변경하여 새로운 상품의 발명, 새로운 생산방법의 도입, 시장 개척, 새로운 자원개발 및 조직개혁 등을 가져오게 하는 것"으로 보았다. 결합을 강조한 결과 흔히 이노베이션을 '신결합(new combination)'이라 부르기도 한다. 신결합은 무에서 유를 창조하는 것만이 이노베이션이 아님을 보여준다. 유에서 유를 창조하는 것, 기존의 경영요소를 새로운 목표와 철학에 맞게 재구성하는 것도 혁신이다.

하지만 슘페터는 기존방식에서 출발하여 점진적인 변화를 통해 새로운 방식에 도달하는 지속적인 개선에는 큰 가치를 두지 않았다. 신결합은 비연속적으로만 나타날 수 있는 것으로서 발전을 위한 독특한 조건을 만들어낸다. 그는 신결합이야말로 창조적 파괴를 통한 경제발전의 원동력이 된다고 주장했다. 이노베이션은 새로운 것을 추구한다. 그러나 그것은 급격한 구조변화나 단편적인 혁신기법에만 의존하려는 것은 아니다. 장기적으로 새로운 발전을 가져오게 하는 것이어야 한다.

조내쉬(R. Jonash) 등에 따르면 투자자는 혁신하는 회사를 선택한다. 월스트리트는 이제 진부한 아이디어와 평범한 일개미의 미덕을 가진 회사보다 이노베이션을 통해 수익을 높인 회사에 주목하고 있다. 단지 리더십의 변화, 인수합병, 비용절감을 위한 노력 등 기존 굴뚝 기업들이 가진 미덕보다 이노베이션에 더 높은 점수를 주고 있다. 이노베이션만이 기업의 살길이며 주주를 위해 봉사하는 방법이다. 이노베이션을 선호하는 기업들은 다음과 같은 방법을 선호한다.

- 회사 연구 인력을 회사 안에 가두지 않는다.
- 직원들이 새로운 아이디어를 낼 수 있도록 경영지원을 한다.
- 신기술 책임자가 배타적 결정권을 행사하도록 한다.
- 마케팅과 기술담당 부서 간에 강력한 공조관계를 구축한다.
- 정보의 자유로운 이동을 보장하고 창의성 시너지 효과를 극대화한다.

전통적인 대량생산체제의 목표는 생산성 향상이었다. 현대에서도 생산성 향상은 변함없는 목표이지만 이를 달성하기 위한 방법이 다르다. 과거에는 표준화를 통한 생산성 증대로 기업들은 시장점유율을 높일 수 있었고 가격경쟁으로 이윤을 남길 수 있었다. 그러나 이러한 세계는 이노베이션을 창출하는 경영풍토로는 적합하지 않다. 왜냐하면 이노베이션을 위해서는 당사자들에 대한 시간적, 수량적인 제약을 완화해야 하고 기존의 가치관이 지니는 구속으로부터 해방시켜 줄 필요가 있기 때문이다. 이러한 의미에서 혁신적 조직풍토를 조성하기 위해 다음과 같은 조건이 요구된다.

- 새로운 아이디어를 이끌어낼 수 있는 창조성

- 참가자가 다양하게 행동할 수 있는 자율성
- 정형화된 관성을 파괴할 수 있는 유연성

오늘날 이노베이션은 기획이나 연구개발 부문에서만 맡고 있는 전문직능이 아니라 아이디어 형성에서 이의 사업화에 이르기까지 각종 관련부문과 조직계층 간의 인적 접촉과 물적 공유에서 이루어진다. 따라서 참가자들의 정보공유와 상호학습은 복합화되고 있는 조직혁신에 불가결한 요소가 되고 있다.

4. 혁신과 기업가정신

경영사적인 관점에서 볼 때 기업은 앙트러프러뉴어링, 인트라프러뉴어링, 울트라프러뉴어링, 그리고 뉴트러프리뉴어링으로 이어지고 있다. 앞으로 어떤 형식의 프러뉴어링이 속출할지 예견하기 힘들지만 보다 도전적이고 창의적 정신으로 이어질 것은 확실하다.

앙트러프러뉴어링(entrepreneuring)은 19세기 초 프랑스 경제학자 세이(J. Say)가 만들어낸 말이다. 그는 애덤 스미스의 사상을 프랑스에 심어주고 창조적 경영을 생산의 제4요소로 볼 만큼 경영의 혁신을 중시한 사람이었다. 당시는 기업이 많지 않았다. 하지만 한탕주의로 돈을 벌어보겠다는 사람들로 들끓고 있었다. 한탕주의는 예나 지금이나 변함이 없다. 그는 미래에 대한 도전성과 창의정신을 바탕으로 한 앙트러프러뉴어링을 외쳤다. 우리는 이것을 기업가정신이라 부른다.

대학에서는 그의 기업가정신을 중시하여 기업은 단지 개업하여 돈을 버는 것에 있는 것이 아니라 도전과 창의에 있음을 가르쳤다. 이 정신이 지금도 새롭게 기업을 일으키려는 사람들의 정신으로 면면히 이어져 오고 있다. 오늘의 실리콘밸리나 보스턴밸리도 이 정신을 구현한 것이다.

　인트라프러뉴어링(intrapreneuring)은 핀숏(G. Pinchot)이 1985년에 제시한 개념으로 사내에서 스스로 주어진 기회를 최대한 활용하며 자기의 아이디어를 열매 맺게 하는 것을 말한다. 앙프러프러뉴어링의 개념을 조직 안으로 끌어들인 것이다. 그래서 사내기업가정신이라 부른다. 조직 내에서 꿈을 추진하고 아이디어를 창출함으로써 창의성과 혁신성을 펼쳐 나가는 이것은 현재 벤처로 크게 발전하고 있다. 애플컴퓨터나 3M의 포스트잇(Post-It)은 인트라프러뉴어링의 열매들이다. CJ그룹에서는 이것을 제도화하기도 했다.

　울트라프러뉴어링(ultrapreneuring)은 경영활동에 있어서 처음부터 끝까지 기업가정신을 발휘해야 한다는 개념이다. 앙트러프러뉴어링이 창업기에 해당되고, 인트라프러뉴어링이 중간과정에 해당된다면 울트라프러뉴어링은 처음이나 중간은 물론이고 마지막까지 창의와 혁신을 발휘해야 한다. 아크바우어(Arkebauer)에 따르면 이 개념은 생산과 재무는 물론 인사조직 모두에 적용된다.

　네트러프러뉴어링(netrepreneuring)은 정보화사회의 바탕이 되는 여러 네트워크에서 창의와 혁신을 발휘하는 것을 말한다. 인터넷이나 전자거래가 거명되는 것은 네트러프러뉴어링이 현재 이것들에서 활발하게 전개되기 때문이다. 웹사이트 수의 경우 1993년 초만 해도 55개에 불과하던 것이 1997년 말 3억 2천이 넘었으며 현재 시간당

약 6만 5천 개의 웹사이트가 만들어지고 있는 것으로 알려지고 있다. 정보통신산업이 발달할수록 네트러프러뉴어링이 더욱 활발해질 전망이다.

와튼의 장진호 교수는 산업사회에서 정보사회로 변화함에 따라 기업의 전체가치에서 재무제표가 차지하는 비중이 감소하고 연구개발능력, 정보력, 브랜드 네임 등 무형자산이 차지하는 비중이 증가하고 있다고 주장했다. 연구개발능력이나 정보력의 강조는 네트러프러뉴어링의 비중이 얼마나 크게 될 것인가를 보여준다. 교육의 방법, 문화망, 생활 전반에도 획기적인 변화가 있을 것으로 보인다.

앞으로 기업은 테크노프리뉴링(technopreneuring)과 함께 네트러프러뉴어들의 미래에 대한 도전과 창의성에 따라 상당한 변화를 맞게 될 것이다. 이것은 결국 미래가 기업의 인적자원들의 개성과 창의력에 달려 있음을 말한다. 무형자산을 계산하지 않았던 과거의 경영패러다임으로는 도저히 생각지 못한 일들이 지금 무섭게 벌어지고 있다. 경영에서 도전과 창의의 시대가 활짝 열리고 있는 것이다.

이노베이션은 기업가들의 독특한 도구로서 기업가들은 이를 이용하여 종전과는 다른 사업이나 서비스를 개시할 수 있는 기회를 마련하게 된다. 이노베이션은 훈련을 통해 이룩되는 것이며 실천 가능한 것이다. 기업가들에게는 이노베이션을 위한 각종 정보나 성공적인 이노베이션 기회를 암시하는 변화와 징후 등을 의도적으로 찾아나서는 열의가 필요하다(Drucker, 1985).

기업가는 세이가 말한 것처럼 모든 경제적 재원을 보다 생산성이 높은 방향으로 변화시킬 임무가 있으며 이전에 실행했던 것 이상의 무엇인가 다른 중요한 임무를 수행하기 위해 변화를 모색해야 한다.

슘페터는 이를 창조적 파괴(creative destruction)라 하였다. 그는 자본주의 경제의 발전이 창조적 파괴의 과정이고 그 과정의 추진자, 곧 생산요소의 새로운 결합에 의해 끊임없이 내부로부터 경제구조를 변혁시켜 나가는 사람이 바로 기업가라 하였다. 자본주의는 고도의 기술발전과 경영자의 자유스러운 사고와 행동에 의해 일련의 이노베이션이 끊임없이 일어나는 체계이며 이 같은 과정이 바로 창조적 파괴이다.

이 파괴는 새로운 제품의 도입, 새로운 제조방법의 도입, 새로운 시장의 개척, 원료 및 반제품 공급에 있어서의 새로운 원재료의 확보, 산업에 있어서의 새로운 조직이라는 다섯 가지 형태로 나타난다. 창조적 파괴와 새로운 결합이 기술을 존속시키며 기업이 이 기능을 다하지 못할 때 쇠퇴할 수밖에 없다. 이러한 모든 과정에서 기존의 가치관이나 관행을 뛰어넘어 새로운 방향을 지향하거나 현재의 효율이나 생산성을 더 높이고자 하는 발상이 계속되지 않으면 안 된다.

이들의 기업가 및 기업가정신의 개념은 고전경제학과 다른 면모를 보이고 있다. 고전경제학은 현존하는 재원을 최고도로 활용해 경제적 균형을 유지하도록 하는 것이 그 목표임에 반해 이 개념은 혁신적인 기업가들에 의해 동적 균형을 달성하는 것을 주요내용으로 한다. 이 같은 동적 균형은 고전경제학이 추구하는 균형이나 최적이론과는 달리 창조적 파괴와 새로운 결합을 통해 이루어지며 이것은 건전한 경제를 위한 하나의 규범이자 경제이론과 실천을 위한 핵심적인 실체이다.

사실상 고전경제학은 오늘날 케인즈, 프리드맨, 공급중시 경제학자들에 이르기까지 경제이론의 주된 흐름으로 경제 내적인 문제만을 다루고 있을 뿐 기업가에 대해서는 계절·정치·전쟁·기술 등과 같이 경제 외적인 요소로 간주하여 거의 취급하지 않고 있다. 그러나 정치·경제·사회 등 모든 면을 포괄하고 있는 경제활동에 있어서 기업가들의 역할은 계속 증대되어 왔다. 왜냐하면 기업가들은 항상 변화를 찾고 변화에 대응하며 그것을 하나의 기회로 이용하려 하기 때문이다.

따라서 일반적으로 기업가정신에는 항상 위험이 뒤따른다. 기업가정신이 모험적이라는 것은 대부분의 기업가들이 현재 수행하고 있는 일이 무엇인지를 정확히 파악하고 있지 못한 데서 비롯된다. 기업가들에게 있어서는 통상 방법론이 결핍되기 쉽다. 이들은 흔히 기본적이면서 잘 알려진 규범들을 파괴하려는 경향을 보이고 있는데 특히 하이테크 기업가들의 경우가 더욱 그렇다. 그러나 하이테크 기업가라 해서 반드시 고도의 위험을 필요로 하는 것은 아니다.

하이테크 기업가정신은 조직적이며 관리가 가능한 것이어야 하는 동시에 무엇보다도 의도적인 이노베이션에 바탕을 두어야만 한다. 바꾸어 말하면 기업가들은 조직적인 이노베이션을 실천할 수 있는 방법을 습득하는 것이 최우선 과제이다. 그러므로 조직적인 이노베이션은 의도적이고 조직화된 방법으로 변화를 찾는 일과 이러한 변화들이 경제나 사회적인 이노베이션을 위해 제공할지도 모를 온갖 기회들을 조직적으로 분석하는 일로 이루어진다.

5. 혁신의 DNA가 없는 조직은 망한다

짐 콜린스(J. Collins)는 우리에게 묻는다. "당신은 침팬지와 고슴도치를 키우고 있는가?" 침팬지는 호기심이 많다. 침팬지 조지는 미국 유명 동화 속 캐릭터이다. 미국인들은 간판이나 소파에 이 캐릭터를 두고 되새긴다. "호기심은 내 삶의 원동력이다." 고슴도치는 위험이 다가오면 몸을 말아 공처럼 변신한다. 이렇게 해서 교활한 여우를 매번 물리친다. 그는 나만의 고슴도치를 찾아 자신만의 필살기를 만들라 한다. 기업이 변화하는 환경에 앞서 가려면 호기심을 키우고, 스스로 변화를 추구해야 한다.

기본적인 경영의 틀은 이미 100년 전쯤 헨리 포드 같은 인물들이 다 짰다. 인사부서를 만들고, 성과급 제도를 도입하고, 자본예산이나 브랜드관리 개념도 도입했다. 그동안 변한 것은 별로 없다. 오늘날 조직의 과제는 어떻게 일을 효율적으로 하는가가 아니라 어떻게 하면 게임의 룰을 바꿀까 하는 데 있다. 기업들은 요즈음 서비스혁신, 제품혁신을 외치지만 주기적으로 혁신적인 아이디어를 내놓는 것은 어렵다. 혁신의 DNA가 없으면 자연 과거로 돌아가기 쉽다. 따라서 혁신의 DNA가 없는 조직은 망한다.

변신은 호암 이병철 경영의 특징이다. 그는 한국의 신유교주의와 일본식 경영시스템, 독일식 생산방식, 그리고 미국의 관리방식을 종합하여 독창적 경영모델을 창조했다. 그는 국내 최초로 공개경쟁채용제와 비서실, 사업부제를 도입했다. 사업보국, 인재제일, 합리추구라는 경영이념을 제도 틀에 담아 거대한 조직을 운영할 수 있는 독특한 경영체제를 만들었다. 그는 무한변신을 거듭하는 리더였다. 경제환경과 산업구조의 변화를 직시하고 그 속에서 영속하는 기업을 만들기 위해 혁신과 창조에 앞장서는 것이 기업인의 운명이라 보았다. 대규모이면서도 스피디하고 소유경영과 전문경영의 장점을 고루 갖춘 기업으로 재탄생했다. 그의 인재경영은 창업기부터 우수한 인재의 스카우트와 육성에 관심을 가졌다. 삼성은 인재의 채용과 육성, 등용 면에서 체계적이고 종합적인 제도를 구축했다. 그러나 현재의 삼성은 이병철의 경영체제에 안주하지 않는다. 늘 위기의식을 가지고 새로운 방향을 모색한다.

변화나 혁신은 대기업만 하는 것이 아니며 큰 행동에서만 출발하는 것도 아니다. 작은 행동 하나씩 모여 큰 변화를 가져온다. 혁신도 바로 그렇게 시작된다(트렌트, 2007). 경영자는 조직에 숨은 혁신 DNA를 찾아 바이러스처럼 퍼뜨리며, 360도 혁신마인드를 자극하는 사람이다. 다른 기업에 대한 벤치마킹은 한계가 있다. 자기만의 혁신전략을 모색하고, 혁신사례를 공유하며 새로움을 창출하라. 칭찬하고 박수치는 행사만으론 혁신이 나오지 않는다.

6. 혁신에 대한 오해와 진실

모든 기업이 혁신이라는 링거를 맞고 싶어 한다. 그러나 혁신은 모든 조직이 필요한 것이 아니다. 이것은 마치 누구나 링거가 필요하지는 않은 이유와 같다.

링거를 맞는 3가지 이유가 있다. 첫째는 필요에 의해서다. 밥을 먹지 못할 정도로 기운이 없거나 수술 준비를 위해 장을 비워야 할 때 링거가 필요하다. 둘째, 편의에 의해서다. 주사를 줄 때마다 혈관을 찾을 필요가 없이 링거 연결 부위에 주사를 한다. 셋째, 돌아다니는 것을 막기 위해서다. 링거를 안 맞으면 자꾸 간호사와 의사를 찾아다닌다. 링거를 주어 병원에 왔다는 느낌과 "내가 환자구나"라는 기분이 들게 한다. 또 사실 줄 필요도 없는데 "링거도 안 준다"고 푸념하므로 입을 막기 위해 주기도 한다.

물론 링거가 필요한 환자가 있다. 혁신은 꼭 필요한 환자에게 링거를 주기 위한 것이다. 사람들은 "21세기다, 무한경쟁시대다" 하며 혁신을 하지 않으면 안 되는 것처럼 말한다. 그러나 혁신을 필요로 하지 않는 기업도 있으니 너무 불안해하거나 과도하게 걱정할 필요가 없다. 중요한 것은 조직을 잘 진단하는 일이다. 혁신이라는 링거가 필요한데 아무 병도 없는 것처럼 생각하면 안 되기 때문이다.

혁신은 짧은 시간 동안에 큰 변화를 모색하는 것이다. 사업구조를 대대적으로 바꾼다든지 오랫동안 유지되어 온 조직의 관습이나 일하는 방식을 트렌드에 맞게 개조하는 것도 혁신이다. 기업이 혁신역량을 갖추는 것은 매우 중요하다.

LG경제연구원은 「오해하기 쉬운 경영혁신에 대한 상식」이라는 보고서를 내놓았다. 그에 따르면 마이크로소프트·도요타 등 선진기업의 경영혁신이라고 해서 크게 다르지 않다. 경영혁신이란 작은 것부터 시작, 새롭지 않은 것을 재조합한 것이다. 경영혁신과 관련해 가장 쉽게 가질 수 있는 오해는 '혁신은 무엇인가 새로운 것이라는 고정 관념'이지만 역사에서 일어났던 위대한 혁신 중에 전혀 새로운 것이란 아주 드물다. '혁신=기발한 아이디어나 발명'이라는 것도 대표적인 오해다. 경영혁신은 아이디어에서 실행으로 이어져야 비로소

완성된다. GE가 1980년대 초반 위기에서 벗어나 뛰어난 성과를 달성한 것도 아이디어를 내는 데 그치지 않고 실행 중심의 혁신 활동을 펼쳤기 때문이다.

경영혁신이란 단순한 기술개발이 아니다. 혁신은 기술혁신이나 제품혁신 말고도 사업하는 방식을 바꾸는 사업모델혁신, 일하는 절차개선, 조직혁신 등도 포함된다. 혁신은 중후 장대한 것이 아니라 작고 구체적인 것부터 시작된다. 도요타의 성공은 품질향상 및 비용절감을 비롯하여, 작은 문제부터 찾아 끊임없이 개선한 데 힘입은 바 크다. 혁신은 목적 지향적인 것이라기보다 과정이 더 중요하다 (LG경제연구원, 2007b).

스타벅스는 혁신의 좋은 모델이다. 1971년 점포 하나로 출발한 스타벅스는 2006년에는 37개국 1만 2천여 개 점포로 성장했다. 스타벅스는 애초부터 집과 사무실 사이에 편히 쉴 수 있는 정류소를 추구했고, 다양한 메뉴개발은 물론 컵의 규격에도 새 용어를 붙여 신비한 매력을 발산했다. 2001년 애플이 아이팟을 출시해 워크맨을 밀어낸 것도 혁신의 사례다. 혁신은 버리는 데서 시작된다.

7. 드러커의 위대한 혁신

드러커에 따르면 혁신이란, 공급의 측면에서는 자원의 생산성을 높이는 활동이며, 수요 측면에서는 소비자들이 느끼는 가치와 만족에 변화를 일으키는 활동이다. 이 두 가지를 종합해보면 혁신은 자원이 부를 창조하도록 새로운 능력을 부여하는 활동, 다시 말해 기존자원이 갖고 있는 잠재력을 높여 더 많은 부를 창조하도록 하는 활동이다.

혁신의 원천은 내부에 존재할 수도 있고, 외부에 존재할 수도 있다. 내부에 존재하는 혁신의 원천은 예상치 못한 성공이나 실패, 프로세스상의 필요, 산업 및 시장구조의 변화를 들 수 있다. 그리고 외부에 존재하는 혁신의 원천으로 인구변화, 인식이나 의미의 변화, 새로운 지식이 창출되는 것을 들 수 있다(드러커, 2006).

경영자들은 현상이 오랫동안 지속되면 그것이 정상적이고, 앞으로도 계속 지속될 것이라 믿는다. 예상치 못한 성공이 발생하더라도 믿고 있던 것과 모순되는 일이면 불합리하고, 비정상적인 것으로 판단하고 거부한다. 성과 보고서가 대부분 정량적이어 경영자가 이러한 사실에 대해 제대로 알아차리기 어려운 보고시스템을 갖고 있다. 이러한 기회를 잡기 위해서는 분석을 잘해야 한다.

성공과 달리 실패했을 경우 이를 그냥 지나치지 않지만 혁신의 기회를 사용하려는 노력은 드물다. 실패했을 때는 현실이 변했다는 사실을 인정하고 직접 밖으로 나가 살펴야 실패의 원인을 바로 알고 혁신의 기회로 삼아 이용할 수 있다.

수요가 꾸준히 증가하지만 수익성이 악화되거나, 잘못된 가정으로 인해 현실과 행동 사이에 불일치가 일어나기도 한다. 불일치가 일어났을 때에는 복잡하기보다는 단순하고 명백한 혁신을 해야 한다. 다른 혁신의 원천들이 환경의 변화를 출발점으로 삼는데 반해 프로세스상의 필요성은 과업에 초점을 맞춘다. 기존 프로세스상에서 약한 연결고리나 잃어버린 연결고리를 찾아 프로세스를 완결하거나 새롭게 디자인하는 것이다. 프로세스상의 문제를 해결하기 위한 조치들을 명확히 규정할 수 있어야 하고, 필요성이 파악되면 그 조치는 이용 가능한 것인지, 소비자들의 가치관에 부합하는 것인지 생각해야 한다.

산업이 변화하면 그 내부에 있는 사람들은 이를 기회가 아닌 위협으로만 인식하는 경향이 강하다. 하지만 산업구조의 변화는 다른 산업에 종사하는 사람들에게는 이것이 기회로 보일 확률이 높다. 대규모 시장이거나 일부 소수업체가 독점하고 있는 상황에서 변화가 일어날 때 선두주자는 이 변화를 무시하는 경우가 많기 때문에 성공적인 혁신은 이루기 쉽다.

인구구조의 변화는 외부에서 일어나는 가장 뚜렷한 변화로, 이로인해 나타날 결과를 예측하는 것도 어렵지 않다. 먼저 통계자료들을 시작으로 예측 가능한 결과들을 토대로 혁신을 이루어야 한다. 인식이 변한 것을 발견하고 머뭇거리다가는 기회를 뺏기기 쉽다. 타이밍이 관건이다. 인구구조의 변화와 달리 인식의 변화로 말미암아 초래될 결과는 예측하기 어렵다. 변화가 일시적일지 지속적일지 모르기 때문에 소규모로 출발해야 한다.

사람들이 일반적으로 혁신이라고 말하는 것들은 지식에 기초한 혁신들이다. 이러한 지식들이 새롭게 창출될 때는 리드타임이 긴 것이 특징이다. 즉, 계획에서 설계, 완성, 사용하기까지 걸리는 시간이 길다. 사회나 고객은 이 지식을 받아들일 수 있어야 한다. 그리고 다른 혁신들은 이미 일어난 변화를 이용해서 존재하는 욕구를 만족시키지만 새로운 지식의 창출로 인해 생긴 혁신은 자체가 변화를 초래하고 새로운 욕구를 창출한다.

혁신을 위해서는 내가 옳다고 여겨 오던 것이 틀릴 수 있다는 열린 생각과 긍정적인 마음이 혁신을 이룰 수 있는 시작이다. 그 작은 것부터 시작하면 일상에서도 혁신의 기회는 많이 찾아볼 수 있고, 분석하고 노력하면 성공적인 혁신을 이룰 수 있다.

8. 존속적 혁신과 파괴적 혁신

기업경영의 화두는 언제나 변화와 혁신에 있다. 사회 전반에 불확실성이 높아지면서 한 치 앞을 내다보기 어렵고, 미래를 정확하게 예측하는 것이 성공의 요소로 작용하기 때문이다. 이런 상황에서 기업이 갖추어야 할 조건이 파괴적 혁신(disruptive innovation)이다. 이것은 새로운 가치의 제안으로, 새로운 시장을 만들어내거나 기존의 시장을 뒤흔들어 재편하는 강력한 힘을 가지고 있다.

한때 최고의 자리에 있던 거대기업이 파괴적 혁신을 하지 못하고 한순간에 무너진 이유는 경영진이 무능했기 때문이 아니라 커다란 수익을 창출한 기존의 사업분야에 안주하고 싶어 하기 때문이다. 1900년대 초 벨이 발명한 전화기를 보고 당시 거대기업이던 웨스턴 유니언의 CEO는 "그 장난감을 가지고 우리가 할 수 있는 것이 무엇인가?" 물었다. 웨스턴 유니언은 기존에 자신들이 성공적으로 운영하고 있던 전보전신사업에 주력하고 싶었고, 그 결과 전화라는 혁신적인 기술의 파괴적인 힘을 발견하지 못하고 치열한 경쟁에서 밀려나고 말았다(크리스텐슨 외, 2005).

기업경영은 선택이다. 끊임없이 발생하는 상황에 따라 회사의 미래에 영향을 미칠 크고 작은 선택을 한다. 지금까지 해오던 방식을 이어갈 것인지, 아니면 이전과는 다른 길을 가야 할지를 결정해야 한다. 이런 선택의 기로에서 파괴적 혁신이론은 경영자의 외로운 결단에 도움을 준다.

클레이튼 크리스텐슨(Clayton Christensen)에 따르면 기업에는 두 가지 형태의 혁신이 있다. 하나는 존속적 혁신(sustaining innovation)이고, 다른 하나는 파괴적 혁신이다.

지속적 혁신은 과거보다 더 나은 성능의 고급품을 선호하는 고객들을 목표로 기존제품을 지속적으로 개선해 보다 높은 가격에 제공하는 전략을 말한다. 일반적으로 기존에 고객이 아니던 사람이나 덜 까다로운 고객들을 사로잡는, 간단하고 편리하고 저렴한 제품들을 출시하는 전략이 여기에 속한다. 우선 기존의 기업들은 제품의 질을 끊임없이 향상시켜야 한다. 이에 실패하면 기업은 도태된다. 이처럼 고객이 요구하는 기술이나 성능의 차이에 따라 이루어지는 혁신을 존속적 혁신이라 한다.

반면에 파괴적 혁신은 현재 시장의 대표적인 제품의 성능에도 미치지 못하는 제품을 도입해 기존시장을 파괴하고 새로운 시장을 창출하는 것을 말한다. 파괴적 혁신은 하위시장을 차지하는 데 끝나지 않는다. 지속적인 기술개발과 혁신을 통해 점차 상위시장을 잠식하게 된다. 이때 파괴적 기술이 도입된다. 파괴적 혁신은 듣지도, 보지도 못한 제품을 개발하는 것만을 의미하지 않는다. 고객들이 하고 싶었지만 못했던 일을 가능하게 해주는 것이 가장 중요한 일이다. 기존제품에 대한 이해에서도 파괴적 혁신이 필요하다.

기업들이 성공을 위해 몸부림치지만 시장은 패배자로 즐비하다. 혁신적이라 불리는 대기업조차 시장에서 실패한다. 그것은 시장과 소비자에 대한 분석이 제대로 되어 있지 않기 때문이다. 기업들은 흔히 시장을 제품·소비자로 나누어 분석한다. 예를 들어 자동차기업은 시장을 소형·중형·SUV·미니밴 등으로 나눠 각 시장의 크기와 점유율을 분석한다. 또 18~34세 여성·가난한 사람·부유한 사람 등으로 소비자를 세분한다. 이것은 기업 입장에서 시장을 바라본 것뿐이다. 이것은 고객의 시각이 아니다.

크리스텐슨에 따르면 시장을 밖에서 바라보는 것은 의미가 없다. 시장 안에서 소비자들과 함께 생각하고 그들이 상품을 이용해서 하는 일(job)이 무엇인지 먼저 깨달아야 한다. 고객이 되어 제품을 바라보기 시작하면 각각의 상품이 소비자가 처리해야 할 일들을 해결해준다는 사실이 보인다. 제품을 팔기 위해 소비자들이 원하는 그 무엇을 해소할 수 있는 전략이 필요하다. 그렇게 하면 시장에 산재해 있는 수많은 기회들이 보인다.

예를 들어보자. 맥도날드는 밀크셰이크를 디저트 상품군으로 분류해 매출 증대를 시도했다. 경쟁상품을 KFC의 비스킷, 버거킹의 아이스크림 등으로 잡았다. 고객군을 8~13세 어린아이들이 즐겨 먹는 메뉴로 분류했다. 이들의 심리도 분석했다. 그런 다음 밀크셰이크의 품질을 개선했다. 그러나 결과는 마찬가지였다. 사람들이 밀크셰이크를 구매하는 이유, 그 제품이 어떠한 용도로 쓰이는지를 정확히 파악하지 못했기 때문이었다. "과연 밀크셰이크가 하는 일(job)이 무엇일까?" 해답을 얻기 위해 그것을 파는 가게를 찾아가 10시간 동안 사람들을 관찰하여 얻은 것은 손님 대부분이 승용차를 타고 와 그것을 주로 사갔으며, 그 용도는 아침 출근의 지루함을 없애고 허기를 면하기 위한 것이라는 것을 알아냈다. 사람들은 바나나를 사서

먹어보았지만 다 먹는 데 3분밖에 걸리지 않은 데다 다시 배고팠고, 도넛 역시 손과 운전대에 부스러기가 묻을 뿐 아니라 1시간 후 허기가 졌다. 하지만 밀크셰이크는 오래 먹을 수 있을 뿐 아니라 10시까지 배를 든든히 만들어주었다. 버스를 이용해 출근하면서 무료함을 달래기 위해 밀크셰이크를 샀다면 그 경쟁품은 월스트리트저널이 된다. 사람들은 이런 복잡한 이유로 밀크셰이크를 사왔던 것이다. 소비자들은 줄을 서는 과정이 귀찮아 때로는 맥도날드를 그냥 지나친다는 것도 알았다. 이런 상황에서 맥도날드는 어떤 혁신을 해야 할까?

- 드라이브 인 등의 시스템을 통해 간편히, 짧은 시간 내에 제품을 구입할 수 있도록 한다.
- 밀크셰이크의 판매장소에 대해서도 고민할 필요가 있다. 맥도날드의 브랜드 가치를 이용해 주유소 등 출근길에 들를 가능성이 높은 곳에 밀크셰이크 자판기를 설치한다.
- 먹는 데 시간이 최대한 많이 걸리도록 걸쭉하게 만든다.
- 입이 심심할 수 있기 때문에 과일을 넣을 수도 있다. 과일을 넣는 것은 전적으로 씹히는 맛으로 지루함을 달래기 위한 장치다.

기업들은 파괴적 혁신의 프로세스를 전략에 활용함으로써 파괴적 혁신전략을 수립하고 추진할 수 있다. 이 혁신은 시장을 근본적으로 바꾸는 파괴(disruption)가 찾아올 경우에 행해지는 혁신이다. 그때는 기존기업들은 다른 비즈니스 형태를 창출해야 한다. 새로운 시장의 리더와 경쟁해야 한다. 이렇게 하면 기존의 기업은 살아남을 수 있다. 주력시장이 요구하는 성능과는 전혀 차별화된 요소로 잠재적인 소비자

층을 공략하는 혁신이기에 파괴적인 혁신이다(나카노 아키라, 2010).

SK 텔레콤은 휴대폰 전화서비스를 공급함으로써 사업을 확장했다. 휴대폰이 없던 시절, 보통 사람들은 집이나 직장에 설치된 전화를 통해서만 연락을 주고받았다. 이런 불편에 착안, SK 텔레콤은 누구나 쉽게 언제 어디서나 전화를 주고받을 수 있도록 하는 서비스를 시작했고, 엄청난 수익을 거둘 수 있었다. 즉, 새로운 수요와 소비를 창출해낸 것이다. 수요가 아직 형성되지 않은 새로운 시장에는 늘 성장의 기회가 도사리고 있다.

기업이 혁신을 키워드로 삼고 파괴적 혁신에 집중한 지 오래되었다. 그래선지 혁신의 역사도 조금 쓸 수 있게 되었다. 기록을 남길 만한 역사적 사례도 나왔다.

카메라의 경우 전통기술은 필름과 그것을 이용한 카메라였다. 그러나 지금은 이런 카메라를 찾아볼 수 없다. 디지털 카메라라는 혁신제품으로 인해 시장이 바뀌었기 때문이다. 필름에 주력했던 코닥은 현재 파산위기다. 아그파포토는 이미 파산했다. 이 모두 디지털 카메라, 스마트폰 카메라라는 파괴적 혁신이 가져온 결과다. 집안에 있던 카메라 여러 대를 처분하던 날, 고물상은 단돈 천 원도 쳐주지 않았다. 치워주는 것만 해도 감사한 줄 알라는 태도였다.

휴대전화의 경우 일반휴대전화는 전통기술에 속한다. 스마트폰이 혁신적 제품으로 나오면서 노키아의 실적은 추락했고, 모토로라는 구글에 인수되었다. 삼성의 갤럭시와 애플의 아이폰이 대세를 잡고 있다. 이것도 어떤 기술에 의해 대체될지 아무도 모른다.

서점의 경우 전통기술은 대형서점이었다. 그러나 인터넷서점이 파괴적 혁신을 도모하면서 이제 기존의 서점은 빛을 잃어가고 있다.

미국 대형서점 보더스는 파산했다. 기존 출판사들도 전자책을 만들며 고군분투하고 있다. 예배 때 종이 성경 대신 스마트폰 성경을 읽는 사람들이 늘어가고 있다. 학교 교육체계도 바뀔 조짐이다.

크리스텐슨에 따르면 국가경제 차원에서도 파괴적 혁신이 일어난다. 한때 일본 경제가 기존의 미국 경제를 붕괴시킨 적이 있었다. 과거 일본인들은 저가·저급 상품으로 세계시장에 등장했다. 도요타, 혼다, 소니, 캐논 등 세계적인 일본 기업들이 모두 이 단계에서 출발했다. 일본 제품은 서서히 품질을 높여 결국 가장 높은 단계에 진입했다. 일본 제품들이 저가제품에서 고가제품으로 옮겨가면서 한국과 대만의 제품들이 그 빈자리를 채웠고, 이들 역시 질을 높여나가면서 보다 높은 단계로 도약하고 있다. 이제는 중국의 제품들이 그 뒤를 이어 같은 길을 밟고 있다.

파괴적 혁신은 제품에만 있는 것이 아니다. 사회도 파괴적 혁신을 하고 있다. 지금 세계는 전통기술이었던 독재가 민주라는 혁신기술로 인해 힘을 쓰지 못하고 있다. 독재자들이 물러나거나 죽었다. 사회가 변하고 있는 것이다.

앞으로 어떤 부분에서 어떤 혁신이 일어날지 아무도 모른다. 그러나 기대는 있다. 모두를 행복하게 할 수는 없다 해도 모두가 바라는 정치, 소비자들을 다 만족시킬 수 없다 해도 가끔 우리를 놀라게 하는 제품들이 나왔으면 좋겠다. 파괴적 혁신이 지금 우리 삶을 경이롭게 만들고 있다.

9. 혁신을 위해 조직이 갖춰야 할 요소들

1) 혁신을 주도하는 리더십

혁신을 주도하는 리더는 태어나는 것이 아니라 후천적으로 만들어진다. 혁신을 이끄는 리더는 실용적인 몽상가(pragmatic dreamer)여야 한다. 혁신 없이는 달성할 수 없는 비전을 세우고, 조직에서 서로 다른 업무를 담당하는 종업원들을 통합한다. 성공할 가능성이 있는 혁신과제를 추진하고 실패할 과제는 단호하게 자른다. 혁신을 제도화하고 혁신이 일상적으로 일어나도록 격려한다.

2) 자율과 명령

스스로 혁신할 수 있도록 자율을 허용한다. 고어텍스를 만드는 고어 앤드 어소시에이츠(Gore & Associates)가 있다. 이 기업은 플라스틱, 전자소재, 제약, 의료용품 등 1,000가지 이상의 제품을 만들며, 50년 이상 미국 200대 민간기업 안에 꾸준히 들어 있는 회사이다. 이 기업은 지급이나 직무기술서는 물론 관리범위, 보고체계, 조직도 업데이트 등이 없다. 직속상사개념도 없다. 직원들은 '어소시에이트'라 불린다. 업무는 프로젝트마다 소규모 팀이 결성됐다 해체되는 식으로 진행된다. 어소시에이츠들은 지위에 상관없이 팀원 채용결정권을 가진다. 중간 매개체 없이 직접 의사소통이 이뤄진다. 창립자 빌 고어가 고안한 격자형 경영구조에서는 권한이 고정되거나 할당되지 않는다. 조직원들은 팔로워에 의해 리더가 선택되어야 한다고 믿는다. 고어는 헌신과 자기규율, 성실함, 자율성을 토대로 이뤄져 있다. 이 외에도 브라질 회사 셈코가 있다. 이 회사도 고어 앤드 어소시에이츠와 유사한 정책을 사용하고 있다. 그렇다고 명령을 소홀히 해서는 안 된다. 자율과 명령이 함께 가야 바람직하다. "강력한 명령은 조직을 살찌운다." 리카싱 소유 청쿵그룹이 내세우는 캐치프레이즈다.

3) 개방과 소통

창조경영은 세상에 존재하지 않는 새로운 제품과 기술, 비즈니스 모델을 만드는 것이다. 이를 위해서는 개방과 소통을 기반으로 한 혁신이 필요하다. 한때 신제품이 없어 위기를 맞았던 P&G는 대학·연구소·벤처기업 등 외부와 협력하는 개방시스템을 구축하여 세계 최고의 혁신기업으로 변신했다. P&G는 혁신 창출문화를 위해 '4C'와 '1O'를 강조한다. 4C에는 용기(Courageous), 연계(Connected), 협력(Collaborative), 호기심(Curious)이 있고, 1O에는 개방성(Open)이 있다. 이를 위해 필요한 것은 대화이다. 혁신도 기업문화도 출발은 대화다. 이노베이션을 일으키고 새로운 기업문화를 끌어내려면 끊임없이 사원과 대화해야 한다. 부서 간 장벽은 혁신에 필요한 아이디어의 연계와 협력을 방해하므로 제거한다.

혁신적인 기업들의 공통점은 자유분방한 분위기에서 마지막 직원 한 명의 아이디어까지 모두 뽑아내 활용한다는 점이다. 사원들이 생각할 자유, 어떤 일에 참여할 자유를 최대한 높인다. 고어 앤드 어소시에이츠는 박스에 갇히면 모든 것이 끝난다고 생각해 스스로 박스에 갇히지 않도록 노력한다.

4) 깊은 열정: 고슴도치 콘셉트

변화와 혁신을 위해 짐 콜린스는 고슴도치 콘셉트를 제시한다. 이
것은 자기가 깊은 열정을 가진 일, 당신이 세계 최고가 될 수 있는
일, 당신이 경제엔진을 움직이는 것 등 이 세 부분을 합할 때 좋은
기업으로부터 위대한 기업으로 도약할 수 있다는 것이다. 내가 잘할
수 있는 일, 내가 깊은 열정을 가진 일, 그리고 내가 그 분야에서 최
고가 될 수 있는 길을 찾아내 이 일에 몰두하는 것이 중요하다.

5) 타이밍

혁신은 타이밍이다. 캐논 사장 우치다 쓰네지는 타이밍을 중시한
다. 듀폰은 혁신으로 성장하는 올드 기업이다. 1998년 취임한 홀리
데이 회장은 개혁을 모색했다. 나일론 제품이 정체되고, 매출이 13%
나 떨어졌기 때문이다. 그는 듀폰의 상징인 섬유부문을 과감히 매각
했다. 바이오 연료 등을 신성장 동력으로 채택했다. 시장과 가까이
하면서 연구개발자에 특명을 내리곤 했다. 변화의 신호는 밖에 있기
때문이다. 성공 신화에 안주하던 직원에게 시장에 가보라 명령했다.
지금은 32조 매출의 36%가 5년 이하의 신제품이다. 이 듀폰 혁명은
"오래 붙들면 썩는다. 너무 빨리 점프하면 추락한다"는 신조로 집약
된다. 타이밍이 중요하다는 말이다.

6) 고객에의 초점

혁신의 초점을 고객에 맞춘다. 혁신을 위해서는 고객에 대한 이해가 중요하다. 고객의 니즈와 욕구를 혁신에 반영시켜 그들을 만족시키는 제품과 서비스를 개발해야 하기 때문이다. 이를 위해 고객태도조사, 포커스그룹 인터뷰 등 기존방식을 벗어나 새로운 방법을 도입할 필요가 있다. P&G는 고객을 이해하기 위해 고객의 집에서 며칠간 함께 살면서 관찰하는 'Living It' 프로그램을 운영하고 있다. 경쟁사제품보다 자사제품을 먼저 선택하도록 하고, 한번 고객이 계속고객이 되도록 한다. 기업은 신기술 및 신제품 개발은 물론 비용절감, SCM개선, 신사업모델 등을 꾸준히 개발해야 한다.

7) 새로운 비즈니스 모델의 창출

"혁신적인 기업들은 먼저 당신 회사의 시장과 고객을 빼앗을 것이다. 다음으로 그들은 당신 회사의 가장 우수한 인재들을 빼앗고, 마지막으로 그들은 당신 회사의 모든 자산까지도 빼앗을 것이다. 그러므로 기존 비즈니스 모델을 개선하기보다는 그것을 해체하고 새로운 비즈니스 모델을 창출하는 데 집중하라." 게리 해멀의 말이다.

그는 『꿀벌과 게릴라』를 통해 지속적인 개선을 통해 기업이 경쟁력을 유지할 수 있었던 20세기는 지나갔다고 단언했다. 21세기는 비선형적이고, 불연속적이며, 돌발적인 변화가 본격적으로 나타나는 혁명의 시대다. 따라서 이 혁명을 리드할 수 있는 기업이 앞선다. 그는 기업들에게 '더 빠르게, 더 우수하게, 더 싸게'라는 전통적이고 점진적인 사고의 굴레에서 벗어나라고 한다. 그러지 못하면 새로운 시대에 경쟁력을 잃고 패배자로 전락하게 되므로 비즈니스 모델을 혁신해나가야 한다. 착실하게 주어진 일만 열심히 수행하는 꿀벌과 같은 20세기의 사고방식에서 탈피해 창의력과 상상력으로 무장한 행동주의자이자 혁명가인 게릴라가 되어야 한다(Hamel, 2000). 해멀은 상자 속에 갇힌 꿀벌들이 아니라 놀라운 혁신을 이루는 게릴라들이 충만하도록 만들어야 최고로 효율적인 조직이 된다고 보았다.

8) 실패용인

스티브 잡스가 성공할 수 있었던 것은 그가 천재였기 때문이 아니라 애플이 실패를 용인했기 때문이다. 잡스는 뉴턴(1993년에 나온 최초의 PDA), G4 큐브(데스크톱 PC), 애플TV 모두 실수의 연속이었다. 하지만 그는 결국 놀라운 성공을 거두었다. 이런 실수가 없어야 정상에 오를 수 있는 것이 아니다. 뉴턴이 완전히 잘못된 아이디어는 아니다. 다만 시대를 너무 앞서갔던 것뿐이다.

10. 혁신을 추진하는 방법들

1) 1만 시간의 법칙

말콤 글래드웰은 1만 시간의 법칙을 내세운다. 1만 시간의 법칙은 위대함에 이르는 진입단계의 수준이다. 일단 이 단계에 진입해야 독

창성과 결합해 진정으로 위대한 것을 창조해낼 수 있는 기회를 얻게
된다. 그러나 1만 시간 법칙만 따르고 다른 실험을 하지 않으면 유
능한 사람이 될지는 모르지만 두드러지지는 못한다. 반드시 독창성
과 결합해야 한다.

2) 분석적 방법과 창조적 접근

혁신을 추진하는 방법으로 분석적 방법과 창조적 접근방법이 있
다. 분석적 방법은 6시그마, TOC 등 프로세스의 연장선상에서, 기존
의 질서에서 얻어진 데이터를 분석해 문제를 해결하는 방법론이다.
이에 반해 창조적 접근방법은 인간의 두뇌활동이 갖는 특징인 창의
성을 활용하는 접근이다(최인철, 2008).

3) 크로스 미디어 이미징

캐논의 발전전략은 크로스 미디어 이미징(cross media imaging)이
다. 다양한 미디어의 유기적 결합으로 이미지의 효과를 끌어올리는
것이다. 캐논은 기업이념, 비전, 그 이념과 비전을 실현하는 사업내
용, 개발, 생산, 판매 모두를 이미징(화상화)과 연관시켰다. 이것은
종래 한 미디어로 획일화된 모습에서 벗어나 여러 미디어를 통해 다
양하고 역동적인 모습을 구축하는 데 도움이 된다.

4) 혁신방법의 혁신

혁신하는 방법을 혁신한다(Lafley & Charan, 2008). 기존의 폐쇄적이고 부서별로 분리되어 수행되던 혁신방법 자체를 혁신한다(innovating the way of innovation). 혁신바보는 제대로 혁신을 할 줄 모르면서 혁신을 외치며 흉내를 내는 사람들, 잘못된 혁신을 진행하고 있는 사람들이다(최인철, 2008).

11. 혁신 장애물의 제거

혁신이 글로벌 기업들 사이에서 중요한 트렌드로 자리 잡았다. 베인앤컴퍼니 CEO 스트브 엘리스(S. Ellis)에 따르면 기술의 발전으로 변화의 속도가 계속 빨라지고 있기 때문에 많은 기업들이 과거보다 어떻게 하면 더 빨리, 더 효율적으로 상품과 서비스를 제공할 수 있을까를 고민하고 있다.

성공적인 혁신사례로 애플컴퓨터를 든다. 1997년만 해도 사람들은 애플이 IT업계에서 설 자리가 있겠느냐고 걱정했고, 다른 기업에 인수 합병될 것이라는 추측이 난무했다. 그러나 1998년 창업자인 스티브 잡스가 CEO로 복귀하면서 핵심부문에 대한 혁신이 시작되었고, 그 결과 애플은 디자인과 컬러가 가미된 일체형 컴퓨터 아이맥과 MP3 플레이어인 아이팟을 성공시키며 부활했다.

혁신에 나섰다가 실패한 케이스도 있다. 반도체회사인 인텔은 1990년대 후반 소비자용 제품영역에 진출했다 실패했지만 실패를 통해 핵심사업에 역량을 집중해야 한다는 교훈을 얻었고, 그 결과 센트리노 등 신제품 개발에 성공했다.

한국 기업들이 혁신에 어려움을 겪는 것은 위험을 격려하는 문화가 없기 때문이다. 특히 많은 사람들이 실패하면 내 경력이 끝나는 것이 아닌가 하는 우려 때문에 새로운 시도를 꺼린다.

혁신이 기업의 화두가 되었고 많은 기업이 어떻게 혁신할 수 있는지 연구하고 있지만 이를 제대로 실천하고 있는 기업은 찾아보기 힘들다. 인시아드의 아누 드 메이어 교수는 혁신을 가로막는 아시아의 5개 장애물로 다음과 같은 점들을 들었다.

첫째, 리스크를 감수하지 않으려는 자본과 인력의 부족이다. 우선적으로 자원부족 문제가 있다. 특히 중소기업일수록 자본조달이 중요한데 이것이 제대로 이뤄지지 않고 있다. 이는 자본 자체가 없어서라기보다는 위험을 감수하려는 자본이 없기 때문이다.

혁신을 이끌 인력이 부족한 것도 걸림돌이다. 대부분 아시아기업을 보면 연구 인력과 영업 인력은 많지만 이 두 분야를 연결해 상용화 단계로 이끄는 이른바 '디자인 인력'이 많이 부족하다. 인도와 중국에서 많은 기술자들이 배출되고 있지만 디자인 인력은 부족한 형편이다.

둘째, 보수적인 성향을 띤 소비자이다. 위험을 감수하지 않으려는 아시아 소비자 성격도 아시아 기업혁신을 가로막는 장애물로 지적되었다. 아시아 소비자는 보수적인 성향이 너무 강해 신제품을 먼저 사려고 하지 않는다. 이는 분명 미국 소비자 성향과 다르다.

셋째, 낙후된 산업정책이다. 아시아 국가산업정책은 공장설립 등 주로 하드웨어에 관한 내용이 많다. 급변하는 환경에서 강조되고 있는 창조정신이 빠져 있다.

넷째, 가족경영 중심인 기업문화다. 가족경영 중심인 기업문화로 권위주의가 팽배하다. 아시아 기업 중에는 가족경영 기업이 많다. 가족 중심으로 의사결정이 이뤄지다보니 가치창조에 어려움이 나타나고 있다.

다섯째, 무형자산을 중시하지 않는 기업문화이다. 대부분 아시아 기업들은 무형자산을 중요하게 여기지 않는 경향이 있어 기업혁신에 어려움을 겪고 있다.

이제 우리가 해야 할 일은 더욱 명백해지고 있다. 한국은 학계, 민간, 정부기관 간 R&D를 통합시켜 상용화를 앞당겨야 한다. 특히 공공부분이 보유하고 있는 연구물을 어떻게 활용할 수 있는지 고민해야 한다. 공공부문 연구물을 일반사회에 확산시킬 수 있느냐와 관련해서는 미국과 유럽 간에도 차이가 있다. 유럽은 최근까지 공공 연구소와 기업 연구소 간 의사소통이 미국만큼 효율적이지 못했다. 미국 신생회사는 시간이 지나면서 기업규모가 커지는 현상을 볼 수 있지만 유럽 신생회사는 중소기업에 머무는 사례가 많다.

기업혁신을 유도하기 위해서는 지적재산권을 보호하는 것이 매우 중요하다. 하지만 지적재산권을 보호하는 것은 당연하지만 회사 시각에서 보면 이를 다른 회사와 공유함으로써 새로운 사업 기회를 찾을 수 있다. 예를 들어 어떤 기업이 지적 재산권과 관련된 내용을 다른 회사와 공유하겠다고 하면 많은 회사들이 이를 활용하기 위해 협력관계를 맺을 가능성이 높아 윈-윈 게임이 될 수 있다.

펩시가 코카콜라를 앞선 이유

만년 2위 업체가 1위로 등극하려면 어떻게 해야 할까. 현대경제연구원은 「만년 2위 탈출전략」이라는 보고서에서 최근 몇 년 사이 철옹성 같이 오랫동안 1위를 지켜왔던 기업들 중에 실적 고전으로 그 자리를 2위 업체에 넘겨주는 사례가 속속 나타나고 있다고 소개했다.

지난 2006년 펩시콜라는 118년의 아성을 쌓아온 코카콜라를 매출(2004년)에 이어 순이익까지 추월했고, 휴렛팩커드는 IT기업의 대명사로 100여 년의 역사를 지닌 IBM을 매출부문에서 추월했으며, 지난해에는 게임기 시장에서 닌텐도가 시가총액 기준에서 7년 만에 소니를 앞섰다고 연구원은 말했다.

이같이 철옹성 같던 1위 업체들이 만년 2위 업체에게 선두를 내준 이유는 2위 업체들이 글로벌화, 과학기술변동, 시장성숙화 등 환경변화를 적극 활용해 시장을 재정의한 뒤 상품을 차별화하고 시스템의 유연성과 실행력을 늘린 반면, 1위 업체들은 보수적으로 대응했기 때문이라는 분석이다.

실제로 펩시콜라는 건강중시 등 소비자 취향의 변화에 맞게 탄산음료가 아닌 이온음료, 스낵 등 비탄산음료 분야의 매출이 80%에 이를 정도로 사업을 다각화해 1위 자리를 탈환한 반면 코카콜라는 비탄산음료 기업 인수에 실패하고 탄산음료 시장에 더욱 치중하는 보수적인 경영으로 실적부진에 빠져들었다.

연구원은 2위 업체가 1위에 등극하는 데 취한 전략들을 분석한 결과 1위 달성을 위해서는 기존의 주력시장을 벗어나 인접시장까지 확대해 규모와 수익성 있는 시장을 탐색하는 시장 재정의가 필요하다고 말했다. 또 1위 업체가 제공하지 못하는 고객의 관심사와 문제를 해결하는 데 맞는 솔루션을 내놓고 창출된 전략이 있으면 그 전략의 실행력과 실행 속도를 높여 선점효과를 누려야 한다고 밝혔다.

12. 워킹과 점핑의 조화

혁신을 보다 효과적으로 이끌려면 워킹(walking)과 점핑(jumping)을 조화시켜야 한다. 워킹이란 작은 혁신이다. 프로세스의 개선, 제품성능 향상, 고객만족도 제고 등 기업이 기존에 가지고 있는 역량을 좀 더 높이는 작업이다. 이에 반해 점핑은 큰 혁신으로 종전과는 전혀 새로운 고객, 새로운 제품, 새로운 기술, 새로운 사업을 통해서 기업의 체질 자체를 바꾸는 것이다. 워킹이 단기적 혁신이나 개선이라면 점핑은 비교적 장기적이고 위험도가 높은 혁신활동이다. 혁신에는 이 두 가지 모두가 필요하다. 대체로 워킹은 80~90%, 점핑은 10~15% 정도가 적당하다. 획기적이고 모험적인 혁신을 위해서는 점핑이 필요하지만 매사에 점핑만 하다가는 오히려 기업이 위험에 처할 수 있다.

점핑을 통해 기업의 경쟁력을 높인 사례로는 펩시, 노키아, 코닥 등을 들 수 있다.

펩시는 108년 만에 처음으로 코카콜라를 앞지르고 1등 기업으로 도약했다. 최근 음료시장은 웰빙열풍 때문에 탄산음료시장이 위축되었다. 코카콜라는 탄산음료의 질을 높이는 데 몰두(워킹)한 반면 펩시는 스낵, 기능성 음료 등 새로운 부분(점핑)에서 성장동력을 찾았다. 전체 사업에서 탄산음료가 차지하는 비율은 코카콜라가 80%라면 펩시는 20%밖에 되지 않는다. 워킹에 치중한 코카콜라는 성장이 멈춘 반면 점핑을 시도한 펩시는 한 단계 성장할 수 있었다.

노키아는 원래 펄프, 종이, 고무장화 등을 만드는 회사였다. 1992년 새 CEO가 된 올릴라는 기존사업 포트폴리오를 정리하고 휴대전화 시장으로 진출했다. 또 가상기업이라는 새로운 개념의 사업형태를 만들었다. 생산, 공급, 디자인, 유통업체, 심지어 경쟁업체들로부터 각각 핵심능력을 제공받아 이를 잘 조합해 운영하는 일종의 네트워킹 기업이다. 노키아는 휴대전화사업을 시작한 지 불과 1년 만에 22억

5천만 달러의 수익을 창출하면서 모바일시장의 역사를 새로 썼다.

　코닥은 세상이 디지털화하면서 큰 타격을 입었다. 125년 전통의 필름 기업은 디지털 시대에 어울리지 않았다. 안토니오 페레즈가 새로운 CEO로 영입되면서 기존의 필름 카메라를 던져버리고 디지털 카메라에 뛰어들었다. 코닥은 2004년 미국 디지털 카메라시장에서 21%의 시장점유율로 판매 1위를 차지했다. 그는 제품혁신에 이어 수익의 지속성을 높이기 위해 비즈니스 모델혁신까지 시도했다. 디지털 카메라와 PC에서 하는 앨범관리 소프트웨어를 연동시켜 시너지를 내는 사업모델로 고객으로부터 큰 호응을 받았다. 최근 코닥은 온라인 사진공유 및 디지털 사진과 관련된 새로운 서비스들을 내놓으면서 서비스 사업을 중심으로 한 비즈니스 모델을 개발하고 있다.

　점핑은 성과의 규모가 크지만 실패 확률도 높다. 따라서 점핑과 관련된 일을 꺼리는 경향도 높다. 이런 경우 점핑을 추진하기 위해서는 독립적인 조직 및 평가시스템을 만들어 구성원들의 재능이 마음껏 발휘될 수 있도록 해야 한다. GE의 제프리 이멜트 회장은 '상상력의 실현(Imagination at Work)'이라는 모토 아래 점핑을 강조했다. 에어택시형 소형 제트엔진 개발 같은 프로젝트를 독자적인 팀이 획기적인 인센티브를 받고 추진하도록 함으로써 GE로 하여금 지속 가능한 성장이 가능하도록 했다(윤영수, 2007).

☝ 생각부터 바꿔라

1. 사고혁신

현재 많은 사람의 관심을 끄는 것은 사고의 혁신이다. 한 농부가 플로리다에 왔다. 그가 농장을 소유했을 때는 좀처럼 일할 용기가 나지 않았다. 토질이 워낙 거칠어 과수를 재배할 수도 없고 돼지를 사육하는 것조차 불가능했다. 게다가 번성하는 것은 작은 가시나무와 방울뱀뿐이었다.

그러자 그는 여기서 기발한 착상을 했다. 이 무용한 것들을 자산으로 바꾸는 것이다. 방울뱀을 이용하기로 한 것이다. 그는 방울뱀을 고기로 통조림 제조를 하기 시작했다.

방울뱀 농장이 유명해지자 해마다 수십만 명의 관광객들이 몰려들었다. 농장주는 방울뱀 사업을 늘려 나갔다. 독사의 이에서 뽑은 독은 항독용 독소로서 각지의 연구소로 보내졌고, 그 가죽은 부인용 구두라든가 핸드백의 재료로 비싼 값에 팔았다. 뱀고기 통조림은 세계 식도락가를 위해 팔려 나갔다. 동네 이름도 방울뱀으로 바꾸어졌다.

이 농부는 마이너스를 플러스로 바꾸는 힘을 가지고 있었다. 윌리엄 보리소는 이렇게 말한다.

"인생에 있어서 가장 중요한 일은 이익을 자본화하지 않는 것이다. 그런 짓은 바보라도 할 수 있다. 진실로 중요한 일은 손실에서 이익을 길어 올리는 것이다. 그러자면 지혜가 필요하다. 이 지혜가 분별 있는 사람과 바보와의 차이를 만든다."

이노베이션은 마이너스를 플러스로 바꾸는 힘이 있다. 스칸디나비아에서는 이런 말이 있다. "북풍이 바이킹을 만든다." 어려운 때일수록 사고의 전환이 경영을 수월하게 만든다. 기업은 혁신적 상상력을 넓혀 미래에 대비하고 새로운 시장을 개척해나간다. 창조적 상상력이 기업을 움직이는 것이다.

이노베이션은 사고의 혁신을 바탕으로 하고 있다. 사고에 있어서 혁신이 없다면 창의성도 이노베이션도 가능하지 않기 때문이다. 사고혁신은 창조성뿐 아니라 이노베이션 각 과정에 적용된다. 경영의 세계를 창조의 세계라 말하는 것이나 슘페터의 창조적 파괴도 바로 사고혁신에서 출발한다.

경영에서 필요한 것은 무엇보다 사고의 전환이다. 흑인 지도자 캐버(G. W. Caver)는 당시 밀어닥치는 산업화의 물결 때문에 농토를 버리고 도시로 떠나려는 농민들에게 "가까이에 있는 풀이 더 푸르다"고 외쳤다. 그리고 농민들로 하여금 사고의 전환을 하도록 만들었다. 그리하여 그들은 열심히 땅콩을 재배했다. 뿐만 아니라 3백여 개의 유용한 상품들을 고안했고, 땅콩을 이용해 가정 식탁에 올릴 수 있는 음식만 해도 무려 105가지를 제시했다.

빅토리아 스테이션 음식점은 폐차된 열차를 우아한 음식점으로 바꾸어 성공했다. 공간적 이동수단만을 생각하는 고정관념을 바꾸고, 음식의 맛과 식사의 편리함 그리고 감정적인 연상까지 즐기도록 했다.

사고의 전환이 경영을 만든다. 기업은 상상력을 넓혀 미래에 대비하고 새로운 시장을 개척해나간다. 창조적 상상력이 기업을 움직이는 것이다. 다음은 몇 가지 보기이다(이순철: 43~49).

- 기존시장을 우선적으로 생각하는 것에서 탈피하여 보다 적극적으로 새로운 시장을 개척한다. CNN은 뉴스란 일정한 시간에 전달해야 한다는 기존방식에 도전하여 언제 어디서라도 24시간 뉴스를 시청할 수 있도록 한다는 상상 아래 새로운 사업을 개척했다.
- 꾸준히 혁신적 제품을 내놓음으로써 새로운 수요를 창출한다. 야마하는 디지털 시그널을 이용하여 레코딩할 수 있는 피아노를 개발함으로써 디지털 피아노의 수요를 창출했다.
- 처음부터 완벽한 제품이나 서비스를 내놓지 않는다. 컴퓨터 소프트웨어는 처음부터 완벽한 소프트웨어를 만드는 것이 아니라 꾸준히 보완하고 새로운 것을 내놓음에서 시장을 새롭게 창출해간다.
- 고객의 현재욕구에 안주하지 않고 그보다 앞선 제품을 내놓음으로써 고객을 이끌어 간다. 일본의 NEC는 언어가 다른 사람들이 서로 대화가 가능하도록 한다는 비전을 가지고 있고, 모토롤라는 전화번호를 고정된 장소가 아니라 사람에게 부여하여 사람이 이동하더라도 전화의 송수신이 가능하게 한다는 비전을 가지고 있다.

유리시스템스의 김종훈 사장은 기술개발과정에서 한국과 미국이 차이가 있다고 말한다. 미국에서는 개발과정에서 서로 아이디어를 주고받는 지혜를 발휘한다. 반도체칩을 만드는 사람들이 장비를 만드는 회사에 찾아와 정보를 교환한다. 제품을 만들기 전에 시장의 동향을 파악하기 위해서다. 그런데 한국은 똑같은 물건을 만든 다음 가격경쟁을 벌인다. 창조성을 경쟁하는 것이 아니라 값싼 물건을 경쟁하는 것이다. 이것은 기술개발이나 생산에서뿐 아니라 모든 면에서 창조적 사고가 필요하다는 것을 일깨워준다.

2. 발상의 전환을 위한 방법들

1) 드보노의 수평적 사고

드보노(Edward de Bono)는 수평적 사고(lateral thinking)의 방법을 제시함으로써 사고의 변혁을 가져다주었다. 그에 따르면 수직적 사고(vertical thinking)는 상식에 기초한 사고방식임에 반하여 수평적 사고는 상식 및 기존관념의 틀에 얽매이지 않는 사고방식을 가리킨다.

수직적 사고는 논리가 두뇌를 지배함에 반해 수평적 사고는 논리가 두뇌의 뜻대로 움직인다. 수평적 사고는 수직적 사고가 한계점에 도달했을 때 가장 필요하다. 그는 수평적 사고의 원칙으로서 다음과 같은 네 가지 원칙을 제시했다.

제1원칙: 지배적 아이디어 찾기

제1원칙은 지배적인 아이디어를 찾아내는 것이다. 이것은 지배적인 아이디어의 영향권에서 벗어나기 위한 것으로 그 아이디어의 정체를 명확히 하고 그 약점을 비판하며 그 아이디어를 조각조각으로 해체하면서 하나하나를 굴복시켜 하나의 아이디어로서의 형태를 잃게 하는 방법이다. 수평적 사고를 위해서는 현재의 지배적인 아이디어가 편리한 수단이 못 되고 오히려 장애가 된다는 것을 인식하는 데서 출발한다.

제2원칙: 여러 가지로 사물을 보는 방법 찾기

제2원칙은 여러 가지로 사물을 보는 방법을 찾아내는 것이다. 사람은 처음에는 일시적이고 잠정적인 것으로 시작하지만 그 방법을 몇 번 되풀이하고 있는 가운데 성공하면 자신이 택한 방법을 다시없는 유일한 것이라고 믿고 이것에 안주하는 성향이 있다.

제2원칙은 일상적이고 틀에 박힌 안이한 처리방식으로부터 벗어나고자 한 것이다. 모든 것이 순조롭게 진행되어 자기만족에 빠진다면 그것은 잘 돼나가는 것이 아니라 상상이 결여되어 문제점도 찾지 못하고 발전이 없는 것을 의미한다.

제3원칙: 수직적 사고로부터 벗어나기

제3원칙은 수직적 사고의 강한 통제로부터 벗어나는 일이다. 수직적 사고(좌뇌적 사고)로도 수평적 사고(우뇌적 사고)가 내릴 수 있는 결론에 도달할 수 있지 않겠느냐고 생각하기 쉽지만 수직적 사고는 각 단계에서 기본적으로 대체안을 배제하기 때문에 새로운 아이디어 창출을 억제한다. 수평적 사고는 그런 일이 없다. 따라서 수직적 사고를 벗어나 수평적 사고를 해야 한다.

제4원칙: 우연한 기회활용

제4원칙은 우연한 기회를 활용하여 새로운 아이디어를 떠오르게 하는 것이다. 우발적인 일이란 의도한다고 해서 되는 일이 아니다. 우연의 상호작용으로 아이디어를 촉진시키는 방법 가운데 하나가 바로 두뇌선풍이다.

틀에 박힌 교육을 아무리 받아도 수평적 사고의 습관은 개발되지 않는다. 수평적 사고는 기술의 습득이 아니고 일종의 두뇌습관이다. 새로운 아이디어를 낳는 능력은 수직적 사고에 물들지 않는 것에 있으므로 수평적 사고법에 익숙한 일이 중요하다.

드보노의 수평적 사고증진법은 학생뿐 아니라 경영자에게도 유익하여 많은 경영자들이 사고의 혁신을 위해 사고력 연마법을 배우고 있다. 수평적 사고는 많은 정보를 바탕으로 의사결정을 내리고 문제를 해결하는 일, 기회를 창조하고 인간의 잠재적 능력을 이끌어내는 일에 중요한 역할을 한다.

2) 드보노의 6색 모자 발상법

토론그룹을 6명씩으로 쪼개어 각각 백색(사실과 통계), 적색(감정이나 예감), 흑색(오류나 결점), 황색(계획과 제안), 녹색(대안탐색), 청색(정리와 결론도출)의 6색 모자를 나눠 쓴 후, 각자의 영역별 사고활동을 하도록 하는 방법이다.

드보노는 우리의 사고가 다양하며 그 다양한 사고 가운데 가장 필요한 사고는 창조적 사고라 말한다. 그는 사고를 다양한 모자로 비유하고 우리가 써야 할 모자가 무엇인가를 구체적으로 가르쳐주고 있다.

하얀 모자의 사고

하얀색은 중립을 상징한다. 하얀 모자의 사고는 사실과 수치를 다루며 중립적이고 객관적이다. 절도가 있고 방향성도 가지고 있지만 어떤 주장이나 해석도 제시하지 못하는 단점이 있다.

빨간 모자의 사고

빨간색은 분노와 감정을 상징한다. 붉은 모자를 쓴 사람은 사물에 대한 자신의 느낌을 비교적 잘 표현한다. 붉은 모자는 두 가지 느낌을 준다. 하나는 두려움, 혐오, 의혹 등의 일반적인 감정이며, 다른 하나는 육감, 직감, 취향, 심미감 같이 판단과 관련된 보다 복잡한 감정이다.

노란 모자의 사고

노란색은 햇살, 밝음, 낙천성, 기회 등을 상징하며 가치 및 이익 추구와 연관성이 있다. 노란 모자의 사고는 긍정적이고 건설적인 것으로 일을 추진하는 정신자세와 관련된다.

녹색 모자의 사고

녹색은 비옥함, 성장, 씨앗, 초목의 가치를 나타낸다. 녹색 모자의 사고는 창조적이고 새로운 아이디어를 추구한다. 대안에 대한 탐구는 녹색사고의 근본적인 측면이다. 이 사고는 우리를 일상적인 사고 패턴에서 탈피시켜 새로운 개념과 감각에 도달하게 한다.

푸른 모자의 사고

푸른색은 냉정함을 상징한다. 푸른 모자의 사고는 사고과정을 조직화하고 문제를 규명하며 의문을 구체화한다. 이 사고는 요약, 개관, 결론, 감사 등을 책임지며 법칙을 지킨다.

검은 모자의 사고

검은색은 우울과 부정적 이미지를 상징한다. 검은 모자의 사고는 잘못된 점들, 위험 및 설계상의 실수 등을 지적한다. 어려운 문제를 처리하는 사람은 검은 모자를 쓴다. 현재 사고방식에 위배되는 증거를 애써 피하려는 마음이 내면에 깊숙이 잠재해 있을 경우 검은 모자를 써야 해결된다.

드보노는 사고의 모자이론을 통해 우리가 적재적소에서 어떤 모자를 써야 하는가를 보여준다. 불안정한 환경에서 사업계획을 짜야 할 경우 팀원은 녹색의 모자를 쓰고 대안을 창조적으로 모색해야 한다. 특히 21세기를 맞아 보다 높은 비전을 실현하고자 할 경우 녹색 사고는 필연적으로 요청되는 사고이다. 밝고 긍정적인 사고를 위해 때로 노란 모자도 쓴다. 그러나 최종 결정을 내려야 할 경우 머리에 검은 모자를 푹 눌러쓴 채 각기 다양한 옵션을 꼼꼼히 따져볼 필요가 있다.

3) 케프너-트리고의 KT법

이 방법은 미국의 심리학자 케프너(Kepner)와 사회학자 트리고(B. Tregoe)가 NASA의 조직개발 업무를 맡고 있을 때 우수한 관리자의 사고논리에는 어떤 공통된 순서가 있다는 점을 발견하면서 발전된 것으로 무엇을 하려 하는가, 목표는 무엇인가, 다른 대안은 없는가, 마이너스 요인은 없는가를 질문한다.

이 기법은 기업이 지금까지 축적한 지식·기술·경험·노하우·전통 등을 조직적으로 활용하여 현재 직면하고 있는 문제를 명확히 하고, 문제를 정리하고 목표에 견주어 우선순위를 정하며, 문제해결에 필요한 관련정보를 충분히 수집하고, 낭비 없이 효율적으로 결론을 도출하고자 한 방법이다. 이 방법은 사고의 생산성을 향상시킴으로써 문제해결의 범위를 넓혀 결국 업무의 효율을 증진시키고자 한 것이다.

KT법의 기본적 사고패턴은 SA, PA, DA, PPA 등 네 가지 영역으로 구분된다.

- SA: 현상을 파악하는 것(situational appraisal)으로 문제의 발굴 및 명확화, 우선순위의 설정과 분석순서의 명확화가 이에 해당한다.
- PA: 문제를 분석하는 것(problem analysis)으로 효율적인 정보 수집, 정보의 정리와 객관적 원인의 추출 및 효과적인 대책의 설정작업을 한다.
- DA: 의사결정을 분석하는 것(decision analysis)으로 최적안을 선정하거나 입안전개를 할 때 판단기준의 설정, 평가, 위험의 가능성을 분명히 하고 결정의 근거를 명확히 한다.
- PPA: 장래문제를 분석하는 것(potential problem analysis)으로 장래 예상되는 위험발생에 대한 중요한 영역의 명확화, 장래 대책을 사전에 설정하는 문제를 다룬다.

4) SOP기법

SOP(strategic opportunity profiling)는 아이디어 창출의 원천이 되는 소비자, 경쟁상대, 자사의 경영자원, 정부의 법적 규제 등 네 부분을 조사·분석함으로써 제품의 개량이나 신제품 개발의 아이디어를 전략적으로 얻어내는 방법이다.

소비자 조사

소비자 조사(user survey)는 소비자의 니드 조사로 기존제품이나 서비스에 관한 일반적인 시장조사가 아니라 소비자 자신에게도 아직 명확히 이미지화 되지 않은 니드의 변화를 한발 앞서 찾아내는 것을 말한다.

경쟁상대분석

경쟁상대분석은 경쟁상대의 제품을 분석·평가하는 것으로 역공법(reverse engineering)과 부가가치분석 방법을 사용한다.

역공법은 경쟁제품의 최종부품 단위까지 분해하여 그 기능을 철저하게 분석하는 것을 말하며 분해공법이라 불리기도 한다. 부가가치분석은 분해된 단위마다 부가가치를 분석하여 상세한 비용분석을 하는 것을 말한다.

자사의 경영자원 평가

자사의 경영자원 평가는 자사의 기술자원을 경쟁기업과 비교·평가하여 이노베이션을 위한 아이디어 창출에 활용한다. 기술은 그 정도에 따라 기반기술(base technology), 중핵기술(key or core technology), 도상기술(pacing technology), 붕아기술(emerging technology) 등 네 가지 구분이 있으며 그 특징에 따라 기술방침을 달리한다.

- 기반기술은 경쟁업자 간에 큰 차이 없이 모두 갖추고 있는 극히 기초적인 기술로 비교적 도입이 용이하므로 취사선택을 잘 해야 한다.
- 중핵기술은 전략기술이라고도 하며 차별화의 원동력이 될 뿐 아니라 경쟁우위에 서는 데 결정적인 힘을 갖는 기술로 장기에 걸쳐 체계적인 축적이 필요하다.
- 도상기술은 추진방향이 거의 확정된 개발도상에 있는 기술로 장래성이 있다고 전망되는 기술이므로 선택적 투자를 과감히 할 필요가 있다.

- 붕아기술은 가능성이 어느 정도 보이나 확실한 전망이 서지 않는 기술이므로 모니터에 그치는 것이 좋다. 기업은 각 기술의 성숙도와 구체성 그리고 경쟁성을 엄격히 평가하여 합리적이고 선견성이 높은 기술전략을 세울 필요가 있다.

법적 규제의 분석

법적 규제의 분석은 정부의 규제와 통제에 관한 분석을 말한다. 이 규제와 통제는 영구불변한 것이 아니고 수시로 개정 또는 철폐되거나 새로운 규제가 제정되므로 수시로 그 움직임을 입수하여 아이디어 창출에 활용해야 한다.

5) VA기법

VA(value analysis)기법은 요구되는 기능을 최소한의 비용으로 달성하기 위하여 제품가치의 여러 요인을 이에 대응하는 제품 코스트의 여러 요인으로 나누어봄으로써 제품가치를 향상시키기 위한 기능추구지향의 방법이다. VA는 철저한 기능추구를 지향하는 개선방법이자 조직의 토털 관리기법이다. 이 방법은 원가절감 문제뿐 아니라 응용하는 능력만 있으면 경영관리의 모든 문제에 활용될 수 있다.

VA기법은 분석대상의 선정, 분석대상기능의 정의, 분석대상의 원가파악, 대상에 대한 기능분석 및 평가, 대안의 가치평가, 최종대안의 결정, 테스트 또는 가능성의 확인, 실시 및 팔로 업 등 10가지 단계를 거친다.

이상의 각 단계에 사용되는 기술에는 다음과 같은 네 가지가 있다.

정보기술

정보의 수집 및 정리, 가격조사, 경쟁업계 조사, 원가조사, 신제품·신자재·시설비·신제조법의 조사, 정보원의 조사, 언제나 사용할 수 있도록 정리해두는 파일링시스템 등이 이에 해당한다.

창조기술

아이디어를 창출하는 기술, 집단으로부터 아이디어를 얻는 기법, 산발적인 수많은 아이디어를 수렴하는 기법 등이 포함된다.

분석기술

제품·부품 등의 기능·가격·공정 등 현상분석의 기법, 경제성 계산 및 가치계산 등 기능평가의 기법 등이 있다.

종합기술

VA의 조직화, 분위기 조성기법, 아이디어를 사는 기법, 목표설정, 분석계획, 입안 등의 프로그래밍의 기법, 종합하는 기법 등이 포함된다.

3. 창조성 적용에는 한계가 없다

2004년 여름 아테네에서는 올림픽 대회의 열기가 뜨거웠다. 이번 대회는 올림픽의 발상지 그리스에서 개최되었을 뿐 아니라 21세기 올림픽의 새로운 경영모델을 제시해줄 수 있다는 기대 때문에 그 의미가 적지 아니하다. 올림픽은 단지 메달 경쟁에만 초점을 맞출 경우 많은 것을 잃을 수 있다. 기업의 측면에서 볼 때 새로운 서비스와 관리기술 발생이 발생하고, 앞으로 어떤 기술과 산업의 컨버전스(convergence)가 가능한지를 체득하는 새로운 시험장이 될 것이다.

이 컨버전스의 하나로 현대기술과 신화의 만남을 들 수 있다. 그리스는 무엇보다 신화, 곧 미토스(mythos)를 가진 나라이다. 우리의 경우 신화는 대부분 믿을 수 없는 이야기 정도로 취급되고 있지만 그리스는 이 신화를 문화창조와 연결시키고, 많은 예술을 창출했으며, 산업을 일으키는 원천으로 만들었다는 점에서 독특하다.

최근 개봉된 영화 '트로이'도 그리스 신화를 상품화한 것이다. 신화에 따르면 아테나, 아프로디테, 헤라는 아름다움에 있어서는 빠지지 않는 여신들이다. 이 여신들은 서로 자기의 아름다움을 과시하며 '가장 아름다운 여신에게 드리는 선물'이라는 문구가 새겨진 에리스의 황금사과를 차지하고자 한다. 이에 대해 트로이의 왕자 파리스가 심판을 맡게 된다. 파리스의 환심을 사기 위한 여신들의 작전도 치열하다. 아테나는 자신에게 사과를 주면 누구에게도 뒤지지 않을 지혜를 주겠다고 약속한다. 헤라도 재물과 권력과 명예를 약속했다. 그러나 파리스는 세상에서 가장 아름다운 아내를 주겠다는 아프로디테의 제의를 수락하고 그녀에게 황금사과를 내준다. 황금사과를 차지한 아프로디테는 약속한 대로 스파르타의 왕 메넬라오스의 왕비 헬레네를 파리스의 아내가 되도록 해준다.

파리스는 헬레네를 데리고 고향 트로이로 간다. 그러나 헬레네의 납치로 말미암아 고대세계의 가장 큰 전쟁의 하나인 트로이 전쟁이 발생하게 된다. 메넬라오스가 아내를 다시 찾기 위해 전쟁을 벌인 것이다. 당시 최고의 미인 헬레네를 둘러싼 사내들의 다툼이 바로 트로이 전쟁이다. 이 전쟁의 깊은 배후에는 이처럼 인간의 성적 본능을 숨김없이 드러낸 신화가 자리 잡고 있다. 그러나 일부학자들은 헬레네를 되찾기 위한 사랑, 복수, 명예의 전쟁 이면에는 아시아와 유럽 두 대륙을 잇는 해상무역의 요지를 획득하려는 미케네 왕국의 경제적 확장욕이 트로이 전쟁의 본질이라고 주장하기도 한다.

고대 그리스의 시인 호메로스는 문학적 상상력을 동원해 '일리아드'를 썼다. 그는 이 작품에서 10년간 펼쳐진 트로이와 그리스 사이의 전쟁 중 마지막 50일을 다뤘다. 일리아드는 트로이의 별칭이다. 일리아드에는 그리스 영웅들의 세계관과 인생관이 녹아 있다. 알렉산더 대왕도 스승인 아리스토텔레스로부터 '일리아드'를 배워 전쟁터에도 가지고 다녔다고 한다. 호메로스는 '일리아드'의 후편에 해당하는 작품 '오디세이아'를 남겼다. '오디세이아'는 트로이 전쟁 이후 지혜로운 오디세우스가 그리스로 돌아가는 20년간 겪은 온갖 모험담이 담겨 있다. 오디세우스는 '일리아드'에서 그 유명한 트로이 목마를 만들어 전쟁을 승리로 이끈 인물이다. 리더십에서 자주 사용하는 멘토(Mentor)는 바로 오디세우스의 친구 이름이다. 오디세우스의 아들을 잘 돌봐준 탓에 훗날 그의 이름이 스승의 대명사가 되었다.

트로이 전쟁은 상상인지 역사적 사실인지 알 수는 없다. 호메로스의 작품을 통해 전설이 된 트로이는 1871년 독일의 슐리만이 현재의 터키에서 옛터를 발굴해내며 다시 각광을 받았지만 트로이 전쟁의 진실은 아직도 규명되지 않고 있다. 심지어 '일리아드'를 쓴 호메로스마저 실존인물이지 의문을 제기하는 의견도 있다.

중요한 것은 그리스 신화는 끝이 없는 인간의 상상력의 결과라는 점이다. 트로이 전쟁만 해도 수많은 문학도와 시인, 미술가, 학자와

호사가들의 상상력을 자극했다. 인간의 상상력은 원문 그대로의 복사를 허용하지 않는다. 나름대로 변형시키고 재미를 더한다. 그래서 작품은 인기를 끌고 많은 값에 팔려나간다. 인간의 창의성은 이런 점에서 매력이 있다. 기업은 이런 가치의 중요성을 절대 내버려두지 않는다.

페터슨 감독은 영화 '트로이'를 통해 나름대로 상상력을 동원해 이 전쟁의 역사를 다시 썼다. 그는 호메로스의 원작을 충실히 따르지는 않았다. 우선 그는 신을 버리고 전쟁을 인간 대 인간의 대결로 끌어내렸다. '일리아드'에서는 황금사과를 향한 세 여신의 질투가 전쟁의 원인이 되지만 영화에서는 여신들의 자리가 없다. 그저 파리스와 헬레네가 눈이 맞아 사랑의 도피를 한다. 또 영화는 10년 전쟁의 원조로 기록된 트로이 전쟁을 단 며칠 사이의 전투처럼 스피디하게 전개시킨다. 바다(지진)의 신 포세이돈의 전공에 대한 언급도 하지 않은 채 분노에 찬 아킬레스가 이끌어간다. '일리아드'에서는 헬레네는 파리스와 사이가 좋지 않은 것으로 부각되지만 영화에서는 끝까지 파리스에게 신실한 여인으로 그려진다. 호메로스가 살아 있다면 이런 개작에 대해 소송을 제기했을 것이다. 그러나 '일리아드' 도 결국 상상이 아니던가. 영화는 문학과 단짝이기는 하지만 문학 그대로만 옮기는 일란성 쌍둥이기를 거부한다. 인간의 이러한 반항적 상상력이 창의를 낳고, 시대와 사고를 변화시켜 나간다.

현대는 상상력을 필요로 하는 시대이다. 상상력은 작품을 만들고, 그 작품은 산업을 창출한다. 그리고 기업은 그 불을 지피고 이어가는 역할을 한다. 때로는 하나의 작품이 대기업의 그 어떤 수익도 능가할 수 있음을 보여주고 있다. 지식기반사회에서 인적자원 관리자는 단지 기계적으로 사람을 선정하고 채용하고 교육하는 사람이 아니다. 상상력이 풍부한 사람, 변화를 즐기는 사람, 기업과 사회에 의미를 창출할 수 있는 인물을 적극적으로 배려하고, 이런 조직문화를 만들어가야 할 책임이 있다.

영화감독 스필버그는 상상을 가져오라고 말한다. 인간의 어떤 상상도 영화화할 수 있다고 말한다. 디지털 사회가 인간에게 요청하는 것은 신선한 상상력이다. 상상력이 중요한 문화콘텐츠가 된다. 지식기반사회는 창의성을 유전인자로 삼고 있다. 문화산업은 오늘도 창의적 상상력 속에서 더욱 큰 가치를 발휘하고 있다. 영화 '반지의 제왕'이나 '해리포터'는 물론 게임 산업의 수많은 소프트웨어가 신화나 상상력을 토대로 하고 있다. 경영활동의 많은 부분도 우리의 상상력을 요구하고 있다. 현대는 창의적 상상력을 키우는 기업에 성공이라는 화관을 씌워준다. 따라서 인적자원관리가 주목해야 할 부분이 무엇인가가 점점 명확해지고 있다.

그리스는 신화를 통해 인류에게 많은 지적 상상력을 제공해주었다. 그리스는 일상적 상상력의 한계를 뛰어넘어 존재하는 미토스를 가지고 있다. 미토스는 로고스(logos)와 대립된다. 상상력의 소산인 신화는 지금도 우리의 상상력을 최대로 자극하는 역할을 수행한다. 신화는 과거의 이야기로 끝나는 것이 아니라 상상력을 키우는 교본이 되고 있다. 따라서 이 시대의 경영자가 관심을 가져야 할 것 가운데 하나가 바로 신화경영이다. 우리도 서양이 넘볼 수 없는 신비로운 동양의 미토스를 가지고 있다. 이 문화를 어떻게 세계인의 입맛에 맞도록 재단할 수 있는가는 경영자가 가지고 있는 컨버전스 기술이다. 그 결과에 따라 우리 문화에 대한 세계의 평가도 달라질 것이다.

경영관리의 혁신

급변하는 세계경제 환경은 위기요 도전이지만 창의력을 통한 혁신과 협력에 성공하는 기업에는 기회이다. 창의력은 21세기 기업의 생존전략이다. 저비용으로 제품을 생산하는 중국과 인도 기업들이 몰려오면서 한국을 비롯한 미국, 유럽, 일본 기업들은 더 이상 가격으로 경쟁하는 것이 불가능해졌다. WTO로 무역장벽이 제거되고, 정보의 비대칭도 사라지고 있다. 세계는 평면화(flat)되어 모두 동일한 환경에서 똑같이 경쟁하게 되었다. 현재 상황은 모두에게 도전이다.

아시아시장에서만도 연소득 5천 달러 이상 구매력을 갖춘 중산층 소비자 5억 5천만 명이 새로 생겨나고 있는 만큼 이들을 겨냥한 새로운 시장이 형성되고 있다. 이들 취향은 기존 선진국 소비자들과 다르기 때문에 신흥 아시아 고객 니즈에 부응하는 혁신적 제품과 서비스로 승부한다면 기회도 충분하며 완전히 새로운 사업도 키울 수 있다.

1. GE · 도요타 · 구글이 앞서가는 이유

GE · 도요타 · 구글이 앞서가는 이유는 지속적인 경영혁신을 이뤄내기 때문이다. 런던 비즈니스스쿨 교수 게리 하멜이 '경영혁신이란 무엇인가?'를 썼다(Hamel, 2006). 21세기 경영은 20세기 경영과 무엇이 달라야 할까? 대부분의 기업들이 상품혁신에 대해서는 정식으로 방법론을 연구하며 연구개발에 힘쓴다. 그러나 지속적인 경영혁신을 위해 쓰고 있는 기업은 드물다. GE · 듀폰 · P&G · 비자 · 리눅스가 다른 기업보다 앞서가는 이유가 무엇일까? 가장 근본적인 힘은 경영혁신에서 나온다.

오픈 소스(open source · 소프트웨어의 설계도 격인 소스코드를 공개, 누구나 고칠 수 있도록 하는 것)를 개발한 리눅스는 지리적으로 흩어져 있는 개개인의 힘을 끌어내고 조합하는 새로운 방식을 보여줬다.

경영혁신은 장기간 보유할 수 있는 경쟁우위를 확보할 수 있다. 도요타가 보통 직원의 능력을 어떻게 활용했는지 살펴보면 해답이 보인다. 도요타는 현장 직원들이 단순 노동자가 아니라 혁신과 변화의 주역이 될 수도 있다고 믿었다. 미국 자동차 회사들이 간부 직원들의 전문기술에 의존하고 있을 때 도요타는 모든 직원들에게 문제를 해결할 수 있는 도구와 권한을 부여했다.

25년 새 매장이 161곳으로 늘어나고 연매출이 38억 달러로 증가한 홀푸드(Whole Food)도 주목의 대상이다. 경쟁자들이 월마트에 대항하기 위해 비용절감에 치중하는 동안 홀푸드는 경영시스템에 눈을 돌렸다. 홀푸드의 최소 단위는 매장이 아니다. 신선품 · 가공품 · 해산물 등 각 부문을 관할하는 작은 팀이 기초를 이룬다. 매니저들은 지점과 관련된 모든 결정을 팀과 상의한다. 보너스도 개인이 아닌 팀 단위로 주어진다. 홀푸드 매장은 단위 면적당 순익에서 최고 수준이다.

경영혁신을 위해서는 '경영'에 대한 전통적인 개념을 과감히 부숴야 한다. 회사의 전략은 CEO가 세워야 한다는 통념도 그중 하나다. 일리가 있는 주장이긴 하나, 자칫하면 직원들은 회사전략을 위해 할 것이 거의 없다는 오해를 낳는다. 구글을 보자. 구글의 경영진은 거대 전략을 짜기 위해 시간을 보내지 않는다. 대신 수많은 구글리트(Googlettes)가 탄생하기 위한 환경을 조성하기 위해 애쓴다. 구글리트는 직원들의 머리에서 나온 작은 아이디어를 말한다. 구글 직원들은 근무시간의 20%를 기존 상식에 도전하고 구글의 사용자들에게 도움이 되는 아이디어를 만들어내는 데에 사용한다. 구글에는 전략적 혁신의 책임이 전 사원에 광범위하게 퍼져 있다. CEO가 전략의 유일한 입안자라는 기존관념을 타파해야 한다. 경영상의 통념을 버려야 21세기 글로벌 선도기업으로 거듭날 수 있다.

맥도날드의 경영혁신

경영혁신은 지금에만 있었던 것은 아니다. 예를 들어보자. 18세기 당시 애덤 스미스(A. Smith)는 『국부론』을 통해 분업과 전문화를 통해 경영의 합리화를 모색했다. 그는 작업 반복으로 생산기술을 향상시킬 수 있다고 보았다. 특히 분업은 한 사람이 하루에 1,000개 만들었지만 10명이 18개 공정을 나누어할 경우 48,000개를 만들 수 있다. 작업이동시간을 절약한다. 전문성을 증대하여 기계, 기구를 발명한다. 그는 분업에 따른 생산량의 증가 이유를 다음과 같이 들었다(George Jr, 1972).

- 분업으로 각 사람의 재능이 증가했기 때문이다.
- 한 종류의 작업에서 다른 종류의 작업으로 옮겨가는 데 있어서 일반적으로 상실되는 시간이 절약되었기 때문이다.
- 작업을 촉진하고 단축시키며, 한 사람으로 하여금 많은 사람의 일을 할 수 있게 하는 여러 기계가 발명되었기 때문이다.

18세기 말 휘트니(E. Whitney)는 표준화를 통해 혁신을 꾀했다. 이 이론은 독립전쟁 당시 소총 생산에 있어서 호환성 이론에 도입되었고, 남북전쟁 때 호환성 소총을 사용하여 북군이 승리하는 길을 열었다.

표준화, 전문화, 분업은 여러 산업에도 적용되었다. 맥도날드는 1948년 모든 종업원들을 해고하고 레스토랑의 문을 닫았다. 그리고 혁신을 시도했다. 좀 더 커다란 그릴과 새로운 방식의 조리기구를 갖추고 석 달 후 다시 문을 열었다. 혁신 때문이다.

새로운 설비는 원가가 덜 들면서 속도는 더 빨라지게 했고, 판매 규모도 늘어날 수 있도록 고안된 것이었다. 맥도날드 형제는 그 전의 메뉴 가운데 3분의 2를 없애버렸다. 칼과 수저, 포크를 사용해야 하는 음식은 더 이상 만들지 않기로 했다. 샌드위치 중 유일하게 남은 것은 햄버거와 치즈버거였다.

맥도날드 형제는 유리접시와 유리컵을 종이접시와 종이컵으로 대체했다. 또 음식을 만드는 과정도 종업원들이 각기 조리의 특정 부분만을 맡도록 바꾸었다. 주문을 받으면 한 종업원은 햄버거를 굽고, 다른 종업원은 소스를 뿌려 포장하고, 또 다른 종업원은 밀크셰이크를 만들거나 프렌치프라이를 튀기거나 계산을 맡는 식으로 일을 나눠했다. 공장 조립 라인의 원리가 처음으로 상업적인 주방에 도입된 것이다.

이 새로운 방식은 종업원에게 단 한 가지 일만 가르치면 된다는 사실을 의미한다. 많은 임금을 주어야 하는 숙련된 조리사가 더 이상 필요하지 않게 되었다. 모든 햄버거는 같은 재료, 예를 들면 케첩, 양파, 겨자와 피클 두 쪽이 들어갔다. 다른 재료를 넣는 것은 일체 허용되지 않았다.

맥도날드가 이렇게 혁신을 했지만 한 번의 혁신으로는 문제가 끝나지 않는다. 지속적으로 혁신을 도모한다. 맥도날드의 음식에 정크 푸드라는 평가가 내려지고, 비만의 주범으로 지목되면서 웰빙 음식으로의 전환을 모색하지 않으면 안 되었다. 아침 메뉴가 달라지고, 다른 메뉴도 다양해진 것도 이러한 흐름을 반영한다. 웰빙에 관심이 지속되는 한 맥도날드도 더 변하지 않으면 안 된다. 이것은 맥도날드에 한정된 일이 아니다.

2. 해멀의 경영관리혁신

스타벅스가 재기전략에 나섰다. 구조조정 태풍 후 물러난 슐츠 회장도 복귀했다. 미국 내 매장 600개를 없애며 1만 2천 명이 감원되었다. 그는 기본, 곧 커피로 돌아가는 정책을 세웠다. 한눈팔던 사업에서 손 떼고 커피 품질을 높이자고 선언한 것이다. 맥도날드와 던킨 같은 패스트푸드 업체들도 매장에 에스프레소 기계를 도입하고 커피 맛을 높여 강력한 경쟁자로 떠올랐다. 이것은 관리에도 혁신이 필요하다는 것을 보여준다.

1) 해멀의 혁신의 급

경영자를 가장 행복하게 만드는 것도, 가장 괴롭게 만드는 것도 사람이다. 사람을 잘 다루는 것이 최고의 경영이다. 게리 해멀(G. Hamel)은 최고의 혁신으로 사람을 다루는 혁신, 곧 관리혁신(management innovation)을 꼽았다. 사람을 다루는 혁신이야말로 운영혁신이나 제품혁신, 비즈니스 모델혁신, 업계구조혁신보다 윗줄에 있다. 그에 따르면 혁신에는 다음과 같은 급이 있다.

- 가장 밑바닥은 운영혁신(operation innovation): 직원들이 매일 부닥치는 조달·판매·유통·서비스 채널 등의 혁신이다. 이 분야의 혁신은 큰 경쟁력이 없다. 경쟁사가 쉽게 베낄 수 있기 때문이다.
- 그 위는 제품혁신(product innovation): 벽걸이 TV와 터치 휴대

전화 등 최첨단 제품개발이다. 이 혁신도 중요하지만 이 경쟁
력도 6개월 내지 1년을 버티다 사라진다.

- 그 위는 비즈니스혁신(business innovation): 고객을 만족시키는
전혀 다른 방법의 사업을 구상했을 때 일어나는 혁신이다. 인
맥 구축 사이트인 페이스북(facebook)이나 가구회사 이케아
(IKEA), 패션회사 자라(Zara) 등에서처럼 전혀 다른 차원의 비
즈니스 구상이다.

- 그 위는 업계구조혁신(industry architecture): 이 혁신은 단지 한
회사나 한 사업 아이디어에 제한되는 것이 아니라 업계 전체를
뒤집는 혁신이다. 애플은 아이팟과 디지털 음악서비스인 아이
튠스(iTunes)를 통해 음반시장 구조를 일시에 재편했다.

- 혁신의 사다리 꼭대기에 있는 관리혁신(management innovation):
이 혁신은 직원들의 시간활용, 의사결정구조, 조직구성 등 사
람과 관련된 혁신이다. 회사 관리자들이 하는 일을 바꾸는 것
이다. 부하직원들을 관리하고, 팀을 꾸리고, 회사의 자원을 분
배하고, 목표를 정하고, 파트너십을 구축하는 일이다. 이런 분
야의 혁명은 한 기업을 거꾸로 뒤집어 놓을 만큼 강력한 파장
을 미친다.

기업의 지속성장과 발전의 원동력을 높이기 위해 관리혁신이 필
요하다. 해멀은 여기서 임직원의 자율성을 확대하고, 격자형 조직구
조를 활용하며, 참여기회를 늘리는 등 기업의 관리 활동 전반을 변
화시킴으로써 기업구성원의 창조성을 향상시키고 구성원 전원을 혁
신활동에 참여시키는 관리혁신이 필요하다고 보았다(Hamel. 2007).

2) 해멀이 본 관리혁신의 9가지 원칙

해멀은 관리혁신을 꾀하는 경영자가 명심해야 할 9가지 원칙을 다음과 같이 제시했다(Hamel, 2007; 김희섭, 2008b). 혁신은 우연히 생겨나는 것이 아니라 오랜 세월 꾸준히 밀고 나가야 이룰 수 있다.

(1) 근본문제를 파악한다. 조직시스템에 문제가 있다면 왜 그런 일이 발생하는지 문제의 뿌리를 이해해야 한다. 검시관이 시신을 부검하는 것처럼 문제의 핵심을 파고들어야 제대로 된 처방을 내릴 수 있다. 현실을 직시하기가 괴롭다고 해서 외면하면 안 된다.

(2) 구체제를 보완한다. 혁신 초기에는 기존 관리 프로세스를 완전히 부정하지 말고 당분간은 새로운 체제와 병행할 필요가 있다. 기다렸다가 많은 사람이 새로운 프로세스가 충분히 좋다고 확신하면 그때 전면적으로 이행한다. 새로운 시스템을 만들고 난 후에 조직구성원이 두 시스템의 차이를 깨달을 수 있도록 한다.

(3) 목표는 혁명적으로, 실천은 단계적으로 한다. 혁신적인 프로세스는 갑자기 나타나는 것이 아니다. 회사의 체질을 근본적으로 바꾸려는 시도에는 항상 저항과 후퇴가 있기 마련이다. 시행착오를 통해 레고 블록처럼 한 조각 한 조각씩 제대로 맞춰가야 한다.

(4) 성공 여부를 측정하는 구체적 방법을 만든다. 혁신의 궁극적인 목표는 실적을 높이는 것이다. 혁신을 위한 혁신이 아니다. 혁신 프로세스가 연구개발, 제품설계, 판매전략 등과 더불어 최종적으로 회사 매출 및 이익에 어떤 이익을 가져올지 정확하게 측정하는 도구를 만들어야 한다. 구체적으로 보여줄 수 없

다면 투자자나 고위 임원들로부터 지원을 받기 힘들다.

(5) 정치적 리스크를 최소화한다. 새로운 혁신 프로세스가 회사 전체 임직원의 급여나 보상체계에 영향을 미치게 될 경우 상당한 반발이 일어난다. 이런 혁신을 주도한 사람은 자칫 역풍을 맞아 심각한 타격을 입을 수도 있다. 우선은 자신이 맡고 있는 조직 안에서 혁신을 시작해야 외부의 간섭과 리스크를 최소로 줄일 수 있다.

(6) 자발적 지지자를 확보한다. 혁신의 초기에는 반드시 자발적인 지지자들이 필요하다. 혼자서 모든 것을 해결할 수는 없다. 지지자들은 혁신과정에서 수많은 어려움을 덜어주고, 자신이 미처 생각하지 못했던 새롭고 유용한 교훈을 줄 수 있다.

(7) 혁신은 즐거운 게임처럼 한다. 처음부터 파일럿 프로젝트(pilot project) 같은 거창한 이름을 붙여서 시작하는 것은 위험하다. 프로젝트 결과가 나오기 전에 일찌감치 반대파의 공격을 받을 수 있다. 비공식적인 게임처럼 가볍게 시작하고, 나중에 프로젝트 결과물이 다른 사람을 저절로 설득하게 만드는 것이 좋다.

(8) 반복해서 학습한다. 처음 혁신을 시도할 때는 적은 비용으로 시작한다. 한번 해보고 괜찮으면 다음번에는 투입 비용과 시간을 늘려서 다시 시도한다. 그렇게 실험하고 학습하고 또 실험해야 한다.

(9) 절대 포기하지 않는다. 한 회사의 DNA를 개선하는 일은 오랜 시간이 걸린다. 혁신은 우연히 일어나지 않는다. 한 분기 앞도 내다보지 못하는 근시안적인 경영으로는 혁신을 이뤄낼 수 없다. 혁신은 끊임없이 이어지는 것이다.

3. 다운사이징

다운사이징으로 많은 사람들이 해고되자 이것은 덤사이징(dumb-sizing)이라는 비판이 일고, 무조건 자르지 말고 라이트사이징(right-sizing)하라는 주문도 잇고 있다. 다운사이징을 하는 쪽에서는 구조 조정 이후 고용이 늘어가 결국 업사이징(upsizing)이 될 것이라고 말하고 있다.

기업에서는 조직에서 관리자들의 수를 줄임으로써 효율성을 높일 수 있을 것으로 생각한다. 이것은 기업의 관리 스태프들을 '다운사이징(downsizing)'하고 싶어 하는 조짐을 보이는 것이다. 경기침체가 장기화되면서 각국 기업들은 국제경쟁력을 높이기 위해 노력하고 있다. 이 같은 경영여건의 악화에 직면하여 세계 유수 기업들이 이른바 '다운사이징'에 적극 나서고 있어 관심을 불러일으키고 있다.

우리는 이를 '슬림경영' 또는 '감량경영'이라 부르기도 한다. 일본에서는 불황을 탈출하기 위해 대대적인 조직기구축소와 함께 감원이 본격화되면서 3K운동(광고비, 교통비, 교제비 줄이기)에서 더 나아가 5K시대(감원, 급여축소 포함)를 맞고 있다. 한국기업들도 판매 저조, 재고증가, 자금압박의 악순환을 겪으면서 불황을 헤쳐나가기 위해 군살을 빼 몸을 가볍게 하는 슬림경영을 한다.

FRB부터 구조조정하라

미연방준비제도이사회(FRB)의 앨런 그리스펀 의장이 의회 증언 때면 빼먹지 않는 미 경제 호황의 주요원인 중 하나는 미국기업들의 끝없는 감량경영이다. 하지만 정작 미국은행들을 감독하는 연방준비은행(FED) 체제는 그동안 시대에 동떨어지게 무려 2만 3천 명의 직원을 둔 비대한 철옹성으로 변했다. 경제주간지 배론스(Barron's)는 여느 공공관료조직처럼 나태하게 성장한 FED를 지휘하는 그리스펀이 미국기업의 감량경영을 말하는 것은 아이러니라고 꼬집었다. 이번에는 FED가 살을 빼야 할 차례라는 것이다.

12개 지역준비 은행 가운데 샌프란시스코 은행을 제외하곤 11곳이 미 동부와 중부에 몰려 있다. FED 직원들의 연봉도 제각각이어서 그리스펀보다 연봉이 높은 FED직원이 120명에 달한다. 업무도 상당부분 민간기관들과 중복된다. 각 지역준비 은행이 내놓은 각종 보고서는 미국 내 숱한 연구기관과 대학교, 대형증권회사들의 보고서와 구별이 안 된다. 이미 대형은행들이 연합해서 수표결제기능을 갖췄거나 민간금융결제원(clearing house) 등이 있는 데도 FED는 수표결제업무에 전 직원의 22%를 투입하고 있다. 민영화 추세 속에서도 계속 86년 전 필요성에 집착해 민간업체와 경쟁하고 있는 셈이다.

배론스는 12개 지역은행을 정책 중심적인 5개로 줄이고 상당수 대리석인 지금의 건물도 벽돌로 바꿔야 한다고 주장한다. 웅장한 대리석 건물들은 팔면 호텔이나 카지노, 오피스 빌딩, 극장 등으로 얼마든지 쓸 수 있다는 분석이다.

다운사이징은 원래 컴퓨터를 이용한 정보처리기법에 대한 것으로 기업의 신경망인 전산시스템에 가장 먼저 도입된 개념이다. 이 단어의 어원은 일반인들의 상식과는 달리 사이즈를 다운시킨다는 뜻의 합성어가 아니라 1980년대 초반 미국 IBM 왓슨연구소의 연구원인 헨리 다운사이징(H. Downsizing)의 이름에서 따온 것이다.

다운사이징이란 지금까지 대형컴퓨터를 중심으로 중앙집권적으로 정보가 움직이던 데서 탈피해 정보에 대한 주도권을 최종사용자들에게 분산시키는 것으로 전산망 다운사이징에서 출발한 개념이다.

구체적으로는 워크스테이션이나 PC 등을 통신망으로 연결해줌으로써 지금까지의 대형컴퓨터를 대체하는 방법이다. 지금까지 본사 전산실에서 위용을 과시하던 대형컴퓨터는 고성능 PC와 사통팔달의 네트워크에 밀려 퇴물로 전락하고 있다. 이제 현장의 사용자는 전산실 도움이 없이도 원하는 프로그램을 자신의 PC에서 쉽게 만들어 쓸 수 있다. 수십 년 동안 사용자 위에 군림해왔던 대형컴퓨터는 일선에서 요구하는 일만 도와주면 되는 심부름꾼(server)이 되고 말았다.

수십억 원 상당의 대형컴퓨터에 의존해 이 컴퓨터가 고장 나면 모든 업무가 마비되었던 것이 값싸고 성능 좋은 중형컴퓨터를 늘려나가고 이것을 각 곳의 워크스테이션에 연결해 네트워크 체계를 형성해나감으로써 현장에서 각 프로그램을 직접 활용할 수 있고 본사와의 업무연락도 원활해지며 유지비도 크게 낮춘다. 이는 기계 중심이 아닌 인간 중심의 정보화를 실현할 수 있는 이상적인 기업정보화 방법이 되며, 현실적으로도 엄청난 비용절감 효과를 가져다준다. 이러한 다운사이징 개념이 조직에 적용되어 감량경영이나 슬림경영으로 나타나게 된 것이다.

조직의 경우 다운사이징이란 우리말로 기구축소 내지 감원에 해당한다. 이것은 원가절감을 목표로 하기는 하지만 원가절감과는 다소 개념이 다르다. 업체가 오랫동안 불필요하게 붙어온 군살은 없는지, 과도한 기구팽창은 없었는지, 필요 이상의 인력을 수용하고 있는지를 과학적으로 검토 분석하여 기구축소 및 감원을 기도하는 경영정책이다. 다운사이징은 단기적인 비용절약을 위한 미봉책이 아니라 장기적인 경영전략이다. 원가절감을 통한 경쟁력 강화가 궁극적인 목적이지만 장기적인 경영전략이라는 데 특징이 있다.

다운사이징은 무엇보다 비용을 줄일 수 있다는 점, 관리자 수가 적어져 의사결정을 신속하게 할 수 있다는 점, 고객과 더욱 밀접한 관계를 유지할 수 있다는 점 등 여러 장점을 가지고 있다. 그러나 관리자의 수를 감소시켜 조직구조를 변화시키는 일은 조심성 있게 해야 한다. 단순히 인원을 줄이는 것은 위험하다. 이것은 다운사이징에 문제가 있다는 것을 보여주고 있다. 기구축소나 감원은 부작용을 수반하게 마련이다.

갑자기 관리자 수를 줄이면 통제력이 상실되고, 데이터나 정보를 타이밍에 맞게 활용할 수 없으며, 물러나는 관리자의 관리적 능력을 승계할 수 없는 문제점들이 있다. 나아가 사원들의 사기저하, 회사에 대한 신뢰감 감퇴 등으로 인한 생산성 저하가 발생한다.

그러므로 다운사이징을 하기 위해서는 이것으로 인한 이익과 불이익의 비교, 철저한 정보에 의한 과학적인 분석, 그리고 장기적인 계획수립이 절실히 요구된다. 뚱뚱한 사람이 부작용 없이 날씬해지려면 오랜 시간에 걸친 노력과 계획이 필요한 것과 같은 이치이다. 다운사이징은 기본적으로 투입(input)을 줄여 산출(output)을 높이고자 하는 방법이므로 한계가 있을 수밖에 없다. 특히 비용을 절감하기 위해 인간적인 면모까지 무시하는 것은 확실히 문제가 있다.

감량경영이 효과를 늘 가져오는 것은 아니다. 이스트만 코닥사가 지난 1985년 이래 21억 달러를 들여 무려 다섯 번의 조직 개편작업을 벌여 1만 2천 명을 실직시켰지만 오늘날의 성적표는 10년 전보다 더 저조해 이익은 절반에 불과하다는 비판을 받고 있다. 감량경영은 문제해결의 전부가 아니라 보조수단일 뿐임이 드러난 것이다.

불경기라고 해서 무조건 감원, 기구축소, 나아가 기술개발까지 미루는 것은 잘못된 생각이다. 조직이 방만해져 있을 경우 보다 과학적인 근거에서 슬림화를 해야 하겠지만 제품, 공정, 기술에서 혁신을 일으켜 문제를 발전적으로 해결하는 것이 바람직하다. 현재 다운사이징은 본래의 의도보다는 단기적인 안목에서 원가를 절감하기 위해 실시되는 경향이 있다. 다운사이징은 단지 원가절감을 위한 것이 아님을 인식하고 보다 장기적인 안목에서 그리고 보다 전략적인 차원에서 실시될 필요가 있다.

파레토 법칙, 어떻게 볼 것인가

세계적으로 경영합리화가 확산되면서 조직개편 내지 감원으로 많은 직장인이 정리되고 있다. 효용가치가 적고 개미처럼 열심히 일하지 않는 사람들이 주요 정리대상이다. 그런데 홋카이도 대학 사카가미 교수는 자신의 개미이론을 통해 이런 식의 경영합리화 움직임에 반대표명을 하였다.

그의 이론의 핵심은 "개미라고 일만 하는 것은 아니다"는 것이다. 그는 다년간 개미를 연구한 끝에 "개미처럼 일한다"는 표현은 사실을 왜곡한 것이라는 결론을 얻었다.

사카가미는 개미의 하루 근로시간은 고작 6시간이라며 6시간의 노동이 자연의 섭리라고 주장한다. 그는 이어 자세히 관찰해보면 개미라고 모두 열심히 일하는 것은 아니며 모든 개미가 하루 6시간씩 일하는 것도 아니라고 말한다.

먹이를 얻기 위해 일하는 비율은 전체의 20%에 불과하다. 전체 개미 식구 중 50% 이상은 종일 빈둥댄다. 그저 왔다 갔다 할 뿐이다. 개미세계에서는 일하는 20%가 나머지 80%의 노는 개미를 먹여 살린다. 흥미로운 것은 일하는 개미 20%만을 따로 뽑아 새로운 집단을 구성해주면 이 중 80%는 다시 빈둥거리기 시작한다. 그는 이러한 관찰을 토대로 개미는 전체 구성원 수에 관계없이 항상 20%만 일하며 이것이 자연계의 또 다른 섭리라고 주장했다.

일하는 20%의 개미는 빈둥거리는 개미를 비난하는가? 대답은 그렇지 않다는 것이다. 개미같이 일하는 20%의 개미는 남에게 신경 쓰지 않고 일만 하며, 노는 개미 역시 부담 없이 놀기만 한다. 그렇다고 80%의 개미가 평생 노는 것은 아니다. 예를 들어 치열한 전투가 벌어져 일하던 개미 20% 전체가 몰살당할 경우, 그동안 잘 놀던 개미 가운데 20%가 자발적으로 일하기 시작한다.

사카가미는 이러한 자연계의 법칙을 활용하여 현재 기여도만을 기준으로 종업원을 평가하는 것은 조직의 궤멸과 직결된다고 주장한다. 그는 이를 기업에 적용한다. 대형 프로젝트를 따내기 위해 경영층은 20%의 정예사원을 선발해 일을 전담시킨다. 그 엘리트들은 밤낮없이 일만 한다. 긴장과 과로에 시달리기 마련이다. 결국 낙오자도 생겨난다. 그럼에도 엘리트들이 걱정 없이 과로할 수 있는 것은 "내가 쓰러지면 모 부서의 모 씨가 내 자리를 메워줄 것"이라는 안도감 때문이다.

소수정예만을 선호하고 나머지 80%를 천대하거나 정리하는 조직은 단기적 효율이 높을지 모르나 장기적으로는 망하고 만다. 곤충들은 수천만 년간 조직을 이끌어 오면서 이러한 진리를 깨달았고, 조직을 유지시키기 위해 구성원 20%만 일하게 한다.

이탈리아 경제학자 파레토는 80대 20법칙을 제시했다. 백화점에서 하루 올린 매상을 100%라 한다면 그 매상의 80%를 올린 고객은 그 백화점에 단골로 자주 드나드는 20%의 손님이라는 것이다. 그러니까 숫자는 많지만 오다가다 들른 80%의 손님이 20%의 매상을 올린다는 것이 된다. 또 한 가지 보기를 들면 100명의 세일즈맨이 올린 매상을 100%라 하자. 그 매상의 80%를 올린 것은 세일에 능한 상위 20%의 세일즈맨이 올리고 나머지 20%의 매상고를 80%의 세일즈맨이 올린다는 것이다. 이를 가리켜 파레토 법칙이라 한다.

세일즈 세계뿐 아니라 적지 않은 세상사가 이 파레토의 법칙에 의해 움직이고 있다. 이를테면 종일 걸려오는 전화분량의 80%는 전화를 자주 걸어오는 친근한 20%로부터 걸려온다. 한 교수가 강의를 해도 전하고 싶은 지식의 80%를 이해하는 학생은 그 강의를 들은 20%의 학생에 불과하다. 기자가 기사를 쓸 때도 쓰고 싶은 내용의 80%는 전반 20%에 몰아 쓴다. 그래서 첫머리 20%만 읽어도 내용의 80%는 알 수 있다. 전투부대도 20%의 정예만 확보하면 강한 부대가 된다.

기업도 모든 사원이 능력 있고 의욕이 넘치는 사원이길 바라기보다 20%만이라도 정예화하는 것이 발전의 첩경이다. 그렇다고 능률적이지 못한 80%에게 불이익을 준다고 해서 20%의 능률이 100%의 능률로 뛰어오르는 것은 아니다. 20%를 위해 80%가 필요하다.

근면의 상징인 개미가 실제 일하는 것은 생활시간의 20%에 불과하며 나머지 80%는 노는 데 소비하고, 어느 개미집단에서는 일하는 개미는 전체 개미의 20%에 불과하며 나머지 80%는 집 근처에서 논다. 사카가미는 일하는 20%의 개미들만 모아 새 집단을 만들었더니 이 중 80%가 다시 빈둥거리며 노는 개미군이 되었음을 발견하였다. 곧 80%의 나태군은 그들을 먹여 살리는 근면군 존립에 필요불가결한 요인이 되고 있는 것이다. 이 점은 인생이나 경영에 적지 않은 시사점을 제시해주고 있다. 사카가미는 벌의 경우에도 독특한 조직 운영술이 있음을 밝혀주었다. 벌 조직의 특성은 자신을 철저히 부정한다는 점이다. 여왕벌, 일벌로 역할분담이 확실하며, 개개의 벌들은 부품에 불과하다. 적에게 침을 꽂고 죽으면 나머지 벌들은 그 침 냄새를 맡고 같은 장소에 침을 꽂는다. 누가 먼저 침을 찔렀고, 최종적으로 적을 사망케 한 침을 꽂은 벌이 누군가는 결코 묻지 않는다.

곤충의 지혜를 인간사회에 그대로 적용할 수는 없다. 곤충세계와 유사한 인간조직으로 노예제도, 제2차 세계대전 당시 일본의 가미카제(神風)특공대, 아랍자살특공대 등을 들 수 있으나 이런 조직은 사라져 버렸거나 정상적인 것이 아니다.

그러나 기업의 효율과 곤충의 지혜를 적절히 조화시킬 때 가장 그럴싸한 조직이 탄생된다는 것이 사카가미의 제언이다. 조직에 깨어 있는 20%만 있다면 그 조직은 살 수 있기 때문이다.

4. 벤치마킹

안동병원이 일본의 MK택시와 삼원정공을 벤치마킹해서 친절한 병원으로 거듭났다. 영남대학교는 펜실베이니아주립대학과 스티븐스공과대학을 벤치마킹해서 학교 내 실습장을 기업과 연관시켰다. 미국과 일본 정부는 뉴질랜드 정부를 벤치마킹했다.

"상대의 경쟁우위 요인을 파악하여 역이용하라." 좋게 말해서 '창조적인 모방,' 나쁘게 말해서 '합법적인 도둑질'로 알려진 벤치마킹

(benchmarking)이 조직에 최첨단 경영기법으로 파문을 던지고 있다. 급속히 변화하는 환경 속에서 엄청난 경쟁에 직면한 많은 기업조직들이 자사의 품질을 높이고 경쟁력을 증대시키는 방법으로 이 방법을 사용하고 있고 그 경향이 날로 증대되어 요즘 국내 여러 기업에서 확산되고 있다.

벤치마크(benchmark)란 원래 토지측량기사들이 갖가지 측량을 할 때 고도를 비교하는 기준점, 곧 일반적인 측정 또는 비교의 목적상 기준이 되는 것을 말한다. 컴퓨터의 경우 여러 제품의 성능을 비교하기 위해 쓰이는 표준문제를 가리킨다. 임금관리에서 임금결정의 기준이 되는 대표 직무를 벤치마크 잡(benchmark job)이라 한다.

이것은 사전적인 의미이고, 기업에서 일컫는 벤치마킹은 기업들이 경쟁기업제품이나 행동을 보고 배우는 행위를 가리킨다. 즉, 제품·서비스·고객만족·연수과정 등 자사조직의 내용 가운데 어느 것이 자기 회사보다 더 뛰어난 회사의 내용과 체계적으로 비교하여 무엇이 어떻게 차이가 나는가를 파악함으로써 자사의 경쟁력을 높이는 것을 말한다. 대체로 업계의 최고 회사가 비교대상이 된다.

어느 조직이 최고가 되려면 현재의 최고인 조직이 어떻게 하고 있는가를 알아야 하고, 그 최고 조직과 자신을 비교하여 자신의 어느 면이 모자라는가를 알아야 하기 때문이다. 그래야만 자신이 최고가 될 수 있는 방안을 찾는 출발점이 형성된다. 그러므로 벤치마킹은 손자병법에서 말하는 知彼知己 百戰百勝에서 彼를 업계의 최고 회사로 놓고 구체적으로 지피지기하여 백전백승해 나가는 체계적 과정임을 알 수 있다.

벤치마킹은 기본적으로 조직이 학습되는 구체적인 과정을 지칭하고 있다. 이것은 벤치마킹은 조직학습(organizational learning)의 일환일 뿐 아니라 조직도 이제 학습조직(learning organization)이 되어야 한다는 것을 의미하고 있다. 즉, 벤치마킹은 학습조직이 되는 과정이고, 벤치마킹을 하려면 학습조직이 되어 있어야 한다. 따라서 계속 새로운 것을 배워 자신의 능력을 키워가려는 학습조직의 자세가 정립되어 있지 않으면 벤치마킹의 기본목적을 달성할 수 없다.

벤치마킹은 몰래 복사하거나 특허를 침해하는 범죄행위와는 다르다. 벤치마킹은 한 회사 내의 부서 간 비교에서도 활용될 수 있으며 개인·집단·조직 등 그 어느 단위에서도 가능하다. 벤치마킹은 변화의 방법을 찾는 것이 주목적이지만 변화의 분위기 또는 변화의 필요성을 형성하는 데도 매우 유익하다. 즉, 레빈의 변화의 3단계, 곧 해빙-변화-재빙 모두에 쓰일 수 있다.

벤치마킹의 역사는 길다. 포드 자동차는 재봉틀과 권총생산에서 사용 중인 컨베이어 시스템을 벤치마킹해 자동차를 대량 생산하는 기틀을 다졌다. 1913년 4월 1일, 미국 미시간 주 하일랜드 파크의 포드자동차 공장에서 컨베이어 시스템을 이용한 자동차가 처음 생산됨으로써 세계 자동차사가 새로 쓰이게 됐다. 자동차 이름은 모델 T로 1908년에 첫선을 보여 폭발적인 인기를 끌었다. 견고하고 조작이 간단했으며 무엇보다 가격이 저렴했다. 다른 자동차 값이 2,100 달러였을 때 825달러짜리 모델 T의 등장은 포드자동차의 신화를 알리는 예고편이었다. 모델 T로 자신감을 얻은 포드는 당시 재봉틀과 콜트권총 생산에서 이미 채택하고 있는 컨베이어 시스템을 참고로 단일모델 대량생산 방식을 도입한다. "1초 이상 걷지 않는다", "결코 몸을 구부리지 않는다" 포드가 구상한 2대 원칙을 충족시킨 컨베이어의 등장은 대당 생산시간을 630분에서 93분으로 단축시켜 연간 7만~8만 대에 불과하던 생산량을 이듬해부터 비약적으로 증대시켰다. 그 결과는 자동차 가격을 290달러까지 떨어뜨리는 효과를 보아 세계 자동차 생산 대수의 50%로까지 확대시켰고, 1927년 단종될 때까지 모두 1,500만 대를 보급하는 신기록을 수립했다. 1970년대에 독일의 국민차 폴크스바겐의 비틀이 이 기록을 깨기까지 단일모델로선 세계최대 생산기록이었다.

벤치마킹 전략을 기업에서 맨 처음 사용한 기업은 미국의 제록스(Xerox) 회사이다. 이 기업은 한때 전 세계 복사기 시장의 80% 이상을 차지했으나 1970년대 후반 캐논(Canon)사 등 일본제품에 밀려 시장 점유율이 35%로 급격하게 떨어지자 1979년 오히려 일본 경쟁사를 대상으로 그들의 경영방법에 대한 벤치마킹을 시작했다.

제록스사 기술진은 경쟁사 제품을 부품 하나하나까지 완전 분해하여 자사제품에 비해 무엇이 뛰어나고 어떤 측면이 경쟁력을 지니고 있는지를 파악하였다. 즉, "우리 회사 제품의 강점과 약점은 객관적으로 무엇인가. 경쟁사들은 어디에 특징이 있으며 왜 우리보다 앞서고 있는가. 경쟁사들보다 앞서기 위해 그들뿐 아니라 각 분야에서 최고를 달리는 기업들의 운영기법을 어떻게 적용할 수 있는가" 등이 주된 탐색 포인트였다. 문제는 물류코스트였고, 이 부분에 대한 선진기업들의 운영방법을 배워 원가를 줄여나갔다.

제록스사는 이밖에 품질개선, 창고관리, 신제품개발 등 다른 부문에 대한 벤치마킹을 계속 추진함으로써 경쟁력을 회복함은 물론 1989년에는 권위 있는 볼드리지 상(Malcolm Baldrige National Quality Award)을 수상했다.

포드 자동차 회사의 경우도 마찬가지이다. 1980년대 일본의 수입차에 계속 밀리던 이 회사는 고객조사를 통해 발견된 400여 가지의 불만사항을 놓고 대대적인 개선작업을 벌이는 한편 50여 대의 경쟁사 자동차 부속품 하나까지 분해하여 세계 최고 자동차의 최고 면모를 치밀하게 분석했다. 그리하여 그 가운데 장점만을 취합하여 1985년에 토러스(Taurus)와 세이블(Sable) 등 두 모델을 만들어 찬사를 받고 판매고를 회복하였다.

당시 포드사는 자동차를 400가지 측면에서 구분한 후 각 측면의 최고 차와 비교하여 위의 두 모델이 80% 정도에서 우위를 지니고 있다고 보았다. 특히 토러스 1992년형은 7개 경쟁회사 제품 중에서 가장 우수하다고 평가받는 장점들만 벤치마킹 목표로 정해 200가지 사항을 또다시 개선했다. 개선 부문은 헤드라이트에서부터 문고리까지 샅샅이 고쳐나갔다. 그 결과 토러스는 그해 41만 대를 팔아 일본 혼다 어코드(Accord)를 제치고 미국 내 승용차부문 판매량 1위를 기록했다. 자동차 설계에 벤치마킹 개념을 활용함으로써 성공을 거둔 것이다.

GE는 1980년대 경이적인 성장을 함으로써 세계적으로 모범이 되고 있는데 이 회사의 성공비결 가운데도 벤치마킹이 있다. 이 회사는 벤치마킹이라는 말 대신에 'Best Practice'라는 단어를 사용했다. 세계적으로 1위 또는 2위의 회사만을 고집한 웰치(J. Welch) 회장이 2위에 있는 자회사에게 1위의 특성을 철저하게 파헤쳐 배우도록 한 것이다. 이것은 명칭만 다를 뿐 벤치마킹임을 알 수 있다.

미국에서는 이밖에도 AT&T, 듀폰, IBM과 같은 유수회사들이 벤치마킹 전략을 도입하여 사용하고 있다. 우리나라에서는 호남정유,

금성사 등 일부에서 이 전략을 도입하였으며 다른 기업에서도 이 전략에 대한 인식과 필요성이 확산되고 있다.

벤치마킹은 이상의 여러 기업의 성공사례는 물론 총체적 품질관리 (total quality management)에 대한 관심의 고조, 품질관리의 대명사로 통하는 볼드리지 상의 영향도 무시할 수 없다. 볼드리지 상을 타기 위해 벤치마킹은 필수요소가 되었으며 벤치마킹 없이 세계적 수준의 기업임을 증명하기 힘들게 되었다. 벤치마킹은 이제 품질개선 프로그램의 기본사항으로 자리 잡게 된 것이다.

벤치마킹을 성공시키려면 무엇보다 조직이 학습조직이 되어야 하며 다른 부서, 다른 기업으로부터 배워야 한다는 겸손한 의식이 필요하다. 아울러 기업 간에 데이터베이스 등 정보를 서로 공유할 수 있는 가운데 발 빠른 움직임이 중요하다. 벤치마킹 전략은 기술수준이 낮은 기업일수록 국제경쟁력을 높이기 위해 필요한 중요한 생존전략 가운데 하나이다.

도요타 따라 하기 아무나 하나?

"아무리 좋은 제도라도 운영하기 나름이다"라는 말을 일본기업들이 체감하고 있다. 너도나도 도입했던 도요타식 생산방식이 현장에서 잡음을 내고 있기 때문이다. 일부에서는 눈에 보이는 방식만 도입했을 뿐 기본 이념까지 도입하지는 못했다는 반성과 새 제도 초창기에는 다 그런 법이라는 식의 판단유보론이 나오고 있다. 도요타 방식이란 도요타가 채택하고 있는 생산방식으로 그 핵심은 극도의 합리화를 통해 생산비용과 재고를 최대한 줄이는 것이다. 도요타 출신이 중심이 된 일본 중부 국제공항 건설에서는 당초 예산보다 1,300억 엔 이상의 비용을 절감했다는 신화도 나왔다.

도요타는 자신의 방식을 다른 생산현장과 기업에 이식하는 데 적극성을 보였다. 가장 대표적인 것이 우정공사에 대한 개혁이다. 도요타 물류 부문 출신의 사원 7명을 상주시켰다. 그들은 스톱워치를 들고 0.1초 단위로 우편물 구분속도를 측정했고, 작업의 흐름을 비디오로 촬영했으며 직원의 뒤에 붙어 다니며 몇 발자국 걷는지를 체크했다. 14개월 동안 480여 건의 개선항목을 작성했고, 우정공사는 이 개혁내용을 전국 1,000개 우체국에 보내 업무를 개선하기 시작했다. 480건의 개선을 대부분 달성한 우체국도 등장했다. 문제는 업무실수가 늘고, 작업이 늦어지며, 피로도가 높아진 경우가 발생한 것이다. 그래서 도요타 방식이 뿌리를 내리지 못하는 것에 대한 염려가 높아지고 있다.

닛케이 비즈니스는 도요타 생산방식을 본받아 성공하려면 다음과 같은 기본조건이 필요하다고 말한다.

- 언제 잘릴지 모르는 회사에서 고통을 수반하는 개혁의 의욕은 일어날 수 없으므로 종업원에게 개혁을 요구하려면 일단 감원을 해서는 안 된다.
- 일시적으로 모인 팀은 개혁을 지속할 수 없으므로 전임자를 만들어 지속적으로 현장을 체크한다.
- 사장이 직접 책임자를 맡는다.
- 실패하면 짜내야 할 고름으로 받아들인다.
- 성과에 직결되지 않는 노력도 평가한다.

5. 엔지니어링, 리엔지니어링, 그리고 카이젠

한 목사가 독일에서 렌터카를 빌려 타고 속도제한이 없는 고속도로 오토반을 달리게 되었다. 운전에는 자신이 있어 제일 안쪽 8차선으로 들어서서 130~150킬로로 달렸다. 그런데도 뒤따라오던 차들이 모두 자기를 추월하는 것이었다. 교통경찰차가 나타나자 그는 속도위반으로 걸릴까봐 속도를 100킬로로 줄였다. 그러자 경찰이 자기를 선 밖으로 나오도록 하더니 왜 8차선에서 그렇게 느리게 가느냐며 그러려면 1차선이나 2차선으로 가라고 주의를 주더라는 것이다.

이 경험담을 읽으면서 우리 기업은 지금 모두 리엔지니어링이라는 차선을 달리고 있지 않는가 하는 생각이 들었다. 지난 몇 년 동안 우리 기업은 뒤질세라 리엔지니어링을 하겠다고 야단이었다. 그런데도 성공했다는 이야기보다 실패담이 많다.

어느 기업에 자문을 나가 이런저런 이야기를 하게 되었다. 그런 가운데 리엔지니어링에 관한 이야기가 나오게 되었다. 그러자 함께 자리한 박광호 교수가 이런 말을 했다. "우리 기업은 아직 엔지니어링도 되어 있지 않았는데 리엔지니어링부터 하려 듭니다. 순서가 잘못되어 있지요. 엔지니어링이 되어 있지 않은 상태에서 리엔지니어링을 한다는 것은 말도 되지 않습니다." 그래서 그 기업은 엔지니어링부터 철저히 하기로 했다.

엔지니어링(engineering)이란 시스템을 구축하는 일이다. 컴퓨터가 있다고 시스템이 자동적으로 구축되는 것은 아니다. 직무 하나하나 분석을 하고 그것이 전체와 신경망처럼 연결되도록 하는 것이다. 이 일은 컴퓨터와 연결시켜 하는 일이므로 일이 생각보다 쉽지 않다. 이 작업을 하는 사람은 지루함을 느끼게 되고, 경영자 쪽에서는 시간과 돈만 든다는 생각을 하기 십상이다.

그러나 이처럼 중요한 작업이 없다. 집의 주초를 놓는 작업이기 때문이다. 인사관리의 경우 직무분석에 해당된다. 이 작업이 있어야 사람도 선발하고 승진을 시키며 임금의 공정성을 기할 수 있다. 이런 것 없이도 경영은 잘되었다고 말하려고 한다면 엔지니어링은 무시될 수밖에 없다.

리엔지니어링(reengineering)은 기본적으로 엔지니어링에 바탕을 두고 있다. 구축된 시스템을 운영해본 결과 고객에게 불편을 주고 업무 수행상 종종 막히는 곳이 있음을 인지하고 그것을 곧장 고치지 않으면 안 된다는 생각에서 리엔지니어링을 하게 된 것이다. 그러므로 박 교수의 말처럼 엔지니어링을 하지 않았는데도 리엔지니어링을 하겠다고 말하는 것은 말도 되지 않는다. 무엇을 리엔지니어링을 하겠다는 것인데 그 무엇이 마련되지 않았는데 그것을 고치겠다는 것은 우스꽝스러울 뿐이다.

학교에서 인사관리를 가르친다. 직무분석은 물론이고 직무평가, 통합적 및 전략적 인적자원관리를 가르친다. 그것은 한마디로 인사부문의 엔지니어링 작업이다. 그러나 정작 기업에 가보면 직무분석조차 안 되어 있는 곳이 많고, 했다 해도 형식적이어서 유용성이 없다. 그런 기업이 만일 리엔지니어링을 말한다면 어떻게 될 것인가? 우리 기업이 정작 필요한 것은 리엔지니어링이 아니라 엔지니어링이다.

리엔지니어링은 급진개혁의 성격을 띠고 있다. 급진개혁이 가능하게 된 것은 컴퓨터산업의 발전과 궤를 같이 하고 있다. 미국 기업이 급진개혁을 하게 된 것은 여러 면에서 일본에 뒤지고 있다는 생각이 앞서기도 했지만 근본적으로는 정보산업의 놀라운 발전으로 업무가 급격하게 컴퓨터화되고 이를 통해 업무를 수행하는 과정에서 여러 문제점들이 드러났기 때문이다.

특히 고객에게 불편을 주는 일들이 발생하게 됨으로써 이것을 당장에 고치지 않으면 안 되었다. 당장에 고객에게 이익이 되도록 시스템을 고치는 것이 바로 리엔지니어링의 발상이다. 정보처리 기술을 이용하여 조직을 단순화하고 계층을 줄여 관료주의적 병폐를 몰아내는 것도 이에 해당한다.

리엔지니어링이 급진적이라면 일본의 카이젠(kaizen)은 점진적이다. 카이젠이란 개선(改善)을 일본식으로 발음한 것으로 카이젠전략은 제2차 세계대전을 겪은 일본을 부강하게 만든 것으로 평가받을 만큼 이름이 높다. 카이젠은 서둘지 않는다. 차분히 시간을 가지고 고칠 것은 고치며 개선해나간다. '조금씩 그러나 끊임없이'가 카이젠의 구호이다.

카이젠도 기본적으로 고객 위주다. 기업이 이익을 올리기 위해서는 먼저 고객을 만족시켜야 한다는 것이다. 품질을 향상시키고 원가를 낮추어 고객에게 봉사한다. 고객이 상품을 사주지 않는다고 말하기 전에 고객이 상품을 찾도록 만든다. 공정에서도 고객을 생각한다. 자사의 제품을 판 것으로 만족하지 않고 고객이 자기의 제품에 만족하고 있는지 매일 확인하고 문제가 있을 경우 개선해나간다.

엔지니어링, 리엔지니어링, 카이젠은 우리 기업에게 많은 시사점을 던져주고 있다. 엔지니어링도 되지 않은 기업이 리엔지니어링을 말하는 것은 안 된다. 리엔지니어링을 말하기 전에 엔지니어링 작업을 시작해야 한다. 오토반에서 1차선을 달려할 사람이 8차선에 끼어들면 문제가 발생할 뿐이다. 그리고 리엔지니어링을 해야 할 경우 우리는 조직의 개혁을 급진적으로 해야 할 것인가 아니면 점진적으로 해야 할 것인가도 생각해야 한다. 모두 리엔지니어링을 한다고 해서 서둘지 않아도 될 부분을 급하게 하면 무리가 생길 뿐이다. 경영자는 자기 기업이 처한 정황을 잘 파악하여 무엇부터 바르게 해야 할 것인가를 판단하고 개선해나가야 한다.

6. 글로칼리제이션과 하이브리드 경영

우리 기업은 메가컴피티션(mega competition) 시대, 곧 국제적인 무한경쟁 시대에 돌입했다. 이제 우리 기업은 세계를 대상으로 다른 국가, 다른 기업과 피나는 경쟁을 하지 않으면 안 된다. 국가경쟁력의 제고, 기업경쟁력의 제고 등은 지나간 세대의 구호가 아니고 발등에 떨어진 불이 되었다. 우리 기업은 세계 속의 두뇌기업으로 성장해야 하고 그 속에서 우뚝 서야 할 책임과 의무를 함께 지고 있다. 이를 위해서 기업은 질적으로 달라지지 않으면 안 된다.

기업이 무엇보다 달라져야 하는 것은 전 세계가 나의 시장이며 전 세계인이 나의 고객이라는 시장 및 고객개념의 확대이다. 시장과 고객의 확대는 기업이 과거와는 전혀 다른 체질로 개선되지 않으면 안 되며 전략의 차원도 달라야 한다는 것을 가르쳐주고 있다. 이것의 대표적인 표현이 글로칼리제이션(glocalization)과 하이브리드 경영(hybrid management)이다. 글로칼리제이션은 지구화(globalization)와 현지화(localization)를 합하여 만든 말이며, 하이브리드 경영은 글로칼리제이션을 수행함에 있어서 마땅히 취해야 할 관리적 태도 가운데 하나이다.

1) 지구화

지구화란 세계화의 다른 표현으로 국제화(internationalization)는 두 나라 이상의 관계를 말하는 말이므로 문자적으로 사실 그 의미가 좁아 보다 넓은 의미로 사용된 개념이다. 국제화는 대부분 정부의 보호 장벽 아래 기업으로 하여금 무역을 촉진시키는 계기를 만들었으나 지구화는 기업이 하나의 지구적 기업이 됨은 물론 지구적 시민으로서 활동하게 됨을 의미한다. 지구화는 국가의 보호보다 지구적 질서 속에서 움직이지 않으면 안 된다는 것을 강조하고 있다.

지구화는 기업경영의 방향이 글로벌 경영(global management)이어야 함을 보여준다. 이제 기업은 지구의 일원으로서 지구라는 시장을 대상으로 활동하지 않으면 안 되게 되었다. 지구화는 국경 없는 기업(borderless corporation)을 낳는다. 이 기업은 국가, 기능, 소유권의 장벽을 넘어선다. 이 기업의 사명은 세계 소비자에게 최고의 제품, 고도의 숙련된 서비스를 가장 신속하게 제공하지 않으면 안 된다는 것이다.

인터넷을 통한 전자상거래(e-commerce)로 상품 및 서비스 공급은 그 속도를 더욱 빠르게 하고 있다. 그러므로 기업의 제품개발이나 시장관련 사업도 지구적 관점에서 추구되지 않으면 안 된다.

2) 현지화

지구화가 기업의 안목과 활동영역을 넓혀준다면 현지화는 지구화된 기업이 세계 각 곳에서 뿌리를 내리는 작업을 하는 것을 말한다. 듀폰은 원래 프랑스 기업이었다. 그러나 그 기업이 일찍이 국제화를 추진하면서 미국에 상륙했고, 철저한 미국화, 곧 현지화를 통해 미국 속에 확고한 발판을 구축했다. 미국 산업사에 있어서 듀폰은 철도산업과 함께 주도적인 역할을 했다. 결국 듀폰은 본사를 미국으로 옮겨야 할 만큼 성장했고 철저히 미국화되었다. 지금 그 기업은 세계화되어 사실상 국적 없는 기업이라 부를 만큼 각 곳에서 현지화되고 있다.

지구적 기업의 현지화는 듀폰만이 아니다. 현재 시티뱅크 등 여러 은행이 세계은행으로 지구화 내지 현지화되고 있으며, 여러 세계적인 기업그룹들이 세계 곳곳에 자리를 잡고 현지화되고 있다. 현지화는 단지 세계를 상대로 해서 이득만 보겠다는 것이 아니라 기업이 코스모폴리탄이 됨과 함께 그 지역에서 훌륭한 기업시민으로 역할을 다하는 것을 말한다. 현지화는 철저하게 그곳 사람, 그곳 기업이 되는 작업이다. 따라서 나는 단지 그곳에 돈을 벌러 온 상인일 뿐이라는 종래의 생각으로는 성공할 수 없음을 알 수 있다.

3) 잡종화

하이브리드 경영은 글로칼리제이션을 한 기업이 어떻게 경영을 해야 하는가를 가르쳐주고 있다. 이 경영은 한마디로 본국 기업시스템 중 가장 좋은 점과 해외현지 기업시스템 중 가장 좋은 점을 결합하여 보다 승화된 제3의 경영을 하는 것을 말한다. 하이브리드는 문자적으로 잡종, 혼성 또는 혼혈이라는 의미를 가지고 있다. 일찍이 구조주의 심리학자 피아제(J. Piaget)는 학문의 잡종화(hybridization)를 강조한 바 있다. 한국인에게 있어서 잡종화란 별로 좋은 의미를 주지 못한다. 이 단어는 우리네 의식 속에 매우 불결하고 천시된 개념으로 남아 있기 때문이다. 그러나 잡종화란 원래 두 유전자의 좋은 점을 결합시켜 더 나은 종을 만드는 데 목적이 있다.

피아제는 학문의 잡종화를 강조했다. 학문의 잡종화란 여러 학문

영역이 자기 영역만을 고집하지 말고 서로 교통하여 보다 나은 학문을 만들자는 의미를 가지고 있다. 이른바 '학제적 접근(interdisciplinary approach)'은 학문의 잡종화를 위한 것이다. 이 개념은 이른바 시스템이론(system theory)을 발전시키는 계기가 되었다.

최근 여러 일본 기업들은 하이브리드 경영을 강조하고 있다. 이 개념은 일본 기업이 새롭게 일으키고자 하는 경영혁명의 도구로 등장하고 있으며 이 방법을 통해 세계 각 곳에서 성공을 거두고 있다. 이 방법을 수행함에 있어서 외국에 진출한 기업은 현지사정을 충분히 고려하여 가장 현지에 맞는 경영을 해야 한다. 지금까지 기업은 현지사정을 고려해야 한다는 것을 알고 있으면서 본국에 있는 본사의 정책을 그대로 이행할 것을 강조하고 현지인을 본국에 불러들여 본사의 기업문화와 그 정책을 주입해왔다. 이것은 현지사정과 현지인을 고려하기보다 자기 위주의 일방적 경영이었다.

하이브리드 경영은 본사의 경영방침도 중요하지만 현지에 맞는 경영을 함으로써 보다 성숙한 관리체계를 구축하고자 하는 쌍방적 경영혁신 노력이다. 이러한 쌍방 교류적 경영을 통해 보다 나은 경영체계를 확립해야 한다는 것이 하이브리드 경영의 요체이다. 이 경영을 통해 만들어진 것은 완전히 본국적인 것도 아니고 완전히 현지국의 고유한 것도 아닌 제3의 경영형태이다. 이 경영방법은 기업이 세계화됨에 있어서 일방적 강요보다 적응을 해야 한다는 것을 가르쳐주고 있다.

이 경영방법이 일본에서 강조되고 있는 것은 일본기업이 글로칼리제이션을 하기 위해서는 무엇보다 종래의 경영방법으로부터 벗어나지 않으면 안 된다는 위기의식이 팽배해졌기 때문이다. 일본은 무역을 통해 성장한 나라이다. 무역을 통한 일본의 경제성장은 많은 후발국의 본보기가 되었다. 그러나 지금까지의 경영방법은 매우 교만한 것이었다. 하이브리드 경영은 교만 섞인 자국기업들에게 보다 겸손할 것을 요구하고 이러한 겸손함을 글로칼리제이션에 심어보고자 한 것이다. 이것은 후발국으로 하여금 단순히 무역에 뛰어들어 돈을 벌어보겠다는 태도를 바꾸도록 함은 물론 보다 현지와 대화하고 현지인의 정서를 고려한 거듭난 경영을 하지 않으면 안 된다는 것을 가르쳐주고 있다. 세계경영에 있어서 자만심은 금물이다.

세계화 시대에 있어서 우리 기업은 지구적 감각을 가지고 지구적 일원으로 활동하지 않으면 안 된다. 나아가 그곳에서 뿌리를 내려야 한다. 그리고 더 중요한 것은 모 기업의 독단적인 경영이 아니라 현지와의 대화 및 협력을 통해 제3의 문화를 창출하는 것이다.

7. 균형성과기록표

균형성과기록표 또는 균형성과표(BSC: Balanced Score Card)는 1992년 캐플린과 노턴이 제시한 재무적, 비재무적 지표 간에 균형을 유지하기 위한 성과평가시스템이다. 재무적인 측면만 고려하는 종전의 차원에서 벗어나 고객 관점, 내부 프로세스 관점, 조직의 학습 및 성장 관점 등 여러 운영 측면에서 전략을 수립하고 그에 따른 성과지표를 구성해 균형 잡힌 성과표를 작성한다. 경영 전반의 모든 활동을 포괄함으로써 조직과 프로세스, 조직구성원의 변화를 이끌어낼 수 있는 총체적 경영관리시스템이다. 기업이 단기적으로 업적을 유지할 뿐 아니라 장기적으로 생존할 수 있는가를 검증한다.

부문별로 재무, 고객, 내부 프로세스, 학습과 성장 등 네 가지의 관점으로 구분한 후 기업별 특성에 맞는 지표를 선정해, 각 지표별로 가중치를 적용해 종합지표를 산출한다. BSC는 EVA가 이미 낡고 부분적인 기법이며 과거자료인 재무분석에만 의존하여 기업의 현재와 미래를 판단하는 데는 문제가 있는 기법이라고 판단해서 나온 것이다.

지식사회시대를 맞아 새로운 보상체계 도입이 절실히 필요한 현재 BSC는 매우 유용한 시스템으로 평가받고 있다. 새로운 보상체계를 확립함에 있어서 중요한 것이 성과의 정확한 측정이다. 지식근로자 개개인의 지식자산과 성과를 바로 측정하여 보상하는 것이 중요하기 때문이다.

미 재향군인회는 BSC를 채택하여 고객만족과 직원의 자기개발요소를 성과에 추가시켰으며 성과제도를 실시했다. 그 결과 인건비는 25% 감소하였고 서비스의 질 또한 향상되었다. 또한 이랜드도 BSC를 전략적 경영도구로 활용해 기업의 구조조정을 성공적으로 이끄는 데 도움을 얻은 바 있다.

이 방법은 재무, 고객, 내부 프로세스, 혁신 및 조직학습의 관점들을 결합하여 제시함으로써 경영자들이 관리해야 하는 대상들 간의 상호관계를 이해하는 데 도움을 준다. 재무관점을 제외한 다른 관점들은 미래의 재무성과에 영향을 주는 것이므로 경영을 미래지향적으로 하는 데 도움을 준다. BSC는 단순한 성과측정 수단에서 한 걸음 더 나아가 제품, 프로세스, 고객, 시장개발 등과 같은 주요 부분에서 혁신을 촉진시킨다.

BSC의 4가지 프로세스, 곧 비전전이, 의사소통과 연관, 사업계획

수립, 피드백과 학습을 통해 경영자는 기업 내 전 계층에 회사의 전략을 효과적으로 전파하고 이를 개별 차원(사업부, 팀, 개인 차원)의 목표와 연결시킬 수 있다. 최근에는 장기적 차원의 전략경영시스템 구축에도 사용되고 있다. 즉, BSC에 내재된 4가지 프로세스가 기업의 단기적 활동과 장기적 목표를 연결시켜줌으로써 전략경영 시스템의 기반을 제공해준다.

이랜드는 BSC구축 프로세스를 크게 전략 및 관리시스템 개발, 정보시스템 개발, 피드백 등 3단계로 구성했다.

전략 및 관리시스템 개발의 경우 회사와 사업부의 전략적 목표수립, 사업부의 핵심성공요소와 핵심성과지표 결정, 핵심성과지표별 비중 및 평가방식 제시, 사업부·팀·개인별 지표와 목표의 수립, 회사·사업부별 프로젝트 계획수립, 최적자원의 배분을 다룬다.

정보시스템 개발은 다차원 분석이 가능한 OLAP BSC를 시스템으로 하여 사용자 인터스페이스를 강화하여 KMS에 연결한 WEB BSC를 구축하여 사용하였다. SAP ERP 모듈 중 SEM을 도구로 사용하기도 했다. BSC 시스템 구축결과 수십 개의 전략적 지표가 개발되고, 사업부·팀·개인별 목표관리 시이트는 물론 개인별 스코어카드가 작성되어 평가가 가능해졌다. 이랜드는 여러 전략적 측정지표를 가지고 있고 각 지표마다 여러 주요 점검도구를 사용하고 있어 실제 측정 가능한 지표는 생각보다 많다 할 수 있다. 필요한 정보를 비정형으로 다차원 분석할 수 있어 정보를 지식화하는 데도 유용하다.

이랜드의 BSC는 회사·사업부·팀·개인 레벨에서 목표관리 및 성과측정 결과를 제공하고 있다. 이 피드백 시스템을 통해 결과를 공유하고 커뮤니케이션하게 만든다. 개인별 스코어카드(PSC)는 KMS

를 통해 각 개인에게 피드백하고 있어 직원이 자신의 성과결과를 확인할 수 있다.

이랜드는 BSC 시스템 측정값을 사용하여 월·분기·연별로 평가회를 하고 있다. 월평가회를 통해 전 직원이 평가 및 발견한 지식을 공유하는 기회로 활용하고 있다. 이 시간은 성공지식과 실패지식을 통한 베스트 프랙티스를 발굴함은 물론 성과가 높은 지식인을 발굴하고 육성하는 장으로 삼고 있다.

BSC는 여러 차원에서 효과를 거두고 있다. 무엇보다 경영관리 프로세스를 향상시킴은 물론 지식조직으로 변화하는 데 중요한 변화관리 도구가 되고 있다. BSC를 중심으로 한 피드백 활동은 직원들에게 보다 성과지향적인 태도를 길러준다. 측정지표에 따른 결과 피드백은 개인의 업무에 대한 책임소재를 명확히 해주고 있다. BSC 평가회를 통해 분석하고 평가하는 과정을 반복하면서 직원들의 사고와 업무 프로세스가 변하고, 시스템적 사고를 하게 되며, 경영역량과 지식수준이 향상된다. 나아가 경영자는 단기적인 재무적 결과 이외에 선행적인 미래 역량을 강화하고 관리하게 되고, 특히 무형자산에 대한 인식이 높아졌다.

기업은 BSC를 통해 지식자산표를 측정하여 작성하고 있다. 스베이비에 따르면 지식자산표는 외부구조(고객), 내부구조(프로세스), 역량(사람)의 3가지 측면에서 지식자산이 구분된다. 이를 통해 비즈니스를 둘러싼 가치사슬 전반의 역량을 강화시킨다. 이것은 기존의 재무제표에서 보여줄 수 없는 기업 내부의 무형자산의 가치를 인식시키고 이를 철저히 관리할 수 있으며, 기업의 투명성을 높여준다는 점에서 의미가 있다. 지식자산표는 경영자가 조직을 지식의 관점에서 보아야 하며 경영자의 임무는 조직의 자산을 개발하는 것임을 보여준다. 대부분의 기업에서는 무형자산의 가치가 유형자산의 가치를 초과한다. 따라서 지식시대의 경영자는 대차대조표상에서 볼 수 없는 무형자산을 효과적으로 관리하는 것이 무엇보다 중요하다. 경영자는 지식초점의 전략을 채택하고 관리하는 것만이 지식시대에서 기업의 가치를 지속적으로 향상시킬 수 있는 길이다.

8. 경영관리혁신 사례

1) GE 웰치의 경영혁신

GE를 세계 최우수기업으로 키운 웰치는 3가지 혁신 아이디어를 근거로 기술·정치·문화 시스템의 차원에서 GE의 비전달성을 위한 계획을 수립했다.

(1) 기술적 아이디어: 첫째 아니면 둘째, 즉 최고가 아니면 매각한다. 서비스, 첨단기술, 핵심으로 사업구조를 형성한다.
(2) 정치적 아이디어: 통합된 다양성(integrated diversity)을 추구한다. 각 사업의 독자성을 유지하되 하나의 팀으로 협력한다. 대규모 조직이면서 소규모 특성을 유지한다. 기업경영위원회를 운영한다.
(3) 문화적 아이디어: 경계, 장벽 없는 개방성, 무한계(boundaryless-ness), 유연성을 추구한다. 조직 내부 계층적 장벽, 기능적·지리

적 장벽을 폐지한다. 공급자, 고객과 밀접한 관계를 유지한다.

웰치는 이를 위해 워크아웃(Action Workout), 베스트 프랙티스(Best Practice), 변화촉진(Change Acceleration) 프로그램을 단계적으로 추진했다. 워크아웃에서는 타운미팅을 전사에 확대했으며, 3S(Self-Confidence, Simplicity, Speed)를 추구했다. 베스트 프랙티스에서는 세계 제일의 성공사례 연구를 도입해 총체적 생산성 향상을 도모했다. 그리고 변화촉진 프로그램을 지속적 운동으로 정착시켰다.

웰치는 이런 과정을 통해 모든 계층의 자유로운 의사소통 채널을 구축함으로써 신뢰를 쌓았고, 종업원에게 엠파워링을 했으며, 불필요한 작업을 제거해 생산성을 향상시켰고, 새로운 패러다임을 창출했다.

웰치는 다음과 같은 전략을 통해 경영혁신을 이루어냈다(슬레이터, 2000).

(1) 리더십: 웰치는 세계대전 후 뿌리내리기 시작해 1980년대까지 미국 경제를 후퇴시킨 명령 통제식 조직구조와 전쟁을 벌였다. 그는 종업원에 대한 관리와 통제가 줄어들수록 기업성과는 올라간다는 새로운 견해를 가지고 있었다. 그가 본 리더십의 요소는 에너지, 활력, 결단력, 실행력이다. 그는 리더에게는 다른 사람을 흥분시키고 활력을 불어넣는 능력이 있어야 한다고 생각했다. 또 실적에 민감한 사업가형 리더십을 강조했다.

(2) 조직 활력화 모형: 이 부분에서는 GE가 어떻게 워크아웃(Work-Out)을 실행했는지 알 수 있다. 우선 그는 평생고용 보장정책을 전

면 수정했다. 대신 직원들로 하여금 GE의 미래와 자신의 미래를 동일시하도록 조직을 바꿨다. 평생고용을 없앤 데 대한 직원들의 불만을 관료주의 타파로 보상해주었고, 조직 내부의 모든 벽을 허물었다. 웰치의 개혁은 아주 사소한 것들까지 영향을 미쳤다. 공장에서 설비를 움직이는 사람이 장갑을 교체하기 위해 설비를 멈추고 신청서를 작성하고 장갑이 지급되기까지 기다려야 하는 과거방식을 모두 바꿔 버렸다.

(3) 학습문화: 웰치는 조직이 개방적인 태도로 무엇인가를 학습하고 학습한 것을 실제 생활에 적용할 때 전체 조직이 기대 이상의 경쟁적 우위를 달성할 수 있다고 믿었다. 그는 크라이슬러와 캐논에서는 신제품 출시기법을 채택했고, GM과 도요타에서는 효과적인 조달방식을 배웠다. 모토로라와 포드에서는 품질경영을 채택했다. 그는 이 같은 전략을 자기가 개발하지 않았다는 사실에 대해 자랑스러워했다. 그는 직원들에게 "부끄러워하지 말고 남의 좋은 것은 벤치마킹하라"고 주문한다.

(4) 6시그마운동: 그는 고객관리 모형으로 6시그마 품질혁신운동을 폈다. 6시그마운동은 1996년 시작한 이래 GE가 가장 지대한 영향을 미쳤고 앞으로도 계속 효력을 미칠 전략이다. 100만 개 제품 중 3~4개 불량품만이 발생하는 것을 뜻하는 6시그마운동은 합격률 비율이 99.999997%를 뜻하는 것으로 수학적으로 거의 완벽한 제품을 생산하는 운동이다.

웰치의 6시그마 수행단계는 중요한 내부 프로세서를 파악하고 발생하는 결함을 측정한 다음 모든 통계적 도구를 동원해 결함발생 이유를 분석하는 것에서 시작한다. 그다음 핵심변수를 범위 내에서 수정하고 점검표 등을 가지고 수정한 공정을 관리한다.

2) 마이크로소프트의 지식경영혁신

마이크로소프트에 따르면 지식경영의 핵심전략은 지식근로자가 기업생산성에 최대한 기여할 수 있도록 각종 도구를 충분히 제공하는 것이다. 지식경제에 기반한 양질의 지식근로자를 얼마나 확보하고 있으며 이들의 능력이 어떻게 수익으로 연결되느냐에 따라 기업의 성패가 달라진다. 마이크로소프트는 지식근로자가 선호하는 환경을 만들어 이들을 기업 내부로 끌어들이는 것과 동시에 기존의 지식근로자가 이탈하는 것을 막는 것이 조직성장에 중요한 요소로 간주하고 있다.

현재 각 국가가 지식국가를 지향하면서부터 기업과 국가에서 지식근로자의 비중이 날로 높아지고 있다. 산업혁명은 100년이 걸렸다. 그러나 정보화혁명은 불과 5년 이내에 끝날 것으로 예측하고 있다. 산업혁명기에는 근로자가 똑같은 일을 반복적으로 하도록 하는 일이 중요했다. 하지만 지식시대에는 다양한 지식을 기반으로 창조적인 일을 짧은 시간에 하는 것이 중요하다. 지식국가에서는 누가 얼마나 빨리 정보에 접근하는지와 획득한 정보를 얼마나 빨리 지식근로자에게 전파하는지가 기업의 능력을 판가름한다. 즉, 이제 기업은 민첩성이 어느 때보다 필요하게 되었다. 기업이 민첩성을 갖추기 위해서는 지식근로자 간 커뮤니케이션 툴과 시스템이 필요하다. 마이크로소프트는 이 점을 인식하고 지식경영에 획기적인 혁신을 도모하고 있다.

3) 해멀이 꼽은 관리혁신의 성공사례

해멀은 관리혁신의 성공사례로 고어 앤드 어소시에이츠(Gore & Asso-ciates), 유기농 식품점 체인 홀푸드마켓(Whole Foods Market), 구글을 꼽았다. 이 외에도 여러 기업들이 손꼽히고 있다.

(1) 고어 앤드 어소시에이츠

고어 앤드 어소시에치츠는 특수 등산복 고어텍스(Gore-Tex)를 제조하는 기업으로, 포천이 선정하는 '가장 일하고 싶은 100대 기업'에서 11년간 상위권에 올랐다.

- 1958년 빌 고어가 맥그리거의 Y이론에 대한 믿음을 바탕으로 이 기업을 세웠다.
- 이 회사의 조직은 상사가 없는 완전 수평조직이다. 모두가 동료(associate)로 불린다. CEO 켈리도 회사 바깥에서 회사를 대표할 뿐 내부에서는 동료다.
- 동료들에게 강력한 가치를 부여하고 강하게 믿는다. 영향력을 틀어쥐고 통제만 하려는 태도에서 벗어나야 한다.
- 색다른 리더십을 발휘한다. 힘을 넓게 배분한 뒤 리더가 카오스와 다양한 관점을 잘 참아낸다.
- 직위도, 서열도, 권위도, 보스도, 관리자도, 피고용인도, 표준화된 고정업무도, 지시도 없다. 업무는 따로 정해져 있지 않아 자신이 스스로 일을 찾아야 한다.
- 모든 동료들은 프로젝트 기반으로, 그때그때 팀을 만들어 일한다. 좋은 아이디어가 생긴 동료가 제안하고, 이에 동조하는 동

료들과 팀을 만든다. 팀 전체가 보스다. 직위도 직함도 없다. 직함을 부여하면 그 사람의 능력에 불필요한 한계를 지우고, 불필요하게 권위나 통제를 불러일으키기 때문이다. 유연한 팀을 기반으로 일하므로 신선한 아이디어가 나온다.

- 최고의 혁신은 다른 관점과 독특한 시각에서 나온다. 다양한 시각으로 구성된 팀이 적극적으로 도전하는 과정에서 혁신과 창조가 나온다. 예를 들어 의료사업 부문의 경우 의료 전문지식을 갖고 있는 동료보다는 관련지식이 없는 동료들로부터 깜짝 놀랄 아이디어가 나오고 큰 수익으로 연결된다.

- 개인과 대화 존중의 문화를 실현한다. 너무 큰 공장에서는 이것이 어렵기 때문에 의도적으로 규모를 조절한다. 공장의 경우 직원 수 200명이 넘지 않도록 한다.

- 카풀을 통해 함께 출퇴근하면서 자유롭게 대화하고 아이디어를 교환한다. 상사와 부하라 하더라도 차에 합승할 때는 조직 관계를 떠나 창의적이고 생산적인 대화를 하고, 새로운 에너지와 헌신과 아이디어가 넘쳐난다.

- 회사가 위기에 처해 태스크포스를 가동시킬 때도 카풀 때처럼 쓸데없는 규칙과 관계에서 벗어나 의미 있는 논의와 진전이 있도록 한다.

- 일주일 중 반나절은 직원들이 재미있게 할 수 있는 무슨 일이든 할 수 있는 장난시간(dabble time)이 주어진다.

- 동료평가로 연봉을 결정한다. CEO에 대한 보수도 동료들의 회의를 거쳐 결정된다. 발명과 혁신에 기여한 사람들에게 높이 보상한다. 승진도 동료들의 판단에 의해 결정된다.

(2) 홀푸드마켓

홀푸드마켓은 판매대의 모든 직원이 팀 단위로 일하며 고용과 해고, 물품구매 같은 재량권을 가진다. 어떤 물건을 구매할 것인지를 직접 결정한다. 동료들이 신규고용이나 해고에 대해 재량권을 가진다.

보통 한 매장은 수산물, 농산물, 계산대 등 8개 팀으로 이뤄져 있다. 이들은 어떤 물건을 들여놓을지부터 가격책정, 직원인사까지 결정할 수 있다. 월급도 팀 단위의 실적에 연동된다. 이렇게 재량과 정보를 충분히 제공함으로써 직원들의 열정을 성공적으로 이끌어내 '완벽한 음식, 완벽한 직원, 완벽한 지구'라는 회사목표를 달려갈 수 있었다.

(3) 구글

구글은 대학원 같은 회사, 분권화된 수평조직, 작고 자율적인 팀, 직원들의 자율보장, 급여 차등화 등을 통해 관료주의를 없애고 누구든 아이디어를 실행에 옮길 수 있도록 지원한다.

(4) 셈코

브라질의 산업장비 제조업체 셈코(Semco)는 아주 특이하다. CEO 리카르도 세믈러(R. Semler)가 쓴 『셈코 이야기』는 괴짜 경영학의 모본이 되고 있다. 그는 도산위기의 중소기업을 아버지로부터 이어받았다. 그러나 그는 전혀 다른 방식을 택했다. 그리고 선박용 펌프와 식품용 가공기계, 컨설팅까지 다양한 제품 및 서비스를 제공하는 초우량 기업으로 바꾸어 놓았다. 셈코는 과거와는 아주 다른 경영방식으로 큰 성과를 거두고 있어 경영에서 화두가 된 지 오래다.

이 회사에는 공식적 조직구조가 없다. 그 흔한 인사관리부서도 없다. 고용계약서도 없다. 경영전략도 없다. 사업계획도 없다. 결제하는 사람도 없다. 이것은 비즈니스 관행을 벗어났음을 보여준다. 한마디로 매뉴얼을 찢어버린 것이다.

다음은 셈코가 어떤 모습인가를 잘 보여주는 대목이다.

- 통제를 포기했다. 셈코는 신뢰와 자율성을 바탕으로 종업원들에게 자유를 주었다. 종업원은 더 이상 어린아이가 아니다.
- 경영철학은 하나다. 스스로 '왜?'라는 질문을 던져라. 질문을 많이 할수록 발전한다.
- 근무시간을 유연하게 하고, 임시사무실을 사용한다. 직원 스스로 선택하여 책임지고 처리한다.
- 출퇴근 시간에 MBA 과목을 수강하도록 한다(rush hour MBA).
- 직무순환을 한다. 다른 일에도 관심을 갖되 그 일은 스스로 결정한다.
- 셈코의 인원충원방식은 개인의 인생목표와 셈코의 목표 사이의 조화에 있다.
- 실수를 허용한다. 실수를 바탕으로 더 큰 도약을 하도록 한다.
- 융통성 있게 급여를 올리거나 내린다(up and down pay).
- 설문조사를 통해 회사에 대한 신뢰를 측정한다. 상향평가를 하는 것이다.
- 기업은 오케스트라다. 짠맛, 신맛, 단맛, 매운맛 모두 어우르게 한다.
- 지속가능한 성장을 꿈꾼다. 당장의 회사의 이익보다 도덕적 수준을 중시한다.

- 이직률이 1% 미만이다.
- 퇴직 후 시간을 효율적으로 사용하도록 퇴직시간을 미리 얻는 다(retire a little).
- 3년 휴직프로그램을 활용한다(work and stop).

이렇게 경영하면 과연 성공할까 하는 의문이 든다. 하지만 셈코는 이뤄냈다. 셈러조차 회사 직원이 정확히 몇 명인지 모른다. 본사의 본부조직을 아예 해체했기 때문이다. 이 회사는 직원들이 스스로 일하는 시간을 결정하고 심지어 월급도 스스로 결정한다. 동료들을 납득시킬 수만 있다면 직원들이 여행도 마음껏 다닐 수 있다. 이런 별난 관리시스템을 통해 이 기업은 연평균 40%의 성장세를 이어갔다. 경영자는 종업원을 신뢰했고, 종업원은 기업을 신뢰했다. 서로의 신뢰가 기적을 만든다. 경영도 역시 상호 간 믿음에 달려 있음을 알 수 있다.

(5) P&G

기업혁신펀드(CIF: Corporate Innovation Fund)를 운영하고 있다. 벤처캐피털과 유사하게 고위험 고수익의 신사업을 검토하고 자금을 지원한다. 새로운 브랜드를 창출하는 전사 차원의 미래사업팀(Future Work), 외부의 사업기회를 탐색하는 외부사업발굴팀(External Business Development)을 운영한다. 개방형기술혁신(open innovation)을 지향한다. 외부의 아이디어와 기술을 활용하여 신제품을 개발하면 시간과 비용을 줄이는 동시에 R&D 생산성을 높일 수 있다. 혁신으로부터 기대되는 수입과 그 비용을 중심으로 한 혁신 중심의 예산제도를 운영하고 있다.

⭑ 기술혁신

1. 기술혁신, 제품혁신, 공정혁신, 서비스혁신

산업마다 기술특성이 다른 것은 기술 자체의 본질적 속성뿐 아니라 기술혁신의 과정적 속성도 다르기 때문이다. 대부분의 기술혁신은 경험과 지식을 습득하는 학습과정을 통해 축적적(cumulative)인 형태로 이루어진다. 또 기술혁신은 일단 앞으로 나아가면 뒤로 돌아가지 않는다는 면에서 비가역적(irreversible)이고, 한번 길을 들어서면 계속하여 그 길을 따라 나아간다는 면에서 경로 의존적(path-dependent)이다. 따라서 시간이 흐를수록 각 산업은 다른 길을 따라 다른 방식으로 기술혁신을 하게 되고 이것이 산업 간의 차이를 더 크게 만든다.

제품혁신과 공정혁신도 서로 다른 기술혁신 패턴을 보인다. 어터백(Utterback)과 애버나티(Abernathy)는 기술혁신이 일어나고 진행되는 과정을 유동기, 전환기, 경화기로 나누었다. 유동기(fluid stage)에는 아직 제품의 사양이 불안정하고 시장이 형성되지 못한 상황이므로 기술혁신은 주로 제품 디자인이나 성능개선을 위한 제품혁신에 집중되는 반면 공정혁신은 미미한 수준에 머무른다. 전환기(transitional stage)로 접어들면 제품의 표준화가 일어나면서 제품혁신의 빈도가 줄어드는 반면 생산능력을 늘리기 위한 공정혁신이 활발하게 일어난다. 경화기(specific stage)에 이미 제품은 성숙기로 접어들었으므로 제품혁신은 거의 일어나지 않고 비용절감이나 생산성 제고를 위한 부분적인 공정혁신만 일어난다(박용태, 2007a). 이것은 각 부문에서 기술혁신이 얼마만큼 계속 유지되기 힘드는가를 보여준다. 경영자는 계속기업이 되기 위해, 또 기업의 우수성을 높이기 위해 기술혁신을 지속적으로 추진하지 않으면 안 된다. 기술혁신이 중단되면 기업의 생명도 단축된다.

제품이 하이테크 공학의 주제라면 서비스는 하이터치 경영의 주제이다. 최근 제품과 서비스 간의 전통적인 이분법이 무너지고 있다. 감성을 자극하는 하이터치 제품이 늘어나는가 하면, 기능을 강조하는 하이테크 서비스도 많아지고 있다. 제조 기업인지 서비스 기업인지 분간이 어려운 혼합(hybrid) 기업도 늘고 있다. 예를 들어 IBM은 전 세계적으로 서비스혁신을 주도하고 있다. 이 회사의 이름은 International Business Machines이다. 지난 날 사무용 기계의 혁신을 이끌면서 컴퓨터 사이언스라는 분야를 개척했던 이 회사는 오늘날에는 사무용 서비스의 혁신을 주창하면서 서비스 사이언스(service science)라는 새로운 분야를 만들어내고 있다. 이 기업에서 서비스가 차지하는 비중이 높아져 하드웨어 비중을 압도하고 있다. 겉으로는 비즈니스 기계를 팔지만 속으로는 그 기기를 이용하여 할 수 있는 비즈니스 서비스를 팔고 있는 것이다.

서비스혁신은 제조혁신보다 더 어렵고 복잡하다. 그것은 서비스의 이중성 때문이다. 서비스가 좋다고 할 때는 두 가지 의미를 가진다. 하나는 감성적 느낌으로, 종업원이 친절하다든지 분위기가 좋다는 것을 들 수 있다. 다른 하나는 기술적 효율성으로, 프로세스가 매끄럽게 배열되어 있다든지 일처리 방식이 쉽다는 것을 들 수 있다. 일본은 느낌에 관한 한 최고의 서비스 국가로 불리지만 서비스의 효율이 낮다는 평가를 받고 있다. 반면 미국은 감동적인 느낌을 주는 서비스는 많지 않지만 서비스 효율에 관한 한 높은 점수를 받는다. 이것은 서비스혁신에 있어서 감성적 혁신과 기술적 혁신 모두를 잘하기 어렵다는 것을 보여준다. 그러나 서비스혁신의 핵심은 가능한 한 좋은 느낌을 주면서 동시에 높은 효율을 달성하는 데 있다.

서비스혁신이 잘되려면 서비스에 엔지니어링 작업이 함께 이뤄져야 한다. 서비스 정보를 수집하고 분석하는 일, 서비스 과정을 설계하고 재배치하는 일, 서비스 방법을 만들고 고치는 일들이 모두 엔지니어링의 주제가 된다. 또한 서비스를 위한 서비스 엔지니어링에 국한시키지 않고, 제조업을 위한 서비스 엔지니어링으로 시야를 넓혀야 한다. 효율만 높은 순수 제조 기업을 느낌도 좋은 유사서비스 기업으로 변신시키는 방법을 찾아야 한다. 서비스 엔지니어링은 여러 학문을 융합하는 새로운 분야지만 무엇보다 제조업의 효율성과 서비스업의 창의성을 모두 갖춘 기업을 만드는 것이 중요하다(박용태, 2007c).

2. 기술혁신을 위한 가설들

기술혁신을 촉진시키는 것은 무엇인가에 대한 논의는 오래전부터 있어 왔다. 아래의 가설들은 그 촉진요인에 대해 설명해주고 있다. 이 가설들은 기술혁신이 어떤 사고를 바탕으로 전개해왔는가를 보여준다.

1) 슘페터의 가설

슘페터는 특정기업의 시장지배력이 높을수록 기술혁신 활동이 활발하고 기업규모가 클수록 연구개발 활동이 이루어진다는 기술혁신에 관한 가설을 제시하였다(Schumpeter, 1947). 이 가설의 이론적 근거는 독점기업들이 초과이익으로 확보한 연구개발 투자를 위한 내부적 자원능력이 기술혁신의 동인이라는 것이다. 이 가설이 발표된 이후 여러 학자들이 이 가설의 검증을 위한 연구를 활발히 전개했다. 그러나 대부분의 연구결과는 이 가설을 지지하기보다 반론을 제기하도록 만들었다.

2) 애로우의 가설

이것은 슘페터의 가설에 대한 반론에 해당하는 것으로 독점기업의 확보된 초과이윤보다는 경쟁 산업의 이윤발생 기회가 기술개발의 유인이 된다는 것이다. 조사에 따르면 독점산업은 기존기술과 시장여건에서 경쟁 산업보다 높은 초과이윤을 확보하고 있으므로 현재 상태에 만족하기 때문에 이노베이션의 결과로 인한 초과이윤이 상당히 클 경우에만 이노베이션의 유인이 된다.

반면 경쟁 산업에서는 이노베이션의 결과로 인한 이윤이 정(+)의 값만 되면 기술개발 유인이 주어지게 됨에 따라 오히려 경쟁 산업에서 기술혁신 활동이 더욱 활발하다는 주장이다. 이 같은 주장의 대표적 학자는 애로우(K. Arrow)이기 때문에 이 주장을 애로우의 가설이라 한다(정갑영: 100~101).

이렇듯 내부적 자원능력이 기술혁신의 진정한 동인이 아님이 발견되자 기술혁신의 외부적 배경으로 기술추진가설과 수요색인가설이 제기되었다.

3) 기술추진가설

기술추진가설(technology-push hypothesis)이란 기술혁신의 중추적 역할을 담당하는 것은 연구진이며 기업의 기술혁신은 기초과학의 발달을 연구진이 상업화한 것이기 때문에 기초과학의 발달이 해당 산업의 기술혁신의 중요한 원인이 된다고 보는 가설이다.

4) 수요색인가설

수요색인가설(demand-pull hypothesis)은 기술혁신을 촉진하는 유인이 소비자의 욕구에 따른 수요창출과 기업의 기회이윤(profit opportunity)에서 비롯된다고 보는 것이다. 따라서 소비자와 직접 접촉하는 실무진이 신제품과 신기술에 대한 소비자의 욕구를 연구진에게 제공하는 것이 제1차적인 연구개발과정이며 수요여건을 감안하여 이윤창출의 기회가 주어질 경우에만 비로소 기술혁신이 이루어진다는 가설이다. 역사적으로 볼 때 소품종대량생산에서 다품종소량생산으로, 그리고 변종변량생산으로 바뀐 것도 소비자의 욕구변화와 깊게 연관되어 있음을 알 수 있다.

기술추진가설과 수요색인가설을 실증 분석한 대부분의 연구결과는 시장의 요구에 의한 기술혁신의 비중이 높은 것으로 나타났다. 그러나 실제로는 소비자의 수요가 충분히 있어서 이윤기회가 확실하다 하더라도 기초과학이나 관련기술의 발달 없이는 신제품의 개발이 불가능하므로 이 두 가설은 서로 상반된다기보다 상호보완적 관계에 있음을 알 수 있다.

이상과 같은 여러 가설을 종합해볼 때 기술혁신과 시장구조와의 관계에 있어서 기술혁신은 경쟁시장에서 활발하며, 기술혁신의 유인은 기업 내부의 자원능력이라기보다는 기업 외부적인 시장의 요구나 과학기술의 발달 등이라고 할 수 있다(조종래·이정훈: 67~69).

3. 아이디어의 수용과 타이밍

기술혁신을 위한 아이디어는 다양한 채널로 수용되어야 한다(콜린스, 2004). 그 아이디어는 외부에서도 오고, 내부에서도 온다. 그러나 그 어떤 아이디어도 시장의 타이밍이 중요하다.

외부 아이디어에 주목하고 수용하라. 애플사가 매킨토시 컴퓨터의 기본 아이디어를 낸 것은 아니다. 방위연구 프로젝트에서 개발된 것을 애플로 가져온 것이다. 군사적 가치가 무시되자 상용화가 빨라졌다. 아스피린을 함유하지 않은 획기적인 진통제 타이레놀은 원래 맥닐연구소사 개발했다. 존슨앤존슨이 이 연구소를 매입하면서 생산된 것이다.

사내아이디어도 적극적으로 수용한다. 맥도날드의 빅맥(Big Mac)은 가맹점에서 개발한 것이다. 그리고 에그 맥머핀은 맥도날드의 소유주인 어브 피터슨이 1973년에 개발한 아침 메뉴이다. 3M의 포스트잇은 과학자 스펜서 실버가 과학적 실험을 거친 끝에 갑자기 모습을 드러낼 수 있었다. 떨어지는 접착제를 사용하는 방법을 찾으면서 포스티잇이 탄생했다. 생각을 바꾸면 길이 보인다. 소니의 워크맨이 나왔을 때 소니의 테이프 및 레코딩 부서직원들은 말도 안 되는 아이디어라 생각했다. 그러나 이것이 세상이 나올 수 있었던 것은 그 아이디어가 회장인 마사루 이부카에게서 나왔기 때문이었다.

그러나 시장엔 타이밍이 존재한다. 시장에서 성공한 제품 중 대부분은 시장주도형 제품이 아니다. 단기적 전망보다 장기적 전망을 가지고 제품에 대한 아이디어가 나왔다. 그러나 종종 시장의 타이밍 때문에 다른 회사에 밀려나야 했다. 프레드 스미스가 페덱스에 익일 배송서비스를 도입하려 하기 이전부터 UPS나 에머리 항공화물, 미국 우체국 등도 같은 아이디어를 가지고 있었다. 그러나 실행에 옮기지 않았다. 시장의 욕구가 없었기 때문이다. 팩시밀리는 미국인이 먼저 개발했다. 그러나 1990년 이후에 유통되는 팩시밀리 가운데 미국 제품은 하나도 없다. 이 장치에 대한 수요가 없었기 때문이다. 그 뒤 일본제품이 석권했다.

4. 핵심기술이 경쟁력의 원천이다

세계 최초로 휴대폰을 개발한 마틴 쿠퍼는 "머지않아 들고 다니는 휴대폰은 사라진다. 몸의 일부처럼 우리 귀에 심는다"고 주장했다. 사람 귀에 심는 전화기다. 인간의 몸과 하나 되는 기계인 셈이다. 귀에 심는 전화기뿐일까. 세상은 바야흐로 기술혁신 시대를 맞고 있다.

인텔의 앤디 그로브는 미래에 전개될 기술을 포함한 경영환경의 변화를 적극적으로 예측하고 이에 전략적인 대응을 해야 한다고 말한다. 그는 경영환경이 급변해 기업경영에 근본적인 변화를 가져오는 시점을 뜻하는 '전략적 변곡점'이라는 용어를 만들어냈다. 그리고 이를 경쟁기업보다 먼저 파악해 변화하지 않으면 망할 수밖에 없다는 경고의 메시지를 주기 위해 『편집증 환자만이 살아남는다』는 책을 썼다(Grove, 1996). 이것은 앞으로 기술의 변화가 얼마나 심할지를 보여준다.

기업은 무엇보다 핵심기술을 가져야 한다. 핵심기술이 경쟁력의 원천이기 때문이다. R&D 부문이나 공장도 손이 닿는 곳에 둔다. 핵심기술을 내제화(內製化)해 안에서 만들도록 한다. 이것은 내부성장(organic growth), 곧 외부기업을 M&A하지 않고 자체적으로 성장을 추구하는 방식이다. 그러나 그 기술을 가지지 못한 경우 그 기술을 보유한 다른 회사와 기꺼이 협력한다.

한국엔 숨어 있는 1등 기업도 적지 않다. 알려지길 원치 않아 숨은 기업이다. 규모는 작아도 세계 최강 회사들이다. 헬멧 제조업으로 세계 점유율 1위를 차지한 홍진HJC을 들 수 있다. 하나만 집중해 틈새시장을 파고들며 세계에 수출하는 풍력 발전기 회사 에네르콘이 있다. 이 기업은 전 세계 발전기 특허의 40%를 보유하고 있다. 이 기업들은 잘할 수 있는 일에 집중해 세계화로 시장한계를 극복했다.

5. 핵심역량을 구축하라

핵심역량은 기업 내부에 공유하고 있는 기업 특유의 총체적인 능력·기술·지식을 말한다. 단절되어 있는 능력·기술·지식이라기보다 일련의 통합된 기능이나 기술을 뜻한다. 모토로라의 경우 수주와 납기 간 시차를 최소화할 수 있는 생산능력을 가지고 있다. 이 핵심역량은 여러 기초기술에 바탕을 두고 있고, 여기에 디자인기술, 정교한 수납시스템, 재고관리 능력이 포함되어 있다. 핵심역량은 업종전문화와는 달리 이런 여러 활동을 통합하는 개념이다. 핵심역량은 나무뿌리처럼 여러 활동을 연결시키는 통합성에 있다.

핵심역량은 특정 기업이 가지고 있는 우월적인 내부역량으로, 다른 기업들이 쉽게 흉내 낼 수 없을 정도로 차별화되고 독특하다. 그러나 지금 핵심역량이었던 것이 몇 년 후에는 무의미할 수 있기 때문에 현재의 핵심역량이 차기 사업에 꼭 필요한지 파악할 필요가 있다.

핵심역량은 여러 분야에 동시에 활용할 수 있다. 핵심역량의 본질이 정보인 만큼 다른 자원과는 달리 동시에 자발적으로 활용할 수 있다.

핵심역량은 지속적으로 축적되어 더 큰 역량을 발휘한다. 신발사업을 주력으로 성장한 기업이 신발의 채산성 악화로 생산을 중단했을 때 고무를 다루는 기술인 핵심역량을 바탕으로 고무관련 자동차 부품사업, 산업용 고무제품 등에 진출할 수 있다.

핵심역량은 가지고 있는 것만으로는 부족하다. 지속적으로 축적해야 한다. 이를 위해 우선 비전이 요구된다. 비전이 없으면 어떤 핵심역량을 축적해야 할지 모르고 기존전략에 휩쓸리고 만다. 어떤 비전을 가지고 있는가가 핵심역량의 시작이다. 미래학자 존 네이스비트는 "농경사회는 과거에 대한 관심이 높고, 산업사회는 현재에 관심이 높으며, 변화속도가 빠른 정보화사회는 미래의 중요성이 크게 부각된다" 하였다. 비전은 바로 미래를 보기 위한 기준이다. 비전이 기업의 차별화와 경쟁력의 원천이 되는 것이다. 따라서 올바른 비전을 선택하고 제시하는 것은 핵심역량에서 중요한 과제다. 비전은 구성원의 참여를 이끌어내고 조직에 활기를 불어넣는다.

나아가 더 높은 비전에 도달하기 위해서는 확대불균형 전략을 사용한다. 이 전략은 기업이 현재의 역량 범위에서 벗어날 수 있는 전략을 의미한다. 즉, 기업이 기존역량을 어떻게 이용하고, 미래를 위해 어떤 역량을 축적할 것인가 하는 문제를 해결해주는 것이 확대불균형전략이다.

균형전략과 확대불균형전략은 차이가 있다. 균형전략은 기존의 능력, 경영자원을 가지고 무엇을 할 수 있는가에 바탕을 두어 능력과 환경에 맞는 전략영역을 책정한다. 이에 반해 확대불균형전략은 전략적 의지, 애착심으로 무엇을 하고 싶은가에 바탕을 두고, 미래모습을 상정해서 그것을 향해 어떻게 전진해 가느냐 하는 전략영역을 택한다. 또한 균형전략은 금년에 비해 내년은 어떻게 해야 하는가에 관심을 둔다. 경쟁 상태를 주시하여 빈틈을 찾아내 시장대응전략을 세운다. 따라서 돌파구를 만들지 못한다. 이에 반해 확대불균형전략은 전략의지를 달성하기 위해 내년에는 무엇을 어떻게 바꿔야 하는가에 관심을 둔다. 기존역량을 뛰어넘는 새로운 공간을 만들어내는 데 관심을 두는 것이다. 따라서 보다 높은 목표를 향해 기업의 관심을 집중시킬 수 있다.

비전에 불균형이 존재하면 새로운 비전을 세우는 방향으로 확대불균형전략을 전개해나간다. 전략에 불균형이 존재하면 그것을 넘어서는 전략을 구축한다. 핵심역량이 부족해 불균형이 존재하면 그것을 넘어서는 전략을 세운다. 비전-전략-핵심역량은 이처럼 엮여있다.

핵심역량이 부족한 상태에서 치열한 경쟁상황에 뛰어든다는 것이 위험하지 않느냐 말할 수 있다. 그러나 확대불균형전략을 실시한다는 전제로, 핵심역량을 축적할 분야를 정하고, 취약한 상황을 보완해줄 수 있는 다른 역량을 확보해나가야 한다. 이를 위해선 충분한 재정적 뒷받침과 강한 리더십이 필요하다.

하라시하라 회사의 사장 하라시는 사업영역을 다각화하는 것보다 그들의 핵심역량에 집중시키기 위해 '3대7원칙'을 지키고 있다. 이것은 기업이 10의 힘이 있다면 3의 힘만 사용하고 나머지 7은 여력으로 남겨둔다는 것이다. 이 기업은 이 원칙에 따라 10~15년 이상의 투자가 필요한 바이오산업에서 핵심역량을 구축하고 이 역량의 주도권을 잡기 위해 연구개발에 박차를 가하고 있다(이광현, 1995).

6. 기술만이 모두가 아니다

1) 소니는 왜 무너졌는가

소니는 제2차 세계대전 후인 1946년 도쿄통신공업으로 시작했다. 이 회사는 일본 최초로 테이프 리코더와 트랜지스터라디오를 개발했다. 그 뒤 소니의 기술혁신에는 언제나 세계 최초, 일본 최초라는 수식어가 따랐다. 1979년에는 워크맨을 출시해 세계를 놀라게 했다. 이어 CD플레이어, 가정용 게임기 플레이스테이션을 내놓았다.

이런 소니가 2008년 회계연도에 약 4조 원에 달하는 적자를 기록했고, 2009년 초에는 약 1만 6천 명을 감원하는 조치를 취할 만큼 약화되었다.

소니의 추락 원인은 한마디로 자만이다. 소니는 기술이라면 누구보다 자신했던 소니가 VTR시장에서 베타방식을 고집하다 시장에서 완전히 소외되었다. 소니 경쟁사들이 뭉쳐 베타방식을 외면하고 VHS방식을 택했다. 소비자들도 콘텐츠가 많은 VHS를 택하면서 소니는 VTR시장에서 철수했다.

세계 최초 휴대용 음악기기 워크맨도 마찬가지였다. 카세트테이프와 CD플레이어를 거쳐, 소니는 미니디스크(MD) 플레이어를 차세대 기기로 정했다. 광디스크 기술 세계 1위인 미니디스크가 세계를 지배할 것으로 판단하고 총력을 기울였다. 그러나 다른 업체들은 반도체에 음악을 저장하는 MP3를 택했다. 결국 휴대용 음악기기 시장은 애플이 내놓은 아이팟이 워크맨을 대체했다. 소니는 기술의 우수성을 강조해 광디스크에 수십만 곡을 저장할 수 있다고 주장했지만 애플은 인터넷상에 떠 있는 음악을 아이팟이 쉽게 다운받을 수 있게 하는 콘텐츠의 호환성을 강조함으로써 접근성에서도 앞섰다(김영수, 2009).

소니는 또한 우위를 차지한 브라운관 TV에 집착하다 평판 TV시장에서 경쟁력을 잃었다. 과거에 집착하다 추락한 것이다. 평론가들은 소니를 돈을 잃고 있으면서도 도박판을 떠나지 못하는 도박꾼 신세가 되었다고 평가했다.

2) 파나소닉, 잘못된 판단이 추락을 부추긴다

요즘 일본의 간판 기업 파나소닉, 소니, 샤프 등이 거액의 적자로 자금난에 빠졌다. 특히 파나소닉의 추락은 충격적이다. 2011년 10조 원이 넘는 적자에 이어 2012년에도 10조 원이 넘는 적자가 예상됨에 따라 주가가 37년 전 수준으로 폭락했고, 20년간 벌어들인 순이익을 2년 만에 날리게 돼 창사 이래 최대 위기를 맞았다. 국제신용평가사들로부터 신용등급이 하향 조정되는 수모도 겪었다. 소니도 실적악화로 고전하고 있고, 일본 가전업체 샤프도 여섯 단계나 강등되었다.

파나소닉은 이전의 마쓰시타 전기로 '경영의 신'으로 추앙받은 마쓰시타 고노스케(松下幸之助)가 1918년 창업한 회사다. '마쓰시타 은행'이라 불릴 만큼 캐시 카우 역할을 했던 회사였다.

그런 파나소닉이 왜 추락하고 있을까? 그것은 한순간의 잘못된 의사결정 때문이었다. 자신의 기술력을 과신하고, 트렌드에 대한 오판이 불러온 결과다. 파나소닉은 미래 TV시장이 PDP(Plasma Display Panel)가 될 것으로 판단하고 세계 최대 규모의 생산공장을 만들었다. 시장의 대세가 LCD(Liquid Crystal Display, 액정 디스플레이)로 기울어지는 것을 보면서도 PDP 투자만 계속했다. 파나소닉은 PDP 생산을 중단해야 했다. 파나소닉의 쓰가 가즈히로(津賀一宏) 사장은 "우리는 TV 등 본업에서 패배자가 됐다"고 했다. 참으로 쓰디쓴 선언이 아닐 수 없다.

일본 전자 기업들이 고전하게 된 데는 여러 이유가 있다. 글로벌 트렌드를 무시하고 독자 통신방식과 내수형 제품을 고집하다 안방시장까지 내주고 말았고, 엔저 시대가 올 것이라는 생각과는 달리 엔고 현상이 지속되면서 수출경쟁력도 잃었다. 삼성·LG 등 경쟁기업 등의 집요한 공격에다 센카쿠(중국 명 댜오위다오) 열도관계로 중국에서 번진 일본 상품 불매운동 확산도 매출에 영향을 주었다(차학봉·탁상훈, 2012).

파나소닉의 추락은 우리에게도 많은 교훈을 준다. 이미 전자업계의 전설이었던 노키아와 모토로라도 급변하는 트렌드에 제대로 대응하지 못하면서 한순간에 몰락했다. 삼성전자가 전례 없이 최대실적을 올리고 있지만 한번 의사결정이 잘못되면 어느 순간 급락할 수 있다는 것을 보여준다. 기술이 있다고 절대 과신할 일도 아니고, 아무도 주목하지 않는데 "나를 따르라" 외쳐서도 안 된다. 글로벌시장을 주목하면서 계속 기술을 혁신해나가야 한다. 국가도 변화하는 국제환경에서 기업에 도움을 주는 의사결정을 해야 한다. 기업은 병사다. 절대 긴장을 풀면 안 된다.

3) 콩코드

뛰어난 기술을 가지고도 실패한 대표적인 사례로 콩코드 여객기가 있다. 콩코드는 1965년 디자인되었으며, 1976년에는 운행 가능한 기체가 제작되어, 에어 프랑스에서 운항을 하면서 신뢰성과 명성을 쌓아갔다. 콩코드는 음속 돌파 여객기라는 엄청난 성과를 달성했지만 속도를 내기 위해서는 엄청난 연료가 들었고, 기체의 균형 때문에 좌석 수는 일반 여객기보다 적었다. 이착륙 때 소음이 심한 것도 문제였다.

콩코드 여객기는 경이로운 속도로 운행할 수 있는 여객기로 알려져 있다. 하지만 뛰어난 기술이지만 결국 망할 수밖에 없었다. 우선 가격 측면에서 보면 런던과 뉴욕을 오가는 일반 여객기의 1등석 가격이 5,000달러 정도였지만 콩코드의 운임은 15,000달러로 3배에 달했다. 탑승인원을 보면 다른 여객기는 평균 450명 가까운 인원을 태우지만 콩코드는 100명으로 한정되었다. 연료 소모 역시 다른 항공기에 비해 배에 가까울 정도로 심하다. 이착륙 때 발생하는 굉장한 소음도 실패의 원인이 되었다.

콩코드는 이렇듯 뛰어난 기술 한 가지만으로는 성공할 수 없다는 것을 보여주었다. 기술뿐 아니라 시대 상황도 잘 파악해야 하며, 고객의 니즈도 빼놓을 수 없다.

7. 성공에는 반드시 이유가 있다

소니와 파나소닉과는 달리 일본종합전기 빅3인 히타치, 도시바, 미쓰비시 전기는 흑자를 누리고 있다. 가전 3사가 안일하게 비용 절감으로 대응하는 동안 전기 3사는 수익성 없는 사업에서 철수하며 과감하게 변신했다. 히타치는 TV, 도시바는 휴대폰, 미쓰비시 전기는 세탁기 사업을 버렸다. 수익성 없는 사업을 접는 대신 IT기술을 활용해 도시의 전력, 가스, 수(물) 처리 등 기반시설을 운용하는 스마트 인프라사업으로 전환해 글로벌 금융위기의 고비를 넘겼다(금원섭·박유연, 2012).

콩코드와는 달리 사소하게 생각한 아이디어에서 크게 성공한 사례도 있다. 그것이 바로 이메일이다. 이메일은 레이 톰린슨이 1971년 두 컴퓨터 사이에서 이메일을 주고받을 수 있는 최초의 시스템을 개발했으며, 이듬해에 최초의 이메일을 보낸 것에서 시작되었다. 이메일은 처음 사내 의사소통을 원활하게 하기 위해 구축한 사내통신에 불과했지만 지금은 전 세계인이 사용하는 통신수단으로 자리를 잡았다.

칼 프랭클린은 기술혁신에서 쉽게 빠지는 여러 함정들을 지적했다.

- 기술에 현혹되어서는 안 된다.
- 기술을 개발할 때 사람들의 행동방식을 고려해야 한다.
- 언론이 말하는 효과를 실제효과라고 착각해서는 안 된다.
- 비용 대비 효과를 계산해야 한다.
- 회의론자 말에 귀를 기울이는 것도 중요하다.

현재 구글은 여러 분야에서 기존시장을 흔들어 놓고 있다. 특히 구글은 전통적인 광고시장의 질서를 재편했다. 신문 등 기존의 미디어는 고품질의 읽을거리를 독자들에게 제공하는 동시에 무언가 팔려고 하는 사람들에게는 좋은 광고수단이 되어 왔다. 하지만 차츰 많은 사람들이 무엇을 사기 위해 구글을 이용하고 있다. 이렇게 되면 무언가를 팔려는 사람들도 광고 수단으로 구글을 택할 것이다. 하지만 시장에 새로운 경쟁자가 진입할 경우 시장의 규모는 오히려 더 커지기 마련이다. 즉, 미디어의 위기가 오히려 미디어사업을 확장할 수 있는 기회가 될 수 있다.

뛰어난 기술은 물론 시대상황, 고객의 니즈, 사람들의 습관 등 모든 것을 고려해야 한다. 수천수만 가지의 아이디어 중에서 채택되는 아이디어, 또한 성공하는 아이디어는 몇 개 되지 않는다. 괜찮은 아이디어로 개발되어 프로세스의 중간단계까지 왔는데 갑자기 시대의 트렌드가 바뀌면 어떻게 할까? 프랭클린은 과감하게 버릴 것을 주문한다(프랭클린, 2008).

지멘스의 TOP 운동

독일의 지멘스는 1990년대 불황을 극복하기 위해 Top 운동을 전개했다. 이 운동은 아이디어, 시간, 혁신을 중시하는 것으로 더 빠르게, 더 효율적으로 공정의 시간을 최적화하는 데 초점을 두고 있다.
이 운동을 보다 구체화하기 위해 3I 운동을 함께 전개했다. 3I란 아이디어(idea), 자극(impulse), 주도(initiative)의 첫 자를 딴 것이다. 작업을 하다가도 문제를 발견하고 그에 대한 아이디어를 모으고자 하면 즉각 3I-Stop이라는 표식을 해두고 일을 중단하는 동안 여러 분야의 전문가들이 모여 현장에서 해결책을 모색한다.

여러 기능분야의 전문가들이 모여 숙의를 하기 때문에 이를 다기능팀이라 한다. 과거의 경우 문제가 발생하면 기술자가 와서 고치기까지 기다리기만 했지만 지금은 이처럼 달라졌다. 임시적인 다기능팀이지만 이것은 비용절감을 가져왔다. 의사결정도 과거의 7단계에서 노동자-다기능팀-경영자 등 3단계로 축소되었다. 3I 운동은 아이디어를 신속하고 빠르게 처리하고, 제안자를 중심으로 아이디어 혁신팀을 구성하며, 아이디어의 성격에 따라 즉각적이고 명확한 보상이 이뤄지도록 했다.

지멘스는 이외에도 세계에 흩어져 있는 Top 운동 참여 경영자들로 구성된 Top Forum을 열고, Top team을 구성해 활동하기도 한다.

조직혁신

우리 경제가 얼마나 이노베이션을 하느냐에 따라 경제가 달라진다. 특히 과학기술분야에서 철저한 기술혁신을 해야 한다. 이노베이션을 할 수 있는 인재를 육성해야 한다. 지나칠 정도로 실패위험을 기피하는 보수성은 이노베이션을 어렵게 만들 수 있다. 지금 필요한 것은 모험 감수의 도전적 정신이다. 좀 더 동적인 사회로 만들어야 한다. 이노베이션은 기술혁신, 제품혁신 등 여러 혁신으로 나타나지만 빼놓을 수 없는 혁신은 조직혁신이다.

기업의 환경변화는 지속적인 조직혁신을 요구하고 있다. 조직혁신이란 조직과 환경 간의 정보교환을 통해 조직 그 자체가 스스로 조직의 시스템을 재조정하는 것이다. 환경이 기업에 주는 정보는 기술의 변화 동향, 고객욕구의 변화, 산업구조의 변화 등 다양하다. 그 정보에 따라 조직도 정확하고 빠르게 환경의 변화에 대응할 필요가 있다. 학습조직, 자율경영팀, 네트워크 조직 등은 조직이 혁신을 위한 역량을 배양하기 위해 제시된 것들이다.

혁신시대에는 그에 맞는 조직화전략이 필요하고, 그에 따라 새로운 조직이 창출되어야 한다. 불확실성, 광속성, 다원성, 가상성 등으로 표현되는 디지털 시대의 경영환경에 적응하기 위해서는 조직의 기본 틀을 완전히 새롭게 구축할 필요가 있다. 지식사회, 정보화사회를 맞아 격변하는 기업환경에 보다 기민하게 적응하고 경쟁에서 살아남기 위해 혁신을 중핵으로 하는 조직화전략이 전개되고 있다. 조직에도 창의적 활동이 필요하게 되었다.

1. 관료제에서 애드호크라시로의 변환

조직혁신 가운데 두드러진 변화는 관료제에서 애드호크라시로 그 기축이 이동했다는 것이다. 물론 관료제가 없어진 것은 아니다. 모든 조직이 애드호크라시로 변한 것은 아니다. 그러나 21세기의 주요 조직은 애드호크라시임에 틀림없다.

관료제에서 애드호크라시

성격	관료제 Bureaucracy	애드호크라시 Adhocracy
선형성	선형적(linear)	비선형적(nonlinear)
동태성	정태적(static)	동태적(dynamic)
물리법칙	엔트로피(entropy)	니겐트로피(negentropy)
유연성	고정, 경직, 기존방법	신축성(equifianlity)
일상성	일상적	비일상적
동질성	동질적 요소	이질적 요소
공식화 정도	높은 공식화	낮은 공식화
집권화 정도	높은 집권화	낮은 집권화
기계성	높은 기계성	낮은 기계성

환경	안정적 환경	복잡한 환경
위계	위계적(hierarchic)	탈위계적(de-hierarchic)
조직의 키	키 큰 조직(tall org.)	평면조직(flat org.)
수직성	수직적(vertical) 구조(중심조직)	수평적(horizontal) 구조(평심조직)
대표학자	헤겔, 베버	베니스
조직의 보기	기능별, 지역별, 제품별, 공정별, 고객별 조직	태스크포스, 프로젝트팀, 매트릭스조직, 복합(complex) 조직

현대는 정태적 관료제에서 벗어나 동태적인 애드호크라시를 지향하고 있다. 그렇다고 관료제가 없어지거나 유효하지 않다는 것은 아니다. 관료제는 현대에서도 기능을 하고 있다. 하지만 환경 변화로 그 역할은 크게 축소되고 있다.

관료제는 기본적으로 기능별 조직이 특징을 이루고 있다. 기능별 조직은 생산, 기술, 마케팅, 인사, 연구개발, 재무 등 직무기능에 따른 조직을 말한다. 그밖에 사업부제, 부문별 조직을 들 수 있다. 사업부제는 GM, Dupont, Eland 등에서 사용해왔으며 제품별 사업부, 지역별 사업부 등으로 구분된다. 부문별 조직은 GE가 사용해왔다. 조직을 소비재 부문, 산업재 부문, 동력 부문, 기술 및 자재 부문, 국제 부문 등으로 나눈 것이 그 보기이다.

이에 반해 애드호크라시 조직으로는 태스크포스, 프로젝트 조직, 매트릭스 조직, 위원회 조직, 팀 조직, 자유형 조직 등이 있으며 주로 프로젝트 중심으로 전개되고 있다.

최근 마쓰시타가 소니를 눌렀다 해서 논란이 일었다. 마쓰시타가 택한 정책은 조직의 대변혁이다. 원래 소니는 개척자 문화였다. 라디오·워크맨·비디오 등 1960~1980년대 전자문명은 대부분 소니 손에 의해 창조되다시피 했다. 하지만 2000년대 디지털 시대에 들어선 뒤 소니는 남이 개척한 시장에 허겁지겁 뛰어들어 물량 공세나 해대는 넘버 2 지위로 추락했다.

원래 이 수법은 '마네(일본말로 흉내)시타'란 별명까지 붙었던 마쓰시타 전기의 전공이었다. 창업자 마쓰시타 고노스케(松下幸之助)까지 "소니는 마쓰시타의 신기술 연구소"라고 말할 정도였다. 마쓰시타 브랜드 '파나소닉'과 '내셔널'은 소니의 뒤를 쫓는 만년 2류 취급을 받았었다. 하지만 지금은 많은 분야에서 거꾸로다. 소니가 마쓰시타를 뒤쫓는 판세다.

왜 역전극이 벌어졌을까? 마쓰시타의 나카무라 사장이 과감한 구조조정과 통폐합을 전개해 집단에 의존해온 마쓰시타 체질을 소니식 천재형 경쟁조직으로 변화시켰기 때문이다. 소니는 미국 소니에서 영화·음악 콘텐츠를 맡았던 미국인 하워드 스트링거를 신임 회장으로, 기술자 출신 주바치 료지(中鉢良治)를 사장으로 선임해 반격에 나섰다. 주바치 사장은 "전자의 부활 없이 소니의 부활은 없다"고 선언했지만, 시장에선 과연 전자 제품으로 소니가 회생할 수 있을지 의심하는 분위기다(선우정, 2005). 조직의 혁신이 어떤 결과를 가져오는지 보여주는 본보기가 아닐 수 없다.

관료제에서 애드호크라시에로의 기축변화는 조직의 단순변화가 아니다. 조직의 형태뿐 아니라 사고, 활동 모두에서 차이가 난다. 애드호크라시가 성공하려면 다음 사항에 주목할 필요가 있다.

첫째, 사람을 중시한다. 신성장 동력을 창출할 수 있는 것은 사람이다. 프로젝트를 수립하고, 추진할 수 있는 것은 사람이다. 사람이 경쟁력인 것이다. 그렇다고 아무나 경쟁력이 있는 것은 아니다. 경쟁력 있는 사람은 지력(intelligence), 자원(resource), 추진력(drive)을 잘 활용할 줄 안다. 지력은 혁신이라는 과정을 통해 성과로 연결될 수 있고, 자원은 항상 혁신 활동에 투입되게 마련이다. 지력과 자원이 결합되면 추진력을 창출하는 선순환구조를 만든다. 기업이 이 모두를 갖춘 인재를 골고루 갖출 수는 없다. 따라서 선진기업에 필요한 것이 추진력이다. 추진력 있는 경영자는 전문 인력은 물론 자원까지도 전 세계를 통해 활용할 수 있는 지혜를 가지고 있다.

둘째, 의사결정권이 다르다. 경영자는 재능 있는 인재를 선발해 효과적으로 활용하고, 리더십에 대한 인식변화를 통해 더 많은 의사결정권을 위임한다. 임파워먼트가 실행되는 것이다. 각 분야에서 종업원들이 스스로 결정을 내리도록 허용해야 한다.

셋째, 아이디어를 추구할 자유를 허용한다. 지속가능한 성장을 이룬 기업의 공통된 특징은 회사라기보다 대학과 같다. 좋은 시설을 갖추고, 종업원을 소중하게 다룬다. 그리고 그들에게 아이디어를 추구할 자유를 준다. 소프트웨어 업체인 SAS는 "고객과 종업원들에게 귀를 기울이고, 그들이 얘기한 것을 실행하라"는 것이다. 이런 기업은 자연스럽게 일하기 좋은 직장(great place to work)으로 선호된다.

넷째, 느슨한 통제가 이뤄진다. 구글의 고위직 경영자들은 스스로 모든 것을 안다고 착각하지 않는다. 그래서 종업원들을 빡빡하게 통제하기(tight control)보다는 느슨하게 풀어주고(loose control), 중요한 의사결정의 대부분은 분권화한다. 물론 실패의 위험이 따를 수 있다. 하지만 실패했다고 처벌하지는 않는다.

다섯째, 위계에서 벗어나 있다. 애드호크라시는 우리에게 익숙한 위계(hierarchy)나 서열(rank)에서 벗어나 있다. 혁신이나 창의성은 서열과는 아무 상관이 없다. 기업은 군중의 지혜(wisdom of crowds)를 잘 활용할 줄 알아야 한다. 종업원들의 지식과 경험을 뽑아내기 위해서는 기업은 보다 덜 위계적으로 변할 필요가 있다. 경영자는 과거처럼 CEO가 모든 문제에 대한 정답을 갖고 의사결정을 내리기보다 조직구성원들이 가지고 있는 지식에 귀를 기울이고 끊임없이 배워나가며 집단지력(collective intelligence)을 키워나가야 한다.

끝으로 성과에 대해 적절한 보상시스템을 갖춰야 한다. 애드호크라시는 일 중심으로 움직이는 조직이다. 성과는 그 결과이다. 따라서 새로 발견한 가치를 자본화하려는 기업은 뭔가 새로운 것을 창조한 사람들에게 적절한 보상을 해주어야 한다. 그렇지 않으면 창조적인 노력이 일관되게 유지되지 않으며 지속가능한 성장도 어려워진다.

2. 폐쇄형 혁신에서 개방형 혁신으로

혁신에는 다양한 종류가 있다. 가장 낮은 단계는 유지적 혁신(sustaining innovation)이다. 기존제품의 품질향상이나 원가절감에만 초점을 맞춘다. 단기간에 쉽게 성공할 수 있지만 신성장 동력개발은 어렵다. 그다음에 급진적 혁신(radical innovation)과 파괴적 혁신(disruptive innovation)이 있다. 급진적 혁신은 위험성이 높아 동양기업에서는 선호하는 형태가 아니다. 그러나 파괴적 혁신은 창조적 파괴를 하는 혁신이어서 혁신 가운데 가치가 높다.

혁신에 대한 가장 쉽고 간단한 분류는 폐쇄형과 개방형이다. 유지적 혁신은 폐쇄형에 가깝다면 급진적 혁신이나 파괴적 혁신은 개방형에 가깝다.

R&D에도 컨버전스(융합) 바람이 불고 있다. P&G·필립스 등 글로벌 기업들은 사내 R&D 부서에만 의존했던 풍토에서 탈피, 외부에서 개발된 좋은 기술도 적극 수입해 쓰는 개방형 혁신(open market innovation)에 나서고 있다. 산업과 제품의 융합·복합화가 심화되면서 한 기업이 모든 영역에서 앞선 기술을 갖는 게 불가능해졌기 때문이다. R&D 전략이 자체 기술력 강화에서 다양한 사내외 기술의 결합을 통한 투자효율 극대화로 바뀌었다. 과거 지식 창출자(knowledge generator)였던 R&D 부문의 역할은 다양한 아이디어를 조합해 혁신을 이끄는 지식 브로커(knowledge broker)로 변화하고 있다.

개방형 혁신에도 지켜야 할 몇 가지 원칙이 있다. 선택과 집중의 원리를 적용해 우선순위가 높은 사업에 집중하고, 혁신적 기술과 정보가 회사 안팎으로 원활하게 순환되도록 해야 한다. 특히 혁신의 아이디어는 결국 사람에게서 나오는 만큼 CEO부터 신입사원까지 창의성으로 무장하고 실패를 장려할 줄 아는 문화를 만들어야 한다.

경쟁이 치열한 성숙시장에서는 사내 기술만을 고집하다가는 혁신적인 상품을 만들 수 없다. 산업과 제품의 융·복합화가 심화되면서 한 기업이 모든 영역에서 앞선 기술을 갖는 것은 불가능하게 됐다. 글로벌 선두기업들은 사내외의 다양한 자원과 아이디어를 결합해 혁신의 원동력으로 삼는 개방형 혁신(open market innovation)에 나서고 있다. 글로벌 선두기업들의 R&D 전략이 자체 기술력 강화보다는 다양한 사내외 기술의 결합을 통해 투자 대비 효용을 극대화하는 쪽으로 선회하고 있는 것이다.

개방형 혁신은 자유무역 개념을 기업 R&D에 적용시킨 것이다. 자유무역의 장점은 각 국가가 비교우위를 가진 산업에 집중하고 전문화하는 대신 비교열위에 있는 산업은 다른 나라로부터 수입에 의존함으로써 결과적으로 모든 국가가 더 낮은 가격으로 더 좋은 제품을 구입할 수 있다는 것이다. 마찬가지로 개방형 혁신은 비교우위에 있는 기술은 계속 육성하되, 비교열위에 있는 기술은 외부로부터 공급받아 궁극적으로 기술혁신의 속도를 높이고 생산성을 극대화하자는 것이다.

세계 최대 생활용품업체인 P&G의 앨런 래플리(Lafley) 회장은 내부 자원을 핵심 브랜드에 집중하면서 불필요한 연구·개발을 중지시켰다. 그는 이를 혁신(innovation)이라는 정원에서 잡초를 뽑았다고 표현했다. P&G는 이미 축적된 내외부의 지식을 원활하게 교류시키는 게 R&D의 경쟁력이라 보고 각 사업부별 기술담당 임원과 지역별 R&D 담당자가 참여하는 글로벌기술협의회를 만들었다. 또 사내외의 혁신적 기술을 소개하는 혁신박람회(Innovation Expo)를 주기적으로 개최하고, 기술교류와 협력을 위한 혁신네트워크(Innovation Net)도 적극 가동했다. P&G의 히트상품인 치아미백제 '크레스트 화이트 스트립스(Crest Whitestrips)'는 사내외 기술교류를 통해 개발된 대표적 사례다. P&G는 시중에서 치과 의사들이 사용하던 표백제와 사내의 플라스틱사업부가 갖고 있던 접착기술을 결합해 소비자들이 치아에 간단하게 부착할 수 있는 미백제를 만들었다. 이 치아 미백제는 개발 2년 만에 2억 달러 이상의 매출을 올린 효자상품이 됐다.

개방형 혁신의 모범사례로 평가받는 기업들은 몇 가지 공통점을 갖고 있다.

첫째 혁신의 우선순위를 정해 잠재력이 가장 높은 사업에 자원을 집중한다. 필립스(Philips)는 광섬유 커뮤니케이션 R&D에 집중 투자

하기로 하고, 비핵심 사업인 일반 레이저 기술은 외부에 매각해 30억 유로의 수익을 올렸다. 듀폰(Dupont)은 최근 상품 개발 플랫폼(platform 기반)을 9개에서 5개로 단순화했다.

둘째 혁신적 기술과 정보를 사내에 순환시켜 새로운 아이디어를 덧붙이는 동시에 중복 투자를 막는다. 3M은 OHP(overhead projector)의 조도(照度)를 높이는 데 쓰이던 마이크로 레플리케이션(micro replication) 기술을 사내에 전파해 신호등·녹음테이프·마우스패드 등 다양한 용도로 활용하도록 했다. 그 결과 2억 달러였던 매출이 10년 만에 10억 달러로 급증했다.

셋째 신기술 확보를 위한 M&A(인수·합병)에 적극적이다. 시스코(CISCO)는 매출의 17%를 R&D에 투자할 만큼 연구·개발을 강조하면서도 새로운 기술을 갖고 있는 신생기업이 나타날 경우 과감한 M&A를 통해 기술력을 보강하고 있다.

넷째 내부기술 판매와 공개에 적극적이다. 경쟁심화와 기술발달로 인해 궁극적으로 기술의 유출이 불가피하다고 여기기 때문이다. 또 기술판매와 공개를 통해 자사의 기술력을 시장에서 검증받는 동시에 재투자를 위한 재원도 마련하려는 다목적 포석이다. 기술의 자유로운 교환을 위해 설립된 Yet2.com에 참여하는 글로벌 기업들의 수가 지속적으로 증가하는 것이 좋은 사례다.

개방형 혁신이 확산됨에 따라 사내기술 개발에 치중했던 R&D 부문의 역할이 바뀌고 있다. R&D 부문이 기업의 아이디어를 집적시킬 뿐 아니라 다양한 외부의 기술과 정보를 받아들여 신제품 개발을 이끄는 주도적 역할을 하는 것이다. 즉, 지식창출자(knowledge generator) 보다는 다양한 아이디어를 조합해서 기업의 혁신을 이끄는 지식브

로커(knowledge broker)로서의 기능이 더욱 강조되고 있다.

혁신에 성공적인 기업들의 경우, 연구(research)와 개발(development) 간의 균형(balance)을 강조한다. '연구 따로, 개발 따로' 식으로 평가하지 않고, 연구와 개발을 종합한 성과를 평가해 예산에 반영한다. 또 사내 연구·개발은 R&D의 한 가지 수단에 불과하다는 인식을 갖고, 다양한 방법을 동원해 R&D의 효율성을 높일 수 있는 방안을 강구하고 있다. R&D 연구원들을 선발할 때도 특정 분야의 전문 지식뿐 아니라 얼마나 시장과 고객을 이해하고 있는지를 측정한다.

혁신의 성패는 반복성(repeatability)에 의해 가려진다. 한두 가지 아이디어가 크게 성공했어도, 지속적인 신상품 출시를 통해 반복성이 보장되지 않을 경우 그 기업은 오래 생존하기 어렵다. 혁신의 반복성은 결국 사람에서 나온다. 글로벌 선두기업들이 인력을 채용할 때 이력서에 나오는 학력이나 성적보다 창의성을 측정하는 면접을 중시하는 것도 이 때문이다. 로레알은 경영지식이 우수한 직원뿐만 아니라 꿈을 꿀 수 있는 사람을 모집한다고 할 정도로 창의력을 중시하고 있다.

CEO의 리더십도 중요하다. CEO는 혁신을 장려하는 전도사가 될 수도 있지만, 반대로 혁신의 싹을 죽일 수도 있다. 혁신을 고민하는 CEO들이라면 반드시 "실패에 대해서 책임을 묻지 않고 새로운 시도를 장려하는 3M의 문화는 과연 무엇을 의미하는가?", "구글의 근무환경은 과연 무엇이 다른 것인가?" 등에 대해 심사숙고해야 한다. P&G의 래플리 회장은 매년 15차례의 R&D 리뷰 미팅에 직접 참여해 신제품에 대한 의견을 피력한다. 또 혁신을 강조하는 자신의 발언을 정리한 자동차 스티커를 만들어 임직원들에게 나눠주기도 했다.

마지막으로 신상품 공급경로(pipeline)를 보다 체계적이고 안정적으로 관리해야 한다. 대개 50% 정도의 신상품 아이디어가 중도 폐기되고, 출시된 제품의 25%만이 성공한다고 가정할 때 현재 판매하는 제품의 8배가량의 신상품 공급경로가 관리되고 있어야 한다는 계산이 나온다(박성훈·나지홍, 2007).

3. 집권화와 분권화의 균형

일본 내 주가총액 8위인 소프트뱅크의 사원은 현재 11명이다. 지주회사로 전환하면서 1,000여 명의 사원을 사업과 함께 분사시켰다. 앞으로는 6명까지 줄일 계획으로 있다. 손정의는 계열사 통제란 불가능할 뿐 아니라 관리할 생각도 없다고 말한다. 각 계열사는 철저하게 자주적으로 운영된다. 살아 있는 생물처럼 생존과 자기증식의 본능을 발휘하게 하는 시스템이다. 그가 할 일은 각 계열사에 인센티브와 자기진화의 유전자를 심어주는 것뿐이다. 그리고 전체를 조감하며 어디에서 진군하고 어디에서 퇴각할지만 결정한다. 자기증식의 원리가 발휘되지 않는 계열사는 매각해버린다.

조직관리는 집권화와 분권화의 균형이 중요하다. 집권화만 고집하면 구성원의 사기에 영향을 미치고, 분권화만 고집하면 통제가 어려울 수 있다. 그래서 균형 잡힌 조직이 큰다.

레오나르도 다빈치, 미켈란젤로 등 수많은 예술인을 후원하며 유럽의 르네상스를 이끌었고 300여 년에 걸쳐 유럽을 주도했던 이탈리아의 메디치가는 15세기, 전 유럽의 재산을 모두 합한 것보다 더 많은 재산을 가지고 있었다. 메디치가가 그렇게 많은 부를 형성할 수 있었던 것은 전례 없이 과감한 분권화를 통한 권력의 균형을 이루었기 때문이었다. 상점과 은행을 상속받았던 코시모 데 메디치는 본사가 소재한 피렌체에 자기 자신을 포함한 10여 명의 직원만을 두고 전 조직에 미션과 지침을 주고 전략적 의사결정만 내렸다. 그리고 이탈리아와 유럽 각 지역에 흩어져 있던 지점의 사장들이 독자적으로 사업결정을 하도록 권한을 분산시켰다.

오늘날의 CEO들에게 가장 어려운 것 중의 하나가 조직운영과 인재관리이다. 누구에게 어떤 일을 맡길 것인가, 그리고 그 일을 하도록 어느 정도의 권한을 줄 것인가 하는 문제는 조직의 성패가 달려 있을 만큼 중요한 일이다. 그러나 권력을 어느 정도 나누고, 집중시킬 것인가 하는 지혜를 터득하는 것은 쉬운 일이 아니다. 대부분의 조직에서 관례를 따르거나 아니면 경영자나 부서장의 스타일, 성격 등에 따라 조직구성과 권력위임이 이루어져 왔다.

루커스(J. Lucas)는 조직에 가치를 더해주고 창출하기 위해 권력을 균형 있게 사용할 것을 강조한다. 그는 "권력을 도구로 사용하고 있는가, 목표로 사용하고 있는가? 우리가 권력을 사용하는 것은 조직을 발전시키기 위해서인가, 지배하기 위함인가?" 묻는다.

경영자만 권력을 가진 것이 아니다. 직원들도 권력을 가지고 있다. 우리 모두 권력을 가지고 있다. 권력은 그 자체가 목적이 아니며 목표를 이루기 위한 수단이다. 경영자는 대부분 조직의 발전을 위하여 권력을 사용하고 있다고 말할 것이다. 그러나 개인적인 지배욕이 전혀 개입되지 않았다고 말할 수 없다. 따라서 권력을 올바로 사용하는 것이 리더의 역할이다. 리더는 개인 안에 이미 내재해 있는 권력을 풀어놓는 역할을 한다. 위대한 리더는 권력을 후하게 나눠주지만 신중함을 잃지 않는다. 권력을 효과적으로 사용하려면 혼자서 너무 많은 권력을 가져도 안 되고 적당히 권력을 양도하여 균형을 이루어야 한다. 바람직한 균형을 이룰 때 구성원들도 열정적으로 일하게 된다(루카스, 2006).

4. 조직과 새로운 프로젝트

애드호크라시는 프로젝트 중심의 조직이다. 새로운 프로젝트 성공을 위해서는 철저한 계획을 세우고 다양한 측면에서 접근이 필요하다. 조직이 벌이는 프로젝트 중 70%는 확실한 목표 없이 출발하는 경우가 많다. 뚜렷한 목표 없이 한길만 고집하다가는 실패에 직면하게 된다.

신규사업은 다방면으로 영향을 미치는 확률적 위험을 내재하고 있다. 이 위험에 제대로 대처하고 프로젝트를 성공시키기 위해서는 다양한 수단을 함께 강구해야 한다. 뚜렷한 목표를 설정할 수 없다면 다양한 중간목표를 설정하고 이를 차근차근 성공시켜 나간다면 궁극적인 성공에 이를 수 있다.

적절한 중간목표를 설정하기 위해서는 사전적인 취사선택도 중요하지만 프로젝트 수행과정에서 꾸준한 학습을 통해 최적목표로 변경하는 과정이 필요하다. 학습을 통한 꾸준한 반복작업으로 다양한 우물을 파고 들어가다 보면 결국 하나의 수정으로 모일 수 있다. 학습과정은 실험 프로젝트 추진을 위한 계획안 설정과 실행 후 결과의 기록과 분석을 통해 수정된 프로젝트를 시행하는 방식으로 진행된다.

참신한 사업의 성공을 위해서는 신사업 수행을 위한 적절한 사고방식을 견지한 뒤 새로운 하부구조를 갖추고 파트너와 위험 공유자에게 도움을 얻는 것이 중요하다.

5. 창의성과 상업성 사이의 균형

애드호크라시는 창의성을 중시한다. 그러나 그것은 상업성과 균형을 이룰 필요가 있다. 기업경영에 있어 지난 30년은 혁신의 시대였다. 혁신은 기업 간 경쟁의 승패를 좌우했으며 때로는 국가 간 경쟁의 승패를 결정짓기도 했다. 1, 2차 대전의 승패를 가른 것도 전투기, 군함, 탱크의 제조를 담당한 기업들의 혁신 성과의 차이라는 말이 있을 정도다. 1960년대와 1970년대에 걸쳐 품질 혁신에 몰두했던 일본 기업들은 1980년대를 자신들의 시대로 만들었다. 일본 기업들은 제조업의 양대 축인 전자와 자동차 부문에서 세계시장을 석권했다.

이에 대항하여 미국 기업들은 '벤치마킹', '6시그마', 'TPM', 'BPR', '구조조정', '학습조직', '핵심역량구축' 등 다양한 혁신 주제들을 발굴했다. 이 과정에서 수많은 혁신 슬로건들이 유행처럼 나타났다 사라져갔다. "노키아가 추구하는 것은 휴대폰이 아니라 혁신이다", "성공의 반대는 실패가 아니라 아무것도 하지 않는 것이다" 등이 그것이다. CEO시장에서는 혁신형 CEO들이 각광을 받았으며 컨설팅업계는 전례 없는 호황을 누렸다.

다빌라 등은 『혁신의 유혹』을 통해 다양한 혁신들이 소용돌이친 지난날들을 보다 이성적 관점에서 정리했다. 혁신의 광풍이 지나간 자리에 남은 것은 무엇인가. 혁신에의 열정과 모험, 숱한 시행착오들이 남긴 진정한 교훈은 무엇인가. 그들은 "단 한 번의 파격적인 혁신이 시장에서의 성공을 보장하는 것은 아니다"라고 말한다. 사실 이것이야말로 지난 30년 동안 혁신의 현장에서 산전수전을 겪은 저자들이 내린 결론이다. 즉, 혁신은 운명을 바꾸는 일회적인 사건이 아니라 일상적인 업무가 되어야 한다는 것이다.

지난날 기업 현장을 누비던 혁신의 전도사들은 열정적인 톤으로 혁신을 위해서는 위기의식과 신바람을 불러일으켜야 하며 불확실성으로 가득 찬 미래를 향해 모험적으로 도전하라고 설파하곤 했었다. 그러나 저자들의 생각은 다르다. 그들은 기업이 파격적인 혁신을 통해 단숨에 시장 선도기업의 지위에 오를 수는 있지만 그러한 지위를 유지하기 위해 또 다른 파격적인 혁신이 지속되어야 하는 것은 아니라고 주장한다. 지속적으로 파격적인 혁신을 추구하는 것은 오히려 성장을 저해할 우려가 있다. 파격적인 혁신에는 그에 상응하는 위험이 뒤따르기 때문이다.

다빌라 등은 창업과 수성의 논리는 달라야 한다고 주장한다. 모험을 무릅쓰고 단번에 파격적 혁신을 이루는 것은 창업의 논리다. 반면 수성의 논리는 효율성을 전제로 지속가능하며 안정적인 혁신시스템을 갖추는 것이다. 이러한 혁신은 모험도 신바람도 아니다. 그것은 프로그램이며 변화를 추구하는 규정과 절차이다. 그렇다면 창업형 혁신과 수성형 혁신 중 어느 편이 더욱 중요한가. 저자들은 수성형 혁신이라고 답한다. 기업에게 창업을 위한 혁신은 한 번이면 족하지만 수성을 위한 혁신은 기업이 존속하는 동안 늘 필요한 것이기 때문이다.

이러한 맥락에서 그들은 혁신프로그램의 중요성을 강조한다. 혁신프로그램에는 혁신모델의 선택, 혁신 전략의 수립, 혁신을 위한 조직 문화의 형성이 포함되어야 하며 그 외에도 혁신 지향적인 평가, 보상, 학습시스템이 뒤따라야 한다. 그리고 이 모든 것을 가능케 하는 기반으로서 혁신적 조직과 프로세스가 구축되어야 한다.

이 중 혁신모델과 혁신전략, 조직문화는 CEO가 주도하지 않으면 효과적으로 이루어질 수 없다. CEO는 비즈니스 모델혁신과 기술혁신 중 자사에 적합한 혁신모델을 선택해야 한다. 가령 HP와 델은 각기 기술혁신(HP)과 비즈니스 모델혁신(델)을 앞세워 팽팽한 경쟁관계를 유지해오고 있다. 그러나 CEO는 이 2가지 혁신모델은 상호 보완관계에 놓여 있음을 이해하고 있어야 한다.

혁신전략의 수립에서 중요한 것은 '이기기 위한 전략'과 '지지 않기 위한 전략' 가운데 하나를 선택하는 것이다. 일회용 기저귀 시장에서 P&G와 킴벌리 클라크는 오랜 세월 팽팽한 경쟁관계를 유지하고 있는데 그 까닭은 이기기 위한 전략을 구사하는 P&G에 맞서 킴벌리 클라크는 지지 않기 위한 전략을 내세우고 있기 때문이다. 만일 킴벌리 클라크가 P&G와 마찬가지로 이기기 위한 전략을 구사했다면 보다 위험스런 결과가 초래될 수도 있었을 것이다.

혁신적 조직문화의 형성에서 가장 문제가 되는 것은 창의성과 상업성 사이에 균형을 유지하는 일이다. 코미디 쇼 제작사인 막스 브라더스(Marx Brothers)는 사내에 혁신을 위한 내부시장을 형성하고 여기서 코미디 아이디어를 평가하는 방식으로 아이디어의 창의성과 상업성 간의 균형을 유지함으로써 큰 성공을 거둘 수 있었다.

혁신 지향적인 평가, 보상, 학습을 위해서는 올바른 시스템의 도입이 관건이다. 평가와 보상 시스템은 임직원들 사이에 혁신방향이 정착될 수 있도록 한다. 학습시스템은 임직원들의 문제해결능력을 높이고 변화하는 시장에 효과적으로 대처할 수 있는 역량을 배양시킨다.

혁신적 조직과 프로세스의 구축이라는 요소에 대해서는 CEO가 직접적으로 주도하기보다는 기본방침과 방향성만 정해주고 주된 책임은 실무급 책임자들에게 부여하는 편이 좋다.

다빌라 등에 의하면 혁신은 혁명이 아니다. 그것은 불가능한 것을 가능케 하는 연금술도 아니다. 혁신은 꾸준히 경영성과와 효율을 올리기 위한 수단일 뿐이다. 따라서 우리는 혁신을 위해 모든 것을 올인할 필요는 없다. 이러한 저자들의 주장은 일견 혁신이 아니라 개선을 강조하는 듯이 보이기도 한다. 그러나 정작 저자들이 강조하는 것은 균형이다. 혁신은 파격적인 혁명과 점진적인 개선의 중간지점에 있는 것이기 때문이다. 그리고 이러한 지점을 올바르게 파악하는 것은 그것을 주도하는 경영자의 몫이다(한창수, 2007).

6. 디지털 조직

조직은 날로 새로운 과제에 직면하고 있다. 경쟁업체보다 더욱 신속하고 정확하게 그리고 보다 뛰어난 품질의 제품과 서비스를 고객에게 제공하여 고객의 기쁨을 창출할 수 있는 형태의 조직만이 글로벌 경쟁에서 생존이 가능하다는 것은 물론이고 신속한 의사결정, 업무의 병렬처리, 고객과 좀 더 가까운 조직, 경량화되고 유연한 지적 조직을 보유하는 것이 큰 과제가 되어 있다. 이를 위해서는 조직관리에 새로운 패러다임이 요구된다. 그것은 바로 과거의 아날로그 조직에서 디지털 조직(digital organization)으로의 획기적인 변화이다.

조직 패러다임의 변화

아날로그 패러다임	디지털 패러다임
아날로그 조직	디지털 조직
수직적 피라미드 구조	수평적 웹 구조
성과 및 목표분야에 집중	이노베이션
명령과 지시	토론과 논쟁
현재 전략 중시	장기적 비전 중심
지식의 폐쇄화	지식의 공유
제품의 품질	신제품 개발 및 속도
방어적, 다단계 구조	공격적, 플랫화, 경량화 구조
조직통제	자치
조직의 위계	팀의 능력
퇴출이 없음	퇴출이 빈번함

디지털 정보와 지식이 인터넷이라는 쌍방향 커뮤니케이션 네트워크에 의해 대량으로 신속하게 전달됨으로써 조직의 구조와 사고방식, 나아가 문화가 아날로그에서 디지털로 바뀌지고 있다.

디지털 조직과 아날로그 조직

디지털 조직	아날로그 조직
동태	정태
유연	경직
다양	단순
창의	계층, 서열
능력을 살 수 있는 전문성	명령
인터넷	일사불란한 조직
네트워크 조직	테이프 조직

아날로그 조직은 위계질서와 권위의식, 그리고 관습이 지배한다. 그러나 디지털 조직은 이것을 거부하고 대신 토론과 논쟁, 그리고 창조적인 파괴를 필요로 한다. 디지털 조직에서는 상부의 통제적 기능이 대폭 조정되고, 각 부서도 디지털 성향에 맞게 재구성된다.

아날로그 조직은 피라미드를 통한 수직적 명령하달 체계를 유지해왔다. 그러나 디지털 조직은 수평체계이다. 조직 웹을 구성하여 의사결정을 디지털화한다. 조직 웹은 구성원들이 거미줄처럼 수평적으로 연결되어 다양한 방향으로 의사가 교환되고 토론되는 총체적 패러다임이다.

조직 내 모든 지식이 디지털 정보화되고 인터넷에 연결된다. 지식을 공유함으로써 창의적 수준을 날마다 새롭게 향상시킨다. 이 일에 특정인들만 참여하는 것이 아니라 관심 있는 모든 사람들이 참여할 수 있다. 그들은 조직 내 지식창고뿐 아니라 인터넷을 통해 세계 각 곳의 정보를 수집하고 이를 바탕으로 서로 정보를 공유하고 논쟁을 한다.

아날로그 조직에서 디지털 조직으로 바꾸기 위해서는 막대한 자금을 인터넷 관련 산업에 투자하는 것 이상으로 중요한 것이 사람을 바꾸는 일이다. 사람을 바꾸기 위해서는 교육에 혁명이 필요하다. 지금까지 교육은 비범한 인재를 평범한 인간으로 만들어 아날로그식 교육방법을 철폐하고 디지털 혁명에 맞춰 획기적으로 바꿔야 한다.

디지털 조직은 적자생존의 원칙에 철저하다. 능력이 안 되는 부서는 퇴출시킨다. 수많은 정보관련 벤처기업들이 생겨나고 그중 가장 남보다 앞서가는 기업만이 살아남고 큰 부를 얻을 수 있는 것처럼 각 부서도 살아남을 수 있는 가치가 있는 것만이 살아남을 수 있게 한다. 기업이든 대학이든 어떤 조직체든 디지털 혁명에 적응하지 못하면 살아남기 어렵다.

7. 유지 가능한 조직

새로운 세기의 조직은 유지 가능한 조직(sustainable organization)이다. 21세기 조직은 첨단정보기술의 활용과 새로운 경영전략 아래 기업의 환경변화를 능동적으로 흡수하여 이를 재생기회로 전환할 수 있는 능력을 갖추어야 한다. 이를 위해 조직을 보다 플랫화(flat), 슬림화(slim), 경량화(smaller), 유연화(flexible)된 팀조직으로 전환할 필요가 있다. 나아가 끊임없는 개선과 혁신을 통해 기업의 가치와 능력을 극대화해야 한다.

1) 플랫화

새로운 경영환경 아래서 요구되는 조직관리를 위해 전통적인 계층구조인 수직구조를 유지한 채 다운사이징만 하는 것은 장기적인 관점에서 기업의 생산성 향상에 전혀 도움이 되지 않는다. 새로운 형태의 조직은 기존의 업무처리방식 및 조직구조를 근본적으로 변화시켜 의사결정단계가 적은 플랫, 프로세스 중심의 지적 능력을 보유한 수평조직(horizontal organization) 형태가 되어야 기업의 목적을 달성할 수 있고 잠재적 역량을 높일 수 있다.

2) 슬림화

슬림화는 조직이 다이어트 조직으로 구축되는 것을 말한다. 기업 내 유사부문의 통폐합, 간접부문의 과감한 축소, 불필요한 업무 제거 등을 통한 조직구조의 다이어트를 추진해야 한다. 날씬한 조직을 갖추기 위해서는 기업 내에 핵심업무만을 남겨두어야 하며 이를 위해 구성원들이 본연의 업무에 집중할 수 있도록 업무를 다시 설계해야 한다. 지식경영을 위해 성과나 생산성 향상에 직접 도움이 되지 않는 업무 프로세스는 제거하고 주변업무는 외부에서 아웃소싱하는 방법을 적극 검토해야 한다.

3) 경량화

조직의 경량화를 중시하는 것은 초창기 조직의 대표적인 형태로 자리 잡은 기능조직과 이후 발전된 관료조직의 중요한 단점인 사고의 경직화, 조직규모의 비대화, 의사결정의 중앙집권화로 인한 의사결정 지연, 다단계 지휘계통 등과 같은 비효율적 요소들을 과감히 제거하기 위한 가장 효율적인 선택이자 핵심적인 경영과제이기 때문이다.

4) 유연화

급변하는 환경 속에서 과거와 같은 관료형, 다단계의 의사결정 체계의 경직된 조직구조에서는 새로운 경영논리가 잘 적용될 수 없다.

첨단정보통신 기술을 기업 내부에 활용하고, 팀을 중심으로 하는 운영, 정보의 공유화, 자유로운 대화채널, 파트너십 등은 진정한 유연조직의 창조 없이 운영이 불가능함을 보여준다.

의사결정 단계의 대폭적인 축소로 인한 플랫, 슬림화된 경량의 수평조직 구조특성을 보면 다음과 같다.

- 조직구조를 기능별 또는 부서별로 만들기보다 핵심 프로세스를 중심으로 한 팀 위주의 구조로 만들어져야 한다.
- 관리계층의 단계를 라이트사이징과 리스트럭처링의 개념을 도입하여 적정수준으로 조정하고 부가가치를 창출하는 조직으로의 전환을 꾀해야 한다.
- 팀을 조직의 기본단위로 하여 구체적으로 측정 가능한 성과목표를 달성하되 팀의 전반적인 운영은 자율에 맡겨 종업원의 창의력을 최대한 유도한다.
- 기업의 단기이윤보다 고객의 만족을 성과측정의 기본지표로 삼는다.
- 팀 구성원과 개인의 평가는 물론 팀 전체 업무수행 결과를 급여나 평가시스템에 직접 반영함으로써 각 팀마다 창의적 경쟁을 유도한다.

8. 프로세스 조직

1) 프로세스의 개념

프로세스란 투입물을 산출물로 전환하여 부가가치를 높이는 과정을 말한다. 기업이 시장과 고객의 요구에 부응하여 투입물을 특정제품과 서비스로 산출하여 부가가치를 높이는 것이 그 보기이다.

프로세스는 시작과 끝이 분명하며, 각 프로세스마다 자체완결성이 높아 프로세스마다 비교적 서로 다른 성격을 띠고 있다. 동일한 프로세스라 하더라도 고객에 따라 그 방식이 다양하게 나타난다. 프로세스도 개별단위 차원, 사업부 수준, 그룹 차원에 따라 서로 다른 구조를 형성하고 있다.

2) 프로세스 조직

프로세스 조직(process organization)이란 리엔지니어링에 의해 기존경영조직을 근본적으로 다시 생각하고 재설계하여 획기적인 경영성과를 도모할 수 있도록 프로세스를 기본단위로 설계된 조직을 말한다. 고객의 가치를 가장 이상적으로 반영할 수 있도록 업무프로세스를 근본적으로 재설계한다. 조직구조, 인적 조건, 담당자의 직무특성, 조직문화 등 전체 조직시스템도 기존방식과는 다른 새로운 형태의 제도와 관리기법이 요구된다.

기업은 리엔지니어링의 결과에 따라 새로운 사고로 기존조직구조를 바꾸고 관련된 인사제도 및 각종 교육훈련 프로그램을 새롭게 변경한다. 이처럼 리엔지니어링에 의해 보다 프로세스 지향적으로 새롭게 변화된 조직을 프로세스 조직이라 한다.

3) 프로세스 조직의 특징

프로세스 조직은 구조적으로나 관리적으로 다음과 같은 특징을 가지고 있다.

수직적 조직에서 수평적 조직으로의 전환

프로세스조직은 자율성을 가진 사람들이 팀을 이뤄 작업을 하고 관리자의 지원을 덜 받기 때문에 조직구조가 수평화 되는 경향이 있다. 프로세스조직은 조직구조가 문제되지 않는다. 종래 상위직급에서 조정하고 의사결정을 내린 모든 문제들이 하나의 완결된 프로세스를 담당하는 팀에 의해 이루어진다. 작업을 수행하는 사람이 대부분 작업에 대한 의사결정을 내리게 됨으로 관리자의 역할이 작아진다.

프로세스 팀의 활용

프로세스 조직의 기본단위는 하나의 완결된 작업을 수행하는 프로세스팀이다. 팀은 전체 프로세스를 수행하기 위해 함께 작업하는 사람의 집합을 의미한다. 한 프로세스팀에는 하나의 완결된 과업을 수행하기 위해 서로 다른 기술과 기능을 보유한 사람들로 구성될 수 있다.

통제로부터 지원기능으로 스태프 기능의 변화

전통적 조직은 라인과 스태프를 분리하여 서로 견제하고 통제함으로써 낭비를 제거하고 각 기능을 효율화하고자 한다. 그러나 엄격한 통제에 소요되는 비용만큼 성과를 얻지 못하고 있다. 프로세스조직에서 스태프 부서는 엄격한 확인과 통제 대신 어느 정도 허용 오차를 인정하고 다소 완화된 통제를 한다. 통제에 드는 비용을 최소화하거나 불필요한 것을 제거함으로써 오류의 증가를 크게 보상하고도 남을 수 있다. 프로세스팀들은 비교적 독립적이고 완결적인 프로세스를 담당하므로 기능별 조직처럼 조정의 문제가 심각하지 않다. 따라서 조정비용을 줄일 수 있다.

복잡한 프로세스에서 단순한 프로세스로의 전환

프로세스조직에서는 한 팀 또는 한 사람이 이러한 일련의 과정을 모두 처리하므로 부가가치가 없거나 부가적인 업무는 제거되어 프로세스가 훨씬 단순해진다.

단순한 과업에서 복합적인 과업으로의 전환

전통적인 조직에서는 정보처리와 업무수행능력의 한계 때문에 직무를 단순하게 설계하는 것이 바람직하다고 생각한다. 그러나 프로세스조직에서는 무엇보다 프로세스가 단순해야 한다. 단순한 프로세스에서 사람들이 작업을 수행하기 위해서는 한 사람이 적어도 여러 기능과 질적으로 높은 수준의 과업을 수행해야 한다. 따라서 복합적인 직무를 효과적으로 수행할 수 있는 다기능자가 요구된다.

훈련에서 교육으로의 전환

전통적인 조직에서는 직무가 안정적이고 최선의 방법이 정해져 있다는 전제 아래 효과적으로 작업을 수행하기 위한 방법을 가르친다. 그러나 프로세스 조직에서의 직무는 다차원적이고 일을 수행하는 방법을 변경하는 것이 가능하기 때문에 일의 수행방법보다 왜 그렇게 해야 하는지 이유를 아는 것이 더 중요하다. 따라서 판단하고 이해하고 통찰력을 갖도록 하기 위해 훈련보다 교육이 더 중요하다.

평가와 보상기준의 변화

전통적 조직에서는 보상을 결정하는 기준이 근속연수, 근무시간, 직위 등에 의해 급여가 결정된다. 그러나 프로세스 조직은 직원들의 프로세스 수행능력을 평가하고 창출하는 가치기준에 따라 급여를 지불한다. 즉, 팀이 고유의 가치를 가지고 있는 제품이나 서비스를 생성하기 때문에 그 가치에 따라 평가와 보상이 달라진다.

승진기준의 변화

기업에서는 대부분 현재 일을 잘 수행한 사람에게 승진기회를 부여한다. 이는 급여체계가 획일화되어 있어 승진을 하지 않고서는 다른 보상을 제공할 기회가 주어지지 않기 때문이다. 그러나 프로세스 조직의 특징은 실적과 능력을 분리하고 승진기준을 실적보다 능력에 둔다. 실적은 어느 한 직무가 잘 이루어진 것에 대한 보상임에 비하여 능력은 새롭게 변화된 직무를 수행할 수 있는 잠재적인 가치를 말한다. 따라서 현재의 직무를 잘 수행했다고 이를 승진에 연결시키는 것을 바람직하지 않게 생각한다. 높은 실적에는 그에 맞는 보너스를 지급하고 상위의 직무를 수행할 능력이 있는 사람에게 승진을 부여한다.

관리자의 역할변화

전통적 관리자는 작업이 한 작업수행자로부터 다음 수행자로 이동할 때 그 작업을 감독하고 감시하며 통제하고 확인한다. 이에 반해 프로세스 조직에서 관리자의 역할이 다르다. 관리자는 감독자의 역할에서 촉진자의 역할을 수행하고 자신의 기술수준을 발전시켜 새로운 부가가치 프로세스를 만들어낼 수 있도록 하는 역할을 한다.

4) e프로세스

GE는 웰치 회장의 지시에 따라 기존의 업무 프로세스를 무시하고 e프로세스로 전환하여 가장 지식 정보화된 기업으로 변신하였다. 특히 조직의 횡적 구조로의 변화는 기업 내부의 프로세스에도 나타나고 있다. 생산, 판매, 서비스, 종업원 등 비즈니스 구성요소를 유기적으로 연결시켜서 외부변화에 민감하게 반응하는 조건반사형 체제를 구축하는 기업이 늘고 있다. 미래의 조직은 적응력이 높은 유기체적 조직(adaptable organism)이다.

9. 하이퍼텍스트 조직

노나카에 따르면 효율적이고 연속적인 지식창조를 가능하게 하기 위해서는 하이퍼텍스트 조직(hypertext organization)이어야 한다. 20세기 이후 기업 조직구조를 둘러싼 논의는 관료제 조직과 태스크포스형 팀제로 압축되고 있다. 그러나 노나카는 둘 중 어느 것도 지식

창조를 위해 적당하지 않다고 말한다. 지식창조를 위한 새로운 조직형태는 이 두 가지를 통합한 하이퍼텍스트형 구조이다.

1) 하이퍼텍스트 조직의 전제조건

지식경영이 이루어지기 위해서는 조직 내에서 지식의 창조, 활용, 축적을 활성화할 수 있는 유연한 조직구조가 필요하다. 노나카에 따르면 이런 조직을 구축하기 위해 다음과 같은 세 가지 조건이 필요하다.

첫째, 창조와 효율을 동시에 추구하는 조직이어야 한다. 지식의 창조, 활용, 축적을 위해서는 기존조직인 관료제의 효율성과 이상적 조직인 네트워크 조직의 창조성을 함께 살려 나가야 한다.

둘째, 지식영역과의 상호작용이 활발히 이루어질 수 있는 조직이 필요하다. 이를 위해 조직 전반에 지식이 유기적으로 체화되도록 해야 하며 축적된 지식자산이 가치의 상승효과를 불러일으킬 수 있도록 조직이 구축되어야 한다.

셋째, 유연한 3차원 조직이 필요하다. 기존의 계층적 조직의 강점을 살리되 상호작용을 촉진할 수 있는 보다 개방적이고 입체적인 조직구조의 구축이 필요하다.

노나카는 이러한 세 가지 조건을 충족시키는 이상적인 조직으로 하이퍼텍스트 조직을 들었다.

2) 하이퍼텍스트의 개념

하이퍼텍스트(hypertext)는 인터넷에서 우리가 보는 글들의 기본적

글쓰기 방법이다. 컴퓨터 화면에 보이는 텍스트에서 그림이나 밑줄 친 부분을 마우스로 누르면 다른 텍스트가 떠오른다. 이렇게 서로 다른 텍스트를 연결해주는 것이 하이퍼링크(hyperlink)이다.

하이퍼 문학 텍스트는 생각의 가지치기로 작성된 여러 텍스트가 모여서 만들어진 텍스트 뭉치이다. 독자는 텍스트 첫 페이지에서부터 마지막 문장의 마침표까지 작가가 정해놓은 한 가지 순서로 글을 읽는 것이 아니라 마우스로 링크를 선택해서 여러 방법으로 독서를 할 수 있다.

1945년 바네버 부시는 인간의 연상작용에 따라 자료를 분류하고 배열하는 아이디어를 냈는데 이것이 일반적인 하이퍼텍스트의 기원이다. 1965년 테드 넬슨(T. Nelson)은 부시의 아이디어를 이용하여 컴퓨터에서 가장 효과적으로 읽을 수 있는 글쓰기 개념을 생각해냈고 이를 하이퍼텍스트라 했다.

하이퍼텍스트 조직(hypertext organization)은 인터넷 홈페이지나 CD-ROM 등에서 사용되는 표현양식을 따온 것이다. 현재 컴퓨터에서 많이 사용하고 있는 소프트웨어 '윈도우 98'과 같이 한 화면에 여러 창들이 나타나 있는 형태를 생각하면 이해하기 쉽다. 노나카가 말하는 하이퍼텍스트 조직에는 서로 연결되어 있는 세 개의 층, 곧 프로젝트팀 층, 비즈니스시스템층, 지식기반층으로 이루어져 있다.

3) 하이퍼텍스트 조직의 특성

하이퍼텍스트 조직은 지식경영의 조직구조로서 기존의 사업부제와 같은 계층형 조직에 프로젝트팀 조직의 특징을 가미한 새로운 조직모델로 '유연한 창'의 성격을 가진 하이퍼텍스트에서 이 말이 사용되었다.

하이퍼텍스트 조직은 무엇보다 창조와 효율을 동시에 추구한다는 점에 특색이 있다. 이 조직은 창조성과 효율성이라는 두 가지 상반되는 원리를 충족시키면서 상호작용이 활성화될 수 있는 조직이자 지식의 창조, 활용, 축적을 활성화하는 조직이다. 이 조직은 수직적 계층조직(관료제)의 강점인 효율성과 수평적인 조직(태스크포스팀 조직)의 이점인 창조성을 함께 묶은 것이다.

이 조직은 프로젝트팀의 네트워크를 중심에 두어 집중적으로 새로운 창조를 수행하는 한편 계층형 조직으로 이를 구현하고자 한다. 요컨대 이들 두 가지 방식을 교대로 각각 사용하여 총체적인 지식변환을 가속시키는 것이다. 지식의 창조, 활용, 축적을 위해서는 관료제의 효율성과 네트워크의 창조성을 함께 살려나가야 한다. 그것은 지식의 이용, 축적에 적합한 관료제 조직계층과 간편한 프로젝트팀이나 태스크포스 등을 함께 사용하여 지식의 창조에 적합한 네트워크 제도를 양립시키는 것이다.

하이퍼텍스트 조직은 지식영역과의 상호작용을 중시한다. 네트워크 형태가 중요하지만 단지 네트워크로 구성되어 있는(flow) 정도로는 충분하지 못하다. 조직 전반에 지식이 유기적으로 형상화되어 그것이 항상 상승효과를 불러일으킬 수 있는 자원축적(stock)이라야 한다.

하이퍼텍스트 조직은 유연한 3차원 조직이다. 전통적으로 조직은 평면도에 나타나는 2차원 구조로 표시되어 왔다. 그런데 2차원 구조로 조직도를 그리면 결국 그것은 수직적 계층이나 수평적 분산 가운데 양자택일이 되고 만다. 그래서 이들 두 가지 상반되는 형태의 강점을 동시에 살리고 또한 환경과의 상호작용을 촉구하는 역동적이고 다양한 개방된 입체적 조직공간의 구축이 필요하다.

하이퍼텍스트 조직은 지식의 창조 측면과 활용, 축적 측면을 겸비한 유연한 구조의 조직이다. 이것은 효율적 운영을 목적으로 하는 기존의 조직과 지식변환을 목적으로 하는 새로운 조직운영의 모델 사이를 자유자재로 오가며 양자의 상승효과를 발휘하는 조직운용의 소프트웨어를 내재한 조직이다.

4) 하이퍼텍스트 조직의 세 가지 층

하이퍼텍스트 조직은 크게 지식창조를 위한 프로젝트팀층, 지식활용을 위한 비즈니스시스템층, 그리고 지식축적을 위한 지식기반층으로 구성되어 있다. 노나카는 이 세 가지 조직층이 기대되는 역할을 수행해낼 때 지식경영이 가능하다고 주장한다.

하이퍼텍스트 조직구조

세 가지 층	목표	특성
프로젝트팀층	지식창조	연구개발, 신지식 창조
비즈니스시스템층	지식활용	효율성 추구, 지식자산을 제품가치로 전환
지식기반층	지식축적	지식의 축적과 교환, 지식변환 촉진 다른 두 층의 상호작용 원활케 함

프로젝트팀층은 가장 위쪽에 자리하고 있다. 여기서는 늘 여러 개의 프로젝트팀을 두고 연구개발, 신제품과 서비스의 개발, 전략입안, 콘셉트나 원형의 창조, 새로운 업무 디자인 등 지식을 창조하는 일

을 한다. 따라서 이 층은 창조적인 기업진화형 활동을 이끌어가는 비계층형 조직층임을 알 수 있다. 팀 구성원은 다양한 사업단위에서 차출되어 하나의 프로젝트가 끝날 때까지 팀에 전속된다.

이들 팀의 본업은 짬(시간적 여유)을 활용하는 동호회와 같은 것이 아니라 연구개발 자체이기 때문에 이를 촉진할 수 있도록 프로젝트의 발안, 설계, 발족 승인, 성과 피드백 등을 위한 각종 시스템이 제도화되어야 한다. 기업의 가치를 창출하기 위해 필요한 일상적, 임시적인 지식변환의 장을 확립하는 일이 중요하며, 프로젝트팀을 기반으로 지속적인 지식창조를 목표로 한다.

비즈니스시스템층은 조직 내의 전달, 공유를 위해 축적된 지식 자산을 제품 차원의 가치로 전환시키는 것을 주요 사명으로 한다. 이 조직층은 조직의 중간에 위치해 있으며 과거의 계층조직을 전제로 한다. 비즈니스시스템층은 통상적인 업무가 진행된다. 통상적인 업무의 효율성을 높이기 위해서는 관료제적 구조가 적당하다. 여기서는 명령과 실행의 관계, 즉 피라미드형 위계질서가 기본이다.

이 층은 리엔지니어링이 부정하고 있는 전통적인 '계층구조, 분업화, 전문화'를 특징으로 하고 있지만 지식을 활용하기 위한 최적의 프로세스를 내재화하고 있다. 다만 이 층에서 새로운 지식의 창조는 불가능하다. 그러나 외부 환경변화에 신속하게 대처하고 조직의 유연성을 높이며 프로젝트팀의 성과를 실제화하기 위해서는 조직의 계층 수를 줄이거나 조직의 간소화를 추진하는 등의 활동이 필요하다. 프로젝트팀층에 임시적으로 권한을 위임하는 등의 일체화된 시스템도 요구된다. 따라서 이 층에는 상하의 두 층을 원활하게 운용하기 위한 인사시스템도 포함하게 된다.

지식기반층은 조직의 제일 밑 부분에 자리 잡고 있다. 여기에는 프로젝트팀에서 창출된 지식이 재분류되고 재구성된다. 지식베이스는 프로젝트팀층과 비즈니스시스템층 양쪽에서 창출된 전혀 다른 성격의 지식이 축적되고 교환되는 장소, 곧 저장소 겸 교환소의 역할을 한다. 이 층은 공유된 지식이 조직 내에서 지속적으로 축적, 검색될 수 있는 여건을 조성하는 것을 주요사명으로 한다.

조직 내에서 지식변환의 전제가 되는 것은 조직의 개개인이 공유하고 있는 지식이며 경우에 따라서는 집단이나 조직에 의해 공유되고 있는 지식이다. 이것을 지식기반(knowledge base)이라 부른다. 이것을 자원으로 사용하여 지식변환이 이루어진다. 이는 당연히 케이퍼빌리티(capability)의 조직자원 차원에서 집약됨과 동시에 기업의 인적, 지적 자산 해명에서도 중요한 단면이 된다.

지식기반층은 프로젝트팀과 비즈니스시스템층을 연결하여 원활한 상호작용을 촉진하는 역할을 수행한다. 예를 들어 연구소의 지원기능이나 정보시스템 부문 등이 이에 해당한다.

지식경영 전문가들이 하이퍼텍스트 조직을 지식창조형 조직으로 설명하고 있는 것은 지식은 전통적인 계층조직인 비즈니스시스템층과 전형적인 태스크포스 조직인 프로젝트팀층, 곧 두 층 사이에서 역동적으로 창조되며 변환되기 때문이다. 이 두 층에서 창출된 지식이 이어 제3의 층인 지식기반층에 재분류되어 새로운 상황 해결도구(context)로 결합된다. 요컨대 하이퍼텍스트 조직구조에 의해 조직은 지식을 효율적으로 창조하고 축적 및 활용할 수 있게 된다.

5) 샤프의 하이퍼텍스트 조직

노나카는 대표적인 하이퍼텍스트 조직으로 샤프를 꼽았다. 샤프의 직원은 사업단위나 프로젝트팀 한쪽에만 소속한다. 샤프는 창사 이래 늘 새로운 제품생산을 목표로 삼아왔다. "모방을 하지 말라. 다른 사람이 모방할 수 있는 것을 만들어라"는 사훈처럼 샤프는 늘 새로운 것을 시장에 내놓기 위해 노력해왔다. 이러한 목표를 달성하기 위해 샤프가 택한 조직구조가 하이퍼텍스트이다.

샤프의 연구개발은 전통적인 계층조직 구조로 운영되고 있지만 전략적 신제품 개발의 경우에는 기존 조직구조로부터 독립된 태스크포스 조직인 '긴급 프로젝트팀'이 활용된다. 긴급 프로젝트팀 멤버는 기존 조직구조로부터 완전히 이탈된다. 긴급 프로젝트에만 몰입할 수 있게 하기 위해서이다. 또 샤프의 긴급 프로젝트팀 리더는 회사의 어느 부서로부터도 필요하다고 생각되는 멤버를 뽑아올 수 있다. 프로젝트 기간 중에는 멤버들에게 임원과 동일한 정도의 권한을 상징하는 금배지가 수여된다. 이 팀의 멤버는 1~2년의 기한 동안 새로운 제품과 기술을 개발하는 사람들인 만큼 예산사용에 제한이 없다. 회사의 시설을 이용하거나 자재를 조달할 때 최우선권이 부여된다. 이 팀을 통해 지금까지 수많은 히트상품이 배출되었다. 전자수첩, 투사형액정 TV, 광자기디스크, 인버터 제어 에어컨 등이 그것이다. 이러한 제품들은 하이퍼텍스트 조직 내부의 움직임이 어떻게 이뤄지는가를 말해준다. 샤프는 현재 20여 개 정도의 긴급 프로젝트팀을 가동하고 있다.

10. T형 조직

　T형 조직(T-form organization)은 정보기술을 이용한, 즉 컴퓨터와 통신의 기술의 융합으로 직무를 조직화하는 새로운 조직이다. 이 조직은 전자통신을 통해 많은 수의 직원을 관리할 수 있고, 조직의 유연성을 최대화하며, 신속하게 대처할 수 있는 능력을 지니고 있다.

　T형 조직은 정보기술에 기술적 기반을 두고 있으며 물리적인 구조보다는 논리적인 구조에 더 관심을 둔다. 그리고 전자통신을 통해 공급자, 다른 동료, 전략적 제휴기관 등과 많은 가상적 구성요소를 공유하고 있다. 이 조직은 조직의 특수한 구조를 창조하는 방식으로 정보기술 설계변수를 사용한다.

기업들의 정보기술 설계변수

정보기술 설계변수	기업의 보기
전자매체를 통한 의사소통	아메리칸과 유나이트 항공-CRSs 맥키슨-개인약국과 유통망의 연결
기술적 매트릭싱	체이스맨해튼 케미컬 은행-그룹웨어를 이용한 한시적 프로젝트팀
전자업무흐름	AT&T-Personalink 네트워크 메릴린치-증권의 순환과 열람
생산의 자동화	메릴린치-증권 프로세스 크라이슬러-경량화된 생산과 JIT
기술적 레벨링	오티콘-본사의 관리층 감소 EDS-내부 네트워크에 의한 변화
고객과 공급자의 전자적 관계	매키슨-다자간 연결과 고객서비스 크라이슬러-EDI
가상요소	박스터-재고 없는 병원 BZW-전자시장

　T형 조직은 수평적 조직구조, 매트릭스 관리의 사용, 분권화된 의사결정, 한시적 태스크포스, 전자통신, 그리고 고객과 공급업자 간의

전자적 연계 등과 같은 공통적 특징을 가지고 있다.

T형 조직은 구조 내에서 여러 위치를 점유하고 있는 개인들로 구성되어 있다. 특히 분권화된 의사결정이라든가 대응성, 탈관료제성, 극소화된 관리계층 등과 같은 조직특성은 구성원들에게 영향을 미친다. 이 조직은 조직구성원들이 능력을 발휘할 수 있도록 일정한 환경을 조성해줌은 물론 구성원들이 조직에 기여할 수 있는 기회를 극대화시켜 주고 그것을 통해 성취감을 느낄 수 있도록 해주는 데 목적을 두고 있다.

T형 조직을 설계하기 위해서는 다음과 같은 여러 단계를 거친다.

1단계: 조직은 물리적 구조와 논리적 구조가 분리되어 있다는 사실에 대한 인식을 가진다. 이런 인식은 가상적 구성요소를 개발하고 관리계층을 줄인다. 이 단계에서는 가상적 구성요소를 개발하고, 고객 및 공급자들과 밀접한 관계를 맺으며, 프로젝트팀과 태스크포스를 구성한다.

2단계: 21세기를 대비한 조직을 설계하는 데 필요한 기업전략을 개발한다. 글로벌을 지향함은 물론 고객과 품질을 지향하고, 사이클타임을 단축시키며, 조직을 적정규모로 축소(rightsizing)한다.

3단계: 업무처리 프로세스를 규정한다. 업무처리 프로세스 재설계는 능률을 향상시킬 수 있다. 이를 종합적으로 관리하는 책임자가 필요하다.

4단계: 고전적 설계단계를 정보기술 설계변수와 통합한다. 전통적 설계이론으로부터 학습할 수는 있다. 그러나 정보기술은 추가되기보다는 통합되어야 하며 설계단계에서부터 고려되어야 한다. 조직을 설계할 때 전통조직의 조직을 응용하되 정보기술 설계변수로 조직을 설계하고 조직의 능률을 향상시키기 위한 부가적인 것을 고려한다.

5단계: 논리적인 구조를 설계한다. 논리적 구조란 전통적 조직의 관점으로 외부에서 인식하는 구조이다. 외부세계를 인식하는 구조를 설계한다. 원자재 재고는 제조업자의 공장이 아닌 납품업자의 수중에 있음을 알아야 한다.

6단계: 물리적 구조를 설계한다. 물리적 구조란 의사소통 패턴, 태스크포스, 비공식 집단, 전략적 제휴 및 가상적 구성요소에 의해 규정된다. 조직이 어떻게 논리적 조직구조의 제휴를 통해 조직 내부의 부서를 대체하는가를 설계한다.

7단계: 한시적인 태스크포스와 매트릭스관리를 계획한다. 이 전략은 빠른 조직재편 능력과 유연성을 제공해준다.

8단계: 조직설계에 있어서 선택을 제공해주는 핵심적 의사결정에 초점을 맞춘다. 공급업자 및 고객과 전략적 제휴를 한다. 조직구조에 중대한 영향을 미칠 만한 것들을 심각하게 고려한다.

9단계: 과업을 설계한다. 과업은 과업담당자나 전문가에 의해 설계될 수 있다. 이들은 업무수행방법을 결정하는 데 도움을 주어야 한다.

10단계: 기술기반 구조를 구축한다. 조직은 다양한 정보기술을 필요로 한다. 각종 조직 소프트웨어와 그룹웨어의 활용 그리고 외부 네트워크와 연계한다. 클라이언트 서버 네트워크로 상호정보와 자료를 주고받음으로써 수평적인 조직을 실현한다. 관리자는 경제적이고 경쟁적인 자료를 제공해주는 다양한 의사결정 지원체제, 관리자 정보체계, 통계패키지, 외부서비스와의 접속을 원한다.

11단계: 조직의 목표달성에 도움이 되도록 보상정책을 활용한다. 보상정책은 업무성과에 기초해야 한다. 판매와 서비스 부서의 구성원은 고객의 만족 정도에 따라 보상을 받아야 한다. 협동과 팀 리더십 등을 고취하기 위한 다른 측면의 보상도 사용될 수 있다.

12단계: 조직구성원에 대한 신뢰를 바탕으로 리더십을 발휘한다. 폭넓은 통솔범위, 원거리 근무자 및 한시적 태스크포스는 관리자로 하여금 부하를 신뢰하도록 해준다. 관리자는 부하직원을 신뢰해야 하고 그들의 독립적인 행동과 의사결정을 존중해야 한다. 혼자서 모든 결정을 하고 부하의 일거수일투족을 감시하는 독재적 경영자는 T형 조직에서 역할을 다할 수 없다.

11. 네트워크 조직

1) N-Form 조직

호프(J. Hope)에 따르면 과거 산업사회에 적합했던 다계층 구조 (multi-divisional structure), 곧 M-form 조직은 정보화 및 지식사회에서는 적합하지 않다. 새로운 시대에는 네트워크형 조직(network organization), 곧 N-form 조직으로 변화되어야 한다.

M-form 조직에서 최고경영층은 지식의 선도자 및 자원배분자의 역할, 중간관리자는 통제자의 역할, 고객과의 접점인 실무자는 실행자로서의 역할을 각각 수행했다. 조직의 모든 운용방식은 각 사업부분의 재무성과를 정확하게 측정하기 위한 정보시스템을 중심으로 구축되어 있었다.

M-form 조직은 산업화시기에 바람직한 모습이다. 왜냐하면 이러

한 조직구조는 자본이나 노동력 등 투입요소를 적절하게 배분하여 새로운 제품이나 시장으로의 급속한 성장을 지원하는 데 가장 적합하고 관리의 복잡성을 줄이는 데 유용했기 때문이다. 그러나 이 조직은 관료적으로 운영될 수밖에 없기 때문에 급격한 외부 환경 변화에 적응하는 데는 한계를 가지고 있다. 이런 구조는 위험을 회피하고 안정적인 조직문화를 강화하기 때문에 지속적인 변화와 개선을 추진해야 하는 지식경영을 위한 조직형태로는 적합하지 않다.

환경에 보다 민첩하게 적응하고 경쟁력 있는 기업으로 발전하기 위해서는 N-form 조직으로 발전해야 한다. 이 조직은 실무자의 경우 창업가로서의 역할뿐 아니라 전략입안자, 의사결정자의 역할을 수행하고, 중간관리자는 조직 전체의 수평적인 통합자의 역할을 수행하며, 최고경영자는 현상타파를 위한 비전 제시나 사업에 대한 폭넓은 시각을 제공하는 역할을 수행하도록 구축되어 있다.

M-form 조직과 N-form 조직을 비교할 경우 가장 큰 차이점은 N-form 조직이 보다 시장 지향적이며 환경에의 유연한 적응을 강조하고 조직이 간소하다는 특성을 가지고 있다. 이 같은 특성을 가진 조직으로 ABB를 들 수 있다. 이 기업은 20만 명 이상의 종업원과 1,300여 개의 사업부문으로 구성되어 있지만 각 사업부문이 독립적인 이익센터로서의 기능을 수행하도록 단순화되어 있다. 또한 본사의 인력 규모는 약 150명 정도의 인력으로 운영될 정도로 간소화, 분권화되어 있다.

2) 네트워크 조직

지식정보사회에서는 지식과 정보를 어떻게 체계적으로 축적하고 관리하며 활용하느냐 하는 것은 기업의 경쟁력을 높이는 데 무엇보다 중요하다. 따라서 조직 내부 구성원뿐 아니라 조직 외부의 지식인들과 유기적인 정보 연결망을 연결해 전문성과 창의성을 지닌 지식공동체를 구축하는 작업이 필요하다. 정보망 및 네트워크가 전통적 조직구조를 빠르게 대체해나가면서 네트워크 조직이 이러한 역할을 잘 수행할 것으로 내다보면서 네트워크 조직이 주목을 받고 있다. 조직에서 네트워크에 대한 연구와 관심이 높아지는 것은 네트워크가 기업의 지식 경쟁력을 갖추는 데 매우 중요하기 때문이다.

네트워크 조직은 환경이 제공하는 복잡한 문제를 해결하기 위해 수직적 통합뿐 아니라 수평적, 공간적으로 공식적인 조직경계를 뛰어넘는 통합 메커니즘을 갖춘 조직이다. 네트워크 조직개념에는 조직 내뿐 아니라 조직 간의 네트워크까지 포함하고 있다.

네트워크 조직은 격자조직, 거미줄, 총체적(holonic) 기업, 가상기업 등과 같은 용어로도 표현되기도 한다. 이 조직은 다음과 같은 특성을 가지고 있다.

- 혁신과 탄력, 그리고 자가(自家) 경영적 특성을 가지고 있다.
- 권위는 계급에 기인한 권위가 아니라 개인의 지식과 기술에 기반을 둔다.
- 부서나 지역과 같은 전통적 경계선을 가로지르는 사람들과 팀을 연결한다.

- 변화하는 환경에 적응하는 구조와 구성원을 가지고 있다.
- 명령하달의 체계가 아니라 상호책임의 경영을 한다.
- 이미 정해진 작업과정이 아니라 효율적인 작업방식을 개발한다.
- 필요에 따라 팀을 재조직하거나 해체한다.

네트워크 조직은 그 형태와 분석수준에 따라 매우 다양하다. 단일 조직 내의 네트워크, 하도급, 아웃소싱, 분사, 전략적 제휴, 프랜차이징, 전략적 네트워크, 허브시스템, 소라시스템조직, 전자상거래, 가상기업 등은 네트워크 조직이 얼마나 다양한가를 보여준다.

기업이 경쟁우위를 달성하기 위해 조직하는 네트워크 조직은 크게 조직 내부 네트워크와 조직 간 네트워크로 분류할 수 있다. 조직 내부 네트워크는 단일조직 내의 네트워크를 가리키며, 조직 간 네트워크는 둘 이상의 조직 간의 지속적인 관계를 가리키는 네트워크로 안정적인 네트워크와 동태적인 외부 네트워크로 나누어진다.

네트워크 조직은 인터넷과 인트라넷 등을 이용해 조직구성원 및 이해관계자가 실시간으로 정보를 공유하고 의사결정에 참여한다. 총무, 인사, 구매 등 전통적으로 조직에서 중요한 부분으로 인식되던 많은 일들이 네트워크를 이용한 아웃소싱을 통해 이루어진다. 컴퓨터 네트워크 분야 회사이면서도 기업운영에 있어서 가장 네트워크화를 잘 이룬 회사로 시스코가 있다. 이 회사는 인트라넷을 통해 기업 내부의 모든 업무와 대외적인 거래관계가 하나의 유기적 네트워크로 정교하게 엮어져 있다. 네트워크의 효율화를 통해서만 생산량의 4배 증가, 신제품 시장투입 시간의 3분의 1 단축 등의 효과를 거두었다.

12. 가상조직

가상조직(virtual organization)이란 둘 이상의 기업이 기업경영상 전략적인 목적으로 제휴를 하는 조직관리 형태를 말한다. 가상조직은 일정기간 동안 특정목적을 위해 구성된 이후 그 목표가 달성되면 자동적으로 해체된다. 가상조직이 존재하는 기간은 목표달성 기간 여부에 달려 있으며 짧게는 일주일에서 길게는 1년 정도이다. 다양한 업종의 기업이 각 개별업체가 보유하는 초일류기술과 자원을 서로 통합하여 우수한 제품 및 서비스를 고객에게 신속하게 제공할 수 있도록 특정기간 동안만 일시적으로 결합하는 것이다.

가상조직은 일반적인 조직형태와 같이 구체적인 조직이 아니므로 공식적인 조직설립, 해체 시 소요되는 법적 절차 등을 거치지 않아도 된다. 초일류기업에서 요구되는 유연성, 기동성 등을 효율적으로 확보할 수 있는 주요수단이 되고 있다. 특히 정보통신기술의 발달로 인하여 조직구성원들이 반드시 같은 장소, 같은 시간에 모여 일해야 한다는 한계를 점점 극복하게 되어 가상조직은 앞으로도 더욱 활용될 전망이다.

기업에서는 가상조직을 감량경영의 최소화와 분자경영을 시도하기 위한 대규모 프로젝트, 또는 신제품 개발 등과 같은 기업경영의 전략을 결정할 때 활용된다.

가상조직은 참여하고 있는 기업들이 각각 보유한 경쟁력이 뛰어난 핵심역량을 공유함으로써 경쟁에 필요한 최고의 인적·재정적·기술적 자원을 일시에 확보하는 조직이 된다. 따라서 가상조직은 각 독립기업이 전부 다 가질 수 없는 초일류기술, 자금력, 그리고 인적

자원을 모두 공유한 기업이라 할 수 있다.

가상조직은 지역, 조직구조, 그리고 문화가 서로 다른 기업이 첨단의 정보통신 기술을 활용하여 특정목표의 업무를 공동으로 추진하기 때문에 의사결정 단계가 대폭 감소되고, 업무에 대한 권한이 종업원에게 대폭 위임된다. 따라서 가상조직은 글로벌시장의 변화에 보다 신속하고 적절하게 대응할 수 있다. 대부분의 가상조직에서는 조직도표가 존재하지 않으며 상호의존적이나 구성원 간의 지시통제보다는 자문과 협조의 관계로 업무가 수행되는 것이 보통이다.

가상조직은 참가하고 있는 기업들이 경영환경의 변화에 따른 필요에 의해 서로에 대한 신뢰를 바탕으로 이루어진 조직이다. 참여하고 있는 개개의 기업이 가상조직에 필수적인 인적, 재정적, 또는 기술적 자원을 제공하고 있으므로 상호 간의 의존도가 높고 일시적이지만 운명공동체라는 연대의식(co-destiny)이 강하다. 특히 조직구성의 목적이 달성되면 조직구성을 위해 제공되었던 인적·기술적 자원은 원래의 상태로 복귀되어 가상조직은 자연스럽게 해체된다.

가상조직을 이용하여 성공한 사례가 애플과 소니의 파워북 PC생산이다. 애플사는 노트북 컴퓨터를 생산할 수 있는 기술능력을 보유했지만 이를 생산하기 위한 공정 자체가 미비하자 그 상대자로 소니를 선택했다. 즉, 애플의 컴퓨터 제조기술과 소니의 소형화 생산기술이 서로 합쳐져 가상조직을 구성하였고 이로 인하여 새로운 경쟁우위를 확보한 것이다. 1년간 일정 분량의 파워북 PC를 생산한 뒤 애플과 소니는 각각의 본업으로 복귀하면서 그들의 조직도 자연스럽게 해체되었다.

가상조직을 설치하여 운영하는 것 자체가 핵심역량이 되어 이를 발판으로 기업을 운영하는 경우도 있다. 미국의 재해복구 전문회사인 TRC가 대표적인 보기이다. TRC는 재해복구 요청이 들어오면 필요한 인원, 장비를 협력업체로부터 조달받아 일시적으로 가상조직을 운영하고 복구 작업이 완료되면 자연적으로 조직을 해체한다. 그 보기가 뉴욕 세계무역센터 복구 작업이다. 1993년 2월 세계무역센터는 테러리스트로부터 폭탄습격을 받아 6명이 사망하고 건물 상당부분이 파손되었다. 이 건물은 110층으로 평소 5만 명가량의 입주회사 직원이 일하고 있었다. 건물이 폐쇄되자 그에 따른 손실도 100만 달러에 육박해 신속히 건물을 복구하는 것이 급선무였다. TRC는 사건 발생 수 시간 뒤부터 작업에 착수하였고, 각각 다른 역량을 보유한 여러 기업체들과 가상조직을 구성하였다. 이 조직은 사건 발생 후 16일 만에 약 6천 톤에 이르는 파손물의 잔해를 제거했고 전기시설, 배관, 내부청소 등을 완벽하게 완료함으로써 건물소유회사로부터 1,800만 달러의 보너스를 별도로 받기도 했다.

13. 모듈라 조직

유연한 조직구조의 필요성은 기업경쟁이 가열될수록 심화되고 있다. 오늘날과 같은 급격한 경영환경 변화 속에서 대상고객에게 기쁨과 놀라움을 제공하고 그들이 원하는 제품 및 서비스를 창출하기 위해서는 조직구조 자체에 유연성을 부여하지 않고서는 경쟁기업보다 신속하게 고객의 요구사항에 대응하는 것이 불가능하다.

모듈라 조직(modular organization)은 기업의 전통적인 기업구조에서 탈피하고 비핵심 업무를 과감히 아웃소싱하여 내부적으로는 핵심 업무만을 보유하고, 조직의 경량화와 아울러 신축성 있는 운영이 가능하도록 하는 조직구조형태이다.

예를 들어 나이키의 경우 운동화의 생명은 시대적 감각에 따른 디자인과 이를 제품화시킬 수 있는 신제품 개발능력이다. 따라서 기업 내부에는 디자인, 제품개발 및 마케팅 기능만을 남겨두고 생산기능 자체는 아웃소싱하여 기업이 비대해지는 것을 사전에 방지하여 조직에 유연성을 부여함과 동시에 기업의 자원을 핵심 분야에 집중적으로 투자한다. 소비자의 취향을 신속하게 파악하여 경쟁기업보다 한발 앞서 우수한 디자인의 신제품을 지속적으로 시장에 내놓는다. 나이키는 이러한 유연한 조직관리를 통해 항상 높은 수준의 시장점유율을 확보하고 있다.

14. 오케스트라형 조직

오케스트라에는 중간 지휘자가 없고 한 사람의 지휘자 밑에서 수백 명의 음악가가 음악을 훌륭하게 연주한다. 마찬가지로 기업이 조직의 중간단계와 중간관리자 수를 대폭 줄이고 전원이 단순한 공동의 목적 아래 노력을 집중시키면서 항상 새로운 아이디어가 샘솟도록 만든다. 직급체계 개선 등을 통해 수직적인 기능조직을 수평조직 구조로 전환하고 지식전달 체제를 간편하게 한다. 중간관리층을 최대한 줄여 대기업을 마치 중소기업이나 개인기업을 경영하듯 단순화시켜야 한다. 도요타의 경우 과장, 계장을 없애고 조직을 실무단위로 운영함으로써 조직의 관료제화를 막고 생기가 넘치는 살아 있는 조직으로 만들었다.

오케스트라형 조직(orchestra organization)은 수평구조를 추구한다. 수평조직의 개념은 마치 1명의 지휘자와 100여 명의 숙련된 연주자들이 함께 연주하는 오케스트라 조직과 같은 단순한 형태를 의미한다. 유럽의 ABB는 수평조직을 추구하고 지식전달 체계를 간소화함으로써 원활한 의사소통과 신속한 의사결정으로 환경변화 대응능력을 높였다. 지휘자는 오케스트라의 전체연주를 위해 각 연주자의 기술과 지식을 잘 살려야 할 책임이 있는 것처럼 최고경영자도 이 같은 책임이 주어져 있다.

사회 각 분야가 디지털화되면서 재택근무 등 개인주의가 확산되고 있지만 기업활동은 여전히 휴먼네트워크를 바탕으로 친밀한 인간관계와 일체감을 형성해야 고객을 감동시킬 수 있다. 다양한 연주자들이 완벽한 조화를 이루어야만 훌륭한 연주가 이뤄지는 오케스트라처럼 기업구성원들도 제 몫을 다할 때 기업이 발전한다.

15. 셀 조직

1) 셀 조직

핵심역량 부문에 경영자원을 집중하기 위한 전략적 제휴나 아웃소싱 등을 제대로 추진할 수 있는 네트워크 조직체계가 필요하다. 피라미드 조직이 내부통제를 위한 수직적 조직인 반면 네트워크 조직은 상호협조를 위한 수평적 조직이다. 이러한 네트워크 조직은 조직의 경계가 약하며 마치 세포가 살아서 활동하고 상황변화에 적응해 나가듯 셀 조직(cellular organization) 형태를 취하고 있다.

이 형태의 대표적인 보기로 IT제품과 서비스를 개발하고 있는 TCG 그룹을 들 수 있다. 이 그룹은 13개의 개별 계열 기업들이 거대한 생명체에 있는 하나의 세포처럼 각각 활동하고 있다. TCG의 프로젝트 리더 기업은 히타치처럼 자금을 제공해줄 외부 합작 파트너, 호주통신회사 Telstra와 같은 주요고객과 외부 제휴관계를 추진해나가고 있다. 또한 셀 조직 개념을 TCG 내부 제휴에도 적용하고 있다. 즉, 프로젝트 리더 기업을 중심으로 그룹 네트워크 내 경영자원의 이동이 자유로운 유연성을 확보하고 있는 것이다.

2) 모듈라 셀 조직(Modular Cell Organization)

산업사회의 유물인 컨베이어 시스템에서 모듈라 셀(modular cell) 방식으로 바뀌고 있다. 이것은 세포조직 형태로 구성된 공간에 3인이 1조가 되어 조립, 검사, 수리, 포장까지 한곳에서 모두 끝내는 방식이다.

이전에 수십 명이 컨베이어에 매달려 조립하던 방식이 아니라 소그룹이 모든 공정을 마치므로 생산성 향상과 더불어 확실한 책임을 부여할 수 있다. 이 방식은 이전의 컨베이어 방식보다 67%의 생산성 향상을 가져다주었다.

플로리다의 Lee Memorial Hospital은 집중간호센터(focused care center)를 두어 모든 검사와 치료를 한곳에서 이뤄지도록 한다. 여러

기능을 하는 다기능 간호사를 두어 신속하게 그리고 전문적으로 처
리하도록 함으로써 외부전문가를 부를 필요도 없이 만족과 책임감
을 높인다.

16. 카멜레온 조직

카멜레온은 평평한 몸집을 가지고 있으며 빛, 온도, 감정 등의 자
극에 따라 피부색깔을 바꾼다. 카멜레온 조직(chameleon organization)
은 끊임없이 환경에 맞춰 자신을 변신시킨다. 이 조직은 다음과 같
은 특징을 가지고 있다(밀러: 158~166).

- 큰 융통성: 환경변화가 요구하는 바에 따라 움직이고 적응하고
  변한다. IBM이 경영환경의 변화에 주목하고 아웃소싱에 적극
  적인 것이 그 보기이다.
- 개인에 대한 관심: 요람에서 무덤까지라는 전통적 사회계약에
  서 자기개발 환경으로 변모하고 있다.
- 팀의 충실한 활용: 자발적, 자율관리팀을 활성화한다. 미국의
  노스이스트 사는 사무실, 칸막이, 계층구조도 없는 유연한 조
  직에서 작업하고 있다.
- 강한 핵심역량: 핵심사업이 과업을 중심으로 형성되고, 핵심역
  량이 지식과 직무능력에 기초를 두고 있다.
- 다양성의 추구: 다양한 개인의 가치를 중시한다. 고객의 문제
  해결에 기여할 수 있는 다양한 핵심역량과 능력을 중시한다.

17. 아메바 조직

지식경영을 위해 기존의 관료화되고 경직된 조직구조는 유연한 아메바 조직(amoeba organization)으로 전환되어야 한다. 이는 변화에 수동적으로 대응하는 차원을 넘어서 핵심역량을 바탕으로 변화를 주도적으로 창조해나가는 카멜레온식의 변형가능조직을 지향하는 것을 말한다. 아메바 조직은 일종의 애드호크라시 조직으로 특정사업을 수행하기 위해 분권화되어 있는 조직이다.

아메바 조직의 보기로 일본 교세라(Kyocera) 사를 들 수 있다. 이 기업은 3천 개가 넘는 소조직(아메바)의 집합체처럼 운영되고 있으며 철저한 책임경영으로 환경변화에 신속하게 대응하고 있다. 최소 3명에서 최대 30명으로 구성된 각각의 아메바는 매출, 경비, 이익 등을 독자적으로 산출하는 엄격한 독립채산제로 운영되고 있다.

18. 피자형 조직

이스트만 케미컬 사(Eastman Chemical)는 전통적인 계층구조인 수직조직을 프로세스 중심의 수평조직으로 변화시키고 보다 고객 중심의 미래 경영체제를 확립하기 위해 피자형 조직(pizza organization)을 만들었다.

이 조직형태는 둥근 피자 위에 여러 종류의 토핑이 올라와 있는 것처럼 보인다. 라인보다 작은 동그라미로 표시된 팀이 우선한다.

- 중간에 있는 큰 원은 기업의 최고경영진을 상징한다.
- 주변의 원들은 각종 사업부서, 지역, 전문기능, 또는 기술, 부서 등 경영 전반에 관련된 상호교환이 가능한 팀을 나타낸다.
- 전체 모양이 원형인 이유는 모든 구성원들이 조직 안에서 동등한 자격으로 그들의 창의력을 발휘하고 기업은 역량발휘를 위한 자유로운 운영공간을 제공한다는 의미를 담고 있다.
- 원 내부의 흰 부분은 팀 및 구성원 간의 수평적인 의사소통을 통한 정보의 공유화를 의미한다.

19. 벌집 조직

21세기에는 벌집, 개미집 혹은 물고기떼를 닮은 기업이 성공할 것으로 예측되고 있다. 조직도 벌집 조직(honeycomb organization)을 이룬다. 자연을 보게 되면 결코 리더가 없는 그룹이 비효과적이라고 할 수 없다. 벌 한 마리는 단순히 귀찮은 존재지만 벌떼는 가공할 만한 힘을 가지기 때문이다.

사카가미는 벌의 경우에도 독특한 조직운영 기술이 있음을 밝혀 주었다. 벌집 조직의 특성은 자신을 철저히 부정한다는 점이다. 여왕벌, 일벌로 역할분담이 확실하며, 개개의 벌들은 부품에 불과하다. 적에게 침을 꽂고 죽으면 나머지 벌들은 그 침 냄새를 맡고 같은 장소에 침을 꽂는다. 누가 먼저 침을 찔렀고, 최종적으로 적을 사망케 한 침을 꽂은 벌이 누군가는 결코 묻지 않는다.

생태계에는 복잡한 계급구조가 발견되지 않는다고 전문가들은 말한다. 그런데 인터넷이 바로 기업이 벌집과 같은 구조를 갖는 것을 허용한다. 정보가 수평적으로 공유될 수 있기 때문이다. 이로 인해 사실상 아무도 책임을 지지 않는 상태에 다다를 수 있다. 그러나 의사결정은 이를 가장 잘할 수 있는 사람들에 의해 순간순간 이루어질 수 있다.

20. 새틀라이트 조직

새틀라이트 조직(satellite organization)은 새로운 사업을 창조하는 경우 이를 위한 새로운 조직을 종래의 조직에서 분리시키는 것을 말한다. 이것은 본체로부터 분리되어 외곽에 별과 같은 조직을 형성한다는 데서 나온 것이다.

이 조직은 사업부제, 매트릭스 조직 등 기존사업조직에 벤처 사업 창조 조직을 완만하게 접목시킨 것으로 기존 사업조직을 중핵으로 하되 그것과는 달리 자율성이 높은 창조적인 사업조직을 여러 개 병행시켜나가는 조직을 말한다. 사내벤처, 벤처투자, 합작투자, M&A로 인한 독립벤처 비즈니스 등 여러 신사업 조직들이 위성으로 존재한다. 이러한 조직화 전략은 단순한 양적 확대가 아니라 사업구조상 변화를 가져오는 질적 전환이다.

21. U턴형 조직

　U턴형 조직(U-turn Organization)은 하향형(top-down)과 상향형(bottom-up)의 장단점을 보완하기 위한 것으로 이 두 방식을 서로 교류시켜 위로부터는 비전과 전략방향이 제시되고, 밑으로부터는 전략적 제안이 활발히 일어나 중간에서 조직을 유기적으로 결합함으로써 조직을 활성화하는 MUD(Middle Up Down) 매니지먼트이다. 이렇게 함으로써 톱의 전략과 현장의 생생한 움직임을 융합할 수 있다. 하위 전략단위의 자율성도 유지되면서 전체적으로 전략적 방향성을 정착시켜 나갈 수 있다.

22. 무정형 조직

　오늘날 정보화 시대는 기업 내부의 조직구성원뿐 아니라 기업 간에도 인터넷을 통해 얼마나 잘 연결되어 있는가 하는 것이 파워와 경쟁력의 척도가 되고 있다. 이처럼 인터넷의 활용이 일반화되면서 조직 상호 간에 네트워크가 빠르게 구축됨에 따라 조직 내외의 경계가 급속하게 허물어지고 뚜렷한 형태가 없는 무정형 조직(non-form organization)이 보편화되고 있다. 조직 간 경계 허물기(boundarylessness)는 당면한 사업문제의 해결에 기업의 형식적인 경계 안팎을 막론하고 관련된 모든 당사자가 포함되어야 한다는 생각을 말한다.

23. 홀로그래픽 조직

조직혁신은 일회적인 것이어서는 안 된다. 조직혁신이 지속적이기 위해서는 조직이 홀로그래피(holographic)의 특징을 체화할 필요가 있다.

홀로그래픽 조직(holographic organization)은 일란성 쌍둥이 같은 조직이다. 이 조직은 전체가 모든 부분들 속에 담겨지는 것이고, 그래서 각각의 모든 부분들이 전체를 대변하는 것을 의미한다. 이것은 1948년 데니스 가버에 의해 발명된 홀로그래피의 성격에서 따온 것이다. 그는 정보를 기록하기 위해 모든 부분에 전체를 저장하는 렌즈 없는 카메라를 사용했다. 여기서 빛은 상호 작용하여 간섭형태(inter-ference pattern)를 이루고 홀로그램이라 불리는 사진판 위에 기록된 정보들을 확산시킨다. 확산된 정보는 다시 빛의 조명을 받아 원래의 정보를 재창조하게 된다. 홀로그램의 특징은 만일 전체 홀로그램 사진판이 깨어지더라도 깨진 파편을 통해 전체 형상을 다시 만들 수 있다는 점이다. 마찬가지로 조직도 홀로그래픽으로 구축한다면 조직은 재조직화 능력, 곧 지속적인 혁신능력을 갖게 된다는 점에서 관심을 끌고 있다.

홀로그래픽 조직을 구축하기 위해서는 먼저 부분 속에 전체를 담아야 한다. 이는 조직의 하위시스템이 조직 전체를 대변한다는 것을 의미한다. 자율경영팀의 경우 현장 작업자가 생산공정뿐 아니라 지원부문인 회계, 인사, 구매, 품질검사 등의 업무를 수행하고 필요한 경우 고객과도 직접 접촉하여 요구를 파악하고 생산에 즉시 반영한다. 이것은 모든 업무의 의사결정 권한이 현장 작업자에게 있음을 보여준다. 전체가 부분에 담겨진 것이다. 엠파워먼트가 조직의 홀로

그래픽에 필요하다는 것은 이 때문이다.

조직이 홀로그래픽이 되기 위해서는 전문화와 일반화의 공존원칙이 필요하다. 이는 여유기능(redundancy)의 확보를 의미한다. 조직구성원들이 단순히 전문기능만을 수행하는 것이 아니라 여러 범위의 기능에 종사하되 자신의 전문분야는 확실하게 해야 한다. 자율경영팀의 다능력화(multi-skilling)에서 여유기능의 예를 찾을 수 있다. 자율경영팀에서는 현장 작업자가 조립, 검사, 안전, 유지, 보수 등 다능력화되어 있다. 이런 경우 현장 작업자 중 몇 사람이 빠져나가도 생산활동에 전혀 지장을 받지 않는다. 이것은 홀로그래픽 조직의 유연성을 확보하는 방법이기도 하다. 이 방식은 능력보다는 수, 곧 단지 대기조를 편성하거나 적정 인원수를 넘는 인원을 확보했던 과거의 방식과는 다르다.

홀로그래픽 원칙에 따르면 모든 부문에 모든 것이 설계되어져야 하지만 대부분의 조직에서 이는 이상에 가깝다. 현대조직에서 필요한 지식과 기술의 범위가 너무 넓어 조직구성원들이 모든 부문에 정통하기 어렵기 때문이다. 각 부문이 여유기능을 얼마만큼 확보해야 하는가 하는 문제를 해결하기 위해 최소·최대화 원칙을 적용한다. 최소·최대화 원칙은 직무 수는 최소화하되 개개 직무의 폭은 최대로 넓히는 것을 말한다. 직무의 수는 환경의 다양성과 복잡성만큼 최소화한다. 조직의 다양성은 환경의 다양성과 복잡성을 복사한 만큼이어야 한다. 직무의 폭은 성과를 명확히 알 수 있는 자기 완결적인 범위까지 넓히되 사람의 업무수행 능력을 고려하여 최대화시킨다. 기존생산공정의 세분화된 작업들을 폭넓게 통합하여 직무 수를 최소화하고 동시에 개개의 직무의 폭은 조달, 조립, 검사까지 자기 완결적으로 넓힌 자율경영팀에서 그 예를 찾아볼 수 있다.

여유기능과 최소·최대화 원칙은 환경과 동시적으로 변화하며 스스로 자기 자신을 조직화할 수 있는 하드웨어적인 조직시스템을 구축하는 일이다. 이런 자기 조직화 능력, 곧 혁신능력을 실현하기 위한 소프트웨어적인 운영원칙은 최소통제와 창조적 학습이다.

최소통제는 조직 내의 모든 행위를 가능한 한 분명하고 정확하게 규정하는 관료제와 반대된다. 관료제는 조직의 경직화를 초래하여 자기 조직화의 가능성을 침해한다. 하지만 최소통제는 절대적으로 준수해야 할 것만 제시하고 그 외의 것은 구체화하지 않는다. 이를 통해 여유기능 원칙의 장점을 최대한 살려 조직 내부의 유연성과 사고의 유연성을 높인다. 최소통제는 기본적으로 스스로 알아 통제하고 탐구하게 하는 것이다.

창조적 학습은 조직을 지적 능력을 가진 존재로 파악하는 학습조직이론에 바탕을 둔 것으로 이는 나무보다 숲을 보는 학습을 의미한다. 조직구성원들이 각자 수행하는 업무나 생산하는 제품에 대해 가치 있게 평가하면서 제3자의 입장에서 그것을 비판해보고 변경시키는 등 자신이 수행하는 업무시스템 전체를 재평가하여 수정하는 것은 그 보기이다.

창조적 학습은 조직시스템의 지속적 혁신을 보장해준다. 환경의 요구를 탐색하여 스스로 조직이 진화해나가게 한다. 이런 가운데 조직 구성원들은 스스로 환경의 요구에 적합한 조직운영 규범을 세우고 공유된 일체감을 형성하게 된다. 최소통제는 홀로그래픽 통제방식이며 창조적 학습은 이렇게 질서를 진화적으로 구축해나가는 능력을 보장해준다(정창덕: 139~146).

24. 지식조직

지식경영을 하기 위해서 기업은 지식조직(knowledge organization)으로 변모해야 한다. 지식경영 시스템의 도입과 관련해서 크게 두 가지 점이 있다. 하나는 인프라, 곧 인트라넷과 같은 지식베이스에 무게를 두고 있는 것이고, 다른 하나는 조직구성 형태, 곧 조직구조를 강조하는 흐름이다. 지식베이스를 강조하는 쪽은 지식의 활용과 공유에, 조직구조의 경우에는 지식의 창조에 초점을 둔다. 물론 어느 쪽이 먼저인지 또는 어느 쪽이 더 중요한지는 잘라 말할 수 없다. 모두 중요하기 때문이다.

글로벌 시대에 필요한 유연한 조직을 만들기 위해 의사결정 단계가 대폭 축소된 팀 중심의 수평적 조직형태도 강조되고 있다. 이것이 중시되어야 하는 것은 확실하다. 그러나 모든 조직이 순수 수평조직에 적합한 것은 아니라는 사실이다.

예를 들어 컴퓨터 소프트웨어업체, 제약 연구개발 등 일부 첨단기술 집약형, 연구 집약형 기업은 100% 팀 중심의 수평조직이 될 수 있다. 그러나 여러 가지 사업 분야를 동시에 관리하고 있는 대기업의 경우 기업은 수평조직을 근간으로 하되 기능조직과의 혼합형도 고려해볼 수 있다. 즉, 인사, 재무, 회계 관리 등 회사 전체에 일관성을 부여하고 전문성이 요구되는 분야는 전문기능 조직으로 유지하면서 영업, 제품개발, 교육훈련 등과 같은 부서는 팀 단위제로 하는 것이 조직관리 측면에서 효과적이다.

그러나 어떤 개념의 조직관리 형태를 하든 간에 그 중점은 고객이나 종업원 모두에게 새로운 기쁨, 놀라움, 부가가치를 제공할 수 있는 기업역량의 창출에 두는 것이 바람직하다. 21세기는 기술혁신뿐 아니라 조직관리의 혁신을 요구한다. 이 혁신은 인간의 창의력과 함께 질적인 변화를 요구한다.

1) 낭비요소와 형식적 관료주의의 제거

우리 기업은 대부분 관료제 중심의 연공서열 구조로 되어 있다. 이러한 조직과 문화에서는 진정한 지식경영의 도입은 어렵다. 따라서 우리의 조직구조가 지식경영이 요구하는 쪽으로 변화되지 않으면 안 된다. 지식 조직화되어야 한다.

미 행정부는 위로부터의 변화, 아래로부터의 변화, 그리고 외부로부터의 변화를 추진했다. 위로부터의 변화를 위해 추가단계가 필요하거나 지연시키는 각종 규제를 철폐하거나 간소화했다. 아래로부터의 변화를 위해 사람들에게 새로운 생각을 가지고 자진해서 일하도록 자유롭게 하며 실수에 대해 벌을 주기보다 성공적인 혁신에 보상을 해주었다. 그리고 외부로부터의 변화를 위해 합리화, 리엔지니어링, 행정문화의 변화를 위하여 외부전문가를 유입했다.

미 국방부의 경우를 보자. 국방부는 다년간의 계약의 체결 및 상용제품의 이용 등을 통하여 새로운 C-17 화물수송기로 27억 달러의 절감효과와 29억 달러의 군수품을 절약할 수 있었다.

소량구매의 경우 4달러짜리 제철기를 구입하는 서류처리비용이 50달러에 달하고 신청자에게 보급될 때까지 서류처리기간이 수개월이 소요되었다. 4달러에 대한 결제처리 기간이 2, 3개월이나 소요됨으로 판매회사도 불편을 겪었다.

1985년 상무부 직원의 상식적인 제안으로 소량구매절차의 간소화를 위하여 Rocky Mountain BankCard System 프로그램을 추진하여 500명의 직원에게 Visa카드를 발급하였다. 현재 정부는 200억 달러 가치의 상품과 서비스를 구입하는 데 카드를 이용함으로써 70억 달러의 절감효과는 물론 배급기간도 빨라졌다. 이 조달 개혁으로 120억 달러의 예산을 절감하였다.

국방부는 연간 7백만 건의 여행을 위해 230쪽의 규정과 복잡한 결제라인, 여행업무 처리비용 또한 민간기업의 3배로 국방부의 여행 업무처리는 매우 비효율적이었다. 국방부는 AT&T, American Express, EDS Corp, IBM 등 여러 민간기업과 협력하여 새로운 여행관리시스템을 도입하여 17페이지의 규정으로 간소화하였고, 이 시스템이 정착될 경우 종이서류가 불필요할 뿐더러 현재 처리비용의 3분의 2에 해당하는 4억 달러를 절감하게 된다.

2) 권한위임

세네갈의 미국 국제개발국(US Agency for International Development)은 여성의 지위향상과 더불어 천연자원관리, 보건, 시장자율화를 개선하기 위한 노력을 기울이고 있었다. 1994년 이 조직은 전통적인 관료조직이었다.

국제개발국장은 다기능적인 팀으로 재조직하여 그들에게 책임을 부여하고 고객우선의 아이디어를 도입하였다. 특히 직원들의 신용을 얻기 위하여 각 팀에게 독립된 예산을 부여하고 여행, 사무실관리, 훈련 등 각종 결정권을 위임하였다. 가장 어려운 일은 세네갈 직원들에게 권한을 부여하는 것이었는데 이를 통해 모든 보건 프로그램을 여직원들 스스로 관리할 수 있게 되었다. 권한위임을 통해 각 직원들은 스스로 조직 재설계에 자발적으로 참여하는 것은 물론 모든 업무과정을 리드하였다.

3) 유연한 조직

조직 차원에서의 지식은 물론 구성원 개개인의 지식을 체계적으로 발굴하여 기업 내부에 축적 공유하고 이 지식을 기업의 경쟁력 제고를 위해 활용하는 지식경영을 위해서는 보다 유연성 있는 조직이 필요하다.

스위스, 스웨덴 합작 엔지니어링 업체로 전 세계 140여 나라에 진출해 있는 ABB의 경우 새로 취임한 회장은 변화하는 환경에 더욱 적합한 조직을 만들기 위해 전임회장이 만든 매트릭스 시스템을 버리고 사업단위별 관리체제로 전환했다. 그동안 ABB사의 조직구조의 핵심은 ABB매트릭스에 있었다. ABB매트릭스는 사업과 지역을 두 개의 축으로 하여 사업 측면에서는 효율성을, 지역적 측면에서는 고객 또는 지역시장과의 네트워크 구축을 도모하도록 설계되었다.

이러한 사실은 각국의 우수기업들도 21세기에는 정형화된 틀 없이 상황에 따라 조직을 변화시키지 않으면 안 된다는 것을 보여준다. 중요한 것은 정부나 다른 외부세력의 강요 없이 스스로 필요에 따라 끊임없이 변화해야 한다는 것이다.

21세기에는 아메바처럼 유연한 조직만이 살아남는다. 세계적인 경쟁 환경 속에서 변화하는 시장 환경에 얼마나 신속하게 대응하면서 부가가치를 창출할 수 있는가가 기업의 생존 및 발전과 직결된다. 따라서 극도의 민첩성과 유연성을 가지고 변화에 능동적으로 대처해 나가야 한다.

4) 개성 있는 조직과 능력

지식경영을 도입하는 데 있어서 무엇보다 중요한 것은 각 조직이 가지고 있는 특성을 고려한 도입이다. 30~40년 전과 비교하면 신경제는 유형자산보다 무형자산이 중요하다. 언론과 같은 전통적 기업이 계속 성장할 수 있었던 것도 무형자산의 소중함을 인식하고 지식근로자 양성에 힘쓴 결과이다. 무형자산이 기업의 자산이다. 조직이 앞으로 어떤 개성을 나타낼 수 있는가는 바로 그 무형자산의 무한한 가능성이 어떻게, 그리고 어떤 내용으로 표출되는가에 달려 있다. 기업은 인재관리를 철저히 해야 한다. 인재를 놓치면 정보뿐 아니라 능력도 함께 잃는다.

5) 조직 내 불필요한 부서의 최소화

문어발 조직이나 많은 부서를 가지고 있는 조직은 그 규모로 인해 변화하는 환경에 신속하게 적응하기 어렵다. 이러한 문제는 기업의 생존과 연결되기 때문에 무시할 수 없다.

나이키 사는 자체 생산시설이 없는 것으로 유명하다. 기업조직의 불필요한 군살을 빼기 위해 모든 생산공정은 아웃소싱으로 이루어지기 때문이다. 기업조직의 모든 역량을 연구개발과 판촉에 집중하므로 다른 기업보다 높은 경쟁우위를 확보하고 있다. 모토롤라 사의 캘빈 회장은 "가능한 낭비되는 시간을 최소화하라"며 조직의 수평화와 단순화를 강조한다. 그는 사업은 집중화하되 권한은 이양할 것을 말한다. 이제는 조직의 거대함이나 많은 부서를 가진 조직보다는 변화하는 환경에 적절하게 대응할 수 있는 카멜레온 조직이 필요하다.

6) 수직조직에서 수평조직으로의 변화

지식경영의 가장 핵심이 될 수 있는 지식공유의 측면에서 볼 때 조직은 공유가 원활하게 이루어질 수 있는 구조로의 변화가 요구된다. 정보시스템은 지식경영에 있어서 혈관과 같은 의미를 가지고 있다. 하지만 커뮤니케이션이 제대로 이루어질 수 없는 조직문화에서 정보시스템은 무용지물에 불과하고 비용만 든다.

기존의 하향식 조직구조에서는 상향식 커뮤니케이션이 이루어지기 어렵다. 동등한 위치의 각 부서, 동등한 직급 간의 원활한 커뮤니케이션을 위해서는 조직 자체의 수평적 구조의 확립과 수평적 문화를 가지고 있어야 한다. 커뮤니케이션이 다양하게 이루어지기 위해 하이퍼텍스트 조직이 강조되는 것은 이 때문이다.

7) 인적자원관리 시스템의 재설계

조직이 지식경영을 도입할 때 가장 관심을 가져야 할 부분 가운데 하나가 인적자원관리에 관한 부분이다. 특히 정보시스템을 통한 인적자원관리와 전사적 인적자원관리체계가 필요하다.

지식경영조직은 정보시스템이 뒷받침된 새로운 형태의 인적자원 관리가 필수적이다. 이것은 각 부서 간의 정보공유뿐 아니라 기업의 유연성 제고나 불필요한 인력의 감축 등 여러 산적한 문제를 해결하는 데 도움을 준다.

세분화되고 보다 현실적인 전사적 인적자원관리가 되기 위해서는 종래 인사부서에서만 관장하던 작업을 각 부서별로 실시할 수 있는 조직문화가 필요하다. 즉, 직무분석, 소요인원의 추정, 보유노동의 추정, 인력계획, 채용 및 인사변동관리, 인사고과, 교육훈련, 인간관계관리, 업무평가 등의 다양한 항목의 인적자원관리를 인사부서 중심의 인사제도가 아니라 보다 정확하고 효율적으로 할 수 있는 각 부서나 팀에게 나누어줌으로써 인적자원관리의 효율성은 물론 공유가 가능한 조직으로 태어날 수 있다.

25. 미국 행정부의 전자 정부화와 조직혁신

미국의 전자정부 추진은 고어 부통령이 주도했던 국가행정평가위원회(NPR: National Performance Review)를 중심으로 작고 효율적인 정부를 재설계하는 것을 주목표로 하였다. 그중에는 정보기술을 통한 정부재구축 프로그램이 있다.

최초의 전자정부 계획안은 1993년에 발표된 '정보기술을 통한 리엔지어링'으로 전자정부 구현 및 지원체계 구축을 위한 13개 사업 및 49개 세부 실행계획이 포함되어 있다. 이 계획안을 실행하기 위해 정부정보기술서비스(GITS) 작업반이 설립되었다. GITS가 21세기를 향한 새로운 계획안으로 내놓은 '미국의 전자정부를 향한 도정 (Access America)'은 '국민이 바라는 조건으로 서비스한다'는 원칙 아래 전자정부에로의 개혁을 추진하였다.

NPR은 전자정부화를 추진하면서 정부와 공무원은 민간기업으로 부터 배워야 한다며 미국 최고기업으로부터의 교훈을 중시했다. 특히 GE, Harley Davidson, Motorola 등 조직혁신을 성공적으로 추진한 경쟁력 있는 기업의 경험과 사례를 모범으로 삼았다. 특히 고객 우선과 엠파워먼트 원칙 아래 성과보상, 인력감축, 관료적 형식주의 및 규제철폐, 기업가정신, 훈련 등으로 문화적 변신을 시도하는 것에 주목하고 이 부분에 대한 혁신을 아래 표와 같이 추진했다.

미국 정부의 혁신내용

구분	내용
성과보상	Hammer Award: 정부효율성 증진을 위한 공무원 인센티브제로 1만 명 이상의 공무원에 달하는 900개 팀에게 수여
인력감축	관리, 감독 인력 감축 (공무원 31만 명 감축) 총무처, 내무부, 인사관리국, 관세청 등은 본부인력 3분의 1 이상 감축
관료적 형식주의 및 규제철폐	64만 쪽의 각종 형식주의 및 규제철폐를 통한 직원의 불신해소
기업가 정신	정부혁신을 위한 재설계실험실 (Reinvention Laboratories)고안
훈련	직원훈련 및 인적자원투자

1993년 이후 정보화를 이용한 행정개혁은 공무원 31만 명 감축, 관료적 형식주의 철폐를 통한 1천3백억 달러의 예산절감, 정보기술을 이용한 보다 원활한 정부기관접근, 적대적인 규제에서 협력적이고 효율적인 규제방식으로의 변화, 창조성과 혁신이 보장받는 새로운 정신의 구현으로 나타났다.

관료적 형식주의의 철폐, 정보기술을 이용한 비용절감, 정부와 민간협력 등을 골자로 한 미국의 전자정부 구현전략은 여러 조직의 모범이 되고 있다.

26. 혁신을 위한 조직환경의 조성

1) 창의적 조직풍토

기업단위에서 다양한 아이디어를 생성하고 창의적인 조직혁신 풍토를 촉진하기 위해서는 최고경영자 및 관리자의 역할이 매우 중요하다.

커밍스(L. Cummings)는 특히 최고경영자의 이노베이션에 대한 가치관과 창의적 행동이 조직의 혁신적 잠재력을 효율적으로 활용하는 데 결정적인 역할을 한다고 보았다.

루벤스타인(A. Rubenstein) 등은 혁신적인 프로젝트 주제선정, 계획수립 및 진행과정에서 프로젝트에 대한 최고경영자의 관심 및 정보에 대한 인지도가 성패의 중요한 요인이 된다고 주장했다.

ERIMA(European Industrial Research Management Association)에서 실시한 연구개발요원의 창조성과 동기부여와의 관계에 관한 연구에서도 창의성 향상을 위한 최고경영자 역할의 중요성을 강조했다. 창의성 증진을 위해서는 개인의 마음가짐 변화에 중점을 둔 교육훈련도 필요하지만 최고경영자의 지원 없이는 창의성 개발교육을 성공시키기는 매우 어렵다. 이 보고서는 최고경영자를 포함한 상위 의사결정권자가 R&D 요원들의 창의성을 극대화할 수 있는 정책을 적극

지원하여 그들의 창의성을 향상시킴으로써 조직이 이노베이션을 성공적으로 수행할 수 있다고 주장했다(ERIMA, 1976).

해즐턴(H. Hazelton)은 권위주의적 조직구조와 창의성과의 관계를 검토하면서 창조적 조직이 되기 위해서는 관리자가 창의적 관리(creative management)를 해야 한다고 주장했다(Hazelton: 239~245). 그는 창의적 조직풍토 조성을 위한 관리자의 역할을 강조하고 창의적 관리를 위해서는 관리자가 혁신가(innovator), 촉매자(facilitator), 추진가(promoter) 등 세 가지 역할을 담당해야 한다고 주장했다.

- 혁신가의 역할에는 이노베이션에 대한 문제제기, 문제해결 방안모색, 제안된 아이디어의 우선순위결정, 혁신과정의 감독 등을 포괄한다.
- 촉매자의 역할은 조직구성원 개개인의 아이디어를 조직이 요구하는 아이디어와 합리적으로 중재하는 기능을 말한다.
- 추진자의 기능은 조직이 환경변화를 인지하고 적응할 수 있는 능력을 보유하도록 하는 역할을 말한다.

기술집약적 기업일수록 창조성 및 이노베이션의 향상이 생산성 향상과 직결된다. 따라서 이를 위해서는 모든 관리자들이 창조적 조직풍토를 달성하는 데 전력해야 한다. 창의적 관리자는 부하직원에게 도전적인 업무를 부여하고, 공평성의 원칙을 준수하며, 직원의 창의적 능력개발의 기회를 부여하고, 공정한 인센티브 및 보상을 실시하며 사원의 사기를 진작시킨다. 이를 위해서 관리자는 스스로 적극적인 업무태도를 보여야 하며, 문제해결을 위한 다양한 접근방법을 구사할 수 있는 능력을 갖추어야 한다.

2) 분권화

조직혁신을 위해서는 조직구성원 모두의 적극적인 참여뿐 아니라 구성원에 대한 분권화가 무엇보다 요청된다.

피어스(J. Pierce) 등에 따르면 조직의 분권화와 이노베이션과는 정의 상관관계가 있다. 분권화가 이루어지면 조직구성원의 의사결정 참여도와 자율성이 증대되기 때문에 직무몰입도와 직무전념도가 향상되어 창의적 아이디어의 생성이 촉진된다(Pierce & Delbecq: 27~37).

ERIMA 보고서도 연구개발부 관리자와 연구원과의 관계가 연구개발부의 창조적 분위기 조성에 결정적 역할을 담당한다고 주장하고 이를 위해서는 연구개발부 관리자에게 사회적 요구에 일치하는 연구주제 선정과 분권적 관리방식이 요구된다고 하였다.

3) 전략경영

경영자는 기업비전과 사업도메인을 설정해야 하며 이 비전과 도메인을 바탕으로 경영을 전략적으로 수행해나가야 한다. 이노베이션을 전략적으로 수행함에 있어서 세 가지 주된 부분이 있다. 의식혁신, 제품혁신, 과정혁신이 그것이다. 이것을 가리켜 이노베이션 트라이앵글(innovation triangle)이라 한다. 기업비전과 사업도메인은 이노베이션 트라이앵글 모두와 연관되어 있다.

- 의식혁신(mind innovation)은 우리가 흔히 말하는 '의식개혁'과 연관되는 것으로 이것은 조직을 활성화하고, 기업문화를 창의

적이고 적극적으로 만드는 것과 연관된다.

- 제품혁신(product innovation)은 전략경영의 실천영역으로 신상
  품개발뿐 아니라 사업영역의 확대까지 포함된다.
- 과정혁신(process innovation)은 소비자의 욕구에 부응하는 조직
  및 생산과정의 과감한 혁신, 생산성 및 질의 향상, 의사결정체
  제의 정비 등 여러 작업을 통해 경영의 체질을 강화하는 것을
  말한다. 과정혁신은 비즈니스 리엔지니어링의 상당부분을 차
  지한다.

4) 미래조직과 혁신방향

신경제의 특성은 접근, 무형자산, 그리고 디자인 등으로 나타난다.
접근(access)은 시장에의 접근, 지식과 정보에의 접근, 그리고 개인적
능력에 접근도 있다. 신경제는 이러한 접근을 통해 서로 이해하고
공동작업을 통해 목적을 달성하려는 속성을 가지고 있다. 무형자산
은 조직구성원이 공유하고 있는 창조적 지식이다. 디자인은 정보시
대에 어떻게 세상을 만들어 나갈 것인가, 어떤 조직을 만들 것인가
하는 것이다. 이런 점에서 신경제는 조직의 이노베이션과 깊게 연관
되어 있다.

미래의 조직은 어떻게 변할 것인가? 이에 대해 여러 모델들이 제
시되고 있다. 다음은 그 보기이다. 이것은 조직이나 경영의 혁신이
앞으로 어떤 것에 주목해야 하는가를 보여준다.

- 신경제에서는 기존의 다부문(multi-divisional) 조직과는 멀어질 것이다.
- 공동의 목표를 가진 사람들과 공동작업을 하면서 상호교류에 드는 비용을 절감하는 방향으로 조직이 만들어지고 있다.
- 과거보다는 조직경계가 다소 모호해질 것이다. 과거처럼 경직된 조직은 협업 증가의 필요성으로 공격을 받을 것이다.
- 가치사슬이라는 비즈니스 흐름의 일부를 떼어내 단일한 기능을 위해 존재하는 조직모델도 가능할 것이다. 잘하는 부문만 특화하는 것이다.
- 정보를 어떻게 공유하고 개인능력을 적용하느냐에 따라 조직형태가 달라질 것이다.

현재 산업 내에서도 디지털 격차(digital divide)가 발생할 만큼 세계는 지식화, 디지털화, 이노베이션으로 치닫고 있다. "신경제에는 자원의 한계란 없다. 무형자산을 확보하라"는 구호도 요란하다. 이런 때일수록 우리 교육제도도 이러한 시장요구에 부응하여 보다 유연해질 뿐 아니라 혁신마인드를 강하게 키울 필요가 있다.

✔ 전략에도 혁신이 필요하다

 디지털 시대에 전략도 달라져야 한다. 우리는 흔히 무슨 전략을 가지고 있느냐고 묻는다. 따라서 전략은 가지는 것으로 착각한다. 전략은 무엇인가를 갖고 있는(have) 것이 아니라 무엇인가 행하는 (do) 것이다. 전략은 명사가 아니라 동사여야 한다. 조직혁신전략도 동사여야 함은 물론이다.

 기업에서 경영이 할 수 있는 한 가지가 바로 방향조종(steer)이다. 방향조종은 경영자가 해야 할 중요한 일이며 전략은 바로 그 조종행위이다. 기업이 항로를 바꾸고, 진로를 정하고, 폭풍우를 뚫고 나가는 모든 것이 방향조종과 연관되어 있다. 선장인 경영자는 선원들이 조종된 방향으로 잘 나가도록 해야 하고, 선원은 그 조종에 일사불란하게 움직여야 한다. 그렇지 않을 경우 배는 조금도 나아갈 수 없다(De Geus, 1997).

 문제는 어떤 목표를 향해 방향조종을 하고 있는가 하는 것이다. 경영자는 기업이 무질서한 상태로 빠지지 않도록 해야 한다. 시인 마차도는 "인생이란 걸음을 걸으면서 길을 만들어내는 개척행로이다"라고 말한다. 기업도 마찬가지다. 디지털 시대에 경영전략은 보다 혁신적이어야 한다.

1. 칭기즈칸이 세계를 제패한 이유

칭기즈칸이 세계를 제패하는 데 성공하게 된 것은 그만한 이유가 있었다. 그 이유들은 현대를 살아가는 기업인들에게 여러 가지로 의미를 준다. 그 가운데 몇 가지를 소개하면 다음과 같다(유필화·이상현, 2000).

(1) 인재의 육성: 칭기즈칸은 몽고군의 개인전투력을 향상시키는 데 주력해 몽고군 하나가 외국군 몇을 당하도록 했다. 예를 들어 몽고군은 안장에 앉은 채 10일 동안 생활할 수 있도록 했을 뿐 아니라 말의 피를 마시면서도 버틸 수 있는 생존능력을 길렀다.

(2) 속도의 경제: 몽고군은 적들이 상상할 수 없는 속도로 유라시아 대륙을 누볐다. 부대전체가 3일 동안 270마일을 움직인 적도 있었다.

(3) 네트워킹 능력: 몽고군은 탁월한 네트워킹 능력을 가졌다. 몽고군은 전령, 횃불, 연기, 깃발 등을 이용해 활발히 정보를 교환했다. 몽고군이 광활한 지역을 점령할 수 있었던 것은 네트워킹 능력이 뛰어났기 때문이다.

(4) 정보수집과 활용: 몽고군은 첩보활동에 능했다. 그들은 먼 거리를 움직이는 상인들을 활용해 먼 곳에 있는 적들의 동태를 파악했다.

(5) 아웃소싱 활용: 몽고군은 자국병사 외에도 터키 등 다른 나라 병사를 징집해 활용했다. 또한 외국상인들을 스파이로 고용했다. 아웃소싱에 철저한 것이다.

2. 핵심역량 전략

상당수 기업들이 지식경영을 도입하는 배경에는 핵심역량(core competence)을 강화하기 위한 전략적 목적이 담겨 있다. 핵심역량이란 과거에 그 기업을 이끌어 왔으며 또한 적절하게 전환되거나 추가의 역량을 축적시키면서 미래 성장의 견인차 역할을 할 수 있는, 기업 내부에 공유되고 있는 기업 특유의 총체적인 능력, 기술, 지식을 의미한다. 핵심역량은 단절되어 있는 능력, 지식, 기술이라기보다는 여러 조직 단위에 내재되어 있거나 통합되어 있는 일련의 능력이나 기술을 뜻한다(이광현: 23). 핵심역량은 시스템 통합과 관련된 기술력, 프로젝트 관리능력과 수주능력 등 다양하다.

핵심역량 전략은 핵심 주력사업을 축으로 한 초점화, 수익성 추구, 성장분야로 관련성 추구, 본업과의 일체화로 집약되어 있다. 핵심역량을 바탕으로 기업의 내용이 바뀔 수 있기 때문에 기업이 어떤 통합적 능력이 있는지 정확하게 파악할 필요가 있다. 핵심역량을 바로 확인하면 수익의 기둥, 기존사업과의 밀접한 연계성을 바탕으로 상승효과를 가져올 수 있고, 기업의 중심이 명확하게 된다. 눈에 보이지 않는 상품을 다루는 회사는 조직 내 지적 자산을 잘 파악함으로써 경쟁력을 높일 수 있다.

기업이 핵심역량을 찾기 위해서는 외부 환경을 먼저 돌아보는 외부 지향적(outside-in) 접근보다 기업 내부를 먼저 들여다보는 내부 지향적(inside-out) 접근방식을 통해 찾아낸다. 다음은 핵심역량을 찾기 위한 질문들이다.

- 우리의 뛰어난 분야는 정확히 어디인가?
- 과거 우리에게 성공을 가져다주었던 것은 과연 어떤 특수한 기술, 지식, 서비스였는가?
- 현재 수행하는 여러 사업의 바탕이 되는 공통적인 기술이나 능력은 무엇인가?
- 축적된 핵심역량을 미래에 최상으로 이용할 수 있는 방법은 무엇인가?
- 미래의 환경변화에 대응해 기존의 역량에 어떠한 역량을 축적해야 하는가?
- 이러한 새로운 역량을 갖추기 위해 무엇이 필요한가?

자기 기업의 핵심역량을 찾은 다음에는 각자의 핵심역량을 차별화하는 전략을 세울 필요가 있다. 핵심역량 차별화는 일반차별화와 성격이 다르다.

일반차별화와 핵심역량차별화

구분	일반차별화	핵심역량차별화
비전 정도	낮음	높음
부가가치	낮음	높음
창의성, 이미지, 도전성	높음	아주 높음
제품 및 서비스	한 가지	광범위
경쟁력	보통	아주 높음
다각화	한정적	핵심역량을 통한 다각화 (여러 분야에 동시 다발적 활용)
업종전문화	추구	추구하지 않음
특유능력, 기술, 지식 통합	단절적	통합적
모방	쉽게 모방가능	쉽게 흉내 낼 수 없는 독특성
고객가치	보통	고객가치증대
축적	보통	지속적 축적
구축	개인으로 구축가능	전사적 지원 없이는 불가능
전술과 전략	전술적	전략적

3. 전문화 전략과 다각화 전략

세계기업들은 1등이 아니면 살아남지 못한다는 생각으로 전문화를 추진하고 있다. 네슬레 자회사인 로레알은 화장품사업에만 총력을 기울여 10개 주요 브랜드가 전체 매출에서 80% 이상을 차지하는 전문화된 회사이다. 핵심사업에만 주력하는 기업으로서 우주항공기업 아에로스파시알이 있다. 전체적으로는 이 분야에서 세계 5위 기업이지만 헬리콥터, 비즈니스 제트기 등 세부 사업부문에서는 모두 세계 1, 2위를 차지하고 있다.

LG는 사업구조의 경우 제품군들을 승부사업, 주력사업, 수익화사업 등으로 나누어 이 중 승부사업으로 꼽은 디지털TV, 플라즈마 디스플레이패널, 차세대무선시스템(IMT-2000) 등을 세계 1위 수준으로 끌어올리기로 했다. 기업이 이처럼 주력사업을 중심으로 전략을 세우는 것은 전문화와 연관되어 있다.

이 때문에 다각화는 뒤로 물러나 있다. 최근 다각화에 대한 견해는 비판적이다. 다각화의 폐단을 지적하고 다각화한 기업으로 하여금 그들의 사업을 집중화할 것을 권장하고 있다. 이에 따라 많은 기업들이 사업구조를 축소하고 집중하는 노력을 기울이고 있다. 현대에 있어서 다각화는 문제 발생지대인가? 꼭 그렇지는 않다. 상당수 세계 초일류기업들은 한두 개 업종으로 승부를 걸고 있지만 사업 다각화로 세계시장에서 군림하는 기업도 적지 않다.

- GE는 다각화로 성공한 대표적 기업으로 금융서비스, 방송, 제조업 등 다양한 사업에서 뛰어난 성과를 보여주고 있다. 웰치 회장은 지난 18년간 사령탑을 맡으면서 시장가치 250억 달러이던 회사를 2,500억 달러가 넘는 거대기업으로 변환시켰다.
- 월트 디즈니는 애니메이션 사업에서 출발해 지금은 테마 파크, 방송, 영화제작, 음반, 출판, 리조트, 부동산 개발 등 다각화한 사업구조를 가지고 있다.
- 면도기 제조업체로 널리 알려진 질레트는 면도기와 면도날이 차지하는 매출 비중이 30%에 불과하다. 건전지 듀라셀과 칫솔 오랄B, 문방구 파커, 화장실 용품, 여성용품 등 생활용품으로 사업영역을 크게 확대했다.
- 프랑스 라가르데르 그룹도 유럽의 한국식 재벌이라고 할 만큼 온갖 사업을 다한다.

- 네슬레는 전체적인 사업부문이 식품에 집중되어 있기는 하지만 식품사업만을 고집하지는 않는다. 전체 매출 중 4%가 렌즈 세척 등 식품과는 아무 관련 없는 의료기기 사업에서 나온다.
- 일본 히타치는 "기업은 국가가 하는 모든 일을 대신한다"는 모토로 유명할 만큼 전력, 도로건설에서부터 가전제품까지 만드는 공룡기업이다. 계열사가 1,000개를 넘어 히타치가 생산하는 품목은 웬만한 기억력으로 헤아리지 못할 정도이다.
- 소니는 일본기업의 전문화를 대표하는 음향전자기기 전문업체이지만 전자상거래시대와 연관해 금융부분에 진출하고 있다.

이 외에도 P&G, 3M, 혼다, 영국의 버진그룹 등 흔히 초우량기업이라고 칭송받는 많은 기업이 다각화한 기업이다.

그렇다고 무조건 다각화를 하면 성공한다고 생각하는 것은 잘못이다. 또한 많은 사람이 관련 다각화가 비관련 다각화보다 좋다고 알고 있지만 중요한 것은 무엇에 관한 관련인가를 알 필요가 있다. 현대에서 다각화가 성공하려면 각 사업부 간 관련성에 따른 잠재적 시너지효과를 극대화하고, 이러한 잠재적 시너지효과를 실현하기 위해 각 사업을 관리 조정하는 능력을 갖출 필요가 있다.

시너지효과는 각 사업 간에 핵심적으로 요구되는 자원을 공유하거나 능력을 이전함으로써 창출된다. 각 사업 간 자원을 공유하거나 능력을 이전하는 것은 각 사업에서 핵심적으로 요구되는 자원과 능력이 비슷할 때, 즉 관련이 있을 때 가능하다. 따라서 바람직한 다각화라고 할 때의 관련 다각화는 각 사업에서 핵심적으로 요구되는 자원과 능력이 관련이 있는, 그래서 사업 간 자원공유(resource sharing)

나 능력이전(capability or knowledge transfer)이 가능한, 즉 각 사업 간 잠재적 시너지 효과가 극대화되는 다각화를 의미한다. 성공적인 다각화의 조건으로서의 관련 다각화는 그 기준 제품이나 시장(고객)의 관련성이 아니라 각 사업에서 핵심적으로 요구되는 자원이나 능력의 관련성에 의해 판단된다.

이들 다각화에는 기본적으로 원칙이 있다. 웰치 회장은 "1등 아니면 2등이 되라"고 말한다. 질레트 역시 총 판매액 중 78%가 품목별로 시장점유율 1위를 차지하는 상품에서 나올 정도로 우량상품 개발에 주력한다.

다각화인지 전문화인지 구별이 안 가는 회사도 있다. 카메라에서 복사기까지 만드는 캐논은 다각화인지 전문화인지 얼핏 구분이 안 간다. 캐논은 다각화라기보다 카메라에서 기술을 수직계열화한 전문화라고 설명한다. 하지만 최근에는 멀티미디어기기를 만드는 수준까지 넓혀가고 있다(매일경제, 1999).

4. 구조조정 및 특화전략

한국경제는 중복투자와 과잉시설, 금융부문에서의 과도한 부실채권으로 몸살을 앓고 있다. 아울러 강도 높게 추진되어온 구조조정 작업마저 미진하다는 비판을 받고 있다. 경제개혁이 지지부진한 상태에 머문다면 한국 경제의 미래는 없다(정운찬, 1999).

기업은 글로벌화에 따른 국제경쟁의 격화, 제조업 중심에서 지혜의 시대로의 변모라는 문제에 직면하고 있다. 구조조정이 기업의 핵심전략이 되지 않을 수 없다. 그러나 구조조정은 지금에만 있었던 것은 아니다. 15세기 이탈리아는 30% 이상 인구가 줄었지만 비효율적 농지를 없애고 효율적 분야로 옮겨 르네상스를 맞을 수 있었다. 구조조정의 효과는 예나 지금이나 마찬가지다.

일본도 고용, 설비, 부채의 세 가지 과잉에 직면해 있다. 일본은 전후 50년간 계속된 시스템을 바꾸려는 움직임이 활발해 화산분화 직전의 상태이다. 일본은 개혁을 성공시키지 못하면 개도국으로 전락할 것으로 보고 총력을 기울이고 있다. 일본경제가 새로운 도전, 곧 장기불황 속에서 잃어버린 10년을 보낸 뒤 21세기 패권을 거머쥐기 위한 반격에 나선 것이다. 낡은 시스템 청산운동이 시작되었다.

일본은 근대 이후 세 번째 혁명기를 맞고 있다. 첫 번째는 메이지 유신의 문화개화혁명이었다. 그리고 제2차 세계대전 후 국가재건혁명이 두 번째에 해당한다. 위기상황이 혁명을 잉태한 점에서 공통적이다. 메이지혁명은 서구열강의 위협이, 전후혁명은 패전이 출발점이었다. 20세기 말 제3차 구조개혁 혁명은 일본형 시스템의 위기감에서 출발한다. 미일경제역전과 10년 장기불황을 가리켜 일본은 제2의 패전이라 부른다. 과거형 시스템과 프로세스는 더 이상 기능하지 않는다. 낡은 시스템을 청산하지 않으면 안 된다는 의식이 팽배하다.

21세기 일본경제를 부활시킬 비밀은 새 소프트웨어 창조로 본다. 옛 일본형의 사회주의적 요소는 모두 버린다. 그렇다고 미국식 시장주의 모델을 무조건 따르지는 않는다. 글로벌 주파수에 맞추어 일본형을 탈피하되 미국형도 초월한 신일본형 모델을 만들어낸다. 버블붕괴 후 10년 방황 끝에 일본이 찾아낸 해법은 제3의 길로 요약된다. 탈 일본, 초 미국형의 도전인 셈이다. 일본식 종신고용과 냉엄한 미국식 리스트럭처링을 두 극단이라고 한다면 그 중간을 택한 셈이다.

일본의 신경제 10개년 계획의 슬로건은 최대자유와 최소불만이다. 오른손으로는 자유와 경쟁, 개인 중심, 실력주의를 추구한다. 동시에 왼손으로는 약자보호를 게을리하지 않는다. 자유경쟁과 우열격차를 지향하되 탈락자용 사회적 안전망도 구축하는 자유와 안전의 동시 추구전략이다. 이 일에 산·관·학의 협력은 물론이다. 기업은 인원, 조직감축에 몰두하면서도 인간중시경영의 원점을 잊지 않는다. 일본식도 미국식도 아닌 신일본형 이사회 개혁도 진행되고 있다. 예금전액보호가 없어지고, 시가주의 기업회계가 도입된다. 1인당 노동생산성을 올려야 한다. 새로운 시대에는 개인이 생산력을 높여야 한다. 회사에 예속되지 않은 자유롭고 독립적인 개인이 요구된다. 산업화사회에서 중시되었던 회사인간은 더 이상 쓸모가 없어진다. 무엇보다 자유를 최대한 중시하는 경쟁사회, 그러면서도 낙오자에 대한 안전망을 구축하는 사회를 만들어야 한다. 일본에서는 지금까지 효율, 안전, 평등이 정의로 꼽혔다. 이제부터는 자유가 정의에 추가되었다. 리스크를 꺼리고 수험공부만 중시하는 교육도 개혁되어야 한다.

세계는 인간의 얼굴을 한 시장경제에 관심을 두고 있다. 냉전 종식 후 누구나 시장만능주의를 외치고 있다. 하지만 물질과 돈뿐 아니라 인간적 요소가 강조되어야 비로소 시장경제가 성공할 수 있다. 인간의 기분, 마음의 풍요로움을 생각해야 한다. 승리자에게는 응분의 보수가, 실패자에게는 재도전의 기회가 주어지는 자본주의가 되어야 한다. 승리자에게 별 혜택이 없고, 실패자는 규탄받는 제도는 철폐되어야 한다. 능력에 따른 차등은 인정하되 인간을 소중히 여기는 자본주의, 인간존중의 시장경제를 만들어야 한다. 주가를 올리기 위해서 사람을 자르는 일은 하지 않아야 한다. 능력에 따라 보상을 하되 사회적 약자도 구제해주어야 한다.

도요타는 최근 실력주의를 강화하는 신임금 체제를 도입했다. 나이를 먹으면 자동적으로 급료를 올려주는 시대는 지나고 능력에 비례해 보상받는 시대가 왔다. 인센티브는 중요하다. 이것은 도요타에 국한된 일이 아니다. 그만큼 변하고 있다.

기업의 구조조정을 성공적으로 이끌기 위해서는 국민 전체의 협조가 필수적이다. 따라서 일본은 '경제전략회의'와 같은 범국민적 조직을 설치 운용하고 있다. 우리도 이 같은 조직을 설치한다면 정책성공을 위한 하나의 대안이 될 수 있다.

구조조정 및 특화전략

경쟁체제에 들어간 미국의 대학은 지금도 매년 15개 정도의 대학이 문을 닫는다. 1970년대까지 정부지원으로 황금시대를 누린 미국 대학들은 1980년대 경제침체와 함께 최악의 위기를 맞았다. 그 뒤부터 뼈를 깎는 생존전략에 들어갔다.

사립대는 과감한 구조조정을 했다. 고고학, 철학 등 비인기 기초학문은 주립대에 맡기고, 경영과 공대 쪽 프로그램을 늘렸다. 교수를 해고하고 학생서클을 폐쇄했으며 도서관 서비스를 축소했다. 명문대는 적자를 메우기 위해 등록금을 올리고, 비명문대는 고육책으로 가격파괴를 하는 출혈경쟁이 벌어졌다. 주립도 예외가 아니었다. 20개 캠퍼스를 가진 캘리포니아 주립대는 1992~1993년 교수요원 163명을 해고하고 1,000명을 휴직시켰으며 5만 6천 강좌 가운데 5천 개를 폐강했다. 대학들은 성인고객을 끌기 위해 파트타임 강좌를 늘리고 유학생을 유치하려 힘을 썼다. 경쟁력 없는 대학의 도태는 이미 일상현상으로 굳어졌다.

이런 환경에서 미국 대학들이 택한 대표적인 생존전략은 특화였다. 그 결실은 매년 발표되는 대학 랭킹으로 나타난다. 오리건 주에 있는 루이스 앤 클라크 대학교는 환경법 분야에서는 최고봉이다. 세라믹공학은 알프레드 대학, 해양학은 UC샌디에이고가 으뜸이다. 정치학도 예일은 미국 정치, 하버드는 중국정치, 미시간은 중국-일본정치로 특화되어 있다(김형기, 1999).

5. 기업인수와 합병전략

최근 들어 기업의 조직관리 측면에서 신중하게 고려되고 있는 경영전략 가운데 하나가 기업인수 및 합병(M&A: Mergers & Acquisitions)이다. 이것은 기업이 보유하고 있지 않은 다른 역량을 순간적으로 확보할 수 있다는 매력 때문에 합병에 따르는 부작용을 감수하고서라도 이를 선택하는 추세가 늘고 있다.

주요 M&A 사례

합병기업	시점	규모(억 달러)	분야
타임워너그룹/AOL	2000년 1월		콘텐츠와 인터넷
미쓰비시은행/도쿄은행	1995년 3월	338	금융(세계최대)
월트 디즈니/ABC	1995년 7월	190	유흥/방송
글락소/웰컴	1995년 1월	143	제약
체이스맨해턴/케미컬은행	1995년 8월	100	금융
타임워너/터너	1995년 8월	80	유흥/방송
웨스팅하우스/CBS	1995년 8월	54	전자/방송
IBM/로터스	1995년 6월	35	컴퓨터

기업의 인수합병의 무풍지대였던 프랑스에도 M&A 바람이 거세게 불고 있다. 이 바람은 세계적인 패션그룹 루이뷔통이 이탈리아 구찌를 인수하겠다고 밝히면서 시작되었다. 이어 프랑스의 국립파리은행이 파리바의 주식을 인수해 초대형은행을 만들고, 대형유통업체 까르푸와 프로모데가 합병해 유럽 최대 유통업체를 출범시켰다. 그동안 M&A에 관심을 보이지 않았던 프랑스가 이처럼 달라진 것은 민영화 정책, 미국식 자본주의 공세, 유로화 출범 등이 복합적으로 작용한 것이다. 그대로 앉아 있다가는 고사당하기 쉽다는 생각이 든 것이다.

미국의 경우 정보통신, 컴퓨터산업, 방송 및 영화, 금융, 제약산업 분야가 합병의 흐름을 주도하고 있다. 1994년 한 해에만도 약 3,500억 달러 규모로 합병이 이루어졌고, 1995년도에는 약 4,000억 달러를 넘어섰다. 2000년 1월 타임워너 그룹과 아메리카 온라인의 합병은 사상최대라는 합병규모만이 아니라 콘텐츠와 인터넷의 만남이 가져올 심상찮은 미디어혁명으로 세계를 놀라게 했다. 왜 M&A인가? M&A가 기업에게 매력을 주는 이유는 다음과 같다.

첫째, 인수 합병이 기업경쟁력을 강화시키고자 하는 데 손쉬운 방안이라고 판단되기 때문이다. 이것은 동종분야의 기업끼리 서로 뭉침으로써 기존 점유시장에서 독점적 위치를 확보하고 인력자원, 재원, 기능, 기술 등의 통합을 통하여 시너지 효과를 겨냥한 전략적 결정이다.

둘째, 1990년대 접어들어 대부분의 기업들이 사업구조 재조정, 리스트럭처링을 통하여 기업의 몸집을 가볍게 하고 수익성이 증가되고 있다는 판단 아래 미래사업영역의 확장 및 경쟁력의 절대 우위 확보수단으로 선택할 수 있다.

셋째, 국가이익 보호 차원에서 각국 정부들이 인수 합병에 대한 나름대로의 정책적 고려 및 지원을 하고 있기 때문이다.

미국은 합병을 통한 기업의 거대화로 인하여 시장지배력이 독점적 형태까지 이르게 되고, 지금까지 중병을 앓고 있는 미국 대기업들의 거대화증에 대한 우려 때문에 인수 합병에 대해 매우 부정적이다. 그러나 일본을 비롯한 여러 나라에서는 국내시장보다 글로벌시장을 겨냥한 기업의 사전준비 사항으로 이를 묵시적으로 인정하고 있다. 인수 합병을 통해 글로벌시장에서 어떤 경쟁자와도 직접 경쟁이 가능하도록 풍부한 인력자원, 자금 동원력, 기술집약, 지역점유시장의 확장 등 여러 요소를 고려하기 때문이다.

유연한 조직관리 분야에서 기업의 인수 합병 전략을 우리 기업에 제시하는 이유는 전략 자체의 장단점보다는 새로운 경영 패러다임의 구체적 실천을 위하여 기업운영상 때로 필요하기 때문이다. 문제는 이렇게 거대화된 조직을 유연, 수평조직의 구조로 얼마나 빠른 시간 내에 구축하느냐 하는 것이다. 거대화로 시작된 인수 합병을 빠른 시일 내에 프로세스의 거대화 개념으로 전환할 수 있을 때 경쟁력의 우위를 확보할 수 있을 것이다.

6. 벤치마킹

영남대학교가 학내에서 운영 중인 국내 최초의 공장형 실습장이 산학협동의 새 모델로 대학가에 큰 반향을 불러일으켰다. 일부 대학의 실습전용 공장과 달리 오리엔트 사 등 4개 제조업체를 대학 내에 입주시켜 제품을 생산하였다. 대학 측은 업체에 수익 중 일부를 학교발전기금으로 기여하고, 방학동안 학생들이 실습할 수 있도록 할 것 등을 조건으로 내걸었다. 이것은 실질적 산학협동으로 성공을 거둔 펜실베이니아 주립대학과 스티븐스 공과대학을 벤치마킹한 것이다.

대학의 벤치마킹 대상으로 한동대학교가 손꼽히고 있다. 한동대는 학생 중심, 수요자 중심의 대학으로 가족적으로 운영되고 있다. 유연성, 다양성, 융통성을 위해 전공 없이 입학한 뒤 적성에 따라 전공을 정한다. 이 대학은 탈 전공 외에도 어디나 중심이 될 수 있다는 생각 아래 탈 지역을 꿈꾸고 있다. 세계화의 주역이 될 수 있다는 야망을 심어주고 있는 것이다. 안동병원은 병원들의 벤치마킹 대상이 되고 있다. 이 병원은 깔끔한 복장에 친절한 서비스로 소문나 있다. 안동병원은 MK, 삼원공정 등을 벤치마킹하여 경영을 혁신했다.

경쟁기업의 좋은 점을 따라하는 벤치마킹이 유행이지만 위험성도 있다. 왜냐하면 벤치마킹을 잘못하면 회사가 망할 수 있기 때문이다. 속담에 "적을 잘 골라야 한다. 왜냐하면 적과 싸우면서 적을 닮아가기 때문이다"는 말이 있듯 벤치마킹으로 잘못 선정한 적을 닮을 수 있다.

GE의 웰치 회장은 "회사의 시장점유율이 5% 미만이라 가정하고 행동하라"고 말한다. GE는 대부분의 시장에서 점유율이 50%인데 이 상태는 가장 자만하기 쉽다. GE가 소유하고 있는 NBC의 경우 일본의 오락기회사인 닌텐도를 경쟁자로 꼽았다. 다음 세대 엔터테인먼트 시장을 두고 닌텐도와 한판 승부를 벌인다는 가정에서였다. 경쟁회사가 우리 회사보다 시장 점유율이 높다거나 매출이 더 많다고 해서 그 회사를 배우는 것은 자살행위이다. 이것은 누구를 배울 것이냐를 결정할 때 매우 신중해야 한다는 것을 말해준다. 필름회사인 코닥은 벤치마킹 대상으로 요구르트 만드는 프랑스 다농을 정했다. 제품제조 및 발송과정이 필름과 요구르트가 아주 유사하기 때문이다. 벤치마킹도 창의적인 마인드가 없으면 아주 위험하다.

7. 아웃소싱

아웃소싱은 내부에서 하던 일을 외부의 기능이나 자원을 활용해 수행하는 것을 말한다. 더 좁게 말하면 외부의 전문성을 도입하여 경쟁력을 강화하는 것이다. 아웃소싱을 통해 해당업무의 설계, 계획은 물론 관리, 운영까지 수행하도록 한다. 아웃소싱 단계는 다음과 같다.

- 비용전략 단계: 비용을 절감하기 위해 여러 조치를 취한다.
- 전략적 아웃소싱 단계: 기업이 보유하고 있는 핵심역량을 지닌 전략적 부문을 제외하고 외부의 전문기능을 활용한다.
- 코어 소싱 단계: 고객기업과 아웃소서(outsourcer) 쌍방이 핵심역량 분야에 집중하기 위해 전략적으로 제휴한다.

자동차 3사의 경우 A사에서는 생산과 외주를 책임진다. B사에서는 마케팅, 홍보, 인사노무, 경리, 자금 등을 담당한다. 그리고 C사에서는 차세대 자동차의 개발 등 기술개발과 종업원의 교육훈련에 전념하는 등의 코어소싱을 할 수 있다.

8. 전략적 제휴

1) 전략적 제휴

세계경제는 전략적 제휴(strategic alliance)로 나가고 있다. 조선, 자동차, 항공기 등 여러 부문이 미국, 일본, 유럽과 제휴에 나서고 있다.

전략적 제휴란 새로운 사업을 위해 둘 이상의 기업이 비용, 위험, 수익을 공유하기로 하는 합의를 말한다. 이는 가상조직보다 포괄적인 개념이며 전략적 제휴와 가상조직은 참여하는 기업들이 가지고 있는 핵심역량을 합쳐 신속하게 글로벌시장에서 경쟁력 우위 확보라는 동일한 목표를 추구하는 서로 다른 형태의 조직관리 방법이다.

가상조직이 신제품의 개발, 판매 등 프로젝트를 근간으로 하는 일시적인 조직임에 비하여 전략적 제휴는 참여하는 기업들이 구체적인 조직을 구성하여 지속적으로 운영해나가는 보다 포괄적이고 장기적인 개념이다.

전략적 제휴는 때에 따라 수십 년간 지속되는 경우도 있으며 결국 참여기업이 합병되기도 한다. 따라서 장기적인 관점에서 역량 있고 훌륭한 파트너와의 전략적 제휴는 기업에 부족한 자원과 핵심역량을 보충하는 역할을 하여 기업에게 경쟁력 우위를 마련해주는 교두보 역할을 할 수 있다.

전략적 제휴에 대해 세계기업들의 관심이 높은 것은 전략적 제휴가 가진 다음의 몇 가지 장점이 여러 기업들이 전략적 결정사항으로 선택하기 때문이다.

첫째, 글로벌시장 진출에 따른 각 지역 고객에 대한 정보의 부재,

착수비용, 정부규제 등이 새로운 시장을 개척하려는 기업에게 장애물이 되고 있기 때문이다. 이러한 경우 마케팅의 노하우를 가진 대상지역의 기업과 제휴함으로써 이미 보유한 제품과 서비스의 핵심역량만으로도 기존의 시장을 쉽게 공략할 수 있다. 특히 시장개방 초기에 현지법인을 바로 설립하지 않고 지역의 동종업체와 제휴함으로써 초기투자에 따르는 위험부담을 덜 수 있다.

둘째, 첨단과학기술의 급진적 발전은 글로벌시장에서 기업의 경쟁우위를 좌우하는 중요한 요소가 되고 있다는 점이다. 하지만 이러한 첨단과학기술은 개발에 막대한 자원이 소요될 뿐 아니라 많은 시간이 요구된다. 따라서 기업이 필요로 하는 특정기술 또는 신제품 개발능력 등을 이미 보유하고 있는 기업들과 전략적 제휴를 하면 첨단기술을 단시간 내에 획득할 수 있다. 특히 화학, 전자산업 등과 같은 기술이나 자본집약적인 산업분야에서는 자주 활용된다.

셋째, 저렴한 노동력을 확보하기 위한 수단으로 사용되기도 한다. 특히 노동집약적인 산업에 있어서 높은 기술력을 바탕으로 고부가가치의 제품을 낮은 가격으로 고객에게 제공하는 것은 경쟁의 우위를 확보하기 위한 중요한 요소이다. 최근 초일류 세계기업들이 가장 투자하고 싶은 국가 중 하나로 중국과 베트남을 꼽고 있는 것도 이 때문이다.

2) 집단적 전략적 제휴

전략적 제휴의 규모도 과거 한두 개의 기업만이 제휴하던 소규모 형태를 벗어나 이제는 집단화되는 경향이 매우 강하다. 또한 첨단정보통신 기술분야일수록 개발비용, 기간, 위험요소들을 고려하여 전략적 제휴를 결정하는 기업들이 늘고 있다. 예를 들어 대화형(interactive) TV의 경우 AT&T, 세가, 도시바, 마쓰시타, 타임워너 등 8개의 초일류 기업들이 대거 참여하고 있다.

이러한 집단적 전략적 제휴는 신속하게 최고의 기술을 개발함으로써 산업표준으로 그 기준을 정착시켜 결국 독점적으로 시장을 점유한다. 전략적 제휴의 집단화 현상은 점점 확대되어 오늘날의 시장경쟁은 개별 기업 간의 경쟁이라기보다 전략적 제휴 그룹 간의 경쟁으로 변화하는 경향을 보이고 있다.

3) 코드 공유(code sharing)

전 세계 항공사들은 1990년대 이후 대형 항공사를 중심으로 좌석공유를 포함한 전략적 제휴를 강화해왔으며 대한항공은 델타 항공 및 에어캐나다와, 아시아나 항공은 아메리칸 항공과 좌석공유협정을 맺었다.

항공사들 간의 전략적 제휴관계를 통틀어 얼라이언스(alliance)라 한다. 이것은 국가별로 취항할 노선권이 제한되어 있어 이미 취항 중인 항공사들과 제휴를 통해 영업범위를 확대하는 방식이다. 다른 항공사의 좌석 일부를 배정받아 판매하거나 양 항공사가 좌석을 공동 판매한 후 수익을 나누는 방식이 있다.

코드 공유는 특정 노선에 운항 중인 상대방 항공사 좌석의 일부를 빌려 판매하는 방식이다. 비행기는 델타항공사 소속이지만 항공권의 항공사 표기는 대한항공인 경우이다. 항공사들 간에 상대국 취향편수를 늘리는 효과가 있어 고객확보 면에서 유리해 대형 항공사들 간에 많이 쓰이고 있다. 1999년 1월 현재 전 세계 196개 항공사가 모두 502건의 운항제휴를 맺고 있다.

대한항공 화물기 상해 추락사건으로 델타가 잠정적으로 대한항공과의 좌석공유협정을 중단하기도 했다. 잠정이기는 했지만 이런 경우 '함께 못할 항공사'라는 낙인을 찍는 결과를 초래해 대외신인도에 나쁜 영향을 주었다.

4) 공동마케팅 제휴

신세기통신과 국내 최대의 채팅 사이트를 운영하고 있는 (주)하늘사랑이 전략적 제휴를 했다. 이동전화와 인터넷 시장을 연계한 공동마케팅을 펼침으로써 신세대들은 더욱 다양한 서비스를 제공받을 수 있게 되었다. 두 기업은 양사 상품과 서비스를 결합한 신규복합상품을 개발하고, 양사 고객의 교차가입을 추진하여 이에 따른 혜택을 부여하며, 광고 및 홍보, 프로모션을 공동으로 수행하는 한편 통합 메시징 서비스 분야를 공동 개발한다. 현재 각각 300만 고객을 확보하고 있는 양사가 마케팅 분야에서 공동협력 사업을 펼칠 경우 상호시너지 효과를 통한 영업력 배가가 기대된다.

9. 특허전략

애플과 삼성은 특허권을 놓고 치열한 법정투쟁을 하고 있다. 그 액수도 일반의 생각을 초월한다. 지식자본시대의 기업가치와 부는 특허로 결정된다. 특허는 이제 더 이상 보호적 측면을 강조하는 법 영역에 머물러 있지 않다. 하나의 공격적인 경영전략이자 무기이다. 특허를 이용해 지적 재산을 수익의 원천으로 변화시키고 있기 때문이다.

에디슨이 자신의 발명품을 보호하기 위해 특허제도를 활용한 후 많은 기업이 특허권을 이용하여 자신의 기업을 지키고 성장시켜 왔다. 그러나 오랜 시간 특허는 단지 발명과 아이디어를 보호하는 수단으로만 여겨졌고 자산으로 인정받지 못했다. 그러나 이제 상황은 달라졌다. IBM이 사용하지 않던 특허를 이용해 1999년 한 해 동안 10억 달러의 로열티를 벌어들임으로써 특허권은 전략적인 경영도구로 각광을 받기 시작했다.

특허전략이 기업에 가져다주는 이익은 막대하다. 우선 제품과 서비스의 기술우위를 차지할 수 있을 뿐 아니라 마케팅 효율성이 증대되며 지상과 기술의 변동예측이 가능해진다. 특허자산이 수입원이 되면서 비용이 절감되고 기업가치가 높아지며 경쟁자를 물리치는 훌륭한 도구가 될 수도 있다.

경영자는 특허를 경영의 도구로 적극 활용해야 한다. 경쟁회사에 비해 뛰어난 우위를 가진 제품의 핵심기술을 특허화하는 것은 물론 제품을 만들고 홍보하고 판매하는 모든 과정의 방법론까지 특허화해야 한다.

델컴퓨터는 뛰어난 경쟁력을 가진 PC회사이다. 델이 품질 좋은 PC를 생산하는 것은 분명하지만 델의 가장 큰 성공요인은 주문생산 시스템에 있다. 그러나 다른 PC업체가 이들의 판매방식을 그대로 따라 할 수는 없다. 델이 주문생산 직접 판매방식에 관한 4건의 특허를 가지고 있기 때문이다. 이제 특허는 어떤 기업도 무시할 수 없는 생존의 문제로 부각되고 있다(리베트·클라인, 2000).

10. 스타크노믹스, 최상의 전략은 없다

스타크노믹스(Starcnomics)는 스타크래프트의 속성을 경영전략에 활용한 개념이다. 스타크래프트는 프로토스, 테란, 저그 세 종족 가운데 하나를 선택해 자원과 가스를 바탕으로 무기를 만들고 전투원을 길러내 상대방과 싸우는 온라인 게임이다. 인터넷상에서 상대방과 실시간으로 전투를 벌인다는 것은 여러 환경변화에 적응해 살아남아야 한다는 것을 의미한다.

스타크래프트 게임과 기업경영은 여러 가지 점에서 비슷하다. 가장 큰 공통점은 변화를 예측할 수 없다는 것이다. 양쪽 다 적이 언제 어떤 공격무기를 들고 쳐들어올지 모르는 상황에서 한정된 자원(유한 맵의 경우)을 가지고 싸워야 한다.

스타크노믹스는 스타크래프트 게임을 통한 발상의 전환을 실제 기업경영에 제시한다. 다음과 같은 발상의 전환이 요구된다(김태홍 외, 2000).

- 상대방의 강점을 공략하라.
- 최상의 전략은 없다.
- 방어보다 공격비용이 적다.
- 자신의 본거지에 안주하지 않는다.
- 최고가 최고 가치를 만드는 것은 아니다.

이 가운데 최상의 전략은 없다는 것에 주목할 필요가 있다. 기존에는 가장 성공적이었던 방법이 최상의 전략이 될 수 있었지만 정보가 끊임없이 쏟아지고 변화를 예측할 수 없는 현대사회에서는 최고의 선택이란 존재하지 않는다. 따라서 항상 준비하되 경쟁사들의 움직임을 보고 새로운 전술을 끊임없이 강구해야 한다.

디자인 중심 혁신

1. 디자인 중심 혁신

로베르토 베르간티는 진정한 혁신은 고객과 시장의 의견을 좇는 이른바 '고객 중심 혁신'이 아니라, 직관을 바탕으로 시장과 고객이 아직 상상하지 못한 새로운 아이디어의 제품을 만들어내는 '디자인 중심 혁신(design-driven innovation)'이라 했다.

애플의 스티브 잡스는 매일 아침 거울을 보며 "너 지금 뭐하고 있니"라고 묻는 것으로 시장조사를 대신했다. 이탈리아의 세계적인 조명업체 아르테미데(Artemide) 역시 "우리는 고객의 요구나 니즈(needs)를 살피지 않고, 그저 고객들에게 제안할 새로운 무언가를 만들 뿐"이라고 혁신의 비결을 이야기한다.

베르간티는 애플의 매킨토시와 아이폰, 닌텐도 위(Wii) 게임기, 이탈리아의 디자인 업체들의 사례를 열거하며 디자인 중심의 혁신이야말로 '대박' 아이템을 만드는 지름길이라고 말한다. 이런 제품들은 고객을 깜짝 놀라게 하는 급진적 방법으로 미처 시장이 인식하지 못했던 새로운 소비의 욕망을 이끌어내 새로운 수요를 창출하기 때문이다(로베르토 베르간티, 2010).

디자인 경영에서 놓치지 말아야 부분이 디테일 경영이다. 뭔가 크게 이룬 사람의 특징은 디테일에 충실하다는 것이다. 기업도 마찬가지다. 『작지만 강한 디테일의 힘』이라는 책을 쓴 중국의 경영컨설턴트 왕중추(汪中求)는 100-1=0이라 말한다. 100가지를 다 잘했어도 한 가지를 잘못하면 허사라는 말이다(왕중추, 2011). 패션 디자이너 조르지오 아르마니(G. Armani)는 완벽주의자다. 패션쇼의 소품으로 쓰이는 꽃 장식 하나, 패션모델의 발걸음 하나까지 챙긴다. 그는 말한다. "뭔가 인생에서 의미 있는 일을 이루려면 집요할 정도로 가장 작은 디테일에 몰두해야 한다."

2. 세계 디자인 창의기업 IDEO

톰 피터스도 "디자이너를 CEO 옆자리에 앉혀라", "틀에 박힌 기획인사를 해고하고 괴짜를 고용하라"는 창의적 경영혁신을 주창했다. 또 '스컹크(관료주의에서 벗어나 혁신을 도모하는 인습타파주의자)'를 키우는 '미친 조직(창의력과 열정을 장려하는 조직)'이 돼야 한다고 강조하고 있다. 이것은 창의적 디자인이 얼마만큼 중요한가를 보여준다.

세계에서 가장 유명한 디자인 기업, 이노베이션 대학이란 별명을 얻은 아이디오(IDEO). 이 회사는 27살의 청년 데이비드 켈리(D.

Kelley)가 1978년에 창업했다. 카네기멜런 대학에서 전자공학을 전공한 그는 보잉사에 근무하다 개인의 창의성을 무시한 채 하루 10시간씩 일하는 조직에서 평생 일할 수 없다며 회사를 나왔다. 스탠포드 대학에서 디자인 과정을 이수한 뒤 실리콘밸리 심장부인 팔로알토에서 창업했다. 아이디오는 'ideology'의 앞 글자에서 따왔다.

창립 이후 총 350개의 디자인상을 수상했고, 1,000개 이상의 특허권을 갖고 있다. 2008년에는 구글과 애플, 페이스북, GE에 이어 세계에서 가장 혁신적인 기업 5위로 선정되었다. 창업자 켈리는 현재 스탠퍼드대 교수이자 아이디오의 이사회 의장으로 있다.

아이디오는 엔지니어 · MBA · 언어학자 · 심리학자 · 생물학자 등을 한 팀에 모아 창의적 아이디어를 끌어낸다. 아이디오는 패션회사처럼 프로젝트 방식으로 일한다.

이 기업은 창의적 작업을 위해 디자인 컨설팅 5단계를 거친다. 5단계는 관찰(observation), 브레인스토밍(brainstorming) 회의, 포로토 타입(시험용 모델) 빨리 만들기, 정선(refining), 그리고 실행(implementation)이다.

관찰은 사람들의 삶을 관찰하고 경험한다. 관찰에서는 미행하기(shadowing), 행위 매핑(behavior mapping), 소비자 여정 쫓기(consumer journey), 카메라 일기(camera journals), 극단적 사용자 인터뷰(extreme user interviews), 스토리텔링(storytelling), 다양한 의견수렴(unfocus groups) 등 여러 방법을 사용한다.

미행하기는 인지과학, 인류학, 사회학 등 각 분야 전문가들이 의뢰기업과 함께 소비자들의 실제 경험을 탐구한다. 사람들의 일상생활을 쫓아다니며 유심히 관찰한다. 행위 매핑은 특정 공간에서 사람들이 어떻게 행동하는지 며칠에 걸쳐 계속 사진을 찍는다. 사진 일기는 소비자에게 특정 제품과 관련된 활동이나 경험들에 대해 사진 일기장을 만들게 하는 것이다. 극단적 사용자 인터뷰는 제품에 대해 매우 잘 알거나, 아무것도 모르는 사람과 이야기를 해보는 것이다. 스토리텔링은 제품이나 서비스에 관련해 소비자들의 개인적 이야기를 듣는 것이다.

브레인스토밍 회의에서는 한 시간을 넘겨서는 안 되며, 일곱 가지 규칙을 지킨다. 아이디오의 브레인스토밍 회의에선 판단은 미루고 동료의 아이디어를 발전시킨다. 세상을 바꾸는 상상 놀이터에선 손으로 생각한다. 겁 없이 보스를 놀려줄 수 있어야 건강한 조직이다.

조악하더라도 시제품을 만들어본다. 시제품을 만들어보면 원하는 해답을 찾기가 더 쉬워지고 의사결정과 혁신의 속도를 끌어올릴 수 있다. 제품뿐만 아니라 서비스나 공간설계까지도 모형으로 제시한다. 소비자들의 경험을 설명하는 짧은 영화(videography)를 만든다. 가능한 한 빠르고 싸게 만든다. 세부적인 것보다 간단하게 핵심 아이디어만 보여준다. 이 제품이나 서비스를 사람들이 어떻게 활용하는지 시나리오를 만든다. 직접 몸으로 체험(bodystorm)도 해본다. 다양한 소비자를 가정해 그들의 역할을 해본다. 머리가 아닌 발과 눈, 손으로 혁신한다.

정선하기는 앞의 과정을 통해 뽑아낸 아이디어 중 최종 후보를 추려내는 작업이다. 짧은 시간에 집중 브레인스토밍을 해 가능성 낮은 아이디어들을 솎아낸다. 핵심 아이디어에 포커스를 맞춰 시제품을 만들어보고 최적 해답을 찾는다. 최종 후보를 좁히는 과정에 고객을 참여시킨다. 선택과정에서는 욕심을 줄이고 무자비해져야 한다. 모든 참여자들로부터 동의를 얻는다. 더 많은 임원들이 동의할수록 성공 확률도 높아진다. 그다음 실행에 들어간다.

디자이너들이 작업을 할 때 이용했거나 영감을 얻은 물건, 자신이 경험한 실패담과 성공담, 각종 아이디어를 서랍장에 넣어 동료들과 공유한다. 이 회사에서는 이것을 '테크박스(techbox)'라 부른다. 이 모두 아이디어를 얻는 데 도움을 준다. 세상을 바꾸는 상상 놀이터 아이디오에서는 오늘도 손으로 생각한다. 창의기업이라는 명성은 결코 그저 주어지지 않는다.

3. 이탈리아의 도자기

이탈리아는 일찍이 도자기나 질그릇의 생산에서 축적된 노하우를 가지고 있었다. 이탈리아 타일 회사들은 그러한 경험을 바탕으로 타일 생산 장비들을 하나씩 개조해나갔다.

이탈리아는 단벌구이(single firing system) 방식을 미국에서 도입했다. 이 방식은 점토에서 몸체가 만들어지고 유약이 입혀져 타일이 나오기까지를 단 한 번 가마를 통과할 때 모두 끝내는 생산방식을 말한다. 이탈리아는 이 방식에 안주하지 않고 나름대로 독자적인 방식으로 개발해나갔다. 당시 타일은 운반용 차대에 의해 가마 속으로 운반되었다. 이탈리아 회사들은 운반용 차대 없이도 타일이 자동적으로 흘러 들어가는 롤러 가마를 개발했다. 이 롤러 가마의 개발은 이탈리아가 외국으로부터 수입했던 천연가스 등의 에너지 사용을 크게 줄이고 생산성을 열 배 이상 향상시켰다.

이탈리아 타일의 우수성이 한 차원 높게 평가되기 시작한 것은 세 벌구이(third firing system)에 의한 디자이너 타일이 소개되고 난 뒤부터이다. 단벌구이나 두벌구이는 여러 가지 색상을 내거나 혼합하는 데 한계가 있었으나 세벌구이는 타일을 세 번 굽는 과정을 통해 수천 가지의 미묘한 색상을 자연 그대로 화려하게 재현시킬 수가 있었다. 또한 세벌구이는 두벌구이에서 나온 타일에 특수 에나멜과 페인트, 또는 금속을 입혀 타일을 예술적인 작품 세계로까지 승화시켰다(이몽룡: 110). 조직의 이노베이션은 단벌구이 방식을 세 벌 아니 네 벌 구이방식으로 바꾸며 전진하는 것이다.

도자기에도 역사와 삶의 애환이 담겨 있다

도자기(陶磁器)는 하나가 아니다. 도기와 자기가 합쳐진 말이다. 영어로도 pottery와 porcelain이 다른 것처럼 둘은 서로 다르다. 도기(陶器)는 장독대의 항아리나 뚝배기 같은 질그릇이다. 찰흙을 500-1000°C의 낮은 온도에서 구워낸다. 이에 비해 자기(磁器)는 청자나 백자처럼 순도 높은 백토(白土), 곧 고령토(高嶺土)를 1300°C 이상의 높은 온도에서 구워낸다. 두드렸을 때 도기는 탁한 소리를 내지만 자기는 맑다. 질감도 다르다. 그러나 둘이 같은 점이 있다. 재료는 흙이지만 모두 불을 통과했다는 점이다. 뜨거운 불을 거치지 않고서는 그릇이 될 수 없다. 더 높은 온도를 통과한 것일수록 질이 다르다. 삶의 이치도 마찬가지리라.
나라마다 나름대로 도자기의 역사를 가지고 있다. 우리나라의 경우 가장 오래된 것으로 신석기 시대의 빗살무늬토기가 있다. 도기가 유약을 바른 것이라면 토기는 유약을 바르지 않은 것이다. 농업이 시작되면서 토기가 만들어진 것인데 표면에 기하학적 무늬가 새겨져있다. 예술성도 있지만 골고루 잘 굽기 위해 무늬를 넣었다는 설도 있다. 아래쪽 끝이 뾰족한 것이 특징이다. 흙이나 모래를 이용해 고정시킨다.
신라시대에 오면 말과 사람의 모습이 담긴 말 탄 사람 토기가 있다. 이것은 주전자로, 경주 금령총에서 출토되었다. 말 탄 사람이 주인의 모양을 한 것과 하인의 모양을 한 것이 있다. 주인의 것이 더 화려하게 보인다.

통일신라시대의 것으로 뼈 항아리가 있다. 삼국시대 후반부터 불교의 영향으로 화장을 한 뒤 남은 뼈를 그릇에 담아 땅에 묻는 확장 묘가 유행했기 때문이다. 통일신라시대의 뼈 항아리는 삼국시대에 비해 크고 무늬가 화려하다.

고려시대의 것으로 청자가 있다. 자기시대를 연 것이다. 비록 중국보다 늦었지만 중국의 청자보다 선명하다. 색이 은은하고 맑으며 선이 화려하고 아름다워 주로 귀족들이 사용하였다. 무늬를 넣지 않은 비취색 순청자, 독자적 상감기법으로 무늬를 넣은 상감청자, 철화청자, 음각청자, 양각청자 등 다양한 청자들이 있다.

조선시대의 것으로 분청사기와 백자가 있다. 분청사기(粉靑沙器)는 청자에 분칠을 한 것이다. 고려 말 왜구들의 횡포로 내륙으로 떠난 도공들이 만든 청자로 거칠고 색도 조잡해졌다. 그러자 겉을 좀 더 매끈하게 보이기 위해 바탕 흙 위에 백토를 입히고 회청색의 유약을 씌워 구워낸 것이다. 거칠지만 독창적이고 한국인의 정서가 잘 표현되어 있다는 평가를 받고 있다.

백자(white porcelain)는 순백색이다. 고운 고령토로 그릇을 빚고 장석질(長石質)의 유약을 입혔다. 그림이 거의 없는 순백자가 많다. 달 항아리는 조선백자의 대표적 형태다. 모나지 않고 넉넉하면서 부드러운 곡선을 지녀 보는 이로 하여금 편안함을 느끼게 한다. 유약으로 코발트를 쓴 청화백자, 코발트 대신 녹 쓴 철을 쓴 철화백자, 그리고 다른 화학성분이 들어간 청화백자 등이 있다.

도자기와 연관된 여러 설화가 있다. 일본이 조선 도공들을 들여와 만든 은제품과 자기 등을 유럽에 팔아 임진왜란 자금으로 사용했다는 설도 있고, 임진왜란은 왜장들이 팔도를 분담해 조선도공을 납치하려한 도자기 전쟁이었다는 설도 있다. 청자는 중국인들이 옥을 좋아한 데서 나왔다는 주장도 있다. 자기를 자기(瓷器)로 쓰기도 하는 데 이것은 중국식 표기라 한다. 도자기와 연관된 것만 연구해도 흥미진진한 역사가 금방 튀어나올법하다.

중요한 것은 도자기는 흙과 불이 만난 예술품이라는 것이다. 전혀 어울리지 않을 것 같은 두 가지가 융합했다는 점에서 융합의 역사는 최근의 일만 아니라는 것을 알 수 있다. 나아가 더 나은 자기를 만들기 위해선 흙도 좋아야 하지만 더 뜨거운 열이 요구된다는 점이다. 삶이 힘들수록 더 나은 자기가 되기 위한 것이려니 꾹 참고 참아야 하리라. 도자기는 오늘도 말없이 우리에게 교훈을 준다. 도자기라고 다 같지 않다. 우리네 삶처럼 이름도 생김새도 제각각이지만 나름대로 역사와 삶의 애환을 담고 있어 보는 재미가 쏠쏠하다.

4. 스즈키에서 밀리오레까지

1) 모터사이클 제작업체인 일본 스즈키

모터사이클 제작업체인 일본 스즈키는 2003년 배기량 50cc짜리 스쿠터 '초이노리'를 대당 5만 9,000엔(약 50만 원)이란 파격적인 가격에 선보였다. 이 제품은 운전거리 10㎞ 미만의 자전거 이용자들을 끌어들이며 9개월 만에 5만 5,000대를 팔아치웠다. 중국의 저가공세에 맞서 배기량 '1cc=1,000엔'이란 목표를 내건 스즈키의 창의적 경영혁신 산물이었다.

스쿠터 뼈대에 엔진을 달아 놓고 필수불가결한 부품만 채워 나가는 방식으로, 부품 수를 기존의 30%로 감소시키고, 볼트·너트 사용도 절반으로 줄였다. 창의성을 강조한 글로벌 기업들의 움직임이 경영혁신운동의 주류로 떠오르고 있다. 이제 단순한 지식경영을 벗어나 창의경영을 하지 않으면 생존이 불가능해졌다는 판단 때문이다.

2) 디자인을 강조한 P&G

창의경영의 선두주자는 P&G다. 최고경영자 레플리는 2000년 부임과 동시에 디자인 부서를 확장했다. 기존보다 디자인 인력을 4배나 증가시키고 '혁신체육관'과 '디자인 이사회'도 가동했다. 그 결과 포천지가 발표한 '2006년 세계에서 가장 존경받는 기업' 순위에서 3위에 오름으로써 P&G의 저력을 보였다.

3) 종신고용제와 성과보상제를 결합한 캐논

디자인은 제품에만 해당되지 않는다. 제도의 디자인도 디자인이다. 캐논은 일본식 종신고용 시스템을 그대로 두고 미국식 성과 보상제를 결합시킨 독특한 제도를 운영해 주목을 받았다. 캐논은 디지털 카메라를 일본에서 가장 먼저 개발했지만 1990년대까지만 해도 시장에서 잊힌 기업이었다. 그러나 2000년대 들어서면서 몰라보게 실적이 달라지기 시작했다. 우선 액정디스플레이, 광디스크, PC사업을 정리하고 프린터와 카메라 반도체에 집중시켰다. 이 과정에서 디지털 카메라에 재도전, 성공을 거뒀다는 평가를 받았다.

4) 창의성의 모토로라

한때 휴대폰시장에서 노키아와 선두를 다투던 모토로라는 한국의 삼성, LG의 추격으로 3위 자리도 위태로운 때가 있었다. 한국 휴대폰이 중국의 고가시장을 장악하며 승승장구하자 모토로라는 새로운 전략을 채택했다. 중저가 휴대폰을 중심으로 시장에 파고들면서 동시에 사용편의성을 염두에 둔 디자인으로 승부수를 던진 것이다. 작년엔 삼성과 차이를 벌리며 2위를 고수하더니 올 들어서는 20%를 넘어서 1위 노키아를 맹추격 중이다. 미국 포천지는 "편리한 디자인과 함께 직원들의 창의성을 발현해준 팀워크에 있다"고 분석했다.

5) 2위에서 1위로 올라선 펩시

펩시가 코카콜라를 2005년 매출액과 순이익, 시가총액 등에서 모두 이긴 것은 혁신이론가 사이에선 일대 사건이었다. 펩시의 성공은 1970년대부터 '다음 세대의 선택' 프로젝트를 대대적으로 펼친 것이 주효했다는 평가다. 청소년층을 타깃으로 삼아 마케팅을 벌인 것인데, 이들이 사회에 속속 진출하면서 펩시에 큰 힘이 됐다. 2위 기업이 자신의 시장 위치를 파악하고 적절히 이용해서 성공한 이 사례는 '브랜드 포지셔닝(Brand Positioning) 혁신'이다(호경업, 2006).

6) 포장만 바꿔서 히트한 롯데 자일리톨 껌

형태 혹은 크기를 바꾸어 새로운 히트상품을 만들어낸 대표적인 사례가 자일리톨 껌이다. 처음 롯데는 자일리톨 껌 7개들이 소포장으로 판매하였다. 그런데 개발을 하다 보니까 연구원들이 품질검사를 마치고 남은 껌을 시약병 속에 모아놓고 하나씩 꺼내먹는 모습을 보게 되었다. 여기서 아이디어를 얻은 개발팀은 100개들이 플라스틱 포장제품을 추가로 발매했고, 이 대용량 제품 덕분에 자일리톨 껌의 매출은 20%나 오르게 되었다.

7) 동대문 밀리오레가 성공한 이유

동대문의 밀리오레(Migliore)는 젊은 층을 대상으로 기발한 아이디어를 펼쳐 성공한 의류회사이다. 개점 시 밀리오레는 매우 파격적인 이벤트를 펼쳤다. 우주인 선발 이벤트, 라이브 무대 등 젊은 층의 의류를 판매하는 대형쇼핑몰에 맞게 홍보하는 전략을 구사했다. 이 전략은 성공이었다.

밀리오레는 개점 당시 최악의 상황이었다. 2천여 개의 매장으로 구성되어 있었지만 입주한 업체는 정작 600여 개에 불과했다. IMF 사태 초기여서 경제상황도 좋지 않은 데다 해약하는 업체도 속출했다. 회사는 위기를 기회로 삼는다는 전략 아래 완전히 젊은이 취향에 맞는 분위기를 만들기 위해 기발한 아이디어를 짜내기 시작했다.

젊은 층에 맞는 홍보로 밀리오레를 알렸고, 능력 있는 디자이너를 스카우트해 제품차별화를 구사했다. 당시 IMF사태로 해고된 젊은 디자이너들과 치솟은 환율로 유학을 포기한 디자인 전공 학생들을 대상으로 파격적으로 싼 보증금과 일세로 영입했다. 이 젊은 디자이너들은 톡톡 튀는 아이디어와 개성적인 옷으로 밀리오레의 분위기를 아주 바꿔놓았다. 또한 뉴욕, 파리, 동경, 밀라노의 컬렉션에 출품된 의상의 이미테이션이 곧바로 매장에 진열되는 발 빠른 전략도 주효했다. 밀리오레는 첨단 유행을 자랑하는 쇼핑몰이지만 옆에는 전통 재래시장이 함께 있어 이러한 아이디어 전략이 맞아떨어졌다.

제2부

창조경영

혁신과 창조성과의 관계

1. 3C 시대에서 3I 시대로의 전환

내들러와 히비노에 따르면 현대는 3C 시대를 벗어나 3I 시대로 접어들었다. 3C란 모방, 통제, 추격을 주된 패러다임으로 삼았던 것을 말하며 3I란 주체성, 상상력, 혁신을 주요 패러다임으로 삼고 있음을 말한다(Nadler & Hibino, 1990).

3C 시대에 기업은 여러 외국기술을 모방하고 도입했다. 너도 나도 모방에 관심을 두었다. 품질관리라는 통제방식을 철저히 실시해 값싸고 좋은 품질의 제품을 만들어냈다. 그리고 선진기업을 따라잡고 추월하자는 슬로건을 내걸었다.

경쟁이 치열해지고 기술수준도 높아져 외국기업으로부터 모방할 수 있는 좋은 질의 모델이 적어졌다. 따라서 새로운 모델을 독자적으로 창조하지 않으면 안 되는 상황에 직면하게 되었다. 3I 시대의 기업은 독자성을 추구하고 특성화하고 있다. 차별화 및 고기능화한 제품군이 개발되고 있다. 지금은 상상력, 곧 창의력 시대라 할 만큼 시대가 변하고 있다.

이러한 시대에 우리가 해야 할 일은 단순히 경쟁하는 것이 아니라 현재의 경쟁의 틀 자체를 창조적으로 파괴하고 새로운 틀을 구축하는 것이다. 이를 위해 내들러는 현상타파사고를 활용하지 않으면 안 된다고 주장한다(Nadler & Hibino, 1990).

3C와 3I의 비교

3C	내용	3I	내용
모방(copy)	외국기술 모방	주체성(identity)	독자성 추구
통제(control)	철저한 품질관리	상상력(imagination)	창조력 발휘
추격(chase)	선진기업추월	혁신(innovation)	차별화, 고기능 제품개발

지금까지 우리는 정답이 하나밖에 없는 시대에 살아왔다. 정답이 하나만 있다는 것은 사회가 그만큼 획일적이었다는 것을 보여준다. 그러나 사회가 다양함에도 불구하고 그 하나만을 고집하며 살아왔다면 문제가 아닐 수 없다. 현재 우리의 삶이나 직무의 현장은 갈수록 매우 복잡하고 애매한 현상을 띠고 있다. 따라서 정답이 여러 가지일 수 있다.

현대는 개혁, 혁신, 창조적 도전의 시대이다. 윤현은 자신의 책 『아이다이야』에서 창업의 출발점을 아이디어로 보고 각자의 능력을 극대화할 수 있는 아이디어 창안방안을 다각도로 제시한다. 아이다이야란 "아이디어는 다이아몬드와 같다"는 말을 줄인 것이다(윤현, 1998). 창조시대는 아이디어를 존중할 뿐 아니라 경영에서도 창조적 발상을 크게 요구하고 있다.

2. 왜 창조성인가

농업사회에서는 근육을 사용하는 정도가 80%였고, 현대에 와서는 20%로 줄었다고 한다. 그 이유가 무엇일까? 근육보다 머리를 사용하는 일이 많아졌다는 것이다. 세상이 바뀐 것이다. 이것은 경영에서도 그 초점이 바뀌어야 한다는 것을 보여준다.

노벨 물리학상 수상자 존 슈리퍼는 넥타이 디자인으로 50만 달러를 벌었다. 그의 연구소에서 고속 가속기를 이용해 각종 생물 및 무생물의 엑스레이 사진을 수없이 찍다가 얻은 신비한 문양을 넥타이 회사에 팔았던 것이다. 넥타이 디자이너들 사이에서는 전혀 예상치 못한 경쟁자가 등장한 것이다. 오늘의 경제 환경은 이렇게 예측 불가능의 세상 속에 있다. 그러나 누구라도 창의성만 발휘하면 큰돈을 벌 수 있는 지식가치의 시대다(송병락, 2004).

지식사회에서 기업이 필요로 하는 인물은 꿈꾸는 자이다. 현대인에게 필요한 것도 꿈이다. 꿈이 비전을 낳고 비전이 이상을 실현하기 때문이다. 상상력, 생각이 미래를 좌우한다. 스필버그는 당신의 상상력을 가져오라고 말한다. 가우디의 상상력이 바르셀로나를 예술의 도시로 만들었다. 주라기 공원, 해리포터, 반지의 제왕 모두 상상력의 산물이다.

어느 시대고 창조성을 강조하지 않은 시대는 없다. 그러나 현대만큼 창조성을 극도로 요구하는 시대도 드물다고 할 만큼 창의성 경쟁에 돌입했다. 따라서 상당수의 선진기업들은 여러 면에서 창조성에 맞춘 관리기법을 개발하고 이를 사용하고 있다.

창의성은 기업뿐 아니라 교육·산업·국가의 중요한 키워드가 되고 있다. 어느 시대든 창의성을 강조하지 않은 시대는 없다. 그러나 지금처럼 창의성을 극도로 요구하는 시대는 드물다 할 만큼 모두 창의성 경쟁에 돌입했다. 21세기는 그만큼 창의적 아이디어가 주도하는 사회를 이루고 있고, 아이디어를 창발(創發)하는 조직이 사회를 이끌고 있다.

스필버그의 충고

주라기 공원 등 부가가치가 높은 영화를 만들어 천문학적 수익을 올린 스필버그는 한국을 방문한 자리에서 이런 말을 했다.

"영화는 20세기의 기적이다. 영화는 사람들을 웃기거나 울리는 등 정서적으로 움직일 뿐 아니라 어떤 가르침도 준다. 그렇지만 그냥 영화를 만드는 것만으로는 충분치 않다. 많은 사람들이 안 보고 못 배길 영화를 만들어야 한다. 그렇게 하려면 끊임없이 꿈을 추구해야 하고, 아이디어를 창출해야 한다. 질 높은 화면과 박진감 있는 음질은 필수적이다."

그는 영화만이 아니라 영화관의 존재도 중시하고 있다. 극장엔 쇼핑시설이나 비디오 가게 등을 함께 설치해 먹고 즐기고 노는 일종의 멀티플렉스(multiflex)를 만들어서 극장에 가는 것이 하나의 환상적인 이벤트가 되도록 해야 한다는 것이다.

특히 그는 자신이 할리우드의 메이저 스튜디오와 경쟁하지 않는 점을 강조했다. 작품 수보다 품질에 중점을 두고 1년에 만화 1편을 포함, 최대 10편의 작품만 만들 계획이라고 말했다. 열정과 지도력을 잃은 메이저에 비해 창의성을 살린 좋은 작품으로 넉넉히 성공할 수 있다는 것이다. 우리 영화인들이 툭하면 제작비와 제작여건만 탓하면서 다만 흥행만을 노려 저질영화를 마구 양산하는 태도와 좋은 대조를 이룬다. 스필버그는 이런 말도 했다. 한국영화를 세계에 알리기 위해 가장 중요한 것은 영화가 문화라는 사실이다. 한국문화에서 나온 고유의 목소리를 갖고 이를 강조하는 것이다.

스필버그의 이러한 충고는 무사안일에 빠진 한국영화계로 하여금 반성을 촉구하게 만들었다. 이러한 충고는 영화계에 국한되지 않는다. 한국의 경영자들에게 창의성이 왜 중시되어야 하고, 그 안에 한국적인 목소리가 담긴 문화적 창의성이 얼마나 중요한가를 일깨워주고 있다.

오늘날 기업에서 창의조직을 중시하는 것은 경영 패러다임이 바뀌고 있기 때문이다. 가속화되는 지구적 경쟁, 높아지는 소비자의 욕구, 급속한 기술변화, 날로 심화되는 지식은 조직으로 하여금 창의성·유연성·동태성의 기치를 높이 들게 하고 그간 지배와 권력행사의 터가 되었던 피라미드 조직구조를 여지없이 무너뜨렸다. 계·과·부의 피라미드 조직이 수평적 팀 조직으로 바뀐 것도 위계적 권력구조에서 일 중심·창의 중심의 구조로 전환하지 않으면 살아남을 수 없다는 절박감 때문이다. 창의적 조직이 되고자 하는 마인드가 없이 과거의 한 부서를 그저 팀으로 전환하는 수준의 기업이라면 경쟁에서 밀릴 수밖에 없다.

창조(creation)는 '존재하지 않은 것을 존재하게 만든다'는 뜻을 가진 라틴어 '끄레아레(creare)'에서 나온 말이다. 신이 아닌 사람이 존재로 가져온다는 것이 얼마나 어려운가는 두말할 필요 없다. 그래서 인간의 창조성은 뭔가 새로운 것을 생각만 해도 창조적으로 간주한다.

인간의 창조성은 기계처럼 산출되는 것이 아니므로 그 기법도 다양하지 않을 수 없다. 또한 어느 한 기업의 창조적 관리기법이 다른 기업에 그대로 적용돼 효과를 거둘 수 있는 것도 아니어서 창조성을 위한 조직관리만큼 어려운 것도 없다.

에디슨은 누구도 부인할 수 없는 창조적 인물이다. 에디슨은 낮잠을 자는 습관이 있었는데 그가 속한 기업이 그의 낮잠을 막을 수 없었다. 왜냐하면 그 낮잠이 그의 창조성을 촉발시키는 데 기여한다고 생각했기 때문이다. 창조성을 위해 모든 종업원들에게 낮잠을 확대시킬 수는 없는 노릇이어서 에디슨에게만은 예외를 인정한 것이다.

우리나라 기업에서 만일 어느 종업원이 창조성을 위해 낮잠을 허용해달라고 했을 때 순순히 들어줄 기업은 아마 하나도 없을 것이다. 그가 에디슨과 같은 예외적인 인물이라면 몰라도.

에디슨 당시만 해도 미국은 X이론이 적용되던 시대였기 때문에 이런 광경은 특이한 것이어서 흥미의 대상이 되었다. 그러나 Y이론이 적용되는 시대부터는 조금씩 사무실 분위기가 달라지기 시작했다. 기계처럼 일을 시키는 대신 새롭고 창조적인 아이디어들이 중요하다는 것을 인식하기 시작했기 때문이다.

3M은 '15% 규칙'을 가지고 있다. 일과의 15%를 창의성을 발휘하는 데 자유롭게 사용해야 한다는 것이다. 몇몇 기업의 경우 하루에 두어 시간 자유롭게 생각하고 자유롭게 일할 수 있도록 하고 있다. 종전 같으면 게으름을 부린다는 말을 들을 수 있었을 터인데 이제 그런 말을 하는 간부는 없다. 이른바 사내기업가정신(intrapreneurship)이 얼마만큼 중요하다는 것을 잘 알고 있기 때문이다. 조직 상부층에서는 오히려 이것을 장려한다. 이것이 창조성을 위한 조직정책이 되고 있다.

이면우는 W이론을 제안하는 글에서 미국의 창조성을 높이 평가하고 있다. 그는 미국이 이처럼 창조성이 높을 수 있었던 것은 바로 Y이론의 확산 때문이었다고 말한다. Y이론으로 종업원의 창조성과 혁신적 사고가 높아져 각종 첨단기술을 개발할 수 있었다는 것이다. 개발 가능성의 바탕이 되는 것이 바로 창조성을 높이는 조직 분위기였다는 것이다. 이것은 기술개발을 위해 조직 분위기가 얼마나 중요한가를 여실히 보여주고 있다.

그에 따르면 일본은 미국이 개발한 기술을 제품 등에 잘 응용하여 성공한 나라이다. 그는 일본을 가리켜 '소머리 위에 앉은 쥐'로 표현하고 있다. 그는 우리나라는 쥐를 능가하는 응용력을 발휘하기 위해서 '소머리 위에 앉은 쥐의 머리 위에 앉은 벌'이 되어야 할 것을 강조한다.

그 벌의 존재에 대해 논란이 있을 수 있지만 우리가 여기에서 주목해야 할 것은 창조성을 발현시킬 수 있는 조직 분위기가 얼마나 중요한가 하는 것이다. 소에게만 창조성이 필요한 것이 아니다. 그 기술을 이용하기 위해서는 쥐나 벌들도 이에 못지않은 창조적 노력이 필요하다. 노력하지 않고 열매를 통째 먹을 수는 없기 때문이다.

창조성을 위해서는 인사·조직 정책이 기본적으로 달라져야 한다. 창의성이란 억압적이고 강제적인 조직 분위기에서 나오지 않기 때문이다. 우선 종업원에 대한 인식부터 달라져야 한다. 종업원을 능력 있는 존재로 보고 그 능력을 발휘할 수 있도록 강하게 동기부여하고, 그러한 방향으로 조직의 흐름을 바꿔줘야 한다. Y이론적 경영관리는 바로 이러한 특성을 나타낸다. 리더십의 초점은 바로 이러한 Y이론적 특성을 조직이 체질화하도록 하는 데 맞춰져야 한다.

최근 우리나라에서도 이러한 흐름이 강조되고 있다. 이것은 새롭다기보다 당연한 흐름이다. 특히 전문화를 선호하는 성향이 높아짐에 따라 조직도 전문가에 맞는 관리 스타일로 개발하지 않으면 안 되기 때문이다. 전문가는 높은 창조성을 요구한다. 따라서 조직은 이에 걸맞은 조직으로 구조화되지 않으면 안 된다. 창조성을 높이기 위해서는 이 같은 조직의 변화뿐 아니라 조직 내 구성원들의 변화도 무엇보다 필요하다. 창조성을 향상시키기 위한 조직 내 새로운 흐름들을 살펴보면 다음과 같다.

3. 혁신과 창조성과의 관계

창조성에 대한 학계의 관심은 창조성 측정, 창조성 인자분석, 창조성 검사로부터 비롯되었고 이것이 산업계에 도입되어 종업원의 창조성 개발교육으로 발전하였다. GE사가 1934년에 18개월 코스로 종업원의 창조성 개발교육을 실시한 결과 이 과정을 이수한 종업원들이 이수하지 않은 종업원보다 평균 특허권 획득건수에서 있어서 3배의 차이를 보여줌으로써 창의성 개발교육의 중요성을 실증했다.

산업계의 창조성 개발교육은 경영환경이 복잡하고 다양화해짐에 따라 그 중요성이 높아지고 있으며 이에 따라 기업 차원에서의 창조성 연구도 활발히 진행되고 있다.

혁신은 원래 기술혁신과 경제발전이라는 경제적 관점에서 출발했으나 경영학에 도입되면서 관리혁신의 차원으로 발전했다. 이처럼 창조성과 혁신은 각기 다르게 출발했지만 경영학 분야에 접합되면서 서로 밀접한 관계를 맺게 되었다. 즉, 창조성은 혁신의 주제를 위한 아이디어와 혁신과정에서 직면하는 문제점들을 해결하기 위한 아이디어 등을 만들어 제공하고 있고, 혁신은 조직이 제품 및 서비스, 생산공정, 제도, 구성원의 의식변화 등에 필요한 새로운 아이디어를 창조성으로부터 빌려 사용하고 있는 것이다. 이 두 개념의 관계에 관한 학자들의 견해를 살펴보면 다음과 같다.

1) 니스트롬

니스트롬(H. Nystrom)에 따르면 혁신은 급격하고 불연속적인 변화이며 창조성은 이러한 이노베이션을 고안하고 성공적으로 수행할 수 있게 하는 능력이다. 창조성은 이노베이션의 전제조건이 되는 것이다.

조직이 혁신을 성공적으로 수행하기 위해서는 조직의 창조성이 높아야 한다. 혁신은 과정적 활동이기 때문에 혁신이 진행되면서 문제점에 직면할 때마다 창조성이 문제해결의 원동력으로 작용한다 (Nystrom, 1979).

2) 알브렛

알브렛(K. Albrecht & S. Albrecht)은 창조성을 이익으로 전환시키는 과정을 이노베이션으로 간주했다. 창조성은 정신적 활동과정으로서 그 산출은 아이디어이며 이노베이션은 이 아이디어를 원재료로 하여 기업에 이익이 되는 구체적 결실로 바꾸어놓기 위해 인적 및 물적 자원을 투입하여 가시적이고 구체적인 활동을 수행하는 과정이다.

혁신의 산출은 신제품 개발, 생산공정 개선, 조직구조 개선 등으로 나타난다. 그러나 모든 창의적 아이디어가 이노베이션의 주제로 선정되는 것은 아니며 그 가운데 시장성, 기술적 성공가능성, 수익성, 투자재원의 조달가능성, 조직에의 채택가능성 등을 검토한 후 타당성 있는 것만 선정된다.

3) 코즈메스키

코즈메스키(G. Kozmetsky)도 창조성을 혁신을 위한 투입요소로 간주했다. 그는 혁신과정에는 인적 및 물적 자원 이외에 혁신의 주제 및 혁신과정에서의 문제해결을 위한 아이디어를 중요한 투입요소로 간주했다. 따라서 창조성 없이 혁신은 불가능하다.

4) 쿤

쿤(R. L. Kuhn)은 창조성과 혁신의 관계를 2x2 매트릭스로 표현했다. 그에 따르면 창의성은 거시 및 미시 차원 모두 근원적이며 추상적인 철학 또는 아이디어적 측면을 나타내는 반면 혁신은 창조성을 보다 구체적 행동으로 나타내는 행동이다.

창조성과 혁신의 관계

	창조성	혁신
거시수준: 경제	방향적 철학	새로운 프로그램 및 프로젝트
미시수준: 기업	새로운 비즈니스 또는 제품 아이디어	기술개발 또는 관리개발

여러 견해를 종합해보면 창조성과 혁신은 다음과 같은 관계를 가지고 있다.

첫째, 창조성은 이노베이션의 투입요소 또는 혁신을 원활하게 수행할 수 있게 한다. 즉, 창조성은 조직의 혁신활동의 전제조건으로서 조직의 혁신수행을 위해서는 조직구성원의 창조성이 무엇보다 필요하다.

둘째, 창조성은 정신적 활동과정이며 그 산출은 아이디어인 반면 혁신은 창조적 아이디어를 바탕으로 조직의 수익을 높이기 위해 인적 및 물적 자원을 투입하는 구체적 활동과정이다. 혁신의 산출은 조직의 이익을 실현해주는 구체적 형태로 나타난다.

셋째, 창조성과 혁신은 다단계 과정의 활동으로 서로 공존하며 보완한다. 그러나 이노베이션은 구체적 일정에 따라 진행되지만 창조성은 상대적으로 보아 항존의 성격이 강하다. 창조성은 이노베이션이 진행되면서 문제가 생길 때마다 아이디어를 생성할 수 있는 능력의 상태로 항존하며 필요할 때마다, 즉 기존의 문제해결 방법으로 해결이 어려운 상황에 접할 때마다 창조적 아이디어를 만들어 제공함으로써 혁신을 성공적으로 수행할 수 있게 한다.

4. 창조적 인물이 줄어드는 이유

스티브 잡스가 죽었을 때 많은 사람들이 그의 서거를 아쉬워했다. 그중에 하나는 그의 창조성에 대한 것이었다. 그가 정녕 창조적이었는가에 대해선 논란이 있지만 창조적 인물이 가는 것은 사회적으로 손해라는 인식이 강하다.

현대는 창조성을 강조한다. 창조성이 강조되지만 창조적 인물에 대한 욕구는 갈급한 상황이다. 그만큼 창조적 인물이 적기 때문이다. 왜 창조적인 인물이 줄어드는가?

미국의 경우 두 가지를 든다. 첫째, 교육문제다. 어릴 적에는 창의성을 발휘한다. 그러나 초등학교에 들어가면 대부분 창의성을 상실한다. 시험공부를 열심히 해야 하고, 공상에 잠기거나 신기한 질문을 하면 놀림감이 되기 십상이기 때문이다. 둘째, 독창적인 사람에 대한 부정적인 편견이다. 화가나 소설가 등 창조적인 전문가들을 미치광이, 마약 중독자, 경제적 무능력자로 치부하는 사회 분위기가 부정적으로 작용하고 있다. 이것은 창조적 인물을 양성하기 위한 교육을 강화하고, 창조적 인물에 대한 편견을 없애는 것이 중요하다는 것을 보여준다.

일본은 창조성을 강조한다. 하지만 많은 기업은 창조성을 발휘할 수 없다고 말한다. 여러 이유가 있지만 그동안 일본은 따라잡기 정신에 사로잡혀 새로운 환경에 적응하지 못한 비만 공룡, 용기와 창조적 능력 부족, 토론을 통한 통합적 사고의 부재와 지식의 통합 능력 결여, 그리고 과거의 성공에 집착하다 개혁의 모멘텀을 상실했다는 평가를 받았다. 여기서 우리도 창조성을 높이기 위해 적어도 어떤 기업환경을 만들어야 하는가를 읽을 수 있다.

창조는 사람에게서 시작된다

컨테이너는 1930년 말콤 맥린이라는 트럭 운전사의 아이디어다. 육상과 해상 사이의 인터스페이스를 바꿔주면 수송비도 줄이고 시간도 크게 절약할 수 있으리라는 생각에서 나왔다.

소주 '처음처럼'은 2006년 출시 때 신영복 교수가 그린 그림과 낙관, 브랜드 이름이 스토리의 소재가 됐다. 그가 '처음처럼' 로고와 그림을 제공한 대가를 자신이 몸담은 성공회대의 학생 장학금으로 내놨다는 사실이 알려지자 이 브랜드는 더 입소문을 탔다.

미국의 마스카라 브랜드 메이블린의 탄생 비화는 이렇다. '넌 얼굴이 예쁘지 않아'라는 핀잔과 함께 남자 친구한테 딱지를 맞은 여동생 메이블을 위해 오빠가 만들어낸 것이 마스카라다.

일본 메이지생명은 다운증후군을 앓는 아들을 보살피는 아키유코 가족의 편지를 광고 캠페인으로 만들어 화제를 낳았다. 이 가족의 사연은 TV다큐멘터리로 제작된 데 이어 책으로도 나왔다. 생명보험 등 금융회사의 광고는 소비자 사연이나 입소문을 소재로 삼는 것이 효과적이다.

미국 지포 라이터는 1960년대 베트남 전쟁 때 총 맞은 라이터가 멀쩡했다는 소비자 사연을 접하고 '바로 이거다' 하면서 환호했다. 사건이 아

---

5. 창조경영을 도입해야 하는 이유

기업들이 창조경영을 도입해야 하는 이유는 정보사회에서 창조사
회로의 진입, 신성장동력의 필요성, 경쟁방식의 변화, 융합과 컨버전
스의 가속화, 모방전략의 한계 등 여러 이유로 창의성과 상상력을
기반으로 한 창조경영을 필요로 하게 되었다.

1) 창조적 환경이 창조경영을 높인다

창조성을 높이기 위해서는 삶에 기운을 불어넣어주는 경영(refreshing
management)이 필요하다. 창의적 인물은 일상적 환경에 매여 무사안
일을 추구하지 않는다. 오히려 비일상적 환경을 수용하며 보다 나은
발전을 추구한다. 따라서 삶에 기운을 주기 위해서는 보다 유연하고
편안함을 주는 환경이 필요하다. 빠름보다 때로는 느림이 요구된다.
이것이 창조성을 유발하는 환경이다. 자연으로 돌아가 관조하고 생각
한다. 독서를 통해 다른 사람의 생각과 만나 자기만의 우물 안 사고

틀에서 벗어난다. 필요하다면 휴가제도를 바꿔 이런 기회를 준다.

직원들이 창조적인 아이디어를 떠올릴 수 있는 업무환경을 갖추려는 노력도 시도되고 있다. 사무실 칸막이를 없애거나 딱딱한 분위기의 회의실을 카페나 놀이터처럼 꾸민다. 어떤 회사는 건물 옥상을 하늘정원으로 만들기도 한다.

초록색이 사람들을 더 창조적으로 만든다는 실험결과도 있다. 로체스터대의 앤드루 엘리엇 교수는 창의성과 색상 관계 연구를 통해 자연의 색으로 통하는 초록색이 사람들의 창의성을 더 자극한다고 밝혔다. 빨간색을 자주 보면 위험을 느끼지만, 초록색은 긍정적이면서도 편안한 마음을 갖게 한다는 것이다. 사무실 가득 초록빛 식물로 채우기는 어렵다. 그렇다면 실내 디자인에 초록색을 많이 접목시키는 것도 한 가지 방법이다.

사무실 천정 높이도 영향을 준다. 생명과학자 조나스 솔크는 1955년 오랜 연구에도 불구하고 소아마비 백신 개발의 고리를 풀어줄 아이디어가 떠오르지 않자 두 주간 이탈리아 여행을 떠났다. 여행 중 방문한 한 성당 안에서 불현듯 백신 개발의 단초가 될 아이디어를 얻게 되었다. 그는 이를 계기로 창의적 아이디어는 성당처럼 천장이 높은 곳에서 더 잘 나오는 것일지 모른다는 생각을 하게 되었다. 그는 1965년 솔크연구소를 세우면서 연구소 한 층의 바닥부터 천장까지의 높이를 다른 건물보다 60cm 정도 높은 3m로 만들었다. 그 결과 이 연구소는 지금까지 5명의 노벨상 수상자를 배출하는 성과를 얻었다.

미네소타대학의 조앤 마이어스-레비는 유사 실험에서 천장 높이가 2m40cm에서 2m70cm, 3m로 30cm씩 높아질 때마다 사람들의 창조적 문제해결능력이 2배 이상 높아지는 것으로 나타났다.

하지만 창의성을 높이려는 대상이 팀 단위라면 다를 수 있다. 광고회사의 경우 사람들이 좁은 공간에서 서로 부딪치면서 커뮤니케이션하는 가운데 더 창의적 아이디어가 나오기도 한다(김진성, 2010).

2) 창의적 인물이 되려면 그에 따른 기술이 있어야 한다

디크리스티나에 따르면 창의적인 사람이 되려면 다음 4가지 기술을 갖춰야 한다(DiChristina, 2008).

첫째, 획득(capturing) 기술이다. 새로운 아이디어가 생각나면 기록에 남겨 보존하는 습관을 갖는다. 기록으로 남기지 않으면 잊어버리기 쉽다.

둘째, 도전(challenging) 기술이다. 가급적이면 어렵고 힘든 문제에 매달린다. 어려운 문제일수록 여러 해결방안을 궁리하게 되고, 여러 방안의 관련성을 분석하다 보면 새로운 아이디어가 떠오르게 마련이다.

기무라 아키노리, 도전하는 자에게 기쁨의 때가 온다

기무라 아키노리(木村秋則)는 그간 애지중지 키워온 800여 그루의 사과나무 중 절반이 해충으로 고사해버리고 아내와 아이들이 굶어죽을 지경에 이르자 절망했다. 심혈을 기울여온 유기농법이 실패한 것이다. 결국 자살을 결심하고 산속에 들어갔다.

나무에 밧줄을 던져 목을 맺다. 하지만 죽는 일도 그리 쉽지 않았다. 밧줄이 풀리면서 그도 떨어졌다. 밧줄을 찾으려다 사과나무 한 그루가 풍성하게 열매를 맺은 환상을 보게 되었다. 사과 농사꾼에겐 사과 밖에 보이지 않는다. 하지만 그것은 도토리 나무였다. 순간 그에게 의문이 생겼다. "농약 한 방울도 뿌리지 않은 이 깊은 산 속에서 어떻게 참나무가 튼실한 열매를 맺는단 말인가?"

그 원인을 알기 위해 주변을 살피고, 뿌리를 파헤쳐 보았다. 그는 자연의 흙이 농장의 흙과는 다르다는 것을 알게 되었다. 비료도 주지 않은 자연 상태의 토양이 토실한 열매의 비결임을 깨닫게 된 것이다. "토양이 다르면 열매가 다르다. 참나무가 이렇게 열매를 맺을 수 있다면 사과나무도 가능하지 않겠는가!" 잘 썩지 않고 토실해 '기적의 사과'라 불리는 기무라 아키노리 사과의 비법은 바로 여기서 출발했다.

기무라는 1949년 아오모리 현 이와키마치에서 대대로 사과 재배를 해온 농가의 둘째 아들로 태어났다. 하지만 평소 농사가 얼마나 중노동인가를 실감했기 때문에 자신은 결코 농사꾼이 되지 않겠다고 결심했다. 고등학교를 졸업한 뒤 도시에 나가 직장생활을 했다. 하지만 형이 아픈 바람에 어쩔 수 없이 고향에 돌아와 부모님의 농사를 돕게 되었다. 결혼을 한 뒤에는 본격적으로 사과 농사를 시작했다.

농약을 칠 때마다 아내가 앓아눕는 것을 견디다 못해 새로운 방법을 찾았다. 농약을 끊고 오직 손으로 해충을 잡고 퇴비를 주는 방식을 택했다. 이른바 무농약 자연재배 방법이다. 온갖 정성을 기울이며 최선을 다해 사과농사를 지었지만 실패를 거듭했다. 생활이 어려워지자 그는 트럭운전, 부두 하역작업, 상자 줍기 등 닥치는 대로 일을 했다. 결국 과수원에 차압 딱지가 붙었다. 파산한 것이다. 이것이 바로 그가 결국 죽음을 결심하고 산에 오르게 된 사연이었다.

죽음의 장소에서 깨달음을 얻게 된 그는 과수원을 산속의 토양과 같게하려고 애썼다. 연구 끝에 사과밭에 콩을 심어 질소를 공급하고, 잡초를 뽑는 대신 내버려두었으며, 농약 대신 먹이사슬로 벌레를 퇴치했다. 이런 식으로 그의 농장을 자연친화 생태계로 만들었다. 이렇게 한지 8년째 되는 어느 봄날 죽어버릴 것 같은 사과나무 한 그루에 꽃이 피기 시작했다. 그는 이 꽃망울을 통해 희망을 읽었다. 이듬해 봄 다른 사과나무들이 일제히 꽃망울을 터뜨렸다. 그리고 가을엔 탁구공만한 사과열매가 주렁주렁 달렸다. 작은 사과였지만 맛은 기막혔다. 기적의 사과가 탄생한 것이다. 그뿐 아니다. 이 사과나무는 태풍에도 거의 피해가 없었다. 확인해보니 뿌리가 무려 27미터나 뻗어 있었다.

기무라는 인터넷으로 이 인내와 기적의 사과를 소개했다. 그러자 사과는 3분 만에 매진될 정도로 인기가 높았다. 도쿄 레스토랑에서 이 사과로 만든 스프를 먹으려면 1년을 기다려야 했다. TV 도쿄는 '세계를 움직인 100명의 일본인'으로 그를 선정했다.

기무라는 사과 때문에 극과 극을 오간 인물이다. 그는 먼저 사과 때문에 울었다. 사과 농사의 실패로 인해 극심한 가난을 겪었고, 죽음의 문턱까지 갔다. 그 때까지만 해도 그는 나무만 보고 흙은 보지 못했다. 그러나 죽음의 문턱에서 흙을 보는 깨달음을 얻어 다시 도전했다. 10여 년간 농약과 비료에 의존하지 않고 야생의 힘으로 스스로 회복할 수 있도록 배려했다. 그 배려가 성공으로 이어진 것이다. 이로써 그는 농약을 치지 않고서는 사과를 재배할 수 없다는 통념을 바꿔놓았다. 그는 결국 사과 때문에 웃었다. 그는 지금도 자연재배가 보편화되어 더 많은 사람들이 먹을거리를 안전하게 먹을 수 있어야 한다고 말한다.

지금 일본은 기무라 아키노리 사과를 즐기고 있다. 이것은 지금까지 인류가 먹어 보지 못한 야생의 사과이다. 이것을 기무라 아키노리의 '아담과 이브의 사과'라 한다. 땅은 정직하다. 땅이 풍요하면 나무의 열매도 풍요하다. 이것이 어찌 사과나무에만 해당할까. 우리 믿음 밭 토양을 근본적으로 바꾸면 좋은 열매가 주렁주렁 맺히리라. 이제 이 일을 시작할 때다. 기무라는 불가능에 도전했다. 실패를 두려워하지 말라. 고정관념을 깨라. 도전하는 자에게 기쁨의 때가 온다.

셋째, 확장(broadening) 기술이다. 여러 분야에 관심을 많이 갖고 많은 지식을 꾸준히 습득하도록 한다. 머릿속의 지식이 다양할수록 여러 생각을 연결시켜 새로운 아이디어를 만들어낼 수 있기 때문이다.

끝으로, 환경(surrounding) 조성 능력이다. 천재는 홀로 지낸다는 것은 잘못된 고정관념이다. 천재는 남이 이룩한 성과로부터 영향을 받는다. 갈릴레이가 없었다면 뉴턴이 업적을 낼 수 없었고, 뉴턴이 없었다면 아인슈타인은 존재하지 않았을 것이다. 창의적인 사람은 남의 지혜를 활용한다. 다양한 지식을 가진 사람들과 네트워크를 구축해놓으면 새로운 아이디어를 얻는 데 효과적이다.

3) 창조경영의 시작, '왜'에서 시작된다

로드아일랜드 디자인 스쿨(RISD)의 존 마에다(J. Maeda) 총장은 정보기술의 괴리가 줄고 기술 수준이 평평해지면서 창조성과 예술성이 기업들의 새로운 전장이 되었다고 말한다. 그는 이 새로운 경쟁의 영역을 '포스트 디지털 르네상스'라 불렀다. 이런 시대에 어떻게 하면 창조적인 기업이 될 수 있을까? 그는 끊임없이 '왜'라고 묻고 변신에 늘 열려 있으라 한다.

덴마크의 블록 쌓기 왕국 레고(Lego)는 1990년대 컴퓨터게임기라는 뜻밖의 경쟁자를 만났다. 이때 돌파구가 된 것이 '왜'라는 질문이었다. "왜 레고는 움직여서는 안 되지?", "왜 어른은 레고의 고객이 될 수 없지?" 이 두 질문으로부터 움직이는 레고 로봇인 '마인드스톰'과 어른을 겨냥한 '스타워즈' 시리즈가 탄생했다.

4) 지식기반 사회는 지식창조능력을 요구한다

21세기 지식기반 사회에서는 새로운 지식과 기술의 창출 능력이 국가와 산업의 경쟁력을 좌우한다. 지식창조기업의 대표주자인 애플사는 매킨토시, 아이팟, 아이폰 등 세 가지 제품만으로 2009년 매출액이 42조 원이다. 애플의 시가총액은 212조 원으로 매출액 면에서 애플의 세 배 가까이 큰 삼성전자의 시가총액보다 약 90조 원 더 크다.

현재 세계에서 지식창조능력이 가장 뛰어난 나라는 미국이다. 2009년 물리학·화학·의학 등 기초분야의 노벨상 수상자 9명 가운데 8명이 미국 국적이다. 이런 결과가 나온 것은 세계 최고의 대학·연구소들과 그곳으로 몰려드는 우수 인재 덕분이다.

한 나라가 지식창조 경쟁력을 확보하려면 무엇보다 대학이 지식생산기지로서의 역량을 강화해야 한다. 로마는 출신지역과 성분을 가리지 않고 유능한 인재에게 로마시민권을 주었다. 그리고 그중 가장 유능한 시민, 즉 1인자를 황제로 삼을 수 있었기에 인류 역사상 가장 위대한 제국이 될 수 있었다. 미국 대학들은 20세기 초 전쟁과 박해를 피해 온 세계 각지의 우수 인재들을 받아들여 원자폭탄을 만들고 우주과학을 개척하면서 슈퍼파워가 되는 데 필요한 기반을 닦았다. 오늘날 미국 대학의 힘은 아인슈타인, 하이에크 등 위대한 학자들이 MIT와 하버드 등에서 연구하면서 남겨둔 업적 덕에 더 강해질 수 있었다. 풀브라이트 장학재단이 전 세계 젊은 인재들을 미국으로 초청해 대학 캠퍼스와 실험실에서 마음껏 재능을 꽃피울 수 있도록 한 것도 도움이 되었다.

6. 아이디어와 로켓 엔진 방식의 혁신 패러다임

브랜드 컨설팅회사인 브랜드짐(Brandgym)의 매니징 파트너인 데이비드 니콜라스가 지은 책 『리턴 온 아이디어즈』(Return on Ideas)는 오늘날 주요기업이 혁신을 추진하기 위해 도입한 '혁신 깔때기(innovation funnel)' 방식은 아이디어를 죽이고 혁신을 저해하는 장애물로 작용하고 있으므로 아이디어를 키우고 발전시키는 로켓 엔진 방식의 새로운 혁신 패러다임으로 전환할 것을 제시한다(Nicholas, 2007).

실제로 많은 기업들이 혁신의 결과물로 내놓는 신제품들의 실패율은 70%를 넘고 있다. 니콜라스는 기업들의 혁신 노력이 이처럼 실패로 끝나는 것은 대다수의 기업들이 사용하고 있는 혁신 깔때기 방식 때문이라고 주장한다. 1980년대 로버트 쿠퍼가 개발한 혁신 깔때기 방식은 아이디어 추출과정을 몇 개의 단계로 나누어 각 단계마다 어떤 아이디어를 죽이거나 다음 단계로 진전시킬 것인가를 결정하고 이 과정을 통해 최종적으로 선정된 아이디어에 자원을 집중시킨다는 것이다.

상업화할 수 없는 아이디어를 빨리 죽일수록 비용을 절감할 수 있고 이렇게 함으로써 소수의 현실적인 아이디어에 보다 많은 자원을 집중할 수 있다고 주장하는 혁신 깔때기 방식은 원칙적으로는 매우 타당해 보이지만 실제로는 좋은 아이디어를 사장시키고 결과적으로 성공적인 혁신을 가져오지 못한다. 이러한 방식은 혁신적 성공을 위한 창의적 사고와 영감, 그리고 혁신이 가져올 거대한 폭발력을 저해하고 결과적으로 혁신을 질식시키고 만다는 것이다.

그는 아이디어를 죽이는 이러한 혁신 깔때기 방식 대신, 로켓 엔진 방식이 혁신을 설계하고 운영하는 강력하고 새로운 혁신 패러다임이라고 주장한다. 로켓은 단순한 연료 주입을 통해 엄청난 추진력을 얻어 인간을 달에 올려놓았다. 혁신은 이처럼 강력한 힘을 가지고 있다. 로켓 엔진이 최대한의 추진력을 얻는 것은 효율적으로 작동하여 분사되는 가스가 외부 대기와 같은 압력을 유지할 때이고 이것은 모든 에너지가 추진력으로 전환되는 것을 의미한다.

이와 마찬가지로 혁신의 로켓 역시 어떤 아이디어가 모든 차원에서 충분히 확장되고 발전돼 시장이라는 우주에서 타깃(target) 고객들을 완전히 사로잡을 때 효과를 극대화할 수 있다. 따라서 여기서 혁신의 초점은 어떻게 아이디어를 발전시키고 다른 아이디어와 결합시켜 시장에서 최대의 효과를 거둘 것인가에 맞추어져야 한다. 그는 아이디어 육성과정을 로켓 발사의 4단계에 맞추어 설명하고 있다.

(1) 목적(destination): 목적을 명확히 하는 것은 성공적인 혁신을 위한 첫 번째이자 가장 중요한 행동이다.

(2) 연소(combustion): 지속적인 통찰을 통해 탁월한 수많은 아이디어들을 발생시키고, 이 아이디어들을 효율적으로 관리한다.

(3) 노즐(nozzle): 엄격한 평가기준과 함께 직관과 경험에 의해 아이디어들의 우선순위를 결정한다.

(4) 익스팬더(expander): 아이디어의 문제점을 발견하는 것이 아니라 아이디어들을 키워나가는 데 노력을 집중하고 이를 통해 지속적으로 아이디어들의 시제품을 만들고 다양한 시도를 해본다.

유니레버 아이스크림은 이러한 로켓 엔진 방식을 이용하여 혁신을 성공적으로 이루어냈다. 전 세계 아이스크림 시장을 석권하고 있던 유니레버 아이스크림은 소비자 데이터 분석결과 10대 청소년들은 어린아이들과는 달리 아이스크림 대신 청량음료를 선호하고 있음을 발견했다. 유니레버 브랜드팀은 청소년들을 타깃으로 탄산음료를 대체할 신제품을 개발한다는 목표를 세운 뒤 청소년들을 대상으로 아이스크림과 탄산음료를 비교하는 설문조사를 했다. 그 결과 아이스크림은 탄산음료에 비해 먹기가 번거롭고, 끈적거리며 녹기 전에 빨리 먹어야 하고, 먹다가 내려놓을 수 없으며, 어린애들처럼 핥아먹어야 한다는 문제점들이 파악됐다.

브랜드팀은 이러한 문제점들을 해결할 수 있는 '마실 수 있는' 아이스크림을 개발한다는 구체적 목표하에 다양한 아이디어를 모아 기술진과 함께 면밀히 검토했다. 그러던 중 작은 구슬 형태의 아이스크림을 종이컵에 담자는 아이디어에 관심이 모아졌다. 팀은 이 아이디어에 집중했고 이 아이디어에 또 다른 다양한 아이디어들이 결합됐다. 컵을 세워 놓고, 뚜껑을 닫는 아이디어, 내부가 보일 수 있도록 종이컵 대신 투명 플라스틱 용기를 사용해보자는 아이디어 등 다양한 아이디어들이 추가되며 계속해서 시제품이 만들어졌고 마침내 마시는 아이스크림 '칼리포 샷츠(Calippo Shots)'가 탄생되었다. 이 혁신적인 제품이 탄생하기까지 팀원들은 아이디어의 결점을 찾기보다는 문제해결에 초점을 맞추었고 추가로 도출되는 아이디어들을 반영하여 다양한 맛과 색깔, 용기로 계속 확장해나갈 수 있었다 (Nicholas, 2007).

창조성과 창조론

1. 창조성의 개념

창조성 개발은 개인이 지닌 창의적 잠재능력을 개발하고 창의성이 구현될 수 있는 조직의 분위기를 조성하는 것을 말한다. 창조성(creativity)은 어떤 일을 함에 있어서 새로운 방법 또는 이전의 문제들을 해석함에 있어서 새로운 방법을 고안해내는 창조적 과정(creative process) 및 창조적 능력(creative ability)을 말한다.

우리는 창조성을 말함에 있어서 창조적 능력과 창조적 행위(creative behavior)를 구별할 필요가 있다.

- 창조적 능력: 새로우면서도 유용한 아이디어를 산출할 수 있는 능력으로 새로운 조합과 연상을 만들어내게 하는 자질을 모두 모아놓은 것이다.
- 창조적 행위: 새로우면서도 유용한 아이디어를 산출하는 것으로 창조적이기 위해서는 다른 사람에게 그것이 가치가 있어야 한다.

창조성은 여러 능력의 복합체이자 다른 사람들이 전에 만들어내지 못했던 연상을 만들어내는 능력이다. 창조성은 새로운 조합이나 연상을 만들어내는 능력 또는 다양한 사고력이다. '하늘 아래 새로운 것이 없다'라는 말과 같이 인간의 창의성은 이미 존재한 별개의 사실들을 처음으로 연결시키는 것이다.

예를 들어 뉴턴이 대포알의 궤도곡선과 사과가 나무에서 떨어지는 일반적인 현상을 결합하여 두 현상이 공통되는 만유인력의 법칙을 찾아냈다. 이것은 똑같은 경험이라 할지라도 과거에는 그런 법칙이 있었음을 전혀 모르는 상태에 있었으나 그 경험들을 법칙으로 새롭게 구성했기 때문에 창의성에 해당한다.

대우가 수족관의 원리를 이용해 공기방울 세탁기를 만든 것이나 통독 이후 폐차된 동독의 트라반트 자동차가 상당부분 플라스틱으로 제조되었다는 것에 착안한 한 회사가 동독에 널려 있는 수많은 그 폐차들을 원료로 플라스틱 벽돌을 만든 것도 창의성을 이용한 새로운 응용방법에 속한다.

창조성은 기본적으로 사물을 특이하게 바라보거나 새로운 해결양식을 도출해냄에 있어서 후천적인 노력을 중시한다. 우리는 흔히 창조성과 지능(intelligence)을 동일한 것으로 간주하지만 여러 조사결과 두 능력이 완전히 독립적이지는 않다 할지라도 양자의 관계는 거의 없는 것으로 나타나고 있다. 길포드(J. Guilford)는 창의적 자질은 지능과는 다소 다른 여러 능력으로 이루어져 있다고 보았다(Guilford, 1971: 86). 창의성 모두가 천재성과 연계되는 것은 아님을 알 수 있다.

심리적 거리와 창조성

천재 중에는 창조적 작업을 하는 과정에서 특이한 상황에 의존한 경우가 적지 않다. 칸트는 자기 방 창문에서 보이는 탑을 뚫어지게 응시하면서 영감을 얻곤 했다. 프로이트는 백 개비도 넘는 담배를 피우며 기분전환을 시도했다. 발자크나 플로베르처럼 술에 의존한 소설가들은 수도 없이 많다. 이러한 사례를 통해 창의성이 개인의 타고난 재능이긴 하지만 특이한 상황의 영향을 받는다는 사실을 확인할 수 있다.

사회심리학자들은 보통 사람들도 상황을 활용하면 창의적 능력을 끌어올릴 수 있다는 연구결과를 내놓았다. 사람을 때때로 창의적으로 만드는 상황의 하나로 '심리적 거리(psychological distance)'가 손꼽힌다. 심리적 거리는 해석수준이론(construal level theory, CLT)에 의해 설명된다. CLT는 심리적 거리가 어떻게 개인의 사고와 행동에 영향을 미치는지 분석한다. 한마디로 객관적인 상황 자체보다 그에 대한 해석이 중요하다는 뜻이다.

뉴욕대 야코브 트롭(J. Teurop)과 텔아비브대 니라 리버만(N. Lieberman)은 CLT를 발표하고, 사람은 동일한 사건에 대해서도 시간적 거리에 따라 다르게 판단하는 성향이 있다고 주장했다. 이어서 이들은 시간적 거리는 물론 공간적 거리나 사회적 거리에 의해서도 동일한 사건이 달리 해석된다는 이론을 완성했다.

인디애나대 심리학자 라일 지아는 공간에서 심리적 거리를 증대시키면 창의성이 향상된다는 실험결과를 발표했다. 사물을 멀찌감치 두고 생각하면 좀 더 창의적으로 되는 까닭은 사물을 좀 더 추상적으로 보기 때문이다. 가령 옥수수를 가까운 거리에서 구체적으로 보면 낱알을 생각하며 식품으로밖에 여기지 않지만 먼 거리에서 추상적으로 보면 땔감을 연상하게 된다. 이를테면 옥수수가 생물연료인 에탄올의 원료로 각광을 받고 있는 사실을 떠올리게 된다. 서로 연관이 없는 개념인 곡물과 에너지를 동시에 연상하는 것은 그만큼 창의적 사고를 하게 됐다는 뜻이다. 이 연구결과에 대해 CLT 제안자인 니라 리버만은 일상생활에서 응용할 만한 가치가 있다고 높게 평가했다. 리버만은 심리적 거리를 응용하여 창의성을 향상시킬 수 있는 간단한 방법을 열거했다. 먼 나라로 여행을 떠난다. 여의치 않으면 그곳에 가는 것을 꿈꾼다. 먼 훗날을 상상한다. 자신과 다른 사람들을 떠올려본다. 불가능해 보이는 문제에 봉착하더라도 쉽게 포기하지 않고 그 문제와 거리를 두고 씨름하다 보면 언젠가 답이 나온다(이인식, 2011).

상상, 창의, 창조는 어떻게 관계를 가지는가? 이것은 학자에 따라 다르다. 상상, 창의, 창조는 서로 구별된다는 주장과 이것은 서로 엮어져 있다는 주장이 맞서 있다.

구별된다는 주장에 따르면 상상은 실제로 경험하지 않은 현상이나 사물에 대하여 무제한 공간인 마음속에서 자유롭게 원하는 모습을 그리는 것이다. 상상은 자유롭게 마음대로 생각해보는 발산적 사고이다. 이에 비해 창의는 상상을 통해서 이루고 싶은 것을 합리적인 생각을 통해 실현가능한 유용한 생각으로 만들어내는 것으로, 상상력에 합리성을 포함한 수렴적 사고이다. 그리고 창조는 창의적인 아이디어들을 기반으로 많은 시간과 노력 끝에 새로운 제품과 서비스를 실제로 만들어내고 실행하는 일이다. 예를 들어 인류는 오래전부터 하늘을 자유롭게 날아다니는 상상을 하며 살아왔다. 하늘을 나는 상상을 해오던 인류는 새들의 나는 모습과 물리학적 지식을 기반으로 새와 같은 날개를 다는 아이디어, 풍선과 같은 도구를 이용하는 아이디어, 새들을 묶어 나는 아이디어, 엔진을 개발하는 아이디어와 같은 창의적인 아이디어를 개발하였다. 그러던 중 라이트 형제는 수많은 연구와 노력 끝에 하늘을 날 수 있는 비행기를 창조하였다(김상수 외, 2008).

상상, 창의, 창조가 서로 엮여 있다는 주장도 강하다. 스필버그는 미켈란젤로의 벽화 '천지창조'를 보고 영화 ET의 명장면을 생각해냈다. 상상, 창의, 창조가 개념적으로 차이가 있다 할지라도 현재는 이 모두가 서로 얽혀 있고, 융합적으로 사용되고 있어 한계를 긋기 어렵다. 예를 들어 창조는 뭔가 새로운 것, 놀랄 만한 것만이 창조적인 것이 아니라는 주장이다. 그래서 창의력에 대한 오해에서부터 벗어나야 한다고 주장한다. 첨단기술이 없이도 제품을 남들과 차별화 해내는 기술, 모든 사람이 이해할 수 있는 평범한 내용을 쉽게 구현 해낼 수 있는 능력도 창조적이다.

창조는 평범한 아이디어 속에서 진주를 찾아내는 작업이다. 웅진 식품의 아침햇살, 초록매실, 가을대추 등 계속적인 히트상품은 모두 한 사람의 작품이다. 이 사람이 처음 쌀음료를 만들겠다고 했을 때 주변의 모든 사람들이 부정적이었다. 한국인이 세 끼 식사로 먹는 것이 쌀인데, 누가 돈 주고 음료까지 쌀 제품을 사서 마시겠느냐는 것이다. 그러나 그는 자신의 주장을 밀고 나가 결국 시장에 출시했 고, 10년이 지난 지금도 여전히 사랑받고 있다. 그의 혁신 포인트는 쌀, 대추, 매실 등 흔히 볼 수 있는 재료, 특별할 것 없는 기술로 만 든 제품이지만 남들이 보지 못한 새로운 가능성을 보고 실행에 옮긴 것이다. 이 점이 바로 그를 창조적인 사람으로 만들었다(최인철, 2008). 창의력은 디자인부서나 R&D센터에서만 담당하는 것이 아니 다. 콜센터 직원이나 세일즈 직원도 창의력을 발휘해야 한다.

창조성은 개인이 발휘할 수도 있고 조직적으로 발휘할 수도 있다. 조직이 창조적인가 아닌가 하는 것은 조직 내에 있는 개인의 타고난 창조적 능력, 조직 그 자체의 창조 잠재성, 그리고 창의력을 촉발시 키는 자극기법을 어떻게 활용하고 있는가 하는 것이다.

2. 창조성에 관한 여러 견해들

창조성 및 창조적 과정에 관한 여러 견해들을 살펴보면 다음과 같다(Busse and Mansfield, 1980).

1) 정신분석학적 견해

정신분석학자들은 개인의 창의력을 영감을 떠올리는 능력과 이를 정교화하는 탁월한 능력으로 정의한다. 영감을 떠올리는 과정에서는 논리적 및 합리적 사고를 배제하며 환상이나 공상을 즐길 수 있도록 자유로운 상황이어야 한다.

그러나 영감의 정교화 과정에서는 엄격한 논리적 평가가 이어져야 한다. 자유롭게 생각할 수 있는 시간을 주고 그 생각을 논리적으로 정리하도록 하는 것은 그 보기이다. 공상과학소설이나 만화가 이에 해당한다.

2) 연상이론

연상이론(association theory)에 따르면 창조성은 수없이 많은 연상, 특히 비범한 연상들의 결과로 얻어진다. 창의성은 전혀 관계가 없어 보이는 사항들 속에서 특이한 관계를 찾아내는 능력이다.

학자들은 원격연상검사법을 통해 개인의 창의력을 측정한다. 시간을 정해 벽돌을 본래의 목적 이외의 용도에 사용할 수 있는 경우를 찾아낸다든가 전혀 관계가 없어 보이는 단어들을 나열하고 이 단어들에 공통되는 단어를 연상케 하는 것 등이 그 보기이다.

3) 형태심리학적 견해

형태심리학자들(Gestaltists)은 창조성을 창조적 사고과정으로 보며, 생산적 사고(productive thinking) 또는 문제해결(problem solving)이라는 단어를 즐겨 사용한다. 베르타이머(M. Wertheimer)는 창조성을 문제의 재구성으로 본다. 즉, 문제의 구조적 특징과 조건들이 사유과정에서 긴장과 스트레스를 유발하는데 이 스트레스를 해소하는 과정에서 문제구성에 대한 인식이 변화되어 가며 최종적으로 변형되어 재구성된 문제가 바로 창의적인 해답으로 간주된다.

4) 인식론적 견해

인식론적 견해(perceptual theories' view)는 창조성을 고정관념(fixation)의 탈피 또는 기존 인식의 틀을 외연(extrapolation)시키는 능력으로 본다. 발상의 전환이나 기존의 패러다임의 틀을 깨는 인식의 방법 등은 이 견해에 따른 것이다.

5) 인간주의적 견해

인간주의적 견해(humanistic view)는 경험의 개방성과 개념화의 능력을 창의성으로 간주한다. 이 견해는 개인의 창의적 견해를 존중하며 잠재능력이 발휘될 수 있도록 하는 조직의 노력을 높이 평가한다.

3. 놀이인과 창조성

   루트번스타인은 놀이를 이용한 창조성을 강조한다. 이 방면에서 천재성을 발휘한 인물로 페니실린을 발견한 알렉산더 플레밍을 든다. 플레밍은 사격, 골프, 포커 등 각종 게임광이었다. 게다가 그는 골프를 칠 때 클럽 한 개만으로 한 라운드를 돌거나, 퍼팅을 할 때 클럽을 당구 채처럼 쥐는 등 통상적인 방법을 사용하지 않고 문제를 풀곤 했다. 미생물 연구 역시 그에게는 골치 아픈 과제가 아니라 박테리아와 함께하는 놀이가 되었다. 어렸을 때 우린 모두 그처럼 엉뚱하고 기발한 놀이들을 많이 하지만 성인이 되면서 이런 놀이들은 자취를 감춘다. 기업들이 창의성을 자극하려면 직원들을 엉뚱한 놀이 속으로 몰아넣어야 한다.

   경제적인 여유와 늘어난 여가로 놀이에 대한 관심이 높아지고 있다. 최근 조직에서 놀테크라는 말이 번지고 있다. 노는 데도 도가 튼 벗을 찾으면 된다며 잘 노는 법을 소개하고 있다. 심지어 사람은 놀이박사가 되어야 한다고 말한다.

   사람에게는 호모 사피엔스(생각하는 인간), 호모 파베르(만드는 인간), 호모 에렉투스(서서 걸어 다니는 인간) 등 여러 단어가 붙여진다. 이 말은 인간이 다른 동물과 그만큼 다르다는 것을 보여준다. 이 별명 이외에 네덜란드의 역사학자 호이징거가 1938년 호모 루덴스(놀이하는 인간)라는 개념을 추가했다. 그는 독일점령을 비판한 죄로 나치에 붙잡혀 억류생활을 하다가 죽었을 만큼 의식이 뚜렷한 학자이다. 따라서 그가 제시한 놀이인 개념도 단순한 개념이 아님을 알 수 있다.

호이징거는 인간을 놀이하는 존재로 규정한다. 인간은 생각하거나 무엇을 만드는 것보다는 춤추고 놀이함으로써 동물과의 차이를 드러낸다는 것이다. 당시만 해도 학자들은 놀이를 무시했다. 일은 건전하고 생산적이지만 놀이는 시간낭비라는 고정관념을 가지고 있었기 때문이다. 그럼에도 그는 비생산적인 것으로 여기던 놀이를 인간생활에서 필요한 요소이자 생산에 기여하는 중요한 요소라고 주장했다.

그에 따르면 모든 문명은 놀이에서 발생했으며, 문화 자체가 놀이의 성격을 띠고 있다. 제도, 학문, 법률은 물론이고 전쟁이나 예술까지도 그 기원에서 놀이의 성격이 발견된다. 문명이란 권리, 의무, 책임이 균형을 이루면서 거친 세계에서 관리된 세계로 이행하는 과정이며 놀이도 참가자들 모두가 일정한 규칙에 따른다는 전제 아래 성립한다. 놀이는 예의를 지키면서 상대방을 능가하려 애쓰고, 증오심을 품지 않고 상대방과 싸우는 것이다. 만일 누가 실제로 화를 벌컥 내게 되면 놀이는 깨어진다. 이렇게 책임과 의무가 수반된다는 점에서 문명발전과 놀이는 똑같다. 경쟁의 놀이는 스포츠로 발전했고, 모방의 놀이는 연극을 낳았으며, 조합의 놀이는 수학을 탄생시켰다. 그는 두뇌활동 전체가 고도의 놀이라고 말한다. 놀이만큼 지속적인 신경과 주의력 집중을 요구하는 것도 없다.

놀이는 노동을 위한 준비훈련이 아니다. 말 타기 놀이를 하는 아이는 기수가 되기 위해서가 아니다. 놀이는 일상에서 부딪히는 여러 어려움에 맞서고 그것을 극복하는 능력을 증대시킴으로써 일종의 인생안내역 구실을 한다. 예를 들어 공을 라켓으로 주고받는 것은 실생활에는 전혀 도움이 되지 않지만 근육을 강화시키고 정신을 시원하게 해준다. 그러나 놀이는 기본적으로 여가를 전제로 한 사치스런 행위다. 배고픈 사람은 놀이를 하지 않는다. 노동과 과학의 행위는 결과가 축적되어 세계를 변화시키지만 놀이는 현상적으로 아무것도 만들어내지 않는다(Huizinga, 1971).

게임과 창의적 경영 시뮬레이션

게이머가 최고경영자가 되어 사업을 꾸려 나가는 경영 시뮬레이션 게임들이 출시되고 있다. 경영 게임은 미래 정해진 임무를 완수해야 하는 일반 게임과는 달리 게이머가 마음껏 창의성을 발휘할 수 있는 것이 특징이다. 도시를 건설하는 게임에서부터 호텔 경영주와 연예인 매니저 등 다양한 소재의 경영 게임이 선보이고 있다.

비스코가 내놓은 '호텔 자이언트'는 전 세계 20여 개 유명 도시에 30여 개의 호텔을 건설하는 게임이다. 서부개척 시대에서부터 최첨단 하이테크 호텔까지 다양한 모델이 준비되어 있다. 호텔 위치, 방 모양과 건물 외관에서 바닥 벽지까지 모든 것을 게이머 취향에 맞춰 선택할 수 있다. 게임 사용자들은 로비, 식당, 스포츠 센터 등 호텔 내 다양한 장소에서 고객들의 행동을 관찰하면서 고객이 요구하는 서비스를 즉시 제공해야 한다.

한국 후지쓰가 내놓은 '보아 인 더 월드'는 인가가수 보아의 매니저가 되어 그녀를 1년 동안 아시아 최고의 가수로 육성시키는 게임이다. 게이머는 주어진 돈을 적절하게 사용해 보아에게 춤, 연기, 노래, 교육을 시키고 방송출연 섭외도 해야 한다. 또 이벤트와 CF출연 기회를 잡아 정해진 기한 내에 수익을 창출해야 한다.

과거에 인기를 끌었던 전통의 경영게임들도 신작을 내놓고 있다. EA코리아는 경영 시뮬레이션 게임의 대명사로 통하는 '심시티' 시리즈의 최신작 '심시티 4'를 내놓았다. 시장이 되어 도시를 구축하는 이 게임은 치안·도로·인구 배치 등 도시경영에 필요한 모든 요소를 고려해야 하는 두뇌게임이다. 전작과 달리 3차원(3D) 그래픽으로 제작되어 보다 현실감이 난다. 불이 나면 소방차가 출동해 불을 끄는 과정을 애니메이션으로 보여주는 등 동영상이 곳곳에 들어 있다.

인포그램즈 코리아는 '롤러코스터 타이쿤 2'를 출시했다. 놀이공원의 사장이 되어 다양한 놀이기구를 만들고 손님을 끌어 모으는 이 게임의 1

편은 국내에서만도 40만 장이 넘게 팔린 초 히트작이다. 2편은 전작보다 놀이공원의 규모가 두 배 정도 커졌다. 롤러코스터(일명 청룡열차)의 운행코스가 다양해졌고 롤러코스터의 속도와 가속도 등을 수시로 그래프로 보여준다. 동물원 경영게임 '주 타이쿤'의 확장팩인 '마린 매니아'는 북미 시장에서 출시됐다. 고래·상어·문어 등 50여 종의 해저 동식물을 이용해 워터파크(수상공원)를 경영하는 게임이다. 게이머는 수족관 외에 보트 라이더, 장난감 가게의 경영 상태도 신경 써야 한다. 이 게임의 한글판은 마이크로소프트가 출시했다(신진상, 2002).

4. 이면우의 신창조론

한국적 경영패러다임 W이론의 주창자 이면우가 IMF시대를 맞아 다시 한 번 뛸 것을 촉구하면서 『신창조론』을 펴냈다. 그는 1992년 이미 'W이론을 만들자'를 통해 기업의 경쟁력 강화와 창의성 제고를 강조했다. 그러나 우리 기업은 그것을 실행하지 못했다. 따라서 그는 IMF는 외세침략이 있어야 겨우 단결하는 우리 민족에게 역사가 준 선물이라고 했다. 그는 IMF를 비판해서는 안 된다며 오히려 우리에게 중병사실을 통고해준 IMF에게 감사해야 한다고 주장했다.

그가 본 우리나라의 중병증세는 고유한 산업전통의 부재, 화전민 마을 잡화상 수준을 못 벗어나는 재벌경제, 비효율로 가득한 기업의 사결정체계, 모방후유증 등이다. 문제는 치유방안과 재활방안, 그리고 예방조치이다.

치유방안으로서 그는 진정한 국제화, 민족성의 장점발휘, 창의적 사고를 제시한다. 패러다임 전환과 관련해 그가 가장 강조하는 창의적 사회건설은 우리 모두가 주목해야 할 부분이다. 그는 창의 십계명을 제시했다. 그 가운데 하나가 바로 "모방은 아무리 큰 노력을 들이더라도 결국은 망하지만 창의는 한 가지만 잘 되어도 성공한다"는 것이다.

스탠퍼드 대학 하면 실리콘 밸리가 떠오르지만 서울대 하면 신림동 고시촌이 떠오른다. 실리콘 밸리 식당과 카페에서는 벤처기업가와 투자가들이 모여 온갖 정보를 교환하느라 바쁜데 신림동의 순대집과 노래방에는 스트레스를 해소하려는 고시생들이 모여들 뿐이다.

그는 우리가 가야 할 길은 하나뿐이라고 말한다. 한국형 벤처모델이다. 이 모형은 정치적으로 해결해서는 안 된다. 진정으로 창조적 문화를 발생시키고 아이디어를 존중해야 한다. 아이디어가 없는 사람이 덩달아 지원하지 못하게 하는 풍토도 조성되어야 한다. 그는 비전을 갖자고 제안한다. 비전 있는 사람이라야 자기가 하는 일이 즐겁고 성공으로 연결될 수 있기 때문이다(이면우, 1998).

이면우의 신사고이론

이면우는 '다시 이래야만 살아남는다'며 '경영 신사고이론 20'을 제시하였다. 그는 W이론을 통해 사고혁신과 발상의 전환을 강조한 바 있는데 이 이론을 보다 구체화하고 쉽게 설명하기 위해 아래와 같은 이상한 이름이 붙여지게 되었다고 했다(이면우, 1995). 다음은 그가 제시한 신사고이론들이다.

(1) GS-2이론: GS-2의 GS는 고스톱(Go-Stop)의 영문약자를 딴 것이고 2는 2등을 가리킨다. 고스톱이론이라고도 한다. 고스톱 2등해서 돈을 딸 수 없듯이 2등이나 바라며 안주하지 말고 하루 빨리 1등을 할 수 있는 새로운 사업을 구상하라는 것이다. 새로운 사업을 외면할 때는 실속 없는 2등을 하게 된다. 고스톱에서는 절대로 2등을 해서는 안 된다. 1등만이 살아남는다. 그러므로 기업은 한 분야에만 집중적으로 투자하고 연구 개발하여 1등이 되어야 한다.

(2) P-2이론: 포커(Poker)의 영문약자를 딴 것이다. 포커게임에서도 2등한 사람이 제일 먼저 망한다. 지구촌을 하나로 묶는 글로벌경쟁은 비신사적이다. 선진국들이 주축이 되어 결성한 WTO의 강요로 판돈이 큰 포커 판에 마지못해 참석하는 초보자와 같은 처지가 우리 기업이다. 그 판에 우리 기업이 잘못 뛰어들어 2등을 하는 경우 망한다. 이 문제를 해결하기 위해서 처음 패를 잡았을 때 A패 세 장이 아니라면 재빨리 죽거나 아니면 판돈을 많이 가진 선수들이 전혀 익숙지 않은 새로운 포커게임을 만든다. 출전선수가 극히 제한된 경기일수록 1등을 할 가능성이 높다. 마찬가지로 기업은 남이 손대지 않은 사업을 제일 먼저 찾아내 제일 빨리 만들어낸다.

(3) 자전거이론: 자전거를 배울 때 많이 넘어지면 넘어질수록 그만큼 빨리 배운다. 크게 발전하고 싶으면 실수도 많이 해봐야 한다. 실수한만큼 터득하게 되기 때문이다.

(4) 프로야구이론: 프로야구 타격왕의 타율은 고작 3할 5푼이다. 그런데 보고에 따르면 정부가 추진한 사업 중 90%가 성공한다고 한다. 이것은 타율이 9할이 된다는 것인데 이것은 그만큼 허수(虛數)가 많다는 것을 보여준다. 기업의 경우 야구에서 타자들이 안타를 칠 확률이 100%가 되지 않더라도 과감히 투자하는 자세가 필요하다. 시행착오를 겪은 임원을 오히려 격려해야 한다.

(5) 숫처녀이론: 숫처녀를 좋아하는 사람은 업무도 세계 최고만을 고집해야 한다. 남들이 아직 생각하지 못한 새로운 분야를 노려 먼저 선수를 치고 나아간다. 기술 도입과 관련해서 그는 낡은 외국기술을 들여오는 데 급급하지 말고 새 기술 개발에 주력해야 한다. 미국도 처녀지를 개척한 모험정신이 그 바탕을 이루고 있다.

(6) 모범생이론: 모든 학생이 다 모범생이 되는 경우 우리나라는 머지않아 곧 망할 것이다. 말 잘 듣고 얌전한 모범생보다 시키지 않은 짓 골라서 하고 위험한 일만 쫓아다니고 한번 달라붙으면 끝장을 보는 엉뚱한 사람을 길러야 발전이 있다.

(7) 아령이론: 처음에 5킬로그램짜리 아령밖에 들지 못한 사람도 꾸준히 무게를 늘리면서 노력하면 20킬로그램짜리를 들 수 있지만 노력하지 않으면 처음부터 끝까지 5킬로그램밖에 들지 못하듯이 기업도 최선을 다하지 않으면 능력이 사장된다. 우리 기업에는 처음 운동을 시작했을 때 아령 5킬로그램 같은 생활이 꽤 만연되어 있다. 주어진 일에 여유가 생길 때 아령의 무게, 곧 업무의 수준을 높여 나가야 한다. 남보다 앞서 나가고 싶은 사람은 여유가 생길 때마다 일에 투입하는 노력을 배로 늘려야 한다.

(8) 영안실이론: 사회가 바뀌는 데도 생각이 바뀌지 않는 경영자는 영안실의 죽은 사람과 다름없다. 따라서 끊임없이 변화를 모색해야 한다. 작년 이맘때 생각과 지금 생각이 같으면 나는 1년간 영안실에 있은 셈이다. 반복되는 언어는 영안실의 신호다. 규정과 관행을 약간 무시해서라도 계속 변화해야 한다.

(9) 황포돛대이론: "어디로 가는 배냐 황포돛대야"에서 나온 이론이다. 이 가요에서 배는 지금 어디론가 지향 없이 가고 싶은 심정을 나타내고 있다. 어디로 가는 배인지 모를 때는 절대로 노를 젓지 않아야 한다. 이길 항해가 아니면 아예 출발하지 않는다. 차라리 새 항로를 개척하라. WTO 체제에 놀라 방향도 정하지 않고 무조건 밖으로 나가는 것은 힘만 낭비하는 만큼 자신의 장점을 살려 외국과 차별 있는 제품을 개발해야 살 수 있다.

(10) 사회공적이론: 우리 사회발전을 가로막는 세 가지 부류의 사회공적이 있다. 첫째는 무식한 사람이 전문직에 앉아 있는 경우이고, 둘째는 무식한 사람이 소신을 갖고 있는 경우이며, 셋째는 무식한 사람이 부지런한 경우다. 이 이론은 무식한 전문경영자는 의사결정을 보류하거나 눈치 보는 데만 매달려 회사 및 국가발전의 결정적 시기를 놓쳐 지존파 이상으로 국가와 사회에 해악을 끼친다는 것이다. 이러한 사회공적이 존재하는 것은 우리의 책임이다. 국민은 중요한 자리일수록 기록형 인물이 임명될 수 있도록 지원해야 한다.

(11) 축전지이론: 알고 있는 지식을 축전지 용량에 비한다면 의견을 전달하는 발표능력과 보고서작성 능력은 축전지에 연결된 두 가닥 전선의 굵기에 해당한다. 축전지용량에 해당하는 우리의 지식도 중요하지만 더 중요한 것은 지식을 전달하는 두 가지 방법이다.

(12) 미식축구수비이론: 미식축구 공격팀의 제1원칙은 수비팀이 잡지 못하게 피해가며 뛰는 것이다. 수비팀의 제1원칙은 공격진이 피해가지 못하도록 덤벼들어 쓰러뜨리는 것이다. 우리 땅에 들어온 외국문화를 수비만 하려 들지 말고 우리 문화를 적극적으로 전파해야 한다. 이것이 우리 전통문화를 보존하는 길이다.

(13) 송곳이론: 어려운 일은 송곳처럼 뚫고 나가야 한다. 한 군데만 집중적으로 뚫는 것이 가장 효과적이다. 나폴레옹도 적의 전력 중 가장 취약한 허점을 골라 집중 공략하여 성공을 거두었다.

(14) 개혁주기이론: 우리나라 기업조직의 개혁주기는 평균 2.5년이다. 기업경영 여건이 위기를 맞을 때마다 경영혁신을 추진하는 계기로 삼아야 한다. 위기를 맞을 때마다 새로운 도약기회를 활용하는 기업만이 지속적으로 성장할 수 있다.

(15) 유망사업이론: 선진국의 유망사업은 이미 우리에게는 유망사업이 아니다. 지금 거론되는 유망사업 잔여수명은 10년 미만이므로 끊임없이 변신하고 신기술을 개발하며 새로운 수요를 창출한다면 지금의 사업도 매우 유망하다. 요는 하기 나름이다.

(16) 불가사리이론: 이 이론은 기초기술 없이 우선 써먹기 좋다고 외국첨단기술만 쫓다보면 몸통은 없이 팔만 달린 불가사리를 만드는 꼴이므로 우선 기초기술을 닦아야 한다는 것이다. 선진국이 이미 개발한 불가사리의 돌기 끝만 쫓지 말고 돌기와 돌기 사이에서 새로운 첨단기술이 창출됨을 알아야 한다. 이 개념을 좀 더 연장하면 밤송이가 된다. 밤송이에 달려 있는 각각의 바늘이 첨단기술 및 첨단산업이 되고, 또한 밤송이의 바늘과 바늘을 이으면 새로운 첨단시스템이 생긴다.

(17) 미친놈이론: 어른 말씀을 잘 듣는 사람은 모범생이야 되겠지만 결국 기성세대가 이룩한 수준에 머물 뿐이므로 성공을 하기 위해서는 시키지 않은 일도 열심히 하는 미친놈이 많아야 실마리를 잡을 수 있다. 기업이나 국가가 더 발전하려면 세 가지 사항을 실천해야 한다. 첫째, 믿음직한 미친놈을 찾자. 둘째, 미친놈이 하는 일을 가능하면 내버려 두자. 셋째, 미친놈이 하는 짓이 좋아 보이면 즉시 동참하자. 미친놈은 말릴수록 막무가내다. 일에 미친놈은 못 말린다. 믿을 만한 미친놈은 우선 관심사항이 일반인과 다르고, 한 가지에 몰두하면 송곳같이 그 일에만 집착하며, 업무추진에 취향이 반영되고, 상사의 질책, 주위의 견제 동료의 질시에 별로 개의치 않는다. 이면우는 모범생을 신뢰하지 않는다. 창조성이 부족한 탓이다. 때론 부모 말을 안 듣는 아이가 훨씬 나을 수 있다.

(18) 비전이론: 비전과 마스터플랜은 다르다. 비전이 목적지라면 마스터플랜은 이정표에 해당한다. 비전이 없다고 마스터플랜을 만들어 비전을 찾으려는 것은 틀린 생각이다. 비전이 없으면 비전을 만들어야 한다. 목적지가 어딘지 모르면 그것을 정해야 한다.

(19) 지도자이론: 지도자의 길은 학교성적이나 부모의 성원으로 이뤄지는 것이 아니다. 어릴 때 타고난 자질을 활용하고 평생의 노력을 통해 몸에 익혀야 한다. 지도자는 비전구현을 위해 변화를 추구하고 지혜와 경험을 소유하며 전력을 다하는 추진력, 순간적 판단력을 지녀야 한다. 자만심, 고집, 안주 등은 몰락의 증세다.

(20) 후발추격이론: 후발기업이 선발기업을 추격하고자 할 때는 연구비 및 교육비로 그들의 다섯 배를 투자해야 한다. 그를 위해서는 창조성이 필수적이다. 때로는 그 창조성이 엉뚱함이나 미친 짓거리로 비칠 수도 있다.

이외에도 그는 W이론을 언급하였다. 1992년 W이론을 만들자고 한 내용을 다시 보충 설명하면서 올림픽에서 수영과 육상 등에서 당분간 금메달을 양보하는 대신 양궁, 탁구, 태권도, 마라톤 등에 집중적으로 선수를 양성하는 안을 제시하였다.

이 이론들은 한국인들에게 일상적으로 매우 친숙한 명칭이어서 주목을 받고 있다. 명칭의 일상성과 친숙성보다 급변하는 사회구조 속에서 경영자들이 변화와 성공을 추구함에 있어서 무엇을 해야 하는가를 보여준다. 그는 우리 4천만이 각자의 영역에서 신사고 20개씩을 만든다면 우리나라는 8억 개의 신사고로 글로벌경쟁을 이겨낼 수 있을 것으로 판단했다.

5. 창조의 유형과 창조성 관리

1) 창조의 유형

노무라종합연구소에 따르면 창조는 독창, 군창, 업창 등 세 종류가 있다. 독창이 개인 차원의 창조성이라면 군창과 업창은 조직 차원이다.

- 독창(獨創): 개인적인 차원의 것이다. 조직이 이를 관리 통합할 수 없다면 군창이나 업창으로 발전하지 못한다.
- 군창(群創): 조직 차원에서 여러 독창을 관리하고 통합해가는 수준을 말한다.
- 업창(業創): 기업 활동 전체 또는 기업조직 구석구석에 창조성이 침투된 단계이다.

창조성이 배양되기 위해서는 통제와 방임이 공존할 수 있어야 한다. 조직의 사명과 비전 그리고 가치관을 명확히 하는 것은 통제이다. 하지만 이 기본원칙 안에서는 무엇이든 자유롭게 자율적으로 할 수 있고, 기업가정신과 혁신을 과감히 허용하는 것은 방임이다.

2) 창조성 관리

조직은 아이디어를 존중하고, 아이디어 창출자(idea generator)를 지원하며, 발상지원 시스템을 구축해 조직에서 공명작용을 최대한 불러일으켜야 한다.

조직의 창조성을 높이기 위해서는 창조적 사고를 방해하는 요인을 극소화하고 촉진요인을 극대화해야 한다. 이를 개인적 차원과 조직적 차원으로 살펴보면 다음 표와 같다(김용남: 69~207; 이장우: 148~159).

창조성의 방해요인과 촉진요인

방해요인	촉진요인
개인적 차원	
고정관념	예민한 감수성
상식에의 안주	다양한 호기심
굳어버린 습관	직접체험
전문가를 맹신함	허용적 분위기
훌륭한 창조는 이미 완성되었다는 생각	개방적 사고
질서, 규칙의 강조	무의식적 사고
원리, 원칙의 강조	유연한 사고
논리, 합리성의 강조	확산적 사고
비판, 편잔, 빈정거림	집중력

자유의 억압	상상력
시간이 없다는 생각	순수한 마음
심리적 갈등, 불안	환상, 꿈
나에게 창의력이 없다는 생각	열정
너무 나이가 들었다는 생각	고독
지나친 몸 사림	열린 마음
실패를 두려워함	직관
전문교육을 받지 못한 것에 대한 열등감	집념, 끈기, 추진력
감각정보의 과신	실패, 적을 활용함
획일화된 지식 위주의 교육	개성
조급함	왜라는 의문
지나치게 심각	생활의 불편을 개선하려는 노력
조직적 차원	
관료적 조직구조 및 태도	개방적, 분권화된 조직구조
전통과 기존질서의 강요	실험정신의 강조
업무표준의 강조	성공사례의 전파
필요자원의 제약	챔피언의 역할 강조
의사소통의 제약	원활한 의사소통
실패에 대한 처벌	실패에 대한 관용
성공에 대한 무보상	성공에 대한 적절한 보상

  미국 기업이 일본을 누르고 다시 세계 1인자의 자리를 찾을 수 있었던 가장 중요한 것은 무엇보다 구성원 개개인의 창의성을 극도로 끌어 올렸다는 점이다. 창의성은 살아 있는 조직을 만든다는 점에서 기업발전의 중요한 원동력이다. 기업구성원의 창의력을 최대로 이끌어내기 위해 미국이 사용한 방법을 요약하면 다음과 같다.

- 관행적인 업무라도 문제의식을 가지고 다시 생각하면 더 나은 아이디어를 발견할 수 있다.
- 종업원이 제시한 아이디어가 성공적인 결과를 가져왔을 때 반

드시 보상이 뒤따라야 한다.

- 종업원은 여러 분야에 관심을 가져야 하며 기업에서도 이를 감안한 직무배치와 교육을 실시해야 한다.
- 종업원이 창의성을 발휘하려면 먼저 특정분야에 전문성을 가져야 하며 관리자는 이 일 저 일 혼란스럽게 시켜서는 안 된다.
- 기업은 종업원이 창의적 잠재력을 실현할 수 있도록 시설, 정보, 자금, 인력 등을 지원해야 한다.
- 종업원에게 업무 자율성은 주되 기업의 전략적 방향과 일치하도록 고려해야 할 제약조건을 제시해줘야 한다.
- 전문분야와 전혀 무관한 일에 관조할 수 있는 시간을 가져야 문제해결의 단서를 잡을 수 있다.
- 창의적 결과는 무관한 분야 간의 접촉을 통해 자주 나타난다. 따라서 기업 내 종업원이나 부서 간의 지나친 경쟁은 창의성을 저해한다.
- 외적인 보상 때문에 일하기보다는 일 자체에 흥미를 가지고 몰두할 때 창의성을 발하는 강한 동기를 가지게 된다.

6. 창의적 개인 및 조직의 속성

1) 개인의 속성

조직이 창의적이기 위해서는 무엇보다 조직 내에 창의적인 조직성원들을 가지고 있어야 한다. 창의적인 사람들이 가지고 있는 특성을 살펴보면 다음과 같다.

헤펠(J. Haefele)에 따르면 고도의 창의적인 사람들은 다음과 같은 특성을 가지고 있다(Haefele, 1962).

창의적 인물의 특성

측면	성격
다른 사람들과의 관계	참여성이 없음 가까운 사람들이 거의 없음 자유로운 도덕성을 가지고 있음 특별한 압력 아래서는 판단에 의존하는 경향이 있음
직무태도	지적인데 관심이 높음 자세하고 정형화된 작업에 흥미가 없음 함께하는 작업보다는 사상 및 사물을 다루는 것 선호 고도의 지략을 가지고 있음 회의론적임 모호성에 대해 높은 관용성을 보임 고집과 능력이 있음
자신에 대한 태도	자기 성찰적 새로운 경험에 대해 개방적 분석적 자발적이고 모험적 감정적으로 안정성이 떨어짐

창의적인 사람은 이외에도 긍정적인 자기이미지를 가지고 있으며 도전적인 문제에 자극되는 경향이 있다. 그들은 일반적인 행동을 따르지 않으며 독립심이 강하고 흑백논리를 배격하고 미묘한 차이를 추구하는 특성을 가지고 있다. 그밖에 심미적 가치와 자율성, 어떤 사실에 대한 끊임없는 호기심, 난관에 봉착했을 때 과감한 중단, 자신에 대한 강한 신뢰감, 탄력적인 인성, 복잡한 성격, 독단적이고 지배적이나 감투를 싫어하는 성격 등 여러 가지가 거론되고 있다.

```
┌──────────────────────────────────────────────────────┐
│              골드칼라의 10가지 특성                       │
│                                                        │
│  윤은기가 창조적 인재상으로 제시한 골드칼라의 특성은 다음과 같다. │
│  · 적성분야에서 일한다.                                   │
│  · 일을 즐기며 자발적으로 일한다.                           │
│  · 팀워크에 기여하고 친화력이 있다.                          │
│  · 발상이 자유롭고 창의적인 방법으로 일한다.                  │
│  · 긍정적 사고와 낙천적 태도를 지니고 있다.                   │
│  · 학력, 경력을 무시하고 끊임없이 새로운 것에 도전한다.         │
│  · 업적평가에 따른 보상체계를 선호한다.                      │
│  · 승진에 연연하지 않고 성취감을 즐긴다.                     │
│  · 평생직장이 아니라 평생직업을 중시한다.                     │
│  · 직업을 생계수단의 장이 아니라 자아실현의 장으로 여긴다.      │
└──────────────────────────────────────────────────────┘
```

여러 조사에 따르면 창의력이 높은 사람은 자신의 문제해결에 있어서는 끈기가 있지만 조직의 구성원으로는 그렇지 못하여 이직률이 상당히 높은 것으로 나타나 있다. 창의적인 사람들은 동조성이 부족하다는 견해가 지배적이나 창의적인 사람이 훨씬 설득이 잘되고 사회적 영향력에 민감하다는 연구보고도 있다. 창의적 개인의 가정배경에 관한 연구도 있으나 그 결과가 모두 일치하지 않고 있다.

그러나 과학자, 의사, 학자, 예술가 등을 대상으로 한 창의적 업적의 빈도에 관한 조사결과 연령과 창의성에 관한 관계에 있어서 그들의 창의적 성과는 20세 이후 급격히 증가하여 30대에서 40대 사이에 정점을 이루고 그 후 서서히 쇠퇴하다가 70세 이후 다시 증가하는 것으로 나타났다. 70대 이후의 증가추세는 고령화 사회에 있어서 고령자의 창의성 활용에 주목할 만한 조사결과이다.

사람들은 창조성하면 한창 일할 나이에 있는 사람들만 관계가 있는 것으로 생각한다. 미국창조교육재단의 대표 스티브 달버그는 이같은 생각에 반대하고, 현재 사업뿐 아니라 퇴직 후 삶까지 창조적으로 준비해야 한다고 주장한다.

퇴직 후 더 이상 일하지 않아 생겨나는 문제 때문에 많은 고령자들이 뒤늦게 정체성 혼란에 빠지게 되고 심지어 자살로 이어지는 사례도 빈번하다. 이는 제대로 된 고령화 준비가 없었기 때문이다.

그럼에도 불구하고 대부분 사람은 퇴직 후 삶에 대해 무관심한 게 현실이다. 퇴직 후 삶을 미리 준비하더라도 케케묵은 방식에서 탈피하지 못하는 사례가 많다. 기존 습관이나 가정, 우리가 항상 했던 방식들에 의존하는 것, 즉 고착된 사고방식에서 탈피하는 것이 중요하다. 창의성과 상상력을 동원해 인생의 다음 단계를 생각해야 한다. 예를 들어 현대 대다수 사람은 퇴직 후 삶을 준비할 때 연금이나 저축 등 재테크만 고려하는 사례가 많다. 또 퇴직 후 모아둔 돈으로 막연히 레저를 즐기며 살겠다는 사람들이 허다하다.

창조적인 사람이란 여러 가지 호기심을 갖고 위험을 감내할 의지가 있는 사람이다. 나이가 들었더라도 여러 가지 새로운 인생의 가능성에 대해 호기심을 발휘하고 공부하는 것이 중요하다.

상상력을 발휘해 현재 알고 있는 지식과 인간관계를 연결하는 것이 창조성을 극대화하는 방법이다. 퇴직 연령대는 풍부한 경험과 지식, 인간관계를 갖고 있는 만큼 종합적으로 연계해 현재의 각자 직업에서 완전히 퇴직할 것인지, 새 방식으로 업무를 재개할 것인지 구체적으로 고민해야 한다. 창조성은 젊은이의 전유물이 아니다. 창조적 고령화를 준비해야 한다.

┌───┐
창조적 노령화를 위한 달버그의 제안

- 재테크 계획만 세우지 말라.
- 알고 있는 지식과 상상력을 결합하라.
- 인간관계를 활용해 새로운 일을 찾아라.
- 자기 인생의 가능성에 대해 끊임없는 호기심을 가져라.
- 위험을 감내할 의지를 가져라.
└───┘

재미있는 이야기를 읽을 때가 재미없는 문장을 읽을 때보다 양쪽 뇌가 더 활발하게 움직인다. 재미없는 딱딱한 문장을 읽을 때는 집중력이 흩어져 뇌의 일부분만이 그 문장을 받아들이고 이해하는 데 동원된다.

버클리 대학의 마크로젠츠위그와 마리온 다이아몬드 연구팀은 쥐를 가지고 20여 년 동안 연구한 결과 다음과 같은 몇 가지 결과를 내놓았다.

연구팀은 쥐를 세 종류로 나누어 실험을 했다. 한 종류의 쥐는 장난감을 넣어주고 12마리가 같이 지내게 했다. 두 번째 종류는 장난감을 넣어주지 않고 아주 제한된 공간에서만 지내게 했다. 세 번째 종류는 보통상태에서 키웠다. 그 결과 첫 번째 그룹의 쥐는 뇌의 무게가 10% 증가했다. 뇌신경세포도 근육처럼 어떤 자극이나 좋은 경험이 있을 때 커진다. 처음에는 믿으려 하지 않았을 만큼 혁신적인 연구결과였다.

연구팀은 또 아주 늙은 4마리의 쥐를 8마리의 젊은 쥐와 같이 넣어주고 어떤 결과가 나오는지를 관찰했다. 늙은 쥐는 젊은 쥐와 함께 사는 것을 즐겼으나, 젊은 쥐는 그렇지 않았다. 뇌의 무게를 측정한 결과 늙은 쥐는 10%가량 증가했으나 젊은 쥐는 증감이 없었다.

이상의 실험에서 알 수 있듯이 즐거운 마음으로 일이나 공부를 하거나 나이가 들어도 젊은 분위기 속에서 생활하면 우리의 뇌신경세포가 왕성하게 자란다. 따라서 가능하다면 나이가 들어도 옷차림이나 분위기를 밝게 유지하고 젊은이들과 어울리는 것이 장수에 도움이 된다(서유헌, 1996).

2) 창의적 조직의 특성

창의적인 몇몇 인물을 채용한다고 해서 조직의 창의성이 커지는 것은 아니다. 조직이 성원들로 하여금 창의성을 발휘할 수 있도록 조직분위기를 만들어주지 않으면 안 된다. 성원의 창의성을 억누르는 조직은 종업원에게 명령의 엄수를 요구하고, 종업원들을 가까이서 감독하며, 갈등의 발생을 허용하지 않으며, 종업원들에게 그들이 좋아하는 일을 하도록 하기보다 보상에 대한 회유와 위협방법에 더 의존하는 특성을 가지고 있다(Cummings et al., 1975).

이에 반해 창의성을 높이는 조직은 규칙고수를 완화하고, 공식적인 의사소통 외에 자기의 의견을 자유롭게 표현할 수 있도록 하며, 실수를 통해 배우도록 함으로써 새로운 생각을 실현해볼 기회를 제공하고, 종업원을 가까이서 철저히 감독하기보다 단지 그들의 진척상황만 관찰하며, 종업원들에게 도전적이고 흥미를 주는 직무를 부여하는 데 중점을 둔다(Maier, 1970).

7. 창조성 측정방법

종래에는 창의성을 측정하기 위해 지능검사(IQ teat)를 주로 이용했으나 창의성이 지능과 별로 상관이 없다는 주장이 나옴에 따라 창의성을 측정하기 위한 여러 가지 방법들이 나오게 되었다. 그 보기를 들면 다음과 같다.

1) 원격연상검사법

원격연상검사법(RAT: remote association test)은 서로 거리가 있는 연상요소들을 테스트받는 사람들에게 제시하여 이들로 하여금 그 요소들을 연결시켜 새로운 조합을 유도해내게 하여 창의성을 측정하는 방법이다.

이 방법은 창의성이란 간단하고 일원적이라고 생각하는 학자들이 중심이 되어 만든 것이다. 각 설문항목은 세 개의 다른 단어들로 구성되어 있으며 검사를 받는 사람은 이 세 단어를 연결시키는 하나의 단어를 발견해내야 한다. 이 방법은 짧은 시간에 쉽게 측정할 수 있다는 이점은 있으나 창의성을 너무 좁게 본다는 비판을 받고 있다.

2) 토랜스검사법

토랜스검사법(Torrance tests of creative thinking)은 원격연상검사법보다 복합적인 측정방법이다. 원격연상검사법은 창의성을 일원적인 것으로 보았음에 비해 이 방법은 창의성을 여러 특별한 능력의 복합체로 인식하고 평가대상자의 능변, 유연성, 독창성, 정교성 등 여러 가지를 파악한다.

그림을 하나 보여준 다음 그 그림의 상황에 대해 여러 가지 질문을 한다든가, 장난감 하나를 보여주고 이것을 아이들이 더 좋아하게 개선시킬 수 있는 방안을 제시하도록 한다든가, 실제로 있을 수 없는 상황을 제시하고 나타나리라고 생각되는 여러 경우에 대해 상상해보도록 하는 방법 등은 그 보기이다.

8. 창의성 개발을 위한 동기부여

패리스(G. Farris)는 창의성개발을 위해 다섯 가지 동기부여 모형을 제시하였다(Farris, 1973).

1) 창조적 천재모형

창의적 천재모형(creative genius model)은 창의적인 기술개발이나 혁신적인 연구성과를 가져올 수 있는 인력은 천재형들뿐이라고 가정하고 천재형의 전문가나 슈퍼스타들을 찾아 채용하면 된다고 생각하는 것을 말한다.

이들을 채용한 후에는 연구원들에게 독자적 연구영역과 자율성을 부여하는 방임전략(benign neglect strategy)을 사용하여 창의적 성과를 높이도록 한다. 일상적인 관리업무보다 연구개발에만 전념토록 하는 것이다.

2) 사회 경제적 보상모형

사회 경제적 보상모형(socio-economic incentive model)은 창의적인 연구노력을 유발시키기 위한 동기요인으로 사회적 유인체계와 경제적 보상을 강조하는 것을 말한다. 사회적 유인체계는 조직 내에서의 지위와 승진 등을 통한 사회적 신분의 향상과 인정을 말하며, 경제적 보상이란 자신들의 성과와 능력에 따라 경제적 보상을 공정하고 적절하게 제공하는 것을 말한다.

3) 정보활용모형

정보활용모형(information availability model)은 창의적 연구자란 탁월한 정보처리능력을 가진 사람으로 창의적 기술개발은 필요한 정보를 적시적소에 활용할 때 가능하다고 본다. 이 모형에 따르면 기술개발의 성과는 슈퍼스타에 의해 좌우되는 것이 아니라 필요한 기술정보와 자료를 연구자들에게 얼마만큼 적기에 확보할 수 있도록 도와주는가에 달려 있다. 전문학술지의 구독, 연구기관들과의 접촉, 학술회의의 참석을 지원하여 다양한 정보를 수집할 수 있도록 한다.

4) 창조적 긴장모형

창조적 긴장모형(creative tension model)은 과학발전에 있어서 전통과 혁신 사이에는 본질적인 긴장과 대립이 존재한다는 쿤(T. Kuhn)의 변혁적 패러다임에 바탕을 둔 것이다. 펠즈(Pelz) 등에 따르면 기술개발의 성과는 연구인력들의 지위 또는 신분상의 안전요인(sources of security)들과 과업달성에 대한 성취 내지 도전요인들(sources of challenge) 사이에 창조적 긴장이 존재할 때 가장 높게 나타난다. 즉, 신분상의 안전을 확보하면서 일에 대한 강한 도전의욕이 양립할 때 가장 높은 성과를 가져온다.

DNA 구조를 밝혀낸 왓슨(J. Watson)이 경쟁자인 캘리포니아 공과대학의 폴링(Pauling) 교수와 가진 간접적인 교류가 DNA의 이중사슬구조(double helix)를 발견하는 데 결정적인 계기가 된 것은 창조적 긴장이 가져온 성과이다(Watson, 1968).

5) 협상사이클 모형

협상사이클 모형(negotiation cycle model)은 연구성과는 연구집단 구성원들의 계속적인 접촉과 상호작용을 통해서 증진될 수 있다는 것이다. 각 연구원들이 기술개발 성과에 대한 기대감을 서로 교환하면서 상호이해를 통해 연구과제의 목표설정이나 연구성과의 평가 등을 결정하고 각자의 역할을 명료하게 정리해나갈 때 창조적인 기술개발을 할 수 있다고 가정한다.

개발관리자는 연구원들이 서로의 피드백을 통해 분발할 수 있도록 하고 성과에 따른 보상과 능력개발의 기회 등을 제공함으로써 연구자들의 기대감과 욕구를 충족시켜야 한다.

9. 인간의 두뇌작용과 창조성

1) 뇌의 구조와 성격

신경생리학에 따르면 인간의 두뇌는 크게 왼쪽과 오른쪽으로 구분되며 그에 따라 뇌의 기능이 다르게 나타난다. 왼쪽 뇌는 논리적이고 이성적임에 비해 오른쪽 뇌는 추리적이고 자유연상적이다.

뇌의 작용과 성격

왼쪽 뇌	오른쪽 뇌
자아(에고)	본능(이드)
분석적	공상적
논리적	추리적, 직관적
연역적	귀납적
이성적	자유연상적
관리적	혁신적
직렬형 정보처리	병렬형 정보처리
정보수집, 분석, 평가	정보의 연상 및 추리
문제의 명확화	문제의 추상화
남성적	여성적, 감정적

좌·우뇌는 신경망을 통해 정보를 교환하고 서로 협력함으로써 창조적인 아이디어를 만들어낸다. 좌·우뇌의 기능을 상호보완적으로 사용할 때 창조성을 발휘하게 된다. 수학자 앙리 푸엥카레가 "직관에 따라 발견하고 논리에 따라 증명한다"고 말한 바 있다. 이것은 좌·우뇌의 상호보완적 사용이 얼마나 중요한가를 보여준다.

미국 창조교육재단(Creative Education Foundation)의 설립자인 오

스번(A. F. Osborn)은 인간의 두뇌작용을 흡수력, 기억력, 추리력, 그리고 상상력 등 네 가지로 설명하였다.

- 흡수력(absorptive power): 오관을 통해서 사물을 받아들이는 기능이다. 주의, 집중, 관찰력이 이에 속한다.
- 기억력(retentive power): 받아들인 재료, 곧 지식, 경험, 정보, 데이터 등을 오랫동안 보관(기억)할 수 있는 능력을 말한다.
- 추리력(reasoning power): 가지고 있는 재료를 근거로 해서 논리적으로 판단하는 기능이다. 논리적 사고(logical thinking)나 비판적 사고(critical thinking)가 여기에 속한다.
- 상상력(imaginative power): 지금 가지고 있지 않는 것을 마음으로 그리는 것이다. 이것은 아이디어를 발상하는 창조적 사고에 해당한다.

사람은 흡수하고 기억하는 기능을 통해서 배우게 되고, 추리력과 상상력을 통해 생각하고 발전시키게 된다. 따라서 우리의 두뇌를 흡수하고 기억하는 차원에 국한시키지 말고 추리하고 상상하는 차원으로 발전시켜야 한다. "아는 것이 힘이다"는 것만 강조하면 기억의 창고에 저장하는 것으로 만족한다. 그러나 "활용하는 것이 힘이다"는 것을 알게 되면 그 지식은 산지식이 될 수 있다.

2) 우뇌형 인간

좌뇌 쪽은 언어적, 논리적, 분석적이다. 이에 반해 우뇌 쪽은 시각적, 직관적, 통합적이다. 좌뇌가 논리를 대변한다면 우뇌는 감성과 창조를 대변한다. 알 리스(Al Ries)는 『경영자 vs 마케터』에서 좌뇌형 경영자와 우뇌형 마케터를 아래와 같이 구분했다(리스 & 리스, 2010).

좌뇌형 경영자와 우뇌형 마케터

좌뇌형 경영자	우뇌형 마케터
현실을 다룬다	인식을 다룬다
제품에 집중한다	브랜드에 집중한다
더 좋은 제품을 요구한다	차별화된 제품을 요구한다
브랜드 확장을 추구한다	브랜드를 줄이려고 한다
큰 시장을 타깃으로 한다	표적시장을 타깃으로 한다
추상적 언어로 표현한다	구체적 이미지로 표현한다
새로운 카테고리를 꺼린다	새로운 카테고리에 도전한다
경쟁업체를 따라간다	경쟁업체와 반대로 간다
쿠폰과 세일을 좋아한다	쿠폰과 세일을 싫어한다
단기에 집중한다	장기에 집중한다

미래학자 다니엘 핑크(D. Pink)는 "글로벌 경제 위기 탓에 어느 분야에서든 넓고 큰 시야를 갖고, 큰 그림을 그릴 줄 아는 전문가를 원하게 되었다. 이런 하이 콘셉트의 능력, 우뇌의 능력은 갈수록 가속화할 자동화가 결코 대체할 수 없어 더욱 각광을 받을 수밖에 없다"고 말한다. 그는 우뇌형 인재가 되기 위한 조건으로 5가지를 제시한다. 즉, 큰 그림으로 생각하라, 스토리를 만들라, 디자인이란 언어를 익히라, 공감하라, 플레이하라이다.

뇌졸중으로 좌뇌가 멈춘 경험을 한 질 테일러(Taylor) 박사는 "우뇌를 주로 쓰는 훈련을 해야 하며, 우뇌를 쓰면 상황을 큰 그림에서 보고 최적의 상황으로 향할 수 있다"고 말했다.

좌뇌와 우뇌가 완전히 다르다. 좌뇌는 언어의 뇌로 과거와 미래에 집중한다. 걱정하고 내부에서 작은 비열한 목소리를 내고, 비판한다. 우뇌는 모으는 역할을 한다. 모든 것이 연결되어있고 직조되어 있으며, 나는 그 부분임을 알게 한다. 영화처럼 시각적인 이해를 하도록 한다. 우리는 매 순간 어느 쪽 뇌를 사용할지 의식적으로 선택할 수 있다.

현대 경영의 키워드는 창조경영이다. 여러 이론가들은 창조성이 우뇌와 관련이 있다고 주장한다. 창조성은 박스에서 벗어나 사고하는 것이다. 좌뇌는 박스다. 박스를 만들고, 이용한다. 우뇌는 박스를 인정하지만 자신을 거기에 가두지 않겠다고 말한다. 뭔가 다른 걸 생각하고, 재충전시킨다. 리모컨의 음소거 버튼을 누른 듯 모든 게 조용해져 창조적인 생각을 하려면 우뇌를 사용하는 습관을 들여야 한다(테일러, 2010).

좌뇌적 기업은 논리적이어서 다른 기업이 이미 성취한 결과를 분석해 기본적으로 이를 모방하며 개선하려 한다. 반면 우뇌적 기업은 통합적이고 형태적이어서 큰 그림을 떠올리며 지금까지 없었던 세상을 창조하려 한다. 소비자들은 제품을 구매할 때 좌뇌로 분석하고 평가를 하면서도 결국은 우뇌의 직관에 의존한다. 따라서 누가 소비자의 우뇌를 자극하는 브랜드가 되느냐가 중요하다. 기업은 고객과 우뇌적 교감을 창출할 수 있어야 한다.

3) 전체를 조망하는 하이 콘셉트와 우뇌

글로벌 위기는 큰 그림을 못 보고 조각만 봤기 때문이다. 전체를 조망하는 통찰력 하이 콘셉트(high concept)를 키워야 한다. 이것은 예술과 감성까지 아우른 통섭과 종합의 능력이다(Pink, 2006).

조각에 함몰되지 않으려면 이 콘셉트를 중시하고 개발해야 한다. 텍스트(text, 본문구절)에만 매몰되는 좌뇌보다 콘텍스트(context, 맥락, 문맥)를 감지하는 우뇌를 활성화해야 한다. 우뇌의 능력은 공감하고 디자인하고 스토리텔링하는 것으로, 이것은 인간이 원초적으로 갖고 있는 능력이다. 스토리는 영화산업, 게임산업 등 많은 산업의 기초다. 인간은 타고난 이야기꾼이다.

너무 빠르고 너무 복잡한 세계, 그래서 위기가 왔다. 그래도 미래는 낙관한다. 인간은 늘 위기를 이겨왔다. 미래엔 도저히 양립하지 않을 것 같은 극단들이 공존할 것이다. 어느 분야든 디자인과 스토리가 점점 중요해진다. 전체를 조망하는 통섭과 종합의 능력이 각광받는다. 독수리의 눈을 가져라. 뛰어난 미래학자는 콘텍스트를 이해한다.

4) 브레인웨어

브레인웨어(brainware)는 융합형 두뇌를 말한다. IT, BT, NT 등 첨단기술을 두루 흡수한 융합형 두뇌다. 고급 인재의 중요성을 컴퓨터의 핵심부품인 하드웨어와 소프트웨어에 빗대어 만든 신조어다. 전통적인 기술군과는 달리 브레인웨어가 만든 기술은 폭발적인 부가가치를 창출해낸다. 여러 기술을 흡수해, 혼자 힘으로 새로운 산업

하나를 창출해낼 수 있기 때문이다.

MIT는 융합형 인재를 양성하기 위해 학문의 융합을 모색한다. 그 중심에 스타타(Stata) 센터가 있다. 이곳엔 7개과 800여 명이 모여 인공지능 주제로 융합된 지식을 창출한다. 연구실을 과별이 아닌 프로젝트별로 배치한다. 1층 로비 5곳에 대형칠판, 분필, 탁자를 비치해 학생들이 수시로 토론을 벌일 수 있도록 한다. 교수들로 하여금 지하주차장에서 바로 연구실로 직행하게 하는 것이 아니라 걷게 해 학생과 대화하도록 한다. 여성 연구원을 배려해 육아시설을 두고, 무인도서 반납대, 카페테리아, 수영장, 헬스장을 설치해 건물 안에서 학업과 연구에 필요한 모든 것을 해결하도록 했다.

이러한 노력은 미국만 하는 것이 아니다. 유럽은 지식사회 건설을 위한 융합기술 발전전략(CTEKS)을 채택했다. 인지과학에도 인문사회과학까지 융합하는 것을 목표로 하고 있다. 호주국립대는 지구온난화와 지속가능한 성장을 위해 융합과정으로 패너(Fenner) 스쿨을 세웠다. 기후학, 사회학, 천연자원학, 산림학, 지리학 등 5개 학과를 합쳐 하나의 교육과정을 만들었다. 세계는 지금 르네상스 시대의 다빈치처럼 인재 한 사람이 화가, 건축가, 기술자, 작가 역할을 종합적으로 해낼 수 있는 방법은 지식의 융합임을 깨닫고 브레인웨어를 통해 21세기 다빈치를 키우고 있다(김정훈, 2009).

5) 왼손잡이와 멀티태스킹 능력

런던대 교수 크리스 맥마너스(C. McManus)는 왼손잡이가 오른손잡이보다 성취도가 더 높다고 주장한다. 왼손잡이들은 어릴 때부터

오른손잡이용 가위를 사용하는 것부터 잉크가 번지지 않게 글씨를 쓰는 것까지 왼손잡이들이 직면하는 모든 문제를 극복해야만 하기 때문이다. 생물학자 아마르 클라(A. Klar)는 왼손잡이들은 오른손잡이들보다 우뇌와 좌뇌를 골고루 사용해 사고의 틀을 깨는 감각을 발휘하기 쉽다고 주장한다. 왼손잡이들은 오른손잡이들보다 상대적으로 우측 뇌를 많이 사용하므로 멀티태스킹(한꺼번에 여러 일하기) 능력이 뛰어나 얽혀 있는 과제를 해결하는 데 유리하다.

멀티태스킹 케이퍼빌리티

최근 여성이 조직에 기여하는 정도가 높아지면서 여성에 대한 연구가 활발하게 진행되고 있다. 그중에 하나가 바로 여성이 가지고 있는 '멀티태스킹 케이퍼빌리티(Multi tasking capability)'에 대한 연구이다. 멀티태스킹 케이퍼빌리티란 한 가지 일을 하면서도 여러 가지를 생각할 수 있는 능력을 말한다. 이 능력이 높으면 종합적으로 사고할 수 있는 능력이 높고 커뮤니케이션 능력도 뛰어나다. 창조성에서도 앞설 수 있다. 조사결과 여성이 남성보다 이 능력을 더 가지고 있다는 것이다. 남성은 멀티태스킹 케이퍼빌리티보다는 싱글 태스팅 케이퍼빌리티(single tasking capability)가 높다. 그만큼 남성의 사고 폭이 좁다는 것이다. 이것은 앞으로 여성의 역할이 오히려 두드러질 가능성이 높다는 것을 보여준다.

여성이 남성보다 이 케이퍼빌리티가 높은 이유는 어디에 있을까? 학자들은 그 근거를 찾고자 했다. 이 분야에서 이름이 있는 대표적인 학자로 럿거스 대학의 인류학자 헬렌 피셔(H. E. Fisher)도 있다. 뇌 조사 결과 반구의 내 측면 사이에 존재하는 뇌량(腦梁)의 크기가 남녀 각각 다르다는 사실을 발견했다. 남자의 뇌량보다 여자의 뇌량이 크고 많았다. 뇌량이 크면 클수록 커뮤니케이션에서 서로 연결할 수 있는 정도가 높아지고 사고의 폭도 달라지는 것으로 보고 있다. 연결성(connectivity)이 높다는 것은 그만큼 활동의 정도도 높다는 것을 말해준다.

물론 모든 여성이 모든 남성보다 이 점에서 우월한 것은 아니다. 사람마다 차이가 있을 수 있다. 그러나 지금까지 몰랐던 여성에 관한 비밀이 벗겨지고, 여성에 대한 이해가 보다 긍정적이며, 이로써 여성이 조직 활동에 기여할 수 있다면 획기적인 일이 아닐 수 없다.

남녀의 차이를 떠나 멀티태스킹 능력이 경영에 중요한 것은 이 시대가 유연성, 창의성, 관계성을 요구하고 있다는 점이다. 현재 멀티태스킹 케이퍼빌리티에 관한 연구는 경영 쪽보다는 전자나 기계 등 공학 쪽에서 활발하다. 그러나 이러한 공학적 성과가 경영에 미칠 파장은 커질 것이다. 경영은 공학적 개념을 넘어서 경영활동에 응용함으로써 그 효과를 높일 수 있다. 기업이 관심을 가져야 할 부분은 사전 계획 상황이든 리얼타임에서든 태스킹 케이퍼빌리티를 높이는 것이며, 업무활동을 재구성할 수 있는 능력(re-tasking capability)과 함께 멀티태스킹 환경을 구축하는 것이다. 멀티플 업무를 수행할 수 있도록 그 기능을 다양화하고, 그 결과를 하이스피드로 통합할 수 있을 때 조직의 태스킹 능력이 높아진다.

앞으로 기업은 멀티태스킹 케이퍼빌리티에 따라 성과가 좌우될 것이다. 따라서 전체를 보는 눈을 키우고 통합능력을 높이며 업무수행에 있어서 다양하게 접근할 수 있는 통로를 열어주는 경영자의 노력이 요구된다.

6) 두뇌 리더십

프랑스 록시땅(L'Occitane)사는 CEO 가이거(R. Geiger)의 좌뇌와 크리에이티브 컨설턴트 올리비에 보송(O. Baussan)의 우뇌를 합해 놀라운 경영을 하고 있다. 가이거는 경영이 탁월하고, 보송은 화장품 개발이나 상품 디자인 및 아이디어 개발에 천재성을 가지고 있으며 창조적 능력이 뛰어나다. 이것은 두 사람의 역할을 뇌의 양쪽에 비유한 것이다.

천성이 상극인 두 남자는 이성과 감성의 조화라는 두뇌 리더십을 발휘하고 있다. 서로 믿고 상대방에 대해서 간섭하지 않는다. 그들은 자연주의 화장품사를 동업하면서 1994년 매장 3개로 시작해 현재 100개국 1,500개로 키웠다. 자신이 갖지 못한 더 훌륭한 반쪽을 상대방에게서 구하고 함께 성공을 일궈낸 것이다. 그들은 해마다 휴가도 같이 보내며 사업전략을 논의한다. 이견을 풀어가며 성장한다. 록시땅은 속도경영을 한다. 쉴 새 없이 신상품을 출시하고, 소비자가 외면하면 바로 거둔다.

7) 빈둥거림(뇌를 쉬게 함)

해멀은 "근면보다는 차라리 나태한 창의력을 택하라"고 말한다. 낮잠을 자는 등 짧은 휴식시간을 자주 갖는 것도 아이디어를 내는 데 도움이 된다.

인텔의 문화인류학자 제네비브 벨은 '지루함의 미학'을 통해 혁신적 아이디어가 나온다고 주장한다. 그는 지루함을 느끼는 순간에 뇌는 스스로를 돌아보고 새롭고 혁신적인 아이디어를 떠올릴 수 있도록 한다고 주장한다. 지루함이 인간에게 이로움을 준다는 것이다. 그가 말하는 지루함은 그저 멍하게 인터넷을 클릭하는 것이 아니라 말 그대로 온전히 하는 일 없이 뇌가 쉬는 시간이다. 샤워를 하거나 잔디에 물을 주거나 운전을 할 때도 그렇다. 유독 시간이 느리게 간다고 느끼는 시간들이다. 철학자 하이데거도 지루함을 잠재우려 하기보다 지루함을 깨어나게 해야 한다고 했다.

IT 칼럼니스트 니컬러스 카도『생각하지 않는 사람들』에서 디지털 기기에 생각하는 능력을 아웃소싱하면서 뇌가 창의적인 생각을 찾아내기보다 정보를 처리하는 데 급급하게 된다 했다. 수많은 정보를 받아들이는 데만 쓰다보면 뇌의 해당영역만 비대해진다. 이에 따라 일부는 본능적으로 디지털 기기들로부터 벗어나기 위한 노력을 하고 있기도 한다. 아무것도 하지 않아도 되는 시간을 일부러 만들며 스스로를 돌아보는 시간을 갖는다는 말이다. 벨은 일부사람이 지속적인 디지털 세례로부터 벗어나기 위해 인터넷 접속이 불가능한 장소를 찾고 있는 것을 발견하기도 했다(김현수, 2011).

제네비브 벨의 지루함을 되찾는 법

· 뭔가 늘 생산적이어야 한다는 집착 버리기
· 직장에서 이메일 확인시간을 정해놓고 그때에만 확인하기
· 집안에 IT기기가 없는 공간 만들기
· 다른 사람들과 함께 아무 일도 안 하고 빈둥거려 보기
· 인터넷 없이 주말을 보내보기
· 휴가지로 인터넷이나 통신에서 벗어날 수 있는 장소를 택하기
· 교회나 절 등 종교적인 장소를 정기적으로 찾기
· 갑자기 일이 한가해졌을 때 IT기기로 손을 뻗으려는 충동을 조절해 보기

---

8) 우뇌경영

우젠광에 따르면 레오나르도 다빈치의 천재성은 좌뇌와 우뇌의 능력을 모두 극대화함으로써 가능했다. 그는 이미 500년 전에 이미지 사고 트레이닝, 다각도적 사고, 조합적 및 시스템적 사고를 했다(우젠광, 2006).

한국 AIG생명 왓슨(G. Watson) 사장은 우뇌(右腦)경영을 강조한다. 오른쪽 뇌를 열심히 사용하라는 것이다. 창의력 등 직원 업무능력을 향상시키기 위해서도 그렇고 감성을 깨워야 고객들의 요구도 즉각 파악할 수 있기 때문이다. 좌뇌(左腦)는 언어·분석·이성적 기능을 담당하며, 좌뇌형 인간은 규칙과 계획에 따라 일을 처리한다.

이에 비해 직관·예술적 기능을 관장하는 우뇌가 발달한 사람은 직관과 통찰력으로 사물을 보기 때문에 복잡한 보험 업무를 해결하기에 적합하다. 그는 일본에서 그림 훈련 전문가를 초빙했다. 상무 이상 임원과 핵심사업 부서장들이 강의실에 모여 유치원생처럼 의자를 그려 제출했다. 하지만 모두 퇴짜를 맞았다. 방석, 등받이, 다리 4개를 갖춘 평범한 의자를 그린 것이다. 고든 사장은 "관성에서 벗어나 네모, 세모, 곡선으로 의자를 해부해서 조립하는 새로운 접근법이 필요하다"고 직원들에게 충고했다.

이것이 보험업과 어떻게 연결될까? 미국계 금융회사인 AIG의 자회사인 AIG생명은 1987년 한국에 진출한 이후, 방카슈랑스·텔레마케팅·홈쇼핑 등을 통해 지속적으로 성장해왔다. 새로 부임한 왓슨 사장은 직원들의 감성을 깨우는 것이 이 같은 다채널 판매 전략의 핵심이라고 주장했다. 직원들이 고객들의 다양한 요구를 적기에 파악하려면 우뇌경영이 필요하다는 것이다. 우뇌경영은 무표정한 모습을 버리고 생동감을 택한다. 생동감이 있는 조직일수록 우뇌경영이 힘을 발휘한다(이성훈, 2006).

10. 창조적 사고의 4가지 요소

토랜스(E. P. Torrance)는 창조적 사고의 요소로서 유창성, 유연성, 독창성 그리고 정교성을 들었다.

1) 유창성

유창성(fluency)은 사고의 속도를 말한다. 어떤 문제에 대한 해결 방안을 계속해서 많이 낼 수 있는 능력, 곧 주어진 시간 안에 보다 많은 산출을 해내는 것을 말한다. 예를 들어 어떤 어휘를 하나 주고 그것을 사용하여 1분 안에 가능한 한 많은 글을 지으라고 했을 때 유창성이 높은 사람은 낮은 사람보다 훨씬 많은 글을 짓는다.

2) 유연성

유연성(flexibility)은 사고의 너비, 곧 여러 각도에서 폭넓게 아이디어를 낼 수 있는 것을 말한다. 하나의 주어진 자극에 대하여 다양한 반응을 나타낼 때 유연성이 높다고 말한다.

예를 들어 벽돌이라는 단어를 주고 그것을 이용해 짧은 글을 짓게 했을 때 융통성이 많은 창의적 인물은 "집을 짓는다", "학교를 짓는다", "담을 쌓는다", "굴뚝을 세운다" 등의 단순한 반응을 보이는 것보다 "책꽂이를 만든다", "조각을 만든다", "화단을 만든다", "그것으로 못을 박는다" 등 다양하게 반응한다. 다양화된 사회에서는 전문분야의 깊은 지식도 중요하지만 다른 분야의 폭넓은 경험과 지식을 겸비한 T자형 인간이 더 필요하다. 때로는 "저 사람에게 저런 면도 있었네"라는 엉뚱한 말도 들을 수 있어야 한다.

3) 독창성

독창성(originality)은 사고의 독자성, 곧 새롭고 기발한 착상을 할수 있어야 하는 것을 말한다. 다른 사람이 아직 하지 않은 것을 개발하면 특허를 주듯 우리에게 필요한 것은 이런 독창성이다.

사고의 독창성은 어떤 이야기를 들려주고 그 이야기에 제목을 붙이게 했을 때 참신하고 기발한 생각에서 나온 제목들을 보고 독창성의 정도를 판단할 수 있다. 예를 들어 흥부와 놀부의 이야기를 들려주고 제목을 붙이게 했을 때 단순히 흥부와 놀부라는 제목을 붙인것보다 흥부와 제비 등의 제목이 더욱 독창적이다.

4) 정교성

정교성(elaboration)은 지금 나와 있는 안을 가지고 다시 가공하고변형하는 것이다. 끈기 있게 만들고 다듬어 완벽한 고품질로 내놓은것이다. 정성을 들여 끝마무리를 잘한다.

자신의 생각을 완벽하게 통제하고 고정적인 사고를 하는 사람들에게는 창의적인 사고를 찾아볼 수 없다. 전통적인 지식 위주의 암기식 교육방법으로는 변화하는 시대에 대처할 수 없다. 어떤 문화적규칙에 얽매이지 않고 자신의 감정을 자유롭게 표현할 수 있을 때창의성은 가능하다.

11. 상상력과 창조성

놀이동산 회전관람차는 에펠탑을 뛰어넘는 공학아이디어로 탄생했다. "에펠탑을 공중에 매단다면 어떤 일이 벌어질까"라는 상상력의 산물이다(페트로스키, 1998).

창조는 상상력이 순수하게 발휘된 결과다. 음악도 그렇고 미술도 그렇다. 상상력은 퀴리 부부가 라듐을 발견할 때도 결정적인 역할을 했다. 그들은 우라늄의 산화물로부터 라듐을 얻어낼 수 있으리라는 생각으로 4년 동안 무려 5,677회의 실험을 했다. 라듐의 결정이 나타나기를 기다렸으나 그 그릇 속에는 아무것도 남아 있지 않았다. 그러나 잠을 자다 문득 라듐의 양이 적다면 그릇 밑바닥에 눈에 보이지 않을 만큼이라도 라듐이 깔려 있을지도 모른다는 생각이 들었다. 퀴리 부인은 곧장 실험실로 달려가 빈 그릇을 찾았다. 그녀는 어둠 속에서 그 그릇의 밑바닥에서 푸른 불빛을 발견했다. 라듐의 존재를 예언한 지 45개월 후의 일이었다. 진실을 찾아내는 데도 상상력은 중요하다.

1) 상상의 종류

상상은 매우 포괄적인 단어이다. 이것을 보다 갈라 생각해보면 다음과 같은 것이 있다.

재생적 상상

재생적 상상(reproductive imagination)은 과거에 획득했던 재료, 곧 우리 머리에 들어 있는 재료인 경험이나 지식 등을 원래 그대로의 형태대로 다시 꺼내는 작용을 말한다. 학생이 시험을 칠 때 간밤에 외운 것을 그대로 옮겨 적는 것이 그 보기이다.

창조적 상상

창조적 상상(creative imagination)은 과거에 획득했던 재료를 따로따로 분해해서 꺼내 다른 방식으로 결합시켜 새로운 가치, 또는 새로운 효용을 만드는 것이다. 창조는 바로 과거에 있었던 것을 따로따로 분해해서 다시 결합시키는 과정을 거치며 그 결과 새로운 가치나 효용을 가지게 되면 창조라 하고, 가치가 없으면 창조라 하지 않는다.

공상

공상(fantasy 또는 daydream)은 무목적적이고 무의도적인 상상이다. 목적도 없고 의도도 없는데 무심코 생각하다가 머리에 떠오른 것이다. 따라서 실제 아무것도 되는 것이 없고, 효율적으로 나타나는 것이 없다. 그것을 의도적으로 목적이 있는 공상을 하게 되면 창조로 바뀌게 된다.

따라서 우리는 재생적 사고에서 생산적 사고로, 막연한 환상을 창조적인 꿈으로 바꿔 나가야 한다. 그래야 새로운 방법이 나온다.

2) 창의성과 세렌디피티

창의성을 발휘하면서 열심히 찾다보면 처음에 생각지 않았던 것들이나 바란 것과는 전혀 다른 엉뚱한 결과를 얻는 경우가 있다. 이

같은 현상을 세렌디피티(serendipity)라 한다. 세렌디피티 현상을 낳은 것들의 보기는 다음과 같다.

- 콜럼버스의 미대륙 발견은 세렌디피티다. 중국을 향해 떠났다가 생각지도 않게 미대륙을 발견했다.
- 원자폭탄 모태인 원자력은 아인슈타인 이론의 간단한 공식풀이에서 우연히 탄생된 것이다.
- 지구의 시공을 손바닥만 한 화면에 집중시켜 주는 인터넷도 소립자 실험의 막대한 데이터 교환 도중에 부산물로 태어난 세렌디피티다.
- 성기능 치료제 비아그라는 심장약을 개발해왔던 파이저 연구진이 시험투약을 한 어느 한 환자의 부작용으로 성기가 발기한다는 보고를 받았다. 파이저는 이 약을 발기약으로서 FDA의 승인을 얻었다.

이밖에 뢴트겐에 의해 발견된 X-광선, 전기, 호손실험에서 발견된 인간관계의 중요성 모두 세렌디피티의 산물이다.

12. 창조적 문제해결 과정과 사고

1) 발명가적 사고

발명가는 따로 있지 않다. 남이 하는 일이 못마땅해 참견하고 싶고, 일상에서 조금이라도 불편한 점이 있을 때 꼭 해결해야만 속이 시원하면 그 사람은 일단 발명가로서 자질이 충분하다. 발명은 잘못된 현 상태를 고치려는 태도에서부터 출발하기 때문이다. 다음은 발명가의 기본적 자질이다.

- 뛰어난 관찰력을 갖는다. 사물을 보는 눈이 구체적이어야 한다. 새로운 사물을 볼 때 수박 겉핥기식으로 "음, 좋군"이라며 대충 넘어가면 발명가로서는 낙제점이다. 모든 발명품은 자연에서부터 나오므로 일상적인 삶 속에서 자연을 눈여겨보는 습관이 중요하다.
- 기록하는 습관을 갖는다. 발명은 반짝 아이디어다. 따라서 순간순간 기억나는 아이디어를 잘 기록해야 좋은 발명을 위해 활용할 수 있다. 항상 적을 것과 메모지를 가지고 다니며 불편한 것, 개선할 것을 기록한다.
- 항상 문제를 제기한다. 일상에서 사물의 불편함을 느낄 때마다 반드시 문제를 제기하는 습관을 갖는다. 항상 왜 불편한지 궁금증을 갖고 꼭 결과를 얻고자 하는 열정이 필요하다.
- 장소에 구애받지 않는다. 북송시대 학자 구양령이 꼽은 아이디어가 잘 떠오르는 장소는 화장실, 침대, 말의 안장 등이다. 가장 편한 상태에서 생각이 자유로울 때 아이디어가 잘 떠오른다.
- 발상의 전환은 기본이다. 모방이 발명의 출발점이다. 기존상품들을 조금 편리하게(실용신안), 조금 아름답게(의장특허), 조금 부르기 쉽게(상표) 만든다. 실용신안은 발명에 기울이는 노력의 65%만 투자하면 된다는 것이 정설이다. 발명가는 일단 모방에서 출발하므로 항상 입장을 바꿔가며 새로운 발상을 찾아

내야 한다. 전문가들이 말하는 발명의 기본은 전용, 차용, 변경, 확대, 축소, 대용, 대체, 역전, 종합, 창출 등 10가지이다.

2) 카오의 창조성 발휘과정

카오에 따르면 창조성은 관심, 준비, 배태, 조명, 증명, 개발의 과정을 거쳐 발휘된다(Kao, 1991).

- 관심단계: 어떤 관심에 의해 주변을 살피게 되고 해결해야 할 문제를 떠올린다. 직관과 감성이 요구된다.
- 준비단계: 문제해결을 위한 자료와 정보를 치밀하게 준비한다. 계획성과 치밀성이 필요하다.
- 배태단계: 문제해결을 위해 깊이 생각한다. 무의식적 노력과 직관이 중요하다.
- 조명단계: 새로운 아이디어가 떠오르는 단계다. 내면에 침잠해 있던 생각들이 갑자기 떠오르는 경우가 많다. 그러면 때로 "아하"라며 무릎을 친다. 직관이 중요하다.
- 증명단계: 그 아이디어를 실제로 평가하여 적절성을 증명한다. 시장조사를 해보는 것이 그 보기이다. 이때는 논리성과 치밀성이 요구된다.
- 개발단계: 평가된 아이디어를 실제 수행하여 그 가치를 실현한다. 개발하여 산업에 진출하는 것이 그 보기이다. 이때도 치밀성과 논리성이 중시된다.

3) 확산적 사고와 수렴적 사고

확산적 사고(divergent thinking)란 어떤 문제에 대해 여러 가지 다양한 대답을 끌어내는 작용이다. 이에 반해 수렴적 사고(convergent thinking)란 여러 잡다한 대답을 통합해서 적합한 것으로 정리하는 사고작용이다.

창조는 이 두 가지 사고를 교대로 하는 것이다. 수많은 대안을 도출해놓고 그 후 그것을 수렴해서 검토, 가공, 발전시키는 것이다. 확산했다가 집중하는 것이 바로 창조적으로 문제를 해결하는 과정이다.

창조적 아이디어가 나오는 과정을 보면 새로운 아이디어를 착상할 때는 확산적으로 사고한다. 그 후 이것을 가지고 구상을 할 때는 수렴적 사고를 한다. 다시 계획을 세울 때는 확산적 사고를 하다가 최종적으로 제작단계에서는 다시 수렴적 사고를 한다.

4) 야누스적 사고

창조성을 발휘하기 위해서는 역할이 서로 다른 양쪽 뇌를 골고루 활용하여 직관과 분석, 정보수집과 자유로운 연상을 적절하게 통합해야 한다. 서로 다른 성질과 기능을 적절히 통합하는 일은 어렵지만 창조성을 위해 해야 할 필수적 과정이다. 로젠버그는 상호 모순된 생각과 개념을 동시에 포함시켜 활용하려는 사고노력을 야누스적 사고(Janusian thinking)라 하고 이것이 창조적 문제해결에 필요하다고 주장했다(Rothenberg, 1976).

5) 이연연상

상상력이 활발한 사람에 관한 심리학적 연구들은 천재적 능력보다 열의, 몰두, 독립심, 성취감을 강조한다. 천재적 능력이 있다고 해서 창조력이 뛰어난 것은 아니라는 것이다. 상상력이 창조로 연결되는 데는 이연연상(biociation)의 작용을 빼놓을 수 없다.

심리학자 쾨스틀러(A. Koestler)에 따르면 창조적 역량을 지닌 사람들은 해결하고 싶은 어떤 문제에 부딪히면 모든 열정과 정열을 거기에 쏟아 붓는다. 그렇다고 열정과 정열만으로 문제가 해결되는 것은 아니다. 문제가 해결되지 않아 좌절감과 곤경에 빠져 있을 때 방황하고 고민하게 된다. 그러던 중에 그때까지는 서로 관계가 없었던 어느 경험과 또 다른 경험이 어떤 순간 서로 관계를 맺게 된다. 이러한 이연연상으로 그동안 모호했던 생각이 적절하고 우아한 개념의 형태로 그의 머릿속에 번쩍이게 된다.

6) 우회적 사고

케일러의 닭과 개에 대한 실험은 우리가 어떻게 사고해야 하는가를 가르쳐준다. 그는 먼저 닭을 며칠 굶긴 뒤 앞엔 가시철망을 치고 그 뒤에 닭 모이를 두었다. 그리고 알아서 먹도록 했다. 배가 고픈 닭은 먹을 것이 보이자 쏜살같이 철망 쪽으로 달려갔다. 그러나 그 망을 뚫기엔 역부족이었다. 철망을 뚫다 찢기고 피가 났다. 그래도 닭은 물러서지 않았다. 필사적으로 도전했지만 결국 피를 많이 흘려 죽고 말았다.

다음에는 개를 며칠 굶겨 똑같은 상황에 집어넣었다. 철망 뒤에는 닭 모이 대신 개가 좋아하는 고기와 뼈를 갖다 놓았다. 개도 닭처럼 쏜살같이 나아갔지만 철조망이 있는 것을 보고 어떻게 먹을 수 있을까 왔다 갔다 하며 생각을 했다. 결국 철조망을 돌아가 점잖게 먹었다.

이것이 닭과 개의 차이이다. 닭은 필사적으로 도전했지만 좌절하고 말았다. 비창조적인 도전, 생각이 없는 도전에게 돌아오는 것은 당연한 좌절이다. 그러나 창조적으로 생각한 개는 성공할 수 있었다. 개의 이러한 생각을 우회적 사고라 한다. 이것은 드보노의 수평적 사고에 해당한다.

7) 직관의 재발견

아인슈타인은 만년에 "이성과 합리적인 마음으로 내가 발견한 것은 아무것도 없다"고 털어 놓았다. 과학의 세계에서도 지식보다도 직관과 상상력이 훨씬 소중하다는 고백이었다.

직관(intuition)은 지식의 도움 없이 감각이나 감관으로 사물의 이치를 즉각 꿰뚫어 보는 능력이다. 존 스튜어트 밀은 "직관으로 터득된 진리야말로 진리의 원천"임을 강조했다. 직관은 본능과는 다르며 무지에서 비롯되는 배짱과는 더욱 거리가 멀다. 그럼에도 불구하고 대개의 경우 직관은 직감적 충동이나 배짱과 동일시되어 왔다.

레이건 대통령은 경제통계 숫자보다 자신의 직관이 낫다며 경제자문관들을 줄곧 따돌렸다. 세금을 감해주면 경제가 활성화되어 결과적으로 세금이 더 걷힌다는 그의 공급경제학은 이 직관의 산물이었다. 이 경우 직관은 무지였다는 비판도 있다.

최근 경영의 새 프런티어로 직관이 리바이벌되고 있다. 정보의 홍

수 속에 모든 것이 복잡하고 불확실하며 기술과 경쟁 환경이 급변을 거듭할수록 경영자의 직관이 중요성을 더한다는 지적들이다. 이것이 야말로 직관의 재발견이다. 스위스 로잔의 국제경영개발연구소 연구에 따르면 소니, 혼다, BMW 등 창조적 기업일수록 직관적 접근이 강하며 일본경영자들은 미국과 유럽의 경영자들보다 훨씬 직관적임이 드러났다고 한다.

주목되는 것은 직관에 대한 현대적 정의이다. 정보의 어지러운 흐름 속에서 패턴을 빨리 알아차리는 감각이 첫째다. 그 패턴을 형상화해 재현해내는 상상력이 둘째다. 이를 유추하고 종합하는 이성적 능력이 셋째다. 이 토대 위에서 나오는 판단과 통찰력이 바로 직관이라고 한다. 내용 면에서 직관은 비전과도 통한다.

돌파구를 여는 외교에서도 직관은 중요하다. 이해관계의 산술적 총화나 균형의 도모만이 외교는 아니다. 북한 핵문제를 중재한 카터는 상대국을 무법국가, 그 지도자를 범죄자로 일방적으로 몰아붙이는 상황에서 어떻게 정상적인 대화가 존재할 수 있느냐고 반문했다. 아라파트와 이스라엘과의 대화도 노르웨이 측 중재로 돌파구가 열렸다. 고착된 이해관계의 틀을 뛰어넘는 외교의 이니시어티브야말로 직관과 비전의 영역이다.

13. 창조적 리더의 공통점

해멀이 혁신적 비즈니스 리더 200명을 대상으로 조사한 결과 창조적 리더들의 공통점을 다음과 같이 발견했다.

1) 역발상을 하는 사람들(Contrarian)

창조적 리더는 역발상을 하는 사람들이었다. 보통 항공사들의 교과서적인 전략은 허브 공항을 중심으로 자전거 바퀴의 살처럼 사방으로 뻗어나가는 운항 시스템(hub-and-spoke system)을 개설하는 것이다. 하지만 버진 애틀랜틱 항공을 설립한 리처드 브랜슨은 이 전략에서 과감하게 벗어났다. 그는 전 세계 교통량이 가장 많은 도시들만을 연결하는 직항 노선(point-to-point) 전략을 택해 성공을 거두었다. 그는 창조경영의 전도사로 불릴 정도다.

마이크로소프트와 구글의 소프트웨어에 대한 접근방법도 역발상이다. 마이크로소프트는 소프트웨어 사업은 돈을 받고 파는 것이 유일한 비즈니스 전략이라 생각했다. 이와 달리 구글은 광고주들에게 광고를 파는 대신 유용한 소프트웨어를 사람들에게 공짜로 제공했다. 역발상을 하는 리더는 관례를 거꾸로 돌려 "이렇게 할 수밖에 없느냐" 되묻는 습관이 있다.

소니, 삼성, 델 등 처음 컴퓨터 시장에 뛰어들었던 기업들이 똑같은 부품 공급망, 제품 구성을 가지고 있었지만 마이클 델은 "왜 그래야만 하지? 다르게 접근해보자" 했다.

2) 현재를 잘 관찰하는 능력

창조적 인재는 미래를 예측하기보다 오히려 현재를 잘 관찰하는 능력이 있다. 10년 뒤에 세상이 어떻게 변할까에 초점을 맞추기보다 지금 무슨 현상이 벌어지고 있는가를 잘 간파한다. 인맥관계 사이트

페이스북(Facebook)의 성공은 트렌드 파악에 적중한 것이다. 새로운 기술을 개발해낸 것이 아니라 이미 존재하는 인터넷 공간에서 젊은 이들이 어떤 식으로 소통하는지 파악한 다음 그 장터를 열어준 것밖에 없다.

3) 총체적 종합능력

창의적 리더는 세상을 레고 블록으로 보는 능력을 길렀다. 내 회사, 내 분야만 따로 떼어서 보는 것이 아니라 다른 것을 총체적으로 종합하는 능력이다. 창의력을 죽이는 잘못된 습관 중 하나가 자신의 사업을 자신이 만들어내는 것으로 규정하는 것이다. 예를 들어 컴퓨터 제조업, 자동차 회사, 은행 등으로. 그보다는 기저에 깔려 있는 능력에 초점을 맞추면 훨씬 넓은 세상이 보인다. 인터넷 쇼핑몰 아마존이 온라인에서 컴퓨터와 소프트웨어를 빌려 쓰는 클라우드 컴퓨팅(cloud computing) 사업을 하리라 IBM이 상상이나 했을까.

14. 창조성을 죽이는 6가지 상사유형

창조성이 중요하기는 하지만 모든 기업이 창조성을 선호하는 것은 아니다. 많은 기업이 계획이나 관리도 힘들고 기존 절차와 구조를 방해하는 데다 위험과 실패를 수반한다는 이유로 창의적인 행동을 회피하려는 경향이 있다. 경영자마저 빠른 속도로 일하고 움직이기 때문에 생각하는 것을 싫어하는 경향이 있다. 따라서 기업은 창조성을 높이기 위한 환경을 적극적으로 만들지 않으면 안 된다.

　기업의 경쟁력에 결정적인 힘이 되는 창의성을 저해하는 상사들은 어떤 유형일까. LG경제연구원은 「이런 상사가 창의성을 죽인다」라는 보고서에서 5년 만에 1억 대가 넘게 팔린 애플의 아이팟이나, 13년 만에 1억 대 이상 팔린 소니의 워크맨 등 세계적인 히트상품에는 남들이 생각지 못한 창조적인 발상으로 고객에게 높은 가치를 줬다는 공통점이 있다며 창의성은 기업의 경쟁력을 가름하는 결정적인 힘이라고 강조했다.

　이어 조직의 창의성을 극대화하기 위해서는 구성원 개개인의 아이디어, 상상력, 호기심을 제대로 이끌어내야 하는데, 여기에 영향을 미치는 핵심 요인이 경영진 등 관리자들의 리더십이라고 지적한 뒤 창조성을 저해하는 6가지 상사유형을 제시했다(LG경제연구원, 2007c).

1) 유아독존형

　부하들의 이야기를 들어주는 인내심이 부족하고 자기 생각을 강요하는 독선적인 성향이 강해 부하들의 입을 닫게 한다. 각 개인의 여러 다른 생각이나 아이디어들이 상호작용해 혁신적인 아이디어가 창출되려면 임직원과의 치열한 토론과 대화가 필요하지만, 유아독존형 상사는 독선적이고 부하들의 이야기를 들어주는 인내심이 없어 상하 간의 긴밀한 대화나 토론이 이뤄지기 어렵게 만든다.

2) 눈뜬 장님형

구성원들이 창의적인 아이디어를 제시해도 아이디어의 잠재가치를 제대로 활용, 성과물로 연결하는 능력이 없기 때문에 무용지물로 만들어버린다. 이들은 시장과 미래를 보는 안목이 없어 "그거 해서 성공하겠냐?", "내 경험으로 보면 성공 못 해", "쓸데없는 데 시간 낭비하지 마"라는 식으로 반응, 아이디어의 싹을 자른다.

3) 일 중독형

부하의 감정이나 기분 등 내적인 심리상태를 배려하지 못하고 오직 일밖에 몰라 구성원들의 창의성을 죽인다. 이들은 지나치게 일 중심적으로 움직여 구성원들을 지치게 하고 피로를 가중시켜 조직 구성원의 탈진 상태를 불러오기도 하며, 감성이 결핍된 언행을 일삼아 구성원들이 직장생활에서 느끼는 재미나 근무의욕을 없애면서 창의성을 저해한다.

4) 완벽주의형

작은 실수나 실패도 절대로 용서하지 않아 부하들의 생각과 행동이 실패 위험이 적은 보수적인 방향으로 흘러가게 하면서 새로운 것에 도전하고 시도하는 창의적인 발상과 행동을 위축시킨다.

5) 복사기형

남들이 하지 않는 새로운 것을 먼저 개척해나가는 선도자적 실험정신이 부족해 내부에서 좋은 아이디어가 있어도 자신이 없어 실행을 주저하다가 나중에 다른 기업들이 하는 것을 보고 나서야 따라한다. 이들은 불확실성을 감수할 수 있는 용기가 없어 구성원들이 기존과 다른 파격적인 아이디어를 제시하더라도 "그런 사례가 있느냐?", "그것이 성공할 수 있다는 증거를 가져와봐라"라는 식으로 반응한다.

6) 하루살이형

단기성과 지향적인 업무 수행패턴을 갖고 있다. 사업모델이나 전략, 미래준비 등 큰 것을 고민하기보다는 기존의 사업 틀 속에서 당장의 이익과 비용 관리 등 단기성과 개선에 치중, 지시나 통제를 매우 세부적으로 하며 보고 등 잡무를 늘려 창의성을 저해한다.

15. 창조성을 높이기 위한 교육제도의 변화

정보화 사회나 창조 사회는 포스트모던 사회로의 진입을 앞당겼다. 이 사회는 다양성과 선택성을 높여주었고, 생각의 다양성을 존중하도록 만들어주었다. 교육의 경우 필수과목 시대에서 선택 시대로 전환하게 되었다. 암기시험에서 창의성, 적성, 폭넓은 교양과 사고력이 강조되었다. 일방적 강의보다 학생 스스로 과목과 주제를 개발하고 교수도 선발하는 등 이른바 '제2대학운동'을 일으키게 한 것도 이 사회의 특징이다. 토론 위주의 학습으로 참여 및 만족을 이끌어내고, 일방적 배식(주입식)에서 교육카페테리아 제도로 전환하게 하였다.

산업화 시대 한강의 기적을 이루어낸 기능인을 많이 배출해낸 한국의 학교들은 아직도 창조성 없는 기계인간을 주형처럼 찍어내며 국가경쟁력을 오히려 잠식해 들어가고 있다는 평가를 받고 있다. 학교뿐 아니라 사회도 개성과 창의력 있는 인간을 제대로 수용하지 못하기는 마찬가지이다. 그 결과로 한국에는 독자적인 기술이 별로 없다. 우리는 전 국민 2명당 1명씩 휴대전화를 가지고 있을 만큼 이동통신 대국이지만 디지털휴대전화의 원천기술인 CDMA기술은 미국 퀼컴사에 100% 의존하고 있다. 지금도 우리 기업은 수억 달러의 로열티를 지불하고 있다. 이제 우리가 해야 할 일은 교육을 통해 창의성을 더욱 배가시키는 일이다. 학교든 직장이든 교육환경이 바뀌어야 한다.

세상은 바뀌고 있다. 그런데 내가 바뀌지 않으면 자기가 손해를 본다. 변화는 선택사항이 아니라 의무사항이 되었다. 우리가 바뀌어야 할 것 가운데 하나가 바로 교육의 방법이다. 앞으로의 교육은 오프라인 교육이 중심이 아니라 온라인 교육이 중심을 차지하게 되기 때문이다. 온라인 사이버교육은 지식을 빠르게 창출하고 변화시킨다. 이것은 지식의 충전주기가 빨리 변화한다는 것을 보여준다. 지금은 18개월이면 다시 배워야 한다고 말한다. 그런데 2020년경이면 그 주기가 73일이 될 것이라고 한다. 사이버교육에 대한 우리의 관심이 더 깊어져야 할 이유가 여기에 있다.

현대 사이버교육은 웹 기반 교육(WBI: web-based instruction)을 통해 중단 없이 계속한다. 교육(가르치기)보다 학습하는 사회를 만들어간다. 사이버 교육의 모델은 전통적인 모델에서 벗어날 뿐 아니라 정보모델의 한계를 극복하고 지식모델을 지향한다.

전통적 모델(traditional model)은 강의 중심, 교실 중심, 교수 중심의 주입식 교육이었다. 일방적이다. 학생은 정보를 획득하는 것으로 만족해야 한다. 정보모델(information model)은 정보기반 학습을 한다. 개인학습자가 원격교육(distance learning)을 통해 얻어낸 정보를 효과적으로 해석해낼 수 있게 만든다. 지식모델(knowledge model)은 지식을 기반으로 여러 지식을 종합하며 보다 새롭고 유익한 지식을 창출하는 데 초점을 맞춘다. 개인학습자보다 팀 학습자 중심이다. 웹을 통한 배분학습(distributed learning)으로 창조적 지식을 효율적으로 만들어낸다. 사이버교육은 지식기반 패러다임 변화에 대응하는 전략적 도구이다. 지적 자원을 효율적으로 육성하기 위해서는 교육체제부터 개선해야 한다.

사이버교육은 수요자 중심 교육이다. 이것은 종래의 공급자 중심, 캠퍼스 중심, 강의 중심과는 성격이 다르다. 사이버교육은 다양한 선택권을 부여한다. 사이버공간은 물리적 공간이 제공할 수 없는 다양함이 존재한다. 사이버교육은 선택과 함께 집중의 방법을 택한다. 수요자로 하여금 여러 분야에서 자신에게 적합한 것을 택하도록 하되 일단 택한 것에 대해서는 전문적 깊이를 가지고 파고들게 만든다. 사이버교육은 맞춤교육을 하게 한다. 때를 놓치거나 수준이 각자 달라도 개인별 능력에 맞는 학습이 가능하다. 사이버교육을 보다 효과적으로 생동감 있게 하려면 교육내용을 디지털 콘텐츠로 만드는 작업이 필요하다.

한국인들은 무조건 순종하는 풍토에서 성장했기 때문에서 독창성이 부족하다는 말을 듣는다. 과제물이나 논문을 쓸 때 자기의 독창적인 의견이 담긴 글을 쓰기보다 베끼기, 장수 채우기에 급급한 경우가 많다. 일단 입학만 하면 쉽게 졸업할 수 있기 때문에 힘들여 자기의 색깔을 개발하려는 노력을 하지 않는다. 대부분 장래의 직업이나 자신의 취향과는 무관하게 성적에 따라 전공을 결정하고 졸업한 후에도 전공과 전혀 무관한 직업을 갖는다.

학사행정이 단과대, 학부, 학과 등 집단별로 일괄적으로 이뤄지고, 취직시험도 모든 기업이 엇비슷하게 낸다. 재학 중에 특정분야에 관심을 갖고 여기저기 찾아다니며 열심히 견문을 쌓아도 취직할 때 별로 도움이 안 된다. 사회에서 요구하지 않기 때문이다. 자연히 학생들은 전문지식을 쌓으려는 의지가 없어지고 어느 과를 나오든 비슷비슷해진다.

우리에게 필요한 것은 교육에서부터 독창적 활동을 촉진시키는 일이다. 이를 위해 먼저 부정적인 사고보다 긍정적인 사고, 소극적인 것보다 적극적인 삶을 가르친다. 창의성은 바로 긍정적이고 적극적인 사고에서 나오기 때문이다. 자유로운 발상을 하도록 하고, 암기식 교육을 탈피한다. 자율을 중시하고 규제를 완화하는 것도 중요하다. 사유체계의 경직화를 가져오는 제도와 자율을 얽매는 규제를 과감하게 해제해야 한다. 그리고 지식수용 교육에서 지식생성 교육으로 나아가야 한다.

후츠파 정신, 이스라엘이 비상하는 데는 이유가 있다

박근혜 정부의 키워드는 창조경제다. 미래창조과학부를 세우고, 창조경제에 대한 개념을 보다 구체화하려는 움직임을 보이고 있다. 첨단과학도 발전시키면서 동시에 일자리를 창출할 수 있는 것에 관심을 두고 있다. 창조경제가 과연 어떤 것이어야 하는가에 대한 논의도 활발하다. 그런 가운데 정부나 기업이 이스라엘에 주목하고 있다. 이스라엘이 창조경제의 역할모델이 될 수 있다는 생각에서다. 이스라엘은 인구 780만 명에, 충청도 정도의 크기를 가지고 있다. 인구 면에서나 국토 면적에서 우리와 비교가 되지 않는다. 하지만 중소벤처기업의 글로벌 경쟁력은 세계적이다. 벤처창업기업 수는 5,000개로, 한 해 만들어내는 벤처기업 수만도 유럽 전체가 만들어 내는 수를 넘는다. 특히 하이테크벤처가 강세를 보이고 있다. 세계 100대 하이테크기업의 75%가 이스라엘에 연구소 또는 생산기지를 두고 있을 만큼 이스라엘의 기술수준이 높다. 나스닥 상장기업만도 100개나 가지고 있다. 이런 이스라엘로부터 우리가 배워야 할 것은 과연 무엇일까?

첫째, 후츠파(Chutzpah) 정신이다. 후츠파는 '놀랍고 당돌한 용기'란 뜻이다. 이스라엘 사람들은 생각이 나면 계속 제시하고, 묻고, 함께 어떤 결론에 도달하기를 좋아한다. 이것은 종교와 교육의 영향이 크다. 유대회당에서 탈무드교육을 하는 것을 보면 아주 시끄럽다. 학생들끼리도 어떤 결론이 날 때까지 끈질기게 묻고 답한다. 군대에 가서도 예외가 아니다. 나이나 계급을 따지지 않고 당당하게 자기의 생각을 말한다. 이런 문화가 이스라엘 특유의 창업문화로 이어지고 있는 것이다. 이 후츠파 정신이 오늘날 이스라엘 창조경제의 바탕이 되었다는 것에 의문을 다는 사람은 별로 없다. 창조경제를 일으키기 위해서는 이런 열린 태도가 필요하다.

둘째, 상상력과 융합을 중시하는 문화다. 이스라엘도 연구개발을 중시한다. 하지만 그보다 더 중시하는 것이 있다. 바로 상상력이다. 그들은 자유롭게 상상하게 하며, 상상을 통해 얻어낸 아이디어를 상업화하는 데 주저하지 않는다. 상상을 할 때 어느 한쪽의 사고만 강조하지 않는다. 여러 사고를 융합하며 사고의 장벽을 없앤다. 혁신은 이질적인 사람들이 만나고, 서로 다른 문화가 만나며, 서로의 생각이 융합할 때 스파크처럼 일어난다. 이질적인 분야가 서로 융합해 혁신적인 제품을 만들어낸다. 이스라엘에서는 공학, 의학, 약학이 따로 놀지 않는다. 학문분야도 서로 섞이며 세계적인 바이오 헬스 케어 산업을 주도하고 있다. 대학도 특허권으로 막대한 수익을 올리고 있다. 이스라엘의 경제를 가리켜 융합경제(crossover economy)라 하는 것도 이 때문이다.

셋째, 민관합동 펀딩 방식이다. 아무리 정신이 좋고 아이디어가 뛰어나도 돈이 없으면 안 된다. 이스라엘은 이를 요즈마 펀드(Yozma fund)로 문제를 해결해가고 있다. 요즈마는 '혁신'이라는 뜻을 가지고 있다. 요즈마 펀드는 이스라엘의 첨단과학기술산업의 발전을 위해 민관 합동으로 국내외 자금을 유치하는 벤처캐피털이다. 이스라엘 정부와 기업이 함께 돈을 대는 매칭(matching) 방식이다. 이것으로 벤처산업과 벤처캐피털 시장을 육성하는 것이다. 자금조달 방식도 일방적이 아니라 융합의 성격을 띤다. 1993년에 시작해 현재 40억 달러 규모로 수백 개 벤처기업을 지원하고 있다. 실패도 용납하며 시장 친화적 정책을 펴고 있다. 이스라엘은 작다. 하지만 강하다. 주변이 적들로 둘러싸여 있지만 결코 그들에 밀리지 않는 강한 국방력과 첨단기술을 가지고 있다. 과거 이스라엘 젊은이들은 의사나 변호사를 선호했다. 하지만 지금은 이것에 안주하지 않는다. 기업가정신을 더 중요한 가치로 여기며 창업으로 새 시대를 열고 있다. 이스라엘을 배우려면 우리 정부나 기업도 해야 할 일이 많다. 국민으로 하여금 현재에 안주하지 않고 도전하게 만들고, 상상의 날개를 달아주어야 한다. 그러면 국가도 비상한다.

창조적 아이디어 개발기법

1. 창조적 아이디어의 창출

시실리 왕국 히에론 왕은 왕관을 모두 순금으로 만들도록 했다. 평소 의심이 많던 왕은 대장장이가 혹시 은을 섞지 않았을까 의심하기 시작했다. 왕은 수학자인 아르키메데스를 불러 진위를 밝히도록 했다.

그 문제를 가지고 오랜 동안 씨름하던 아르키메데스는 어느 날 공중목욕탕엘 갔다. 목욕을 하다가 자기의 몸이 욕조의 물을 넘쳐흐르게 한다는 사실을 깨달았다. 그 순간 갑자기 해결책을 찾아냈다. 왕관과 똑같은 순금이 밀어낸 물의 양과 그 왕관이 밀어낸 물의 양과를 비교해보면 되겠다는 생각이었다. 그는 목욕탕에서 나오면서 이렇게 소리 질렀다.

"유레카! 유레카!"

이 말은 '찾았다'는 뜻이다. 현대 경영자는 구성원의 창의성을 통해 이 유레카 소리를 더 자주 듣고자 한다.

인터넷 기업으로 일본의 제일부자가 된 재일교포 3세 벤처사업가 손정의는 버클리 대학에 다닐 때 생계를 위해서 발명품을 아주 많이 개발하였다. 그는 발명이 세 가지 패턴으로 구성되어 있는 사실을 발견하였다. 세상에 어떤 문제가 발생하면 그것을 해결하면 된다는 문제해결법을 비롯해서 둥근 것을 사각으로, 하얀 것을 빨갛게 해보는 등 생각을 다른 방향으로 해보는 수평적 사고법, 마지막으로 라디오와 카세트를 조합하면 카세트 라디오가 되는 조합법으로 구성된다는 것이다.

손정의에 의하면, 그런 식으로 자기 나름대로 패턴화하는 방법을 발견해 그것을 파고 들어가면 힌트가 쉽게 떠오르고, 그렇게 되면 자기 자신의 창조력을 자극하게 된다고 한다. 이는 TRIZ의 물질장·기능분석, 다면적(Multi Screening), 진화의 법칙 등과 일치하는 것으로 고의든 아니든 간에 손정의도 자신의 발명에 TRIZ의 일부 원리를 적용했다 할 수 있다(여운동, 2007).

창의적 사고력을 만들어내는 방법

- 모방에서 시작하라. 모방할 수 있는 사람은 창조할 수 있다(보기: 벤치마킹).
- 정반합으로 생각하라. 고정관념에서 벗어난다. 다른 것을 생각해보고, 이들을 합하여 새로운 것을 생각해낸다(보기: 디카 폰, 봉고, 김치냉장고).
- 뒤집어보라. 지도를 거꾸로 보면 한국의 미래가 보인다. 발상의 전환이 필요하다.
- 외계인의 눈으로 바라보라. 창조적인 것이란 새로운 것을 찾는 것이 아니라 새로운 눈으로 무엇인가를 바라는 것이다.
- '왜?'를 사용하라(보기: 도요타의 5why-다섯 번 '왜?'를 물으라).
- '만약'을 사용하라.
- 수학 원리를 활용하라.

출처: 이면희(2007)

창의적 아이디어는 작게는 개인적으로는 일기를 쓰거나 메모를 작성하는 습관을 통해 사고력을 키워주는 것에서부터, 크게는 TRIZ를 비롯해 브레인스토밍 등 여러 방법들이 활용되고 있다.

창의적 아이디어를 위해서는 사물을 새로운 눈으로 보는 것이 필요하다. 현대 추상미술의 선구자인 러시아의 화가 바실리 칸딘스키(Wassily Kandinsky, 1866~1944)는 한때 극심한 슬럼프에 시달렸다. 아무리 노력해도 그림이 제대로 그려지지 않자 그는 스스로 그림에 소질이 없다고 비관하며 한동안 그림에서 손을 뗐다. 어느 날 무심코 화실에 들른 그는 벽에 걸려 있는 그림을 보고 깜짝 놀랐다. 자로 자신이 그리다 중단했던 그림을 누군가 거꾸로 걸어 놓았던 것이다. 이 사건을 계기로 그는 그림을 상하가 아닌 선과 색상의 변화로, 즉 종전과 다른 시각으로 사물을 보기 시작하여 현대 추상미술의 창시자로 새롭게 태어날 수 있었다.

창의적 아이디어는 멀리 있는 것이 아니다. 새로운 눈으로 새로운 발견을 할 수 있는 기회는 우리 주변에 많다. 새로운 것을 찾기 위해 꼭 멀리 가야 하는 것은 아니다. 생각을 바꾸고 관점을 바꾸어 지금까지 해오던 일을 새로운 눈으로 본다. 일을 재해석하고 다시 정의해본다. 공급자가 힘을 가졌던 시절의 제품과 서비스 감각으로 현재 자기의 일을 제대로 보기 어렵다.

또한 실수를 허용하는 것도 중요하다. 실수를 허용하는 것은 도전성을 기르기 위한 것이다. 일본의 시라카와 교수는 노벨화학상을 받았다. 전기가 통하는 플라스틱을 발견한 공로를 인정받았다. 이것의 발견은 촉매를 잘못 투입했던 한국 유학생의 실수에서 출발한 것이다.

다양하게 생각해보는 것이 중요한 발견을 위한 길이 된다. 이 방법으로 여섯 색깔 모자 기법(the six thinking hats)이 있다. 이 기법은 창조적인 아이디어를 찾아내기 위한 기법 중 하나로 회의를 할 때 순서대로 특정 색의 모자를 지정하고 해당 모자가 가지고 있는 룰에 따라서 이야기를 하는 방법이다. 검정은 경고, 노랑은 장점, 초록은 발상의 전환, 하양은 객관성, 빨강은 직감, 파랑은 계획 등을 의미한다. 드 보노의 수평적 사고도 이와 같은 방법을 사용한다.

2. 창조성 개발기법의 일반적 분류

집단 내에서 창조성을 증진시키는 방법으로 크게 다음과 같이 분류된다.

1) 자유연상법

창조성은 아무런 제약이 없는 상황에서 가장 왕성하게 발휘된다. 자유연상법은 사고의 자유로운 흐름을 보장하는 가운데 마음껏 아이디어를 제시하도록 함으로써 창의성을 발휘하도록 하는 데 아주 적합한 기법이다.

자유연상법의 대표적인 것으로 브레인스토밍(brainstorming)과 시넥틱스(synectics)가 있다. 두뇌선풍은 자유연상을 통해 집단성원으로 하여금 많은 수의 아이디어를 내도록 하는 것을 말하며 시네틱스는 양보다는 질을 추구하는 방법이다. 이 방법들은 창의성 개발과 문제해결 이외에도 인간관계를 원활히 하고 적극적이고 진취적인 태도를 가지며 기민하게 핵심을 파악하는 데 유익하다.

　그러나 이 기법들은 피상적인 아이디어들만 도출되고 복잡한 문제해결이나 전략개발에는 미흡할 뿐 아니라 집단사고(groupthink)를 유발할 가능성이 크다는 비판을 받고 있다.

　이 문제점들을 해결하기 위해 나온 방법이 명목집단법과 델파이법이다. 이 방법은 전문가들의 의견을 수렴하여 복잡한 문제를 푸는 데 도움을 주고 있다. 명목집단법은 대면을 하기는 하지만 상호작용은 없으며 델파이법은 아예 대면을 하지 않는다.

2) 분석적 기법

　분석적 기법은 한 문제와 그 문제의 여러 요소를 철저하게 논리적으로 파헤치는 기법이다. 이 기법에는 크게 세 가지 방법이 있다.

　첫째는 한 제품이나 대상 또는 아이디어의 주요특성이나 속성들을 분리시킨 뒤 이 분리된 속성을 고려해서 생각나는 대로 변화시켜 조립시키는 방법이다. 변화를 위해 아이디어를 낼 경우 어떤 평가나 암시를 주어서는 안 된다. 모든 아이디어가 나온 뒤 적절히 평가할 수 있다.

　둘째는 첫 단계에서 바라는 목적결과(산출)를 구체화시켜 놓고, 그다음 단계에서 유용하게 사용될 에너지원을 투입하며, 그다음 셋째 단계에서 이 투입을 산출로 전환시키는 데 동원될 수 있는 모든 가능한 방법을 탐색한다. 이 셋째 단계에서 어느 정도 제한점을 제시하는 것도 좋다.

　셋째는 먼저 한 문제를 규정한 다음에 합당한 이론적 해결안을 나열하고, 그다음에 각 해결안을 평가하는 방법이다. 이것은 한 문제의 주요요소들을 좌표의 양쪽 축에 나열하여 가능한 대로 서로 조합시켜 보고, 그 가운데 가장 좋다고 평가된 조합을 해결안으로 삼는다.

3) 강제적 관계기법

이 기법은 정상적으로 관계가 없는 둘 또는 그 이상의 물건이나 아이디어를 강제적으로 관계를 맺어보게 하는 방법이다. 이 기법에도 한 목록 칸에서 여러 항목을 뽑고 다른 목록 칸에서 또 다른 어떤 항목을 뽑아 서로 결합시켜 봄으로써 독자적인 아이디어를 생각해내는 방법, 또 마음에 드는 어떤 대상 항목, 곧 어떤 제품이나 아이디어를 먼저 정해두고 다른 어떤 대상을 이 목표대상에 연관시켜 보는 방법 등 여러 가지가 있다. 이 방법은 독창적인 아이디어를 발전시키는 데 도움을 준다.

조직에서는 시장성 있는 아이디어를 창출하기 위해 다양한 방법을 사용한다. 많은 아이디어 속에 좋은 아이디어가 숨어 있다고 생각하는 가장 고전적인 브레인스토밍 방법에서부터 발상에 실수가 없도록 미리 점검할 항목을 만들어놓고 아이디어를 하나씩 도출하는 체크리스트방법, 아는 것은 모르는 것처럼 대하고 모르는 것은 친숙한 것처럼 대하며 문제를 풀어보는 시네틱스(synectics), 돌아가며 아이디어를 종이에 적도록 하는 브레인라이팅(brain writing), 여러 곳에 산재한 전문가의 의견을 구하는 델파이방법(delphi method), 창의적 문제해결원리로 러시아에서 건너온 TRIZ에 이르기까지 헤아릴 수 없을 정도로 많은 방법들이 제시되고 있다. 이것을 통해 새로운 아이디어를 내고, 기술은 물론 경영을 혁신시킨다.

3. 지적 흐름의 파악

워드(T. B. Ward) 등에 따르면 인간이 다른 동물과 뚜렷하게 구별되는 것은 창조라는 정신활동이다. 그들은 창의력은 결코 타고 나는 것이 아니라는 점을 강조하고 있다. 창조적 사고는 어느 순간 불쑥 솟아나는 것이 아니고 기존의 지식에서 비롯된다. 각 개인 간 창의성은 지식의 정도, 그리고 특정지식을 상황에 맞게 적용할 줄 아는 능력에 따라 차이가 날 뿐이다. 그런데 우리 대부분은 창의력은 특정한 사람에게 주어지는 혜택으로 돌리려는 경우가 많고, 지금까지 창조성을 유감없이 발휘했느냐고 물으면 누구나 대답하기를 주저한다(Ward et al., 1996).

발명왕 에디슨이 1879년에 발명한 백열등은 전적으로 그만의 아이디어는 아니다. 험프리 데이비경은 그보다 70년도 더 앞선 1808년에 이미 전기로 불을 밝힐 수 있다는 아이디어를 내놓았다. 그에 앞서 20여 명이 생각해냈지만 성공하지 못했을 뿐이다. 에디슨의 아이디어도 그에 앞선 작은 발견들을 바탕으로 한 것이며 자동차나 증기기관의 발명 역시 이와 유사하다.

기존의 지식을 이어받는 데도 함정이 있음을 알아야 한다. 자칫하다가 기존의 지식이 훗날 창의성의 굴레로 작용할 수 있기 때문이다. 현대의 PC 모니터 화면이 영어로 80자에서 벗어나지 못하고 있는 것이 그 보기다. 컴퓨터 초창기에 펀치카드가 물리적, 기술적 제약 때문에 영어로 80자밖에 담을 수 없었는데 그것이 마그네틱테이프로 넘어가면서 물리적 제약이 풀렸음에도 불구하고 아직도 80자를 그대로 답습하고 있다.

4. 창조적 노력의 습관화

짐 콜린스는 창조성에 관한 한 "늘 칼끝에 서 있다고 생각하라. 성공법칙은 철저한 시간관리에 있다. 50은 창조적인 일에, 30은 가르치는 일에, 그리고 20은 어쨌든 할 일에 사용하라"고 주장했다. 시간의 반 이상을 창조적인 일에 할애하라는 것은 창조성을 높이기 위해선 꾸준한 노력이 필요하다는 것을 말해준다.

세계적 무용안무가 트와일라 타프(Tharp)에 따르면 창조성은 선천적인 것이 아니라 노력을 습관화하는 데서 싹튼다. 그는 『창조적 습관』이라는 책에서 말한다. "나는 매일 아침을 나만의 의식으로 시작한다. 새벽 5시 30분에 일어나 연습복을 입고 후드티를 걸치고 모자를 쓴다. 그리고 집 밖으로 나와 택시를 불러 세우고 퍼스트 에비뉴 91번가에 있는 헬스장으로 가자고 한다. 그곳에서 앞으로 2시간 동안 운동을 할 것이다. 내 의식의 시작은 바로 택시다." 지극히 일상적인 습관에서 창조성이 싹튼다는 것이다.

무엇보다 즐겁게 일한다. 창의성은 누가 강제로 시킨다고 이런 능력이 길러지는 것은 아니다. 열정만 가지면 80%까지는 능력을 늘릴 수 있다. 창의성의 기본은 즐거움이다. 그 일에 대해 즐거움을 느끼면 끝까지 해낸다. 직원들을 즐겁게 하라. 스스로 성과를 이루면 쉬라고 해도 나와 일한다. 중요한 일은 기분 좋을 때 하라. 자신만의 리듬을 찾아 절정의 순간 최대 능률을 요하는 일을 하라.

나아가 열정과 냉정의 조화가 필요하다. 아이디어 발상의 과정과 스님들의 마음공부를 비교해보자. 스님이 깨달음을 얻고 어떤 경지에 오르기 위해서는 오랜 시간 창조자의 마음을 공부하는 과정을 거친다. 이것은 아이디어를 내는 일과 유사하다. 아이디어가 하나 떠올랐다고 해서 이에 들떠 급하게 일을 진행하면 사고를 치게 된다. 열정이 아이디어를 위해하게 만든다고 생각하는 사람들이 많지만, 사실 아이디어에서도 냉정과 열정이 적절히 조화되지 않으면 안 된다. 너무 열정을 가지면 아이디어는 끓어오르는 열기에 타서 흔적도 없이 사라지고 만다. 또한 너무 냉정한 사람은 아이디어에 비관적 견해만 찾기 때문에 한 걸음도 앞으로 나아가지 못하게 된다. 이런 문제를 겪지 않으려면, 좋은 아이디어를 하나 붙잡으면 차분하게 다듬어나가는 행위를 거쳐야 한다. 즉, 마음속에 아이디어 인큐베이터를 하나 만들어 놓고 끝없이 생각하고 또 고민하다 보면 나도 모르는 사이에 좋은 아이디어로 성장해 있는 것을 보게 된다(최인철, 2008).

5. 차이의 추구

아이디어는 일상생활과 업무에서 나온다. 아이디어가 넘치는 사람이건 그렇지 않은 사람이건 보고 듣는 것은 비슷하다. 차이를 만드는 것은 의식이다. 무의식적으로라도 아이디어에 힌트가 될 만한 것을 찾느냐 아니냐, 두리번거리느냐 아니냐가 중요하다. 이제 습관을 들이는 일만 남았다(가토, 2003). 창의성의 세계는, 미래는 정글과 같고 늪과 같다. 소신과 비전을 가지고 찾는 자가 보물을 찾는다.

세계적 명지휘자 루빈스타인이 피카소를 찾았다. 피카소는 과일, 의자, 상 등을 놓고 그림을 그리고 있었다. 몇 번 찾아가도 그리는 그림은 마찬가지였다. 보다 못해 루빈스타인이 "왜 당신은 매일 똑같은 그림만 그리고 있습니까?" 물었다. 그러자 피카소는 화를 내며 "당신의 눈엔 이 그림이 똑같게 보이십니까? 나는 매일 새롭게 그리고 다르게 그립니다. 과일의 위치, 의자의 위치, 상의 위치와 모습이 서로 다른 것을 왜 보지 못 하나요?"라고 말했다.

피카소는 남과 다른 그림을 그리는 사람으로 유명하다. 보는 눈이 다르다. 이에 감명을 받은 루빈스타인이 어느 날 오케스트라 연주곡을 취입한 후 이렇게 말했다. "이번 연주는 10년 전에 한 연주와는 다릅니다." 우리도 매일 똑같은 일을 하는 것처럼 보이지만 매일 새롭게 그리고 다르게 보고 생각하고 일할 때 창의성이 발휘될 수 있다.

6. 설계와 연구

아인슈타인은 단정한 머리모양으로 같은 발상을 꿈꾸지 않았다. 그는 사방으로 삐친 머리로 산더미 같은 종이에 둘러싸여 더러운 스웨터를 입고 칠판에 알아볼 수 없는 글씨를 써넣은 채 연구를 했다. 이것은 그가 발상전환적 설계를 위해 얼마나 노력했는가를 보여준다.

설계(design)는 발견과 위험, 불확실성, 그리고 실패 가능성이 풍부한 미지에의 모험이다. 무엇이 효과가 있고 없는지, 또 왜 그런지를 알아보기 위해 새로운 시도를 하는 것이다. 설계는 훈련과 같다. 칠흑 같은 밤 난잡한 연구실에서 광기 어린 천재가 만들어지는 일반적인 고정관념과는 뭔가 다르다.

설계는 훈련이자 야생적인 창조이다. 그것은 모든 사람 안에 숨겨진 창조적 천재성을 유도하고 명확하고 정확하게 관리되는 프로세스이다. 이를 위해 다음과 같은 단계적 노력이 필요하다.

- 설계는 비전에서 시작된다. 케네디 대통령은 인간이 달에 착륙하게 될 것이라는 비전을 가졌다. 그로부터 8년 뒤 닐 암스트롱과 알드린이 달에 도착했다. 고객의 비전을 자극시킬 수 있는 문제의식을 가져야 한다.
- 비전을 현실화하는 데 필요한 실마리를 찾는다. 어떤 자원이 유용한지 위험성은 없는지 따진다. 현 상황이 출현하게 된 과정을 되짚어보고 혁신 및 재창조의 가능성을 찾는다.
- 수많은 질문을 반복한 뒤 최상의 아이디어를 반영하는 해결책이 나타난다. 세부사항을 정리하고 평가한다. 그때 문제해결을 위한 사고의 전환이 이뤄져야 한다.
- 비전을 현실로 변형시킨다. 공학적 설계를 하고 실행의 질을 높인다.
- 피드백을 통해 설계 프로세스 전반에 걸친 학습을 수행한다. 학습과정을 통해 새로운 제품사용법이나 독창적 아이디어가 나올 수 있다.

7. 비주얼 사고와 VQ 높이기

창조를 위해서는 무엇보다 개념정립이 필요하다. 개념은 세상의 진실을 파악하는 데 필수적이기 때문에 개념이 정립되지 않고서는 어떤 창의도 불가능하다. 그 개념을 바탕으로 유추, 은유, 추상, 논리 등 사고작용이 복잡하게 얽혀 창의가 이뤄지게 된다. 창의적 사고에서 가장 중요한 것은 비주얼 사고(visual thinking)이다. 예를 들어 먼저 머릿속에 지름 5cm와 5m 크기의 원을 그리고 그 원 속에 각각 코끼리를 떠올려보자. 원의 크기에 따라 코끼리가 다르게 그려질 것이다. 지름 5cm의 원에 그려지는 코끼리는 겨우 윤곽만 드러나지만 지름 5m의 원에 그려지는 코끼리는 코 위의 주름까지 제법 그럴싸하게 포착된다.

또 탁자 위를 기어가는 개미를 1m 거리에서 지켜본다고 상상해보자. 개미의 이미지는 점으로 비칠 것이다. 이번에는 같은 개미지만 가느다란 핀 위에 올라앉은 것을 확대경으로 살핀다고 상상하자. 그러면 개미의 다리는 물론 턱과 더듬이까지 떠오른다. 무엇이든 상상할 때는 가급적 상상의 공간을 크게 잡고 거리도 가깝게 잡아야 입체적이다. 그 이유는 우리가 평소에 경험하는 세세한 것들 대부분이 비주얼 상태로 기억되기 때문이다. 그래서 이미지를 이용하면 기억 속에 잠재된 것을 더 많이 불러일으킬 수 있다. 따라서 창의력을 높이기 위해서는 비주얼 사고를 할 필요가 있다(Ward et al., 1996).

시각적 감각능력을 뜻하는 VQ(Visual Quotient)가 높을수록 창의성이 높다는 인식이 확산되고 있다. VQ는 어릴 때부터 다양한 영상물을 보아오며 자란 영상세대에서 이 지수가 높다. 라이프스타일과 관련된 거의 모든 산업이 마케팅 중심에서 디자인 중심으로 전환되고, 소비자 안목도 높아져 기업들은 VQ 인재를 선호하고 있고, VQ가 뛰어난 천재는 한 기업의 생사를 뒤집기도 한다.

맥루한에 따르면 우리 두뇌에 남겨진 기억을 1로 칠 때 이 기억에 시각적 효과가 더해질 경우 기억되는 정도가 580배에 이른다. 이것은 시각적 효과가 얼마나 큰가를 보여준다. 과거 우리 사회가 청각사회라면 지금은 시각사회이다. 디자인 요소나 색감이 화려하거나 다양하지 못했다. 그러나 지금은 달라지고 있다.

VQ는 자유와 상상 속에서 성장한다. 자유로운 환경에서 성장하다학교에 입학하고 나이가 들어가면서 이 지수가 낮아진다는 데 문제가 있다. 엄한 규율과 판에 박힌 가르침, 나아가 날마다 요구하는 숙제 등으로 감수성과 창의성이 자랄 수 없기 때문이다. VQ는 각자의 개성을 인정하는 것에서부터 시작한다. 직장생활도 지수를 낮추는 데 일조를 한다. 따라서 학교든 직장이든 감수성을 높이고 끝없는 상상력이 지속적으로 자랄 수 있는 환경을 만들어주는 것이 바람직하다.

VQ 천재는 드물다. 그러나 시각적인 감각 자체는 교육을 통해 기를 수 있다. VQ를 높이기 위해서는 획일성을 거부해야 한다. 피카소는 그림 그리는 법을 가르치지 말라고 한다. 법을 가르치면 그 법만 따르려 하기 때문이다. 다양한 칼라의 옷을 입어본다. 원색도 두려워하지 않는다. 흑백의 책보다 색감이 강한 책을 읽는다. 흥미로운 물건을 다양하게 접하도록 한다. 잡화로 가득한 시장도 가본다. 오감을 이용한 모든 자극, 곧 사건을 체감하도록 한다. 자연을 마음껏 느끼고, 자연을 카피한다. 음악을 듣는다. 계절의 변화를 느끼도록 한다. 느끼고 생각하는 바를 마음껏 표현하도록 한다. 그리고 상상력을 높인다.

8. 사고의 전환법

일반적인 생각도 창조적 생각으로 바꾸면 길이 보인다. 슈베르트의 교향곡 제8번은 미완성 교향곡으로 잘 알려져 있다. 이유는 알수 없지만 그는 3악장 첫머리까지만 쓰다가 중간에서 팽개치고 말았다. 어떤 상인이 그것을 가져다가 '무슨 방법이 없을까' 하고 아이디어를 찾던 중 그 곡에 "내 사랑이 영원한 것처럼 이 곡도 또한 영원히 끝나지 않으리라"는 말을 붙여 팔기 시작했다.

그러자 그 곡은 불티나게 팔리기 시작했다. 이 곡은 상인의 아이디어 때문에 빛을 본 것이다. 그의 아이디어가 아니었으면 그의 곡이 지금처럼 영원히 보존될 수 있었을까. 어떻게 생각하느냐에 따라결과가 달라진 것이다. 중요한 것은 논리적인 사고보다 창조적 사고이다. 아인슈타인은 이렇게 말한다. "상상은 지식보다 중요하다."

해운산업연구원 길광수는 거꾸로 된 세계지도를 만들어 한국을물류이동의 중심국가로 부상시켰다. 싱가포르는 자국을 중심국가로생각한다. 우리도 주변국가가 아니라 중심국가도 될 수 있다는 희망을 가질 필요가 있다. 주변국가가 되느냐 중심국가가 되느냐 하는것은 생각하기에 달렸다.

이어령에 따르면 '눈이 녹으면 물이 된다'는 말은 별로 감동이 없다. 이것을 '눈이 녹으면 봄이 온다'로 바꾸면 감동이 온다. 창조는생각을 바꾸는데서 온다. '밤이 되면 자야 한다'는 말은 감동이 없다. 하지만 이것을 '꿈을 꾸기 위해서 자러 간다' 또는 '치유를 경험하기 위해 잠을 청한다'로 바꾸면 느낌이 다르다. 사소한 생각일지라도 잘 정리하고 다듬으면 아이디어가 된다.

9. 브레인스토밍

브레인스토밍은 글자 그대로 두뇌폭풍, 두뇌선풍이다. 여러 사람이 함께 모여 아이디어와 의견을 내놓고, 그 자극작용에 의해 보다 나은 아이디어를 도출해내고자 하는 집단발상법이다. 한 개인으로는 한계가 있는 아이디어를 집단의 집중적인 토론에 의해 한 걸음 더 사고를 발전시키려는 것이다. 이것을 집중적으로 하게 되면 잊고 있었던 경험이나 기발한 생각이 튀어나오는 연쇄반응이 일어난다. 이것은 기본적으로 연상작용을 토론 속에 살린 것이다.

브레인스토밍은 1941년 알렉스 오스본(A. Osborne)이 BBDO라는 광고회사 부사장 시절에 4가지 규칙을 정해놓고 아이디어 발상회의를 시작한 데서 비롯된 것이다. 6~20명이 둘러앉아 리더가 제기한 문제에 관해 자연스럽고 자발적으로 아이디어를 내며 우수한 아이디어를 택하는 방법이다. 브레인스토밍은 대체로 다음과 같은 절차를 밟는다.

- 문제설정: 회의의 목적을 분명히 밝힌다.
- 인원구성: 참석할 적정인원을 설정한다.
- 문제제시: 리더가 회의목적을 구체적으로 설명하고 문제를 제시한다.
- 회의절차확인: 회의진행의 절차와 방법을 설명한다.
- 연습: 정식회의 이전에 간략한 연습을 한다.
- 진행 및 휴식: 15분 정도 진행하다가 10분 휴식하고 다시 15분 계속하다가 휴식하는 것이 효율적이다.

- 아이디어 낭독: 발의된 아이디어를 기록했다가 구성원들에게 낭독 및 정리해준다.
- 추기기록: 정리된 아이디어를 듣는 동안 아이디어를 재결합 또는 개선한다.
- 정리 및 활용: 아이디어를 분류하고 좋은 아이디어를 선발 심사한다. 이때 좋은 아이디어에 대해서는 보완작업을 하여 실제 사용할 수 있도록 개선한다.

너무 분별없이 이 방법을 사용하면 수습할 수 없는 사태가 일어나므로 규칙이 만들어져 있다. 브레인스토밍의 규칙은 다음과 같다.

- 판단을 늦춘다. 그 어떤 아이디어도 무시하지 않는다. 다른 사람의 의견에 대해 반대하거나 비판하지 않는다. 이것은 거리낌없이 의견을 내놓을 수 있도록 하기 위한 것이다. 다른 사람의 의견에 트집을 잡거나 비판을 가하면 자유로운 분위기가 파괴된다. 나온 의견을 좋게 생각한다. 좋다 나쁘다를 단정하지 않는다. 나쁘다는 판단은 최후까지 연기한다. 즉, 판단을 유보한다(delaying judgment). 논쟁하지는 않지만 주제로부터 멀어지지 않도록 주의를 기울여 아이디어의 양을 많이 구한다.
- 남의 아이디어를 발전시킨다(결합발전). '그러나'란 말을 사용해서는 안 된다. '그리고'라고 말해야 한다. 남의 의견에 편승해서 결합하고 개선하는 것을 장려한다.
  다른 사람의 아이디어와 자기의 아이디어, 그리고 집단 속에서 나온 아이디어를 연결시켜 보기도 하고, 개선하기도 하고, 분해해보기도 하며, 지워버리기도 한다.

왜, 언제, 어디서, 누구와, 어떻게, 무엇을 따위의 의문을 사용해서 아이디어를 발전시킨다.

- 거친 아이디어도 장려한다. 기존의 틀을 벗어난 아이디어가 해답일 수 있다. 자유분방한 아이디어를 환영한다. 기상천외, 황당무계, 엉뚱한 의견일수록 명안이 될 가능성이 있다.
- 많을수록 좋다(대량발상). 아이디어의 양을 집중적으로 구한다. 아이디어 수량이 많으면 많을수록 질 높은 아이디어로 만들 수 있다. 브레인스토밍은 많은 수의 아이디어를 모으다 보면 그 속에 좋은 것이 있을 수 있다는 가정이 담겨 있다.

'아이디어는 반드시 새롭고 좋은 것이어야 한다'는 강박관념을 버리고 시시한 것이라도 계속 파다보면 그 돌무더기 속에서 보석을 건질 수 있다. 양이 질을 낳는다(quantity breeds quality).

- 쓰고 그려라. 벽에 쓰거나 그려가면서 회의한다.
- 주제에 집중한다.
- 한 번에 한 가지 이야기만 한다. 중간에 끼어들거나 남의 말을 무시하지 않는다.

브레인스토밍 아이디어 개발방법

• 크게 하면?	• 다른 아이디어는 없는가?
• 작게 하면?	• 보다 달리 사용할 길은 없는가?
• 대용은?	• 순서의 변경은?
• 다른 모양으로 변형되지 않는가?	• 반대로 뒤집어 보면 어떨까?
• 생략한다면?	• 쪼개어보면 어떨까?
• 합쳐서 맞추면 어떨까?	

브레인스토밍을 보다 활발하게 전개시키기 위해서는 다음에 유의할 필요가 있다.

- 전혀 다른 입장이나 다른 분야의 사람을 모으면 그 집단에서 생각해내지 못했던 새로운 발상이 나온다.
- 사람의 집중력이 가장 잘 발휘될 수 있는 장소와 시간을 택한다. 전화나 출입자는 모두 차단한다.
- 아이디어를 많이 가진 사람을 모은다.
- 규칙을 큼직하게 써 붙여 놓는다. 전원에게 항상 이 규칙을 지키도록 환기시킨다.
- 규칙위반을 지적하기 위해 벨 같은 것을 준비한다.
- 흑판을 100% 활용한다.
- 사회자 1명, 서기 1명을 선정한다.
- 사전에 참가자에게 문제를 제시해주어 미리 생각해두도록 한다.
- 인원수가 많을 때에는 나눌 필요가 있다. 이것은 전원이 시간 내에 모두 발언할 수 없기 때문이다.
- 배가 부를 때나 고플 때는 피한다. 술은 회의에서 절대로 금한다. 하지만 두뇌활동을 유연하게 하기 위해 경우에 따라서는 낼 수

도 있다.

- 참가자로 하여금 문제와 관련이 있는 구체적인 자료를 가져오도록 한다.
- 시간은 길게 잡아 한 시간으로 한다. 전원이 이 방법에 숙달되면 10분, 15분으로도 크게 효과를 낼 수 있다.

사회자는 가능한 자유로운 분위기 조성에 노력한다. 양복저고리를 벗거나 넥타이를 늦추게 하는 것도 좋다. 자유롭고 편한 자세를 취하도록 권한다. 발언을 유도하기 위해 쉴 새 없이 질문을 던진다. 그 뒤 제시되는 아이디어를 서기로 하여금 순서 있게 빨리 정리해나간다. 사회자나 서기는 두뇌회전이 빠르고, 긴 문제를 짤막하게 표현할 수 있는 사람이 좋다. 경우에 따라서는 말만 아니라 기호나 그림을 이용해 보여주는 유머와 재치가 있으면 좋다. 나온 아이디어는 모조전지나 흑판 등에 모두 기록하고 그것을 보면서 발상을 계속한다. 사회자는 자기가 앞질러 가지 말고 발언하지 않는 사람에게 발언을 하도록 재촉하는 정도로 한다.

브레인스토밍은 여러 사람이 모여 일체 다른 사람의 발언이나 발상을 비판하지 않고 자유분방한 분위기에서 가능한 모든 아이디어를 모으는 방법이다. 이것은 상품개발에 아주 적합하다.

10. 브레인라이팅

브레인라이팅(brain writing)은 독일의 홀린거(Hollinger)가 창안한 것으로 브레인스토밍을 보완한 것이다. 이 방법은 리더가 과제와 진행방법을 먼저 소개하고 참가자들은 자기 앞에 놓여 있는 시트에 아이디어 3개를 적는다. 잠시 후 시트를 옆 사람에게 돌려 그 밑에 또 다른 아이디어를 덧붙여 나가고 최종적으로 각자 자기 앞에 놓여있는 시트에 적힌 좋은 아이디어를 읽는 순서로 진행한다.

참가자 각자가 주어진 카드에 자신의 아이디어를 쓰는 것을 제외하고는 브레인스토밍과 근본적으로 같다. 카드는 테이블에 앉아 있는 옆 사람 또는 다른 멤버에게 돌리기 위해 테이블 중앙에 놓는다. 카드를 받은 사람은 아이디어에 자신의 아이디어를 첨가하거나 그 아이디어가 좀 더 유용하도록 의견을 추가한다.

6명의 참가자가 한 팀을 이뤄 각각 아이디어를 3개씩 5분간 생각해내는 방법을 6회 반복하는 발상법이다. 글자 그대로 머리에 담겨진 아이디어 내용을 쓰기 시작한다.

- 조용한 회의실을 준비하고 책상을 원형이나 사각형으로 배치한다. 시트를 주기 때문에 원형이 바람직하다.
- 리더는 멤버에게 테마를 보이고 질문이 있으면 질문을 받는다. 테마는 특별히 제한은 없지만 구체적이고 알기 쉬운 것이 좋다.
- 각 멤버들에게 그림과 같은 전용 시트를 배분한다. 우선 5분간 각 멤버는 Ⅰ의 A, B, C 란에 나름대로의 아이디어를 적는다.
- 5분이 지나면 그 시트를 왼쪽 옆의 멤버에게 전달하도록 리더가 지시한다.
- 각 멤버는 옆의 멤버에게서 온 시트의 Ⅰ의 A, B, C 란의 아이디어보다 발전된 아이디어를 Ⅱ의 A, B, C 란에 적는다. 발전된 아이디어가 생각나지 않을 경우 독자적인 아이디어를 쓴다.

- 5분이 지나면 전과 같이 각자의 시트를 왼쪽 옆의 멤버에게 전하고 위와 같은 순서를 반복한다.

브레인라이팅 시트

(A B C: 아이디어 I, II: 제안자)

	A	B	C
I			
II			
III			
IV			
V			
VI			

이처럼 5분간의 발상(session)을 6회 반복하는 것을 1라운드라 한다. 1라운드는 30분이 소요된다. 1라운드가 끝나면 108개의 아이디어(3아이디어x6명x6회)가 나오게 된다. 테마에 따라서는 2라운드 또는 3라운드도 갈 수 있다.

라운드가 끝나면 각자가 가지고 있는 시트의 내용을 각 멤버에게 평가시키고 좋은 평가의 아이디어를 각각 다섯 개 정도 선정하여 그 아이디어를 전원이 평가한다. 브레인스토밍처럼 나중에 시트 내용을 평가해도 좋다.

브레인라이팅은 지위에 관계없이 테마에 대해 각 멤버의 사고력을 충분히 활용할 수 있는 장점이 있다. 브레인스토밍과 비교해볼 때 이 방법은 자기의 의견을 발표하기 주저하는 내성적인 팀원, 다른 사람 앞에서 발언하는 것이 서투른 사람, 소극적인 사람, 체면을 걱정하는 사람, 자기의 의견을 겸손하게도 과소평가하는 사람들의 아이디어를 최대한 이끌어내는 데 유익하다. 특히 회의가 활기를 잃고 있을 때 가속도를 낼 수 있고 예민한 안건에 대해서는 익명성을 보장할 수 있어 솔직한 의견을 끌어내는 장점도 있다. 그러나 팀 전체가 고조되어 서로 자극하는 상승효과를 기대할 수 없다는 단점이 있다(아리부미: 149~151).

11. 카드 브레인스토밍, 속성열거법, 강제적 결합기법

1) 카드 브레인스토밍

보통의 브레인스토밍을 발전시킨 것으로 각자 문제점과 아이디어를 카드에 써넣고 순번대로 발표하게 하고, 한 사람의 발표 때마다 다른 사람들은 여기에 필요한 데이터나 조언 등을 첨가하도록 하는 방법이다.

2) 속성열거법과 강제적 결합기법

브레인스토밍을 약간 변형시킨 것으로 속성열거법(attribute listing)과 강제적 결합기법(forced ralationship technique)이 있다.

속성열거법은 기존제품의 속성을 모두 열거한 다음 그것들을 변형하거나, 크게 또는 작게 하거나, 다른 것으로 대체하거나, 배열을 바꾸면서 속성을 결합해보는 방법이다.

강제적 결합기법은 기존의 상품을 구성하는 여러 요소를 억지로라도 맞춰 보는 방법이다. 사치스러우면서도 경제적인 개념의 자동차가 신제품 아이디어로 창출될 수 있는 것이 그 보기이다.

12. 시네틱스

창조적 문제해결방안으로 알려진 시네틱스(synectics)는 고든(W. J. J. Gordon)이 개발한 것으로 브레인스토밍보다 잘 알려지지 않았지만 일상에서 가치와 직결되는 무엇인가를 발견하기 위한 창조성 연구와 의사결정에 매우 중요한 자리를 차지하고 있다(Gordon, 1961).

시네틱스는 그리스어에서 나온 것으로 서로 다른 이질적인 것을 '함께 묶는다(fitting together)'는 뜻을 가지고 있다. 얼핏 보아 서로 달라 연관성이 없는 것처럼 보이는 요소들을 결합시켜 조화와 의미를 찾는다. 이것은 창조활동을 촉진하는 심리상태를 유도하는 방법이다. 익숙한 것을 생소하게, 생소한 것은 익숙하게 함으로써 창조성을 촉발시키는 것이다. 이것은 창조적 과정이란 기술되고(described) 가르쳐질 수 있으며 그 목적은 개인 및 집단의 창조적 산출을 증가시키는 데 있다는 가정에 기반을 두고 있다.

시네틱스는 기본적으로 두 가지 단계를 가지고 있다.

1) 이질동화 단계

익숙하지 않은 것을 친숙하게 만드는(making the strange familiar) 이질동화(異質同化) 단계이다. 이 단계는 성질상 주로 분석적인 성향을 띠며 일반적으로 문제에 대한 어떤 완전한 해결을 볼 수는 없다.

신기하고 낯선 것을 친숙하게 만들기 위해서는 지금까지 알려지지 않았던 특징과 구조를 파악해야 한다. 감각적으로 닮은 부분을 찾는다든지, 관찰과 분석을 통해 유사점을 발견한다든지, 본질을 파헤쳐서 유사점을 찾는다든지 친숙하기 쉬운 것과 연관을 맺는다. 예를 들어 소비자에게 친숙하지 않은 제품을 팔기 위해서는 소비자들에게 어디서 본 듯하다든지 무언가 친숙하다는 감을 심어줘야 한다. 미니스커트가 처음 출현했을 때 대부분의 사람들은 이를 거부했었다. 그러나 그것이 유행되자 미니스커트가 자연스럽게 느껴지고 다른 것은 부자연스럽게 느껴졌다. 창조란 눈에 익지 않은 새로운 것을 만드는 것이다. 따라서 창의력을 신장하기 위해서는 익숙하지 않은 것을 익숙하게 받아들일 필요가 있다.

2) 동질이화 단계

친숙한 것을 생소하게 만드는(making the familiar strange) 동질이화(同質異化) 단계이다. 의식적으로 낯익은 것을 낯선 것으로 바꿔놓고 생각함으로써 새로운 것을 만들어내는 프로세스이다. 이 단계에서는 문제를 완전히 다른 관점에서 바라보도록 하는 의식적 노력이 요청된다.

익숙한 것으로부터의 결별

1998년 12월 11일 플로리다의 케이프 케너베럴에서 화성 기후 탐사선이 발사되었다. 순조로운 출발로 문제가 없을 것 같던 탐사선은 도착 예상 시간이 되어도 통신이 되지 않았다. 탐사선은 결국 화성에서 쨋더미로 변했다. 왜 이런 참사가 생겨난 것일까? 답은 의외였다. 바로 길이에 관해 표준이었던 미터법을 사용하지 않았던 것이다. 미국의 나사와 영국 및 여러 나라에서 공동으로 추진된 사업이었기 때문에 길이에 대해 서로 다른 도량형을 사용했기 때문에 오차가 발생한 것이다. 우주항공 산업은 약간의 오차도 허용할 수 없다. 이 사건을 계기로 미국의 나사도 결국 오랫동안 사용해온 영국식 도량형의 단위인 피트를 버리고 미터법으로 교체하였다.

이렇듯 혁신적이라 생각되는 미터법을 전부 사용하는 것도 아니다. 그렇다면 왜 불편하고 오차가 많은 영국식 도량형을 고집해왔을까? 답은 간단하다. 사람은 익숙한 것을 쉽게 버리지 못하기 때문이다. 실리콘밸리에서 일하던 사람들을 상대로 조사한 결과 자신의 직업이 바뀌었어도 실리콘밸리를 떠나지 않겠다고 했다. 그 이유는 이사에 대한 비용보다 다른 곳에서의 적응을 싫어한다는 것이었다. 익숙한 것으로부터 결별하지 않으면 변화하기 어렵다.

익숙한 대상을 낯설게 하는 것은 이전의 낡은 습관과 관념에서 벗어나 새로운 것으로 바꿔주는 것을 말한다. 잘 아는 사람에게서 의외의 점을 찾는다든지, 새로운 마음가짐으로 전의 것을 읽어본다든지, 시각을 달리해본다든지 하면 익숙해진 대상으로부터 평소 느끼지 못하던 새로운 것을 발견할 수 있다. 이를 위해서는 고정관념에서 벗어나야 한다. 익숙해진 대상을 새로운 관점에서 보는 것도 창조적 발상의 출발점이 된다.

창조의 과정에서는 이러한 단계를 거치며 절단된 따로따로의 개념을 통합시키는 능력이 요청된다.

시네틱스는 또한 유추와 비유를 통해 창의적 아이디어를 얻어내기도 한다. 성냥갑을 보면서도 그것을 조직의 구조와 연결시켜 조직을 어떻게 구조화하고 성원을 어떻게 관리해야 하는지를 생각한다. 친숙한 것을 생소하게 만듦에 있어서 창조성을 유발하기 위해 일반적으로 개인적 유추법, 직접적 유추법, 상징적 유추법, 그리고 환상적 유추법 등 4가지 유추법이 사용된다.

고든은 이 유추법들을 구체적이고 재생산이 가능한 정신적 과정, 곧 작동적 기제이자 창조적 운동과정을 주도하고 그 운동을 유지하고 새롭게 하는 도구로 간주했다(Gordon: 37~38). 이 유추법들을 하나씩 살펴보면 다음과 같다.

1) 개인적 유추

개인적 유추(personal analogy)는 토론참가자가 토론의 대상이 되는 상품이나 물건의 입장이 되어 토론해보는 것을 말한다. 이 방법은 새롭고 실제적이며 속도가 일정한 기제(mechanism)를 개발하는 문제와 연관되어 있다.

예를 들어 칠판에 상자가 그려져 있고 대(shaft)가 그 상자를 꿰뚫고 있다고 하자. 개인적 유추법을 사용하는 시네틱스 집단의 성원들은 은유적으로(metaphorically) 그 상자에 들어간다. 그러나 아무런 도구를 사용하지 않고 그들 자신의 몸을 사용해야 하며 일정한 속도가 유지되어야 한다. 이러한 방법을 통해서 결국 효율적이고 경제적인 모형이 개발된다(Gordon: 39~41).

2) 직접적 유추

직접적 유추(direct analogy)의 대표적인 것으로는 브루넬(M. I. Brunel) 경의 수중건설법이다. 그는 좀조개(shipworm)가 혼자 힘으로 나무속에 터널을 파고 방수관(watertight)을 만드는 것을 눈여겨보았다. 그는 직접적인 유추법을 사용하여 이를 방수잠함(watertight caissons)을 만드는 데 이용하였다. 즉, 그는 좀조개의 방수관 건설방법을 그대로 방수잠함 건조에 옮겨놓았다. 방수잠함공법은 수중건설작업을 효과적으로 수행하는 데 이용되고 있다.

3) 상징적 유추

상징적 유추법(symbolic analogy)은 문제를 기술함에 있어서 객관적이고 일반적인 이미지를 사용한다. 예를 들어 집이나 화물과 같은 큰 물체를 옮기는데 사용되는 설비(jacking mechanism)를 새롭게 그리고 일체 완비되도록 하는 데 이용된다. 시네틱스 집단모임에서 어떤 사람은 이에 대한 혁신적인 고안으로 인디언의 로프요술(rope trick)을 제시하기도 한다.

4) 환상적 유추

환상적 유추법(fantasy analogy)은 기체가 증발되지 않는 우주복을 만드는 문제에 적용된다. 시네틱스 집단은 어떻게 하면 기체차단기가 작동할 수 있는가 하는 문제를 두고 여러 가지로 환상을 하게 된다. 이 가운데는 작은 벌레가 명령에 따라 움직여 차단기의 스프링을 조정하도록 하는 환상까지 한다.

이상의 4가지 유추법은 얼핏 보기에 매우 단순하고 쉬운 것처럼 보인다. 그러나 고든에 따르면 시네틱스의 메커니즘이 개념적으로는 단순한 것일지라도 그것을 응용하는 데는 상당한 에너지가 요구된다.

시네틱스는 창조적 행위를 힘들여 얻는다. 단순히 은유들을 함께 묶는다고 해서 소기의 성과를 얻는 것은 아니다. 시네틱스에 참여하는 사람들은 문제를 충분히 이해하고 문제되는 바를 그 기제에 적용할 수 있어야 한다.

성냥갑을 이용해 조직설계에 관한 아이디어를 얻는다고 가정해보자.

- 먼저 익숙한 것을 생소하게 하는 과정으로 성냥갑을 이용해 조직구조를 표현하고 유추한다.
- 다음은 원래의 문제를 잠시 접어두고 성냥갑의 속성을 열거해 본다. 성냥갑에는 여섯 개의 면이 있고, 가운데에는 넣었다 뺐다 할 수 있는 부분이 있다. 그리고 불을 일으키는 마찰 면이 옆에 있다.
- 그다음 생소한 것을 익숙하게 만드는 과정으로 성냥갑의 속성들을 억지로라도 현재 검토하고 있는 조직구조의 속성에 연결시켜 본다. 불을 일으키는 마찰 면은 노사분규로부터 조직을 보호하는 보호막으로 비유될 수 있다. 넣었다 뺐다 하는 중심 부분은 조직의 심장부가 유연하고 변동성이 있어야 한다는 아이디어를 이끌어낼 수 있다. 이렇게 하여 조직설계를 위한 아이디어를 이끌어낸다.

시네틱스는 이외에도 보다 형식을 갖춘 기법을 사용하기도 한다. 다음은 그 보기이다.

- 책의 표제(book title): 토론 참가자가 특정사물이나 감정의 본질 또는 모순을 포착할 수 있는 문구를 생각해낸다.
- 사례섭렵(example excursion): 토의하는 집단이 기본적인 문제와는 관련이 없는 듯이 보이는 주제를 토론하면서 문제의 해결책에 대한 실마리를 찾아낸다.
- 강제결합(force fit-get fired): 상품을 이루고 있는 둘 또는 그 이상의 요소를 강제로 결합시켜 새로운 아이디어를 얻어낸다.

시네틱스가 창조적인 의사결정을 하는 데 도움을 준다 할지라도 어떤 경영자든지 이 방법을 아무 때나 사용할 수 있는 것은 아니다. 시네틱스를 적절하게 사용하기 위해서는 능력 있는 인물들을 선별하여 이 기법의 철학과 방법들을 철저하게 교육시키고 통합적인 의사결정 환경을 조성할 필요가 있다.

시네틱스는 복잡한 의사결정문제에 더욱 적합하다. 특히 창의적인 해결책이 요구되는 기본적인 또는 위험 및 불확실 상황 아래서의 의사결정에 크게 도움을 주고 있다(Newman et al.: 282).

13. 이질발상법과 색다른 경험에 노출시키기

발상에는 크게 동질발상과 이질발상이 있다. 동질발상은 어떤 물건을 여러 용도로 사용하기보다 그저 한 가지 용도로만 생각하는 것을 말한다. 이에 반해 이질발상은 같은 대상을 여러 용도로 활용한다. 이질발상은 동질발상보다 수준이 높고 창조적이다.

이질발상을 높이려면 자신이 몸담지 않은 다른 세계에 관심을 가져야 한다. 모르는 분야, 낯선 곳, 해본 적이 없는 것에 관심을 갖는다. 미지의 세계를 경험하고, 자연스럽게 이질적인 사람과 사귀고, 이질적 정보와 아이디어를 결합하며, 종래의 관점과 시각보다 다른 시각에서 생각해볼 수 있어야 한다.

『빅 싱크 전략』을 쓴 번트 슈미트는 큰 생각을 하려면 자신을 색다른 경험에 수없이 노출시켜보라고 한다. 예를 들어 유명 첼리스트 요요마는 외교관 지망생이었다. 또 무용안무가 트와일러 타프는 사전에서 단어를 찾을 때 그 단어 바로 앞에 있는 단어와 다음에 있는 단어도 함께 읽는다. 다음 번 좋은 아이디어가 어디서 올 것인가 모르기 때문이다. '놀부보쌈'과 '사월에 보리밥'으로 유명한 외식업계의 대부 오진권은 한 끼 식사도 아무 데서나 먹지 않는다. 1년에 600여 차례 벤치마킹의 기회를 허비하지 않기 위해서다. 기업 역시 뭔가 아이디어를 짜내려면 전혀 엉뚱한 분야의 기업을 벤치마크하고, 전혀 연관성이 없어 보이는 것들을 연결시켜 보는 것이 좋다.

14. 비틀어 보기, 거꾸로 보기

음악은 듣는 것이고, 미술은 보는 것이다. 그러나 창의성에서는 그렇게 말하지 않는다. 음악을 보게 하고, 미술을 듣게 한다. 창의성은 통념을 깨뜨리고 시각과 청각을 오가게 한다.

번트 슈미트(Schmitt)는 성우(聖牛, sacred cow)를 죽이라 말한다. 힌두교에서는 성우를 신성시한다. 성우는 기업이나 조직이 절대로 반대할 수 없는 통념, 관행, 경영 신조다. 성우를 죽이라는 것은 인도에서는 상상할 수 없는 일이지만 비즈니스에서 한 번 저질러볼 경우 반향이 다르다. 통념을 깨뜨리란 말이다.

한국 유학생들은 시험은 잘 보지만 창조적인 논문을 쓰는 능력이 부족하다는 평가를 받곤 한다. 외국교수들은 유학생 지도를 할 때 가장 큰 애로사항이 당당히 '아니오'라고 말하지 않는 소극적 태도라고 지적한다. 한 교수는 한국 학생을 지도할 때 가장 먼저 하는 일이 지도교수인 자신의 의견이 틀렸다고 말할 수 있게 하는 태도를 갖도록 만드는 일이라 했다. 한 학생으로 하여금 이런 태도를 갖게 하는 데 3년이 걸렸다.

정준양 포스코 회장은 창의는 통찰에서 나오고 통찰은 관찰에서 나오는데 관찰은 비틀어봐야 한다고 주장한다. 남과 똑같은 프레임 안에서 보면 다른 사고가 나오지 않는다는 것이다. 그런데 응용력이 없는 사람에게 창의력을 발휘하라는 것은 사실상 불가능하다. 바로 그 때문에 직원들로 하여금 응용력과 창의력을 키우는 교육을 시킨다. 그는 창의 놀이방을 만들고 미술작품 관람을 하게 한다. 사내 미술관에서 직원들이 다양한 아이디어로 한지공예와 은세공 등을 직접 경험해보는 프로그램을 가지기도 한다.

거꾸로 생각하기

"'NO'를 거꾸로 쓰면 전진을 의미하는 'ON'이 된다." 노먼 빈센트 필의 말이다. 요즘 거꾸로 이해하기에 대한 관심이 높아지고 있다. 창의성의 주요 주제로도 등장한다. 이에 관련된 것을 모아보면 꽤 우리 생각을 바꾸게 하고, 보다 여유를 갖게 한다. 그것들이 무엇인가 어서 만나보자.

- 왕따는 외롭게 만든다. 하지만 "왕은 따로 논다" 생각하면 고까짓 것이다.
- 아내의 잔소리를 좋아할 사람은 없다. 고객의 불만사항이라 생각하라. 그것만 실행하면 인생살이 쉬워진다.
- 사람들이 나를 비웃는다. 생각을 바꾸라. "아, 이제 나를 질시하기 시작했구나!" 댓글에 시달리는가? 당신이 그만큼 튀었다 생각하라. 마음 편해진다.
- 조센징은 경멸적 언어다. 하지만 그렇지 않다. 조선은 이미 '선택된 민족(Chosen people)'이었다.
- 3D는 Dirty, Dangerous, Difficult라고? 고정관념을 버려라. 3D는 Dream, Dynamic, Different다.
- "생각마라!/포기할/때가 왔다"고? 거꾸로 읽어보라. "때가 왔다/포기할/생각 마라!"

콜럼버스는 인도로 가는 반대의 항로를 찾다가 웨스트 인디에 도착해 신대륙을 발견했다. 피타고라스는 물질을 정신세계의 잣대로 재다가 '피타고라스의 정리'를 만들어냈다. 상식대로 생각하고 행동했다면 결코 얻지 못했다. 거꾸로 생각하라. 여기 동요 '거꾸로 보는 세상'이 있다.
"철봉에 거꾸로 매달려/세상을 바라보면 랄랄라/하늘은 파란 땅 땅은 큰 하늘/뱅글뱅글 재미있는 세상이지요/학교도 거꾸로 나무도 거꾸로/친구들의 야호 소리 호야호야/거꾸로 거꾸로 생각해보면/미움도 사랑되고 웃음되지요."

세상이 원래부터 이랬던 것은 아니다. 이 세상을 매일같이 아비규환의 전쟁터로 만든 건 우리들 자신이다. 생각을 바꾸라. 세상이 달라 보일 것이다. 거꾸로 걸어보라. 거꾸로 물어보라. 밀어서 안 열리면 끌어당겨 열라.

두부 한 모로 벤처성공신화를 이룩한 일본 두부업체의 CEO 다루미 시게루는 말한다. "물과 공기를 파는 장사꾼이 돈을 가장 많이 번다. 두부에는 물과 공기가 다 들어 있다." 시게루는 두부장사를 했던 어머니의 대를 이었다. 새로이 다시 시작하는 마음으로 사업에 임했다. 그리고 결심했다. 반드시 성공하겠다. 그는 남들이 하찮게 생각하는 두부 한 모에 자신의 신념과 경영철학을 담아 더 큰 회사로 확장시켰다.

성공의 비결은 거꾸로 발상법. 본질을 파고들어 거꾸로 생각한다. 새로운 상품을 개발할 때 가장 중요한 점은 기존상식에 얽매이지 않아야 한다는 것이다. 오늘날 두부 소비의 주류를 이루고 있는 것은 연두부지만, 천연간수를 사용하면 연두부 특유의 매끈매끈한 느낌을 낼 수 없다. 일반두부처럼 거칠한 느낌이 남는다. 시게루는 이 점을 노리고, 천연간수를 이용한 연두부를 개발했다. 그리고 최선으로 연두부를 만들었으나 콩으로 부유(윤택)하게 살아보자는 뜻에서 이름도 두부(豆腐)를 두부(豆富)로 바꾸었다. 거꾸로의 발상법이다.

거꾸로 발상법은 여기서 끝나지 않는다. 약점을 장점으로 바꾼다. B급 제품을 처음부터 B급 제품이라 밝히면 소비자들은 절대로 사지 않을 것이다. 그래서 일부러 B급 유부에 '못난이'라는 이름을 붙이고, 그 옆에 '된장국 전용'이라 덧붙였다. 조사에 따르면 두부와 연두부를 산 소비자들의 95%가 두부와 유부를 된장국에 넣는다 했다. 유부를 된장국에 썰어 넣을 거라면 아무리 모양이 들쑥날쑥해도 맛에는 전혀 지장이 없기 때문에 별 문제가 안 된다. 모양과 크기가 들쑥날쑥하다는 단점이 오히려 장점으로 바뀐 것이다.

15. 아이디어 매핑과 마인드 매핑

색깔, 잡담, 메모 등을 기획으로 발전시키려면 도구가 필요하다. 생각을 눈앞에 펼쳐주는 포스트잇, 큰 정사각형 하나가 9개의 작은 정사각형을 품은 모양의 만다라트, 꼬리를 무는 아이디어를 적는 마인드맵, 고구마 덩굴처럼 묻힌 기억을 잡아당기는 연상게임 등 금방 생활에 적용할 수 있는 아이디어 개발법도 많다.

아이디어 매핑(idea mapping)은 한 장의 종이에 머릿속에 있는 모든 생각과 아이디어, 경험, 감정을 지도로 그리는 것이다. 문제의 핵심을 중앙에 놓고 방사상으로 체계화하면서 해결점을 찾는다. 고객만족, 품질향상, 근로의욕, 커뮤니케이션의 개선, 스트레스 해소 등 단어들을 사용하여 핵심개념을 고르고 문제해결을 위한 아이디어를 얻는다.

마인드 매핑(mind mapping)은 아이디어 매핑의 일종으로 이미지, 심벌, 색깔, 악상 등 오른쪽 뇌의 요소를 강조한다는 점에서 특색이 있다. 영국의 토니 부잔이 개발한 이것은 잠재의식이나 직관을 이용하되 말에 의한 직선적 사고에 익숙해진 머리를 비언어, 비직선적 사고로 바꾼다. 매핑기법에 따라 언어를 쓰는 직선적 세계에서 벗어나 이미지, 심벌, 색깔, 악상 등 다양한 감각의 세계를 찾아간다. 언어가 단단한 껍질이라면 그 껍질을 벗긴 후에는 무궁무진하고 흥미로운 세계가 펼쳐진다.

마인드 맵(mind map)은 사고력과 창의력을 키우는 데 아주 좋은 도구다. 언론인 토니 부잔이 통합적인 사고를 위해 개발해낸 사고의 툴이다. 글로 쓰기보다 이미지화한다는 특징이 있다. 원래 가로로 된 종이에 손으로 그리는 것이 원칙이다.

- 가로로 된 종이의 중심에서 시작한다.
- 중심생각을 나타내기 위해 이미지나 사진을 이용한다(3가지 이상의 색).
- 전체적으로 색깔을 사용한다.
- 중심이미지에서 주가지로 연결한다. 주가지의 끝에서부터 부가지로 연결한다. 그리고 부가지의 끝에서 세부가지를 연결한다.
- 구부리고 흐름이 있게 가지를 만든다.
- 각 가지 당 하나의 키워드만을 사용한다.
- 전체적으로 이미지를 사용한다.

상상과 창조를 일으키는 10가지 비밀

유영만은 『상상하여 창조하라』에서 상상과 창조를 일으키는 10가지 비밀을 소개한다. 모든 것은 상상하는 대로 이루어진다. 행복을 상상하면 행복해지고 불행을 상상하면 진짜 불행해진다. 그는 창조의 원천으로 상상을 강조한다. 상상을 걷잡을 수 없는 공상이나 헛된 망상에 불과하다고 생각하는 사람들에게 일침을 가하며, 창의나 창조에 상상이 큰 역할을 한다고 주장한다. 특히 인간 존재의 조건은 창조이며, 어떠한 삶을 영위하든 모든 삶의 여정은 창조로 시작해서 창조로 끝난다. 그 끝은 또 다른 창조로 연결되는 영원한 시작이다. "나는 상상한다, 고로 존재한다." 상상과 창조를 일으키는 그 비결(ImCreative Principles), 곧 상상과 창조의 행진곡은 다음과 같다.
- Watch! 눈여겨봐라(관찰, 관심, 호기심, 메모).
- Question! 마음으로 물어라(질문이 죽으면 호기심도 죽는다).
- Tolerate! 안 보여도 참아라(거시기의 무한함).
- Visualize! 이미지로 그려라(마인드맵 생각의 이미지화).
- Reverse! 뒤집고 엎어라(말 그대도 뒤집고 엎어라).
- Respect! 차이를 존중해라(모든 꽃이 한순간에 피지 않는다. 다름의 중요성).
- Embrace! 모순을 끌어안아라(아이러니와 패러독스).

- Combine! 이것저것 엮어라(구슬이 서 말이라도 꿰어야 보배다).
- Challenge! 좌우지간 저질러라(실패를 두려워말자).
- Play! 신나게 놀아라(이왕 하는 거면 즐겁게 신나게).

16. 델파이법

아이디어를 얻기 위해 질문지를 답변자에게 보낸다. 해답은 스태프 집단에 의해 요약된다. 그리고 두 번째 질문지를 같은 참가자에게 보낸다. 그들은 독립적으로 최초의 해답을 평가하고 두 번째 질문서까지 포함해 좋은 아이디어에 투표한다. 스태프팀은 그 평가와 투표에 대해 새로 요약한다. 의사결정 그룹은 가장 적절한 아이디어를 결정한다.

17. 연상법

연상은 여러 가지 감각자극에 의해 다른 사고반응이 나타나는 것을 말한다. 번뜩이는 발상을 위해 무엇보다 필요한 것은 연상의 능력이다. 뉴턴이 사과의 떨어짐에서 만유인력의 법칙을 발견한 것도 그의 머릿속에서 중력이 연상되었기 때문이다. 연상이 없었다면 떨어지는 사과는 그저 떨어지는 열매에 불과할 뿐이다. 연상은 잠재의식을 활성화하는 강력한 힘이 있다.

연상에는 크게 반대연상, 유사연상, 근접연상, 원격연상, 상징연상, 그리고 개념연상 등 6가지가 있다.

반대연상은 남자에 대하여 여자, 백에 대하여 흑과 같은 연상이다. 유사연상은 비슷한 것을 차례로 연상하는 것으로 만년필하면 볼펜이나 연필을 연상하는 것과 같다. 근접연상은 아주 가까운 것에서 차츰 생각을 확대해나가는 방법이다. 이름난 고적지를 연상할 때 수원, 부여, 경주 등을 떠올리는 것이나 책상에 대해 의자를 떠올리는 것과 같다. 원격연상은 멀리 떨어져 있어 서로 무관해보이지만 본질적으로 같은 것을 말한다. 로마제국의 멸망을 이집트의 멸망과 견주는 것이 그 보기이다. 상징연상은 흰 것 하면 눈, 강한 것 하면 강철을 떠올리듯 관념에서 구체적인 것으로 옮겨가는 것을 말한다. 그리고 개념연상은 상징연상과 반대된다. 눈에서 흰 것을 연상하고, 강철에서 강한 것을 연상한다. 구체적인 것에서 관념적인 것으로 바꾼다(최정우, 1995).

18. KPS법

KPS법은 곤이사오(今一三男)가 개발한 것으로 집단에 의한 창조를 체계적으로 하기 위해 집단을 하나의 시스템으로 간주하고 역할분담을 도입한다. 역할분담을 명확히 하여 완전히 시스템화하고 있는 것이 특징이다.

- 개인의 욕구와 집단의 욕구 사이의 갈등을 최소화하기 위해 몇 사람으로 구성되는 소집단을 형성한다.

- 멤버를 패널리더(PL), 패널멤버(PM), 멤버(M)로 구분하여 서로 역할을 분담하여 커뮤니케이션하게 한다.
- 소집단마다 토론을 거듭하여 전체로서의 합의를 이끌어간다.
- 길포드의 확산적 사고와 수렴적 사고를 리드믹하게 3차례 되풀이하며 집단으로 발상을 한다. 한 차례만 하는 브레인스토밍과는 이 점에서 크게 다르다.

KPS법을 위한 조직으로 조직 내부에 TM(think module)을 설치함으로써 조직 전체적으로 창조성을 높일 수 있다.

19. 체크리스트 발상법

체크리스트법은 사고나 발상에 실수가 없도록 미리 체크항목을 만들어 놓고 그것을 힌트로 해서 새로운 아이디어를 도출하거나 유도하는 방법이다. 체크리스트는 변경, 확대, 축소, 가격을 올리거나 내리기, 결합 등 여러 가지를 사용한다. 다음은 체크리스트의 보기이다.

- 이것은 꼭 필요한 것인가?
- 이것은 가치에 비해 비용이 더 들지 않는가?
- 달리 이용할 수 없을까?
- 구매자 입장에서 너무 비싸지 않는가?
- 더 편리하게 만들 수 없을까?
- 기능이나 부분을 결합하거나 분리하면 어떨까?

- 좀 더 크게 만들면 어떨까?
- 위치를 바꾸면 어떨까?
- 대칭형과 비대칭형 가운데 어느 것이 더 좋을까?
- 보다 안전하게 만들 수는 없는가?

아래는 체크리스트의 여러 항목을 이용해 우편서비스에 대한 개선아이디어를 생각해본 것이다.

우편서비스 개선을 위한 체크리스트

항목	항목의 의미	서비스 개선을 위한 아이디어 보기
전용	다른 용도는 없을까	- 정부간행물, 각종 서식 등을 함께 판매 - 각종 문화행사 티켓 판매대행 - 운동경기 안내
차용	모방할 수 있는 것은 없을까	- 모 기업을 모방해서 일부를 민영화 - 컨비니언스 스토어를 모방해 무휴운영
변경	변경할 것은 없는가	- 할인제도의 도입 - 서비스 정신으로 의식화
확대	서비스를 확대할 수없는가	- 해외 특정지역에 대한 배달서비스 확대 - 야간배달(주간에 빈집이 많아)
축소	서비스를 축소할 수없는가	- 효율성이 떨어지는 것은 민간에 돌림 - CI에 맞지 않는 서비스 폐지
대용	무엇인가 대용할 수없는가	- 우표판매를 자동판매기로 대용 - 배달을 스쿠터+아르바이트로 대용
대체	무엇인가 대체할 수없는가	- 남성을 여성으로 대체 - 스태프를 서비스 경험자로 대체
역전	거꾸로 뒤집어 생각하면	- 배달 대신 지역사서함을 이용하게 함 - 배달시스템이 먼저 있다고 생각직판상품 취급
결합	무엇을 결합할 수 없는가	- 사원의 시간체크를 IC카드로 함 - 가장 가까운 우체국에서 체크
거점	지역사회의 거류거점이 된다	- 중개서비스의 창구 - 자원서비스의 창구

구형냉장고는 뒷면에 방열기가 부착되어 있어서 벽면으로부터 10센티미터 정도 띄어두어야 했다. 좁은 집에서 이만큼 띄우는 것은 아깝다. 냉장고란 으레 그런 것이라는 생각에서 그것을 개선하려는 노력이 없었으나 뒤쪽에 달린 방열기를 위쪽으로 옮기면 어떨까 하는 단순한 생각에 의해 이 문제가 간단히 해결되었다. 체크리스트법에서 보면 "위치를 바꾸면 어떨까?"에 해당한다.

캐나다의 웩스포트패커트 사는 달걀을 처리하여 식품과 의약품을 만드는 회사이다. 이 회사는 한 달에 약 160만 개에 달하는 달걀껍질을 처리하는 데 막대한 비용이 들었다. 결국 달걀껍질을 이용할 수 있는 방법이 없을까 궁리한 끝에 그것을 사료로 만드는 방법을 개발했다. 이 일로 막대한 처리비용 대신 연간 10만 달러의 수익을 올릴 수 있게 되었다.

20. ECRS

ECRS는 업무문제를 해결하기 위해 배제, 결합, 교환, 간략화 등 네 가지 관점에서 생각하는 기법을 말한다. 이 모두는 관점을 바꾸어 생각한다는 점에서 중요하다.

E

E는 배제(eliminate), 곧 그만둘 수 없는가 하는 사고이다. "가장 효과적인 업무개선 방법인 무엇인가?"라는 질문에 답이 "그 일을 그만두는 것이다"라고 한다면 터무니없는 답변 같지만 일의 개선이나

문제해결에 정답이 될 수도 있다. 현재의 일을 그만둘 수 있다면 기계설비, 재료 등이 필요 없기 때문에 최대의 개선효과를 가져온다. 이를 위해서는 "그 일을 왜 또는 무엇을 위해 하고 있는가?"라는 업무의 이유 또는 목적을 철저히 한다.

C

C는 결합(combine), 곧 함께할 수 없을까를 모색하는 사고이다. 몇 가지 일이나 공정을 함께할 수 있으면 커다란 개선효과를 가져온다. 예를 들어 one writing식 전표는 이 원칙에서 생겨난 것이다. "그것은 어떤 일인가, 그 일은 누가 담당하고 있는가, 그 일은 어디에서 하고 있는가, 그 일은 언제 하는가?"로 관점을 바꾸어 생각하고 함께할 수 있는 가능성을 조사해본다.

R

R은 교환(rearrange), 곧 순서를 바꿀 수 없는가 하는 사고이다. 직렬방식의 가공순서를 병행처리로 바꾸는 것처럼 가공순서를 바꾸거나 부품과 가공법의 일부를 다른 부품이나 가공법으로 옮겨 놓을 수 없을까 등을 생각한다. 예를 들어 통근전차 안에서 신문을 읽고 있는 사람이 많다. 이것은 통근과 신문 읽기의 두 가지 작업을 병행하여 처리하는 것이다. 만일 집에서 신문을 읽고 나서 출근하는 직렬방식이라면 그만큼 일찍 일어나지 않으면 안 된다. 이를 위해 "함께할 수 없을까"와 같은 질문을 한 뒤 순서를 바꿀 경우 새로운 배제나 결합가능성이 생길 수 있다.

S

S는 간소화(simplify), 곧 간단히 할 수 없을까를 생각한다. 현재의 제품, 부품, 가공품, 절차 등을 더 간단히 할 수 있다면 커다란 효과가 나타날 것이다. 예를 들어 전표에 찍는 도장 수를 하나 적게 하면 회사의 사무효율은 크게 달라진다. 이를 위해서 "왜 그 부품을 사용할까? 왜 그런 방법으로 일할까?" 질문을 하고 간소화할 수 있는 방법을 찾아간다.

ECRS 원칙은 현상에 쓸모없는 것이 많다는 것을 전제로 하고 있다. 그러나 관점을 바꾸어 보면 현상에는 무엇인가 부족한 경우도 있을 수 있다. 예를 들어 생산공정 전체를 컴퓨터로 관리하고 싶다는 관점에서 현상을 보면 컴퓨터용 공정번호가 없다. 이런 경우 "현상에 추가해야 할 것은 없는가?" 곧 추가(add)라는 항목을 ECRS에 추가하지 않으면 안 된다. 그럴 경우 ECRSD가 된다. 이처럼 자기 나름대로 원리 원칙을 만들어낼 수 있을 때까지 현재의 원리 원칙의 활용이 필요하다.

5W1H와 ECRS

	5W1H	ECRS
What	업무, 제품, 부품, 재료,산출	그것을 그만둘 수 없는가(E)
When	실시시기, 공기, 납기	다른 때에 할 수 없는가(C, R)
Who	담당자, 협동작업의 상태	다른 사람이 할 수 없는가(C, R)
Where	실시장소, 경로	다른 곳에서 할 수 없는가(C, R)
Why	목적, 이유	정말 필요한가(E)
How	방법, 순서, 노력, 비용	더 간단히 할 수 없는가(S)

21. 형태학적 분석

　형태학적 분석(morphological analysis)은 보다 체계적으로 아이디어를 창출하는 방법이다. 문제를 명시적으로 정의하고, 중요한 파라메트를 찾아내며, 파라메트의 가능한 모든 조합을 열거하고, 모든 대안의 타당성을 검토하며, 가장 좋은 대안을 택하는 등 다섯 단계를 거친다.

　1930년대에 츠비키(Zwicky)는 제트엔진을 개발하면서 시동방법(자동점화식 또는 외부점화식), 연료형태(기체, 액체, 고체) 등 6 개의 파라메트를 조합하여 576개의 대안을 찾아냈고 그 가운데 몇 개의 획기적인 발명품을 얻어냈다.

22. 캐스팅 롤 플레이법

　노인이나 외국인, 주부 등 비즈니스맨으로 하기 어려운 특정한 역할을 맡겨 필요한 조건이나 경험들을 찾는 방법이다.

　개인은 의사결정 과정에서 여러 가지 역할을 한다. 따라서 자신의 태도와 다른 사람에 대한 영향을 깨닫게 되고, 보다 효율적인 문제 해결자가 되는 방법을 배우게 된다.

23. 고든법과 NM법

1) 고든법

고든법은 고든(W. Gordon)이 창안한 것으로 브레인스토밍처럼 집단으로 발상하는 기법이다. 비판엄금, 자유분방, 양의 추구, 결합개선 등의 규칙이 있다. 참가자를 7~8명 인선하여 그룹을 만들고, 참가자에게 문제를 알리지 않고 리더에게만 문제를 알려준다.

리더는 발상의 방향을 제시하고 자유롭게 발언하도록 한다. 즉, 새로운 청소기를 개발하고자 할 때 먼지, 모터, 전기코드와 같은 키워드를 제시한다. 참가자들은 키워드에 대해 떠오르는 아이디어를 허용적 분위기에서 자유롭게 내놓는다. 상식적인 발상을 탈피하여 문제해결에 가까운 아이디어가 나올 때까지 계속한다. 문제해결에 가까운 아이디어가 나오기 시작하면 참가자들에게 당면문제를 알려주고 구체적으로 실현가능성을 논의하여 아이디어를 유용한 것으로 만들어나간다. 이 과정에서 리더는 기발한 발상을 자연스럽게 유도하고, 비약적인 사고에 익숙해지도록 이끌어 간다.

고든법은 먼저 집단토론을 통해 문제에 대한 모든 접근방법의 광범한 부면을 탐색한다. 이동하기 편리한 이동식 기재대를 고안할 경우 고든집단은 우선 움직인다는 것을 토론한다. 먼저 이 말에 대한 모든 가능한 의미와 물리적인 것과 자연 상태에서의 모든 가능한 사례를 토의한다. 이 과정을 거쳐 통상적으로 새로운 이동식 기재대를 고안하는 문제와 관련이 없던 비상한 방법을 찾아낼 가능성이 많다.

이 방법은 특수기계의 발명과 같은 전문분야에 종사하는 사람들의 조직적 창의력을 개발하는 데 주로 사용된다. 유추될 수 있는 보편적 문제나 해결하고자 하는 문제에 직접 도전하지 않고 은유적인 해결책에서 시작하여 점차 구체적인 문제로 접근한다. 따라서 참가자들의 적극적인 참여가 요구된다.

실제는 해결해야 할 문제를 우선 사회자 혼자만 알고 출발한다. 사회자는 문제내용을 직접 발표하지 않고 막연하게 은유적으로 제시한다. 다양한 아이디어를 얻은 다음 문제를 제시하고 지금까지 나온 응답내용과 관련하여 구체적인 아이디어를 산출한다.

2) NM법

일본의 나가야마 마사가즈가 창안한 발상법으로 이 명칭은 그의 이름을 딴 것이다. 이것은 고든법을 보다 체계화한 것이다(김용남, 1995).

연상을 위한 첫 단계로 당면문제와 직결되지 않은 키워드를 정하고 이 키워드로부터 연상을 이끌어낸다. 예를 들어 문제가 가스사고 방지라면 감지한다, 찾아낸다, 차단한다와 같은 키워드를 정한다. 또 찾아낸다에서 연상되는 사냥개, 탐정, 금속탐지기 등과 같은 것을 계속 찾아나간다. 그다음 연상유비의 보기를 계속 찾아나간다. 즉, '사냥개와 같이 찾아낸다', '탐정같이 찾아낸다' 등과 같이 '~같이 찾아낸다'를 계속 찾아 나간다.

그 후 표현된 유비의 예에 대해 구조나 특성을 알아본다. '사냥개와 같이 찾아낸다'에서 사냥개 코의 구조, 후각의 특성 등을 알아본다. 배경에서 알아낸 구조나 특성을 당면문제에 연결시켜 해결을 위한 아이디어를 구한다. 이때 논리성을 개입시키지 않고 직관적으로 떠오르는 힌트나 아이디어를 문장이나 그림으로 기록해 나간다. 그리고 아이디어를 서로 결합하여 보다 구체적으로 실행 가능한 창안으로 만들어나간다.

24. 목표초점화법

이 방법은 맥스웰 말츠(M. Martz)에 의해 고안된 것으로 상상력을 이용하여 마음속에 어떤 목표 또는 이미지를 형상화하여 목표를 달성해나가는 방법이다. 즉, 미래의 목표가 마치 현재 실현된 것처럼 믿고 행동함으로써 무의식 속에 목표실현을 위한 자동반응 패턴을 형성하여 목표를 성취해나가는 방법, 곧 마음이 스스로 목표에 초점을 맞추도록 하는 것이다.

이미지를 형상화하면 우리 두뇌와 신경계는 그것을 실현하는 방향으로 움직이게 된다. 육지와 바다 그리고 하늘을 마음대로 다닐수 있는 새로운 교통기관을 발명하기를 원할 경우 상상력을 이용하여 자기가 타고 다니는 모습을 마음속에 구체적으로 그려본다. 그러면 우리의 의식과 잠재의식이 그것을 실현하는 방향으로 움직이게된다. 마음속에 이미지화된 것은 시간이 걸릴 뿐 언젠가 현실화된다. 스필버그가 "생각하라. 그 모든 것을 영화(실제)로 만들 수 있다" 말하는 것도 같은 맥락이다.

최고의 경영자가 되고자 한다면 긴장을 풀고 눈을 감은 다음 상상력을 이용하여 자신이 경영자가 된 상태를 구체적으로 시각화하여 행동한다. 그러면 마음의 조절장치가 그 방향으로 움직이게 된다.

미래의 목표가 마치 현재에 실현된 것처럼 믿고 행동하면 무의식 속에 목표실현을 위한 자동반응패턴이 형성되고, 이에 따라 목표를 성취해갈 수 있다.

다음은 목표초점화법의 예다.

- 자신이 유명한 작가가 되는 것이 꿈이었다면 매일 아침 몇 분 간 긴장을 풀고 눈을 감은 다음 상상력을 이용하여 자신이 이미 작가가 된 상태를 구체적으로 시각화한다. 매일 그렇게 함으로써 마음이 그 목표에 초점을 맞추게 되고 마음의 자동조절장치가 그 방향으로 움직이게 된다. 그리하여 어느 정도 시간이 지나면 자기도 모르게 실제 유명한 작가가 되어 있거나 그에 가깝게 되어 있음을 발견하게 된다.
- 자신이 회사의 사장이 된 상태를 그려본다. 이런 행위를 반복하게 되면 마음이 그 목표에 초점을 맞추게 되고 행동도 자연스럽게 사장이 되기 위한 쪽으로 움직이게 된다.
- 육지와 바다, 공중을 마음대로 다닐 수 있는 새로운 교통기관을 발명하기를 원한다면 상상력을 이용하여 자기가 현재 그것을 타고 다니는 모습을 구체적으로 마음에 그려본다. 그렇게 되면 자신의 의식과 잠재의식이 그것을 실현시키는 방향으로 움직이게 된다.

상상력을 이용하여 우리의 마음속에 어떤 이미지를 구체적으로 형상화하면 우리의 두뇌와 신경계는 그것을 실현하는 방향으로 움직이게 된다. 우리 마음속에 이미지화된 것은 시간이 걸릴 뿐 언제가 현실화된다. 아폴로 우주선도 우주를 나는 마음속의 이미지가 현실화된 것이다.

25. KJ법

KJ법은 창조성을 개발하기 위한 방법으로 카와키타 지로(川喜田三郎)가 개발한 데서 따온 이름이다. 이 방법은 처음에 종이쪽지법이라 불린다. 이 방법은 당초의 명칭과 같이 브레인스토밍 등에서 제시된 의견이나 평소에 관찰한 수많은 정보를 한 항목마다 한 장의 카드에 기입하고, 카드 모두를 테이블에 펼친 다음 각 장을 관련 정도에 따라 그룹으로 묶는다. 뭉친 그룹을 큰 종이에 펼쳐놓고 그림을 만든다. 그다음 그림을 잘 보고, 카드군마다의 관련성을 생각하면서 문장으로 정리한다. 이런 과정을 통해 가장 중요한 문제에 대한 해답을 골라낸다.

KJ법은 창의성을 높여 조직을 활성화하는 데 도움을 준다. 창조성을 높이기 위해서는 항상 의문점을 탐구하는 태도를 잃지 말고, 한 번 의문이 생기면 그것을 포기하지 않으며, 문제가 해결될 때까지 그 테마를 반복해야 한다. KJ법은 이런 문제에 도움을 준다.

회의에서의 발언이나 시장조사 등의 정보나 자료를 카드에 하나씩 기록하고 그것들을 섞은 다음 비슷한 감을 주는 내용들끼리 몇 개의 그룹으로 분류한다. 각 그룹에 내용표시를 하고 다시 비슷한 소집단끼리 그룹을 편성하는 작업을 몇 차례 반복한다. 이렇게 해서 정리된 내용들을 조립하여 도해하거나 문장화해나가면서 발상을 한다.

집단의 모든 멤버는 카드마다 하나의 아이디어를 적는다. 그룹의 멤버는 그것을 모두 탁자 위나 테이블 위에 펴 놓는다. 멤버들은 그 카드를 각기 가족의 한 식구임을 나타내는 파일로 분류한다. 그 결과 계층, 벌룬 다이어그램, 아웃트라인 등 집단이 결정한 구조나 순서가 어떤 것이든 식구들의 관계도나 카드의 그룹도를 알 수 있다.

이 방법은 브레인스토밍 등에서 제시된 의견, 정보를 1장의 카드에 기입하여 아래와 같은 프로세스를 통해 발상을 전개한다.

분석과정

- 카드 작성: 의견이나 정보를 한 항목마다 카드 하나에 기입한다. 하나의 아이디어를 요점만 기록한다.
- 카드 펼쳐놓기: 기록이 끝난 카드는 카드놀이 요령으로 테이블에 펼쳐놓는다.
- 소그룹편성: 카드 내용을 살펴보고 비슷한 느낌을 주는 카드들끼리 모아 소그룹을 만든다.
- 표찰작성: 각 그룹의 의견을 정리 종합한 표찰(별도의 카드)을 만든다. 표찰에 각 소그룹의 내용을 대표할 수 있는 제목을 적어 클립으로 묶어 놓는다.
- 중그룹 만들기: 묶은 그룹을 테이블에 펼쳐 놓고 같은 요령으로 중그룹을 만든다. 즉, 소그룹들을 다시 비슷한 것끼리 묶어 대집단을 만들고 별도의 카드에 제목을 붙인다. 이러한 조작을 몇 차례 거쳐 최종적인 그룹을 만든다.10개 그룹 정도가 될 때까지 한다.

종합과정

· 공간배치: 그룹 간의 관계를 고려하여 백지 위에 그룹별로 카드를 배열한다.

· 도해(KJ법 A형): 뭉친 중그룹을 큰 종이에 펼쳐 놓고 그림을 만든다. 공간적으로 배치된 카드군들의 상호관계를 원이나 직선 등으로 표시한다.

· 문장화(KJ법 B형): 그림을 잘 보고 카드군마다 관련성을 잘 생각하면서 문장으로 정리한다. 문장화하면서 힌트를 얻어 아이디어를 산출 선정한다. 힌트를 종합하면서 차원이 높은 개념을 얻어낸다.

26. 시스템 매트릭스

매트릭스는 바둑판의 눈처럼 2차원의 표이다. 가로행과 세로행의 정보 상호관계를 도표적으로 표시할 수 있다. 가령 국내에 새로운 공장을 신축하려 할 경우 그것에 관한 선택사항이나 요소를 그림처럼 써 넣는다. 이 매트릭스를 보면 어떤 결정을 내리기 전에 동부지역의 노동력 공급사정을 알아볼 필요가 있다.

공장신축지를 선정하기 위한 선택사항과 요소 매트릭스

지역	기후	1평방당 건축비	노동력의 공급
서부	좋다	100달러	100%
중부	보통	150달러	80%
동부	나쁘다	200달러	?

미공군정보국은 전 세계로부터 들어오는 데이터의 양이 너무 많아 아무도 읽을 틈이 없을 정도가 되었다. 이런 가운데 한 장교가 시스템 매트릭스를 사용하여 흘러 들어오는 정보를 분류할 수 있었고 효과적으로 색인을 붙이며 중요한 사항을 간단하게 끄집어낼 수 있게 되었다.

시스템 메트릭스는 물리적 사항을 다루든 데이터나 정보에 관한 사항을 다루든 간에 어떠한 시스템에 관한 정보를 모두 조직화할 수 있다. 여러 시스템은 복잡성을 지니고 있어 정보를 효과적으로 다루는 방법을 요구하고 있다. 변혁적인 안을 만들어나가려면 앞을 내다볼 수 있어야 하고 크든 작든 융통성이 있어야 한다.

종이에 쓰인 시스템 메트릭스는 일반적으로 상세한 해결책을 적어놓기 위한 것으로 쓰이는 일은 없다. 그러기 위해서는 공백이 너무 작다. 그러나 어디를 찾아보면 구체적 내용을 발견할 수 있느냐 하는, 적응성이 높은 체크리스트를 제공해준다. 상세한 기술은 그 체크리스트에 의해서 작성된다.

한 해결책의 틀은 문제해결 그룹을 해결법의 개발을 통해서 인도해간다. 시스템 매트릭스는 멤버들로 하여금 전체적으로 생각하도록 강요한다. 따라서 건의의 인터스페이스와 장래의 차원을 고려한다.

27. 소비자 엔지니어링

소비자 엔지니어링은 새로운 아이디어로 시장에서 성공할 수 있는 제품을 개발하기 위한 것으로 소비자의 필요와 기술적인 가능성을 총합시킨다.

손목시계 시장에서 새로운 아이디어를 얻는다고 가정할 경우 다음 도표처럼 시장을 여러 가지로 세분화시킨 것을 가로줄에 놓고, 엔지니어링 측면에서 다양한 기술들을 세로줄에 놓은 다음 세분된 시장과 엔지니어링 기술을 접합시켜 가장 전망이 좋다고 생각되는 시장과 그에 적합한 엔지니어링 기술이 어떤 것인가를 찾아낸다. 이같은 신제품 아이디어 창출방법을 소비자 엔지니어링이라 한다.

소비자 엔지니어링

(○ 표는 각 세분시장에 적합한 기술을 나타냄)

세분시장	선물용	신분과시용	보석 위주	여성용	남성용	어린이용
엔지니어링기회						
얇은 시계 케이스		○	○			
광선 시계판	○			○		
액정 시계판		○		○		
자동충전전지				○	○	
시계외관	○	○	○	○		
시계+계산기	○				○	
시계+라디오	○			○	○	
시계+TV	○			○		
시계+무선호출기	○			○		

28. 오픈 스페이스 기법

오픈 스페이스(open space) 기법은 컨설턴트인 해리슨 오웬(H. Owen)에 의해 개발된 것으로 공식적인 모임 자체보다는 휴식시간에 더 많은 것을 얻는다는 것에 착안해 공식적인 모임 자체에서 어떤 성과를 기대하기보다 휴식시간을 통해 유쾌하고 열정적인 상호작용을 이끌어내는 방법이다. 그는 휴식시간에 자연스럽게 이루어지는 토론이 자체조직화된 것처럼 하나의 그룹이 스스로 조직화될 수 있다는 믿음을 근거로 몇 가지 원리를 고안해냈다.

- 적당한 장소와 시간이 주어진다면 사람들은 그들의 자유를 활용할 것이고, 어떤 임무가 주어진다고 해도 개인적인 능력에 대한 책임감과 미래의 과업성취를 위해 훈련할 것이라는 생각이다. 성공은 집단에 속한 개인들이 열정과 책임을 가질 때 이룰 수 있다. 열정이 없으면 흥미를 갖지 못하고, 책임감이 없으면 어떤 것도 이룰 수 없다.
- 참여자로 하여금 자율적으로 선택하도록 한다. 오는 사람은 누구든 적절한 사람이고, 무슨 일이 일어나든 그것을 할 수 있는 일이고, 언제 발생하든 그것은 적절한 때이며 끝날 때 비로소 끝난다는 여유를 갖는다.

오픈 스페이스 기법은 간단한 문제뿐 아니라 아주 복잡한 문제나 갈등이 심한 이슈를 보다 쉽게 해결하는 데 기여한다. 따라서 회의 기간 중 때로 오픈 스페이스 방법을 사용하는 것도 바람직하다.

29. 아하 타임과 아하 게임법

케플만 루트는 유리병 제조회사의 직공이었다. 그는 어느 날 애인과 데이트를 하게 되었다. 그날따라 애인은 몸에 찰싹 달라붙는 포플 스커트를 입고 왔다. 그 여인의 모습은 어느 때보다 아름다워 보였다. 그 순간 그는 "아하! 저 같은 모양으로 유리병을 만들면 되겠다"라는 발상을 하게 되었다. 그 후 그는 포플 스커트를 입은 애인의 모습을 연상하며 그 유명한 코카콜라 병을 만들어 크게 성공하였다.

미국의 창의력 개발 컨설턴트인 찰스 톰슨은 아이디어가 떠오르기좋은 시간을 몇 가지 제안하고 있는데 이런 시간을 아하 타임(Aha! time)이라 불렀다. 아하 타임으로 활용하기 쉬운 시간은 다음과 같다.

10 아하 타임

· 화장실에 있을 때	· 샤워나 면도하는 시간
· 출근하는 시간	· 잠이 들 때와 깰 때
· 따분한 회의 중	· 한가롭게 책을 읽을 때
· 운동을 할 때	· 자다가 한밤중에 깨어났을 때
· 설교를 듣고 있을 때	· 육체노동을 할 때

이 시간들을 볼 때 아하 타임은 별도의 시간이라기보다 생활 속의 자투리 시간에 숨어 있다고 할 수 있다. 아이디어 3B법칙이 있다. 이 법칙에서 3B는 욕조(bathtub), 침대(bed), 버스(bus)의 약자이다. 기발한 아이디어는 욕조에서 몸을 담그고 고개를 들어 휘휘 돌리다가, 침대에서 뒹굴다가, 버스나 기차를 타고 아무 생각 없이 창밖을 보다가 문득 떠오른다.

데카르트의 좌표

데카르트는 몸이 약해서 자주 침대에 누워 있곤 했다. 그 날도 침대에 누워 사색에 잠기곤 했는데, 파리 한 마리가 앵앵거리며 방안을 헤집고 다녔다. 파리를 물끄러미 보다가 세 개의 벽면이 교차하는 방구석 모서리부터 파리가 앉은 곳까지의 거리를 수로 표현하면 어떨까 하는 생각이 들었다. 수학자답다.

그렇게 해서 태어난 것이 바로 우리가 수학 시간에 공부했던 좌표다. 그는 좌표 탄생에 크게 기여했다. 오늘도 학생들은 x축과 y축이 만나는 거리를 표시한다. 두 축이 만나는 곳에 점이 있다. 그 점이 그 옛날 파리가 앉은 자리라 생각하니 웃음이 나온다. 사람은 직업에 따라 생각이 다른가 보다. 당신은 오늘 누워 무슨 생각을 하는가.

앞만 보는 긴장 상태에서는 아이디어가 생기지 않는다. 어깨 힘을 빼고 고개를 들어 두리번거릴 때 창의성이 높아진다. 시선의 위치가 창의성을 좌우한다. 시선이 변하고 보이는 사물과 각도가 달라지면 생각도 다른 생각을 할 수 있다. 그래서 주변에 개발을 하는 열린 자세가 중요하다. 자투리 시간 10분이 10시간 효과를 낸다. 서류검토, 토막잠, 독서뿐 아니라 정보확인, 지시 같은 업무도 짧은 시간 이동하는 차 안에서 가능하다. 기다리는 시간을 기분전환의 기회로 삼고, 일에 착수하기 전 윤곽을 미리 그려 놓으며, 짬짬이 떠오르는 생각을 메모로 정리한다(순도, 2010). 아이디어가 갑자기 떠오르는 장소로는 3B가 손꼽히지만 현장에서 기록하지 않기 때문에 각별히 노력할 필요가 있다.

중요한 것은 자투리 시간이라 할지라도 아이디어 만들기 시간으로 활용하는 것이다. 아하 타임을 놓치지 않으려면 메모지를 준비해 놓는 것이 좋다. 화장실이나 자동차 안에 비치하면 좋고 늘 메모지를 휴대하고 다녀야 갑자기 떠오른 아이디어를 놓치지 않게 된다.

창조적 아이디어 개발방법으로 아하 게임법이 있다. 아이디어를 한 번 낼 때마다 '아하'라는 감탄사를 연발하는 방법이다. 이 방법은 집단 내 협동심을 유발하고 관련지식과 경험을 공유하도록 하는 것으로 신입사원교육이나 고객회의 등에 유용하게 활용할 수 있다.

30. RPG

역할놀이(RPG: role playing game)는 중세기사와 마법사, 뱀파이어, 공주, 우주전사 등 저마다 원하는 주인공을 가만히 앉아 말로 연기하며 공상세계에 빠져 대리체험을 누리는 놀이다. 이 게임은 무엇보다 어떻게 말하고 대응해나갈지 스스로에게 달려 있기 때문에 창조성을 키우는 데 도움을 준다.

이 게임은 종이만 있으면 할 수 있다. 적게는 2명, 많게는 12명까지 둘러앉아 각자 역할을 정한다. 개인능력이나 성격, 경력을 매우 구체적으로 적어 여기에 따라 돌아가며 끊임없이 중얼거린다. 이들에게 상황을 정해주고 질문해가며 이야기를 리드해가는 마스터(감독)도 필요하다.

마스터가 "여러분은 모두 관세청 직원이에요. 오늘은 1995년 8월 20일입니다. 아침에 출근해 뭘 하지요?" 하고 출발시킨다. "나는 전날 밤을 설쳤어요. 사무실에 들어오자마자 커피를 마셔요." 이야기에 심취하다 보면 얼굴을 찡그리고 손을 내젓기도 한다. 최소 2시간에서 8~10시간까지 걸려 하나의 이야기를 완성한다. 그것으로 게임은 끝난다. 기록으로 남기는 것도 없고, 다시 새 놀이가 시작된다.

RPG는 체스에서 갈라져 나온 전쟁놀이(war game)가 다시 발전한 형태이다. 전쟁놀이가 배경과 무기 위주라면 역할놀이는 인물 중심이라는 것이 다르다. 첫 RPG는 미국에서 20여 년 전 개발된 지하굴과 용(dungeons & dragon)에서 비롯된다. 굴에 들어가 용을 잡는 게임이다(이경미, 1998).

31. TRIZ와 ASIT

1940년대에는 랜드(Rand) 코포레이션의 시스템 분석, 겐리히 알트슐러의 TRIZ, GE의 가치공학 등이 등장해 문제해결을 위한 기반을 구축해주었다.

미 공군은 장기적인 공중전 연구를 위해 랜드 계획을 세웠는데 이를 랜드 코포레이션이 관리하도록 했다. 랜드 코포레이션은 군사목적을 위해 시스템분석을 했다. 제2차 세계대전 때 군수물자의 효율적 관리를 위해 OR 등을 개발했다. 전쟁이 끝난 후 이것이 병원, 철도, 전기회사, 정유업체 등 각 기업의 경영시스템에 연결되어 신속한 의사결정을 돕는 데 사용되었다. 산업에서의 OR의 목표는 이미 경영관리 상담원, 품질관리 전문가, 시간 및 동작연구 전문가, 시장분석가, 산업기사들에 의해 추구되어온 것이기도 하다. 이것은 경영학에 수량적인 접근이 확산되면서 더욱 각광을 받게 되었다(Wren, 1979).

러시아의 겐리히 알트슐러는 문제해결이론인 TRIZ를 개발하여 아이디어 발상에 관해 체계적으로 정리했으며, 훗날 이스라엘의 호르위츠는 이를 보다 쉽게 적용하기 위한 방법으로 ASIT를 개발했다.

TRIZ(Teoriya Reshniya Izobretatelskikh Zadatch)는 러시아의 창의적 사고방법으로 '문제해결론'의 약자다. 러시아 과학자로 구소련 해군에서 특허심사를 담당했던 겐리히 알츠슐러가 개발한 기법이다. 평소 창의성은 선천적 능력이 아니며 기술발전 역사의 객관적인 법칙에 따라 사고함으로써 누구나 창의성을 개발할 수 있다고 확신한 그는 1946년에서 1963년 사이에 등록된 약 20만 건의 특허를 분석한 후 '발명과정에는 일정한 원리와 패턴이 있다'는 사실을 발견하고 이를 바탕으로 문제해결방법을 도출해냈다. 그는 이 일을 하면서 세상에 있는 모든 문제는 동일한 문제의 반복임을 알게 되었다. 그는 누구나 창의적으로 문제를 해결할 수 있는 일반적인 문제해결 도구로 TRIZ를 내놓았다.

문제는 크게 논리적 문제와 감정적 문제로 나뉜다. 그중 TRIZ는 문제 하나의 답이 무한대인 창조형 문제와 감정적인 판단을 문제해결의 우선순위로 두는 가치형 문제를 다뤘다. TRIZ는 논리적인 사고가 필요한 창조적 문제와 감정적 사고가 필요한 가치형 문제 모두에 쓰이기 때문에 경영과 공학 외 여러 인문분야에서의 문제해결에 사용할 수 있다.

나아가 TRIZ는 문제해결 시 규칙성과 모순성이라는 두 개의 관점을 사용한다. 물리적 모순을 완화시키는 전통적인 방법은 타협이다. 문제를 타협하려면 어느 정도 조건을 포기해야 한다. 하지만 TRIZ에서는 타협이 아니라 양자를 동시에 만족시키는 대안을 찾는다. 기존의 문제풀이는 문제를 풀어가면서 시행착오를 겪지만 TRIZ는 문제의 해결이 가져올 결과의 가짓수까지 모두 생각한 뒤에 문제를 풀어간다.

TRIZ는 모순을 정의하고, 이를 이상적으로 해결하는 알고리즘과 프로세스를 제공하고 있다. 모순에는 기술적 모순과 물리적 모순이 있다. 기술적 모순은 하나의 문제를 해결하면 또 다른 문제나 부작용이 발생하는 것이고, 물리적 모순은 문제를 해결하기 위해 동일한 대상이 상반된 성질을 가져야 하는 것이다. 예를 들면, 세상에 존재하는 어떠한 방패도 뚫을 수 있는 창과 동시에 어떠한 창도 막을 수 있는 방패를 만들어야 하는 대장장이는 기술적 모순에 빠질 수밖에 없고, 적을 공격하기 위해서는 창을 길게 만들어야 하고, 빠르게 이동하기 위해서는 창을 짧게 만들어야 하는 무기 설계자는 물리적 모순을 경험하게 된다.

TRIZ에서 가장 중요하고 실용적인 부분은 모순에 집중해 문제해결에 필요한 논리를 추론해 나가는 것이다. 경계영역을 도식화하고, 모순을 도출하고 분석하며, 기능을 분석하면서 문제해결에 접근한다. 경계영역의 도식화는 문제상황의 영역을 도식화함으로써 본질적인 원인을 찾아낸다. 모순도출에서는 전 단계를 기반으로 문제를 일으키는 모순을 찾아낸다. 모순분석 단계에선 공간적 시간적 모순으로 나눠 해결방법을 찾는다. 간단한 문제의 경우 이 단계에서 해결점을 찾지만 좀 더 고난이도의 모순을 해결할 때는 기능분석 단계를 거친다.

TRIZ는 4단계의 과정을 거쳐 해법을 찾아낸다. 모순의 원인파악, 모순의 원인을 40가지 변수 중 적합한 것으로 치환, 변수들의 조합 구성, 최적의 해결원리 도출이다. 모순의 원인들로 집중 또는 분산, 측정, 직접 또는 간접, 조건차이, 자원부족, 안정 또는 불안정, 방법 오류, 관점오류, 균형 또는 비균형, 공간효율, 경직 또는 유연, 피드백, 차이, 유해요인, 설정오류, 명칭 또는 형상 등이 있다.

TRIZ에서는 모순을 해결하고 이상적인 시스템을 발명하기 위하여 분리의 법칙, 40가지 발명원리, 물질장 분석, Multi Screening, 기능분석, 39가지 기술적 표준용어와 모순테이블, 76가지 표준해, 진화의 법칙 등의 문제해결 방법론과 이들을 가장 바람직한 순서로 활용할 수 있게 하나의 프로세스로 만들어놓은 일반적인 문제해결론인 아리즈를 제공하고 있다. 아래와 같은 표를 토대로 문제를 적용하여 아이디어를 도출해내는 방식이 그 보기이다.

40가지 발명원리

1. 분할(segmentation)	21. 고속처리(rushing through)
2. 추출(extraction)	22. 전화위복/해로움을 이로움으로
3. 국소적 성질(local quality)	23. 피드백
4. 비대칭(asymmetry)	24. 매개체(mediator)
5. 통합(combining, integration)	25. 셀프서비스
6. 범용성/다용도(universality)	26. 복제(copying)
7. 포개기(nesting)	27. 일회용품
8. 평형추(counterweight)	28. 기계시스템의 대체
9. 선행반대조치(prior counteraction)	29. 공압식/유압식 구조물
10. 선행조치(prior action)	30. 유연한 필름 또는 얇은 막
11. 사전예방(cushion in advance)	31. 다공질 재료(porous material)
12. 높이 맞추기(equipotentiality)	32. 색깔 변경
13. 반대로 하기(inversion)	33. 동종성(homogeneity)
14. 구형화(spheroidality)	34. 폐기 및 재생
15. 역동성(dynamicity)	35. 속성변환
16. 과부족 조치(partial, overdone, or excessive action)	36. 상전이(phase transition)
17. 차원 바꾸기(moving to a new dimension)	37. 열팽창
18. 기계적 진동(mechanical vibration)	38. 산화가속
19. 주기적 작동(periodic action)	39. 불활성 환경(inert environment)
20. 유익한 작용의 지속(continuity of useful action)	40. 복합재료(composite materials)

TRIZ는 주어진 문제를 해결하는 과정에서 발생하는 모순을 찾아내 그것을 극복할 수 있는 방법을 찾는 의사결정이론이자 창의성이론이다. TRIZ는 원래 신제품 개발을 위해 발명되었지만 최근엔 경영, 정치, 사회 등의 영역으로 확장되고 있다. 정부기관에서는 TRIZ를 이용해 민원을 해결하거나 정책을 책정하고 있다. TRIZ는 무엇보다 기업에서 주목을 받고 있다. 신기술 개발을 스피드 있게 할 수 있고 시행착오에 따른 비용을 줄일 수 있기 때문이다.

TRIZ를 배우고자 하는 사람들이 많아지면서 국내에서도 TRIZ협회나 전문기업에서 TRIZ 인증과정을 개설하고 있다. TRIZ는 이해하기는 쉽지만 적용하기는 어렵다는 평가를 받고 있다. TRIZ 소프트웨어를 구입하는 비용도 만만치 않고 업데이트 비용도 드는 데다 실무에 적용할 전문적 지식과 이해를 갖추기도 어렵다. TRIZ를 이용한 문제해결에는 창의적 사고가 필수적이고, 단순히 외운 지식만으로는 그동안 길들여진 심리적 관성을 깨기 어렵기 때문이다(여운동, 2007).

삼성전자는 1998년 TRIZ를 도입한 이후 활발하게 사용하고 있다. TRIZ 추진 사무국을 두고 러시아 전문가도 영입했다. R&D 인력의 절반이 TRIZ 교육을 받았고 계열사별로 TRIZ 인력양성 프로그램을 추진하였다. 난관에 부딪친 문제를 혁신적으로 해결하는 데 도움을 받았다. 현재 TRIZ는 신제품 이미지 개발, 상해, 환경재난 극복문제 등 여러 분야에 확장되고 있다. TRIZ로 문제해결 연습을 많이 하다 보면 문제의 오류에 대해 고민하고 토론하게 된다. 모순된 문제를 찾고 해결하는 과정에서 창의성이 길러진다.

한마디로 TRIZ는 이상적인 목표를 달성함에 있어서 이를 불가능하게 하는 모순 상태를 TRIZ를 이용해 푸는 것이다. 이 문제는 우리의 실생활 문제일 수 있고, 기업이 봉착한 난제일 수도 있다. 살아가면서 부딪히는 다양한 모순된 문제에 대해 고정관념을 벗어난 시각으로 문제를 보고 해결의 길을 찾는다. 문제의 해결점을 찾기 위해서는 평소 비판 없이 받아들이던 사회문제나 사물들도 새로운 시각으로 바라보게 된다. 창의성은 여기서 길러진다.

신공항 갈등에 '트리즈 해법'을 적용하면

이경원 한국산업기술대 교수는 신공항 갈등에 'TRIZ 해법'을 적용하는 아이디어를 내놓았다.

최근 동남권 신공항 문제가 또 하나의 국가적 갈등 문제로 불거질 전망이다. 정치권에서 '표(票)퓰리즘'에 의해 충분한 사전 검토 없이 신공항 건설을 공언했고, 결국 입지평가위원회에서는 국가 전체 경제성 등을 고려해 동남권 신공항을 건설하지 않기로 결론을 내린 것이다. 해당 지역 주민과 관계자들은 정부 등을 성토하면서 사회갈등을 키워갈 것 같다. 상생의 길이 뭔지 차분히 고민해봐야 한다. 여기에 요즘 스마트경영, 창조경영을 위한 생각의 도구로 주목받는 TRIZ의 모순해소 방법을 활용해보자. 동남권 지역발전을 위한 수단으로 신공항 건설을 해야 한다. 이 신공항 건설은 여러 지방 공항의 열악한 운영 실태를 보면 경제성이 떨어지는 문제가 있다. 국가 전체 경제성을 위해서는 이 신공항 건설을 하지 말아야 하는 딜레마에 빠진다. 즉, 동남권 발전을 위해서는 신공항 건설을 해야 하고, 국가적 경제성을 위해서는 신공항 건설을 하지 말아야 하는 물리적인 모순의 상태이다.

TRIZ는 이런 상황에 대한 여러 문제해결 원리를 제시한다. 그중 하나가 분리해서 다른 자원, 수단을 강구하게 하는 것이다. 지역 주민만이 아니라 모든 국민들도 지방발전을 통한 균형발전에 반대하지 않는다는 전제위에서 관점을 좀 크게 해서 볼 필요가 있다. 동남권, 특히 이번에 상처를 많이 받은 지역의 발전을 위해 신공항 외의 다른 방안을 중앙정부가 지역과 함께 협의해서 대안을 찾고 신뢰를 잃지 않고 국가적인 지원을 하는 것이다.

이 방향으로 TRIZ적 대안으로 창원·울산·구미·포항의 성공 예처럼 친환경 공단 조성 또는 도로·철도 확충, 관광·레저·지역산업 육성

등의 다른 대안을 성공시키면 지역발전, 국가적 경제성 확보와 함께 국가 신뢰도 실추 방지라는 세 마리 토끼를 다 잡을 수 있을 것이다. 대한민국이 OECD 국가 중 사회갈등 지수가 최하위권이고 1년에 사회갈등 비용으로 300조 원이 낭비되고 있다고 한다. 이 사회갈등 비용은 국내 굴지의 한 대기업의 1년 순익인 15조 원의 20배에 해당하는 엄청난 비용이다. 정부에서 신공항 건설 중지 결정을 과감하게 했듯이, 서로 감정의 골이 더 깊어지기 전에 적극적으로 대안 마련과 대국민 설득에 나서 보자(이경원, 2011).

창의적 사고기법인 ASIT(발전된 체계적 발명사고, Advanced Systematic Inventive Thinking)은 TRIZ에 바탕을 둔 것이다. TRIZ는 발명문제 해결을 위한 아주 우수한 기법이다. 개념은 비록 간단해 보이지만 적용하기 어렵고 복잡하다. 초보자들이 배우는 데만 최소 3주 이상의 교육이 요구된다. 이 단점을 극복하기 위해 이스라엘의 호르위츠(Roni Horowitz) 교수에 의해 제안된 것이 ASIT다. 그는 배우기 쉬우면서도 창의적인 해결책을 낼 수 있는 방법을 찾으려 노력한 끝에 구조화된 발명사고(SIT, Structured Inventive Thinking)를 개발하게 되었고, 이것을 더욱 체계화시킨 것이 바로 ASIT이다.

ASIT는 발명 및 창조적 문제해결을 위한 포괄적인 일반적 방법론을 지향하는 TRIZ와는 달리 한정된 문제 상황에서 창조적인 해결책을 얻기 위한 방법론이라는 점에서 ASIT와 TRIZ는 지향하는 방향이 다르다.

창의적 해결책에는 다음과 같은 특성이 있다.

· 유사성(similarity): 문제와 해결책의 거리가 가깝다. 해결하고 보니 일반적인 해결책과 거의 유사했다.

- 독특성(uniqueness): 과거의 비슷한 문제를 해결했던 방식과는 다른 방식, 즉 문제의 독특한 특성을 사용한다. 해결하고 보니 문제의 상황만이 처한 독특한 특성을 절묘하게 이용했다.
- 이상성(ideality): 해결책은 필요한 때에만 존재하고 필요 없을 때는 사라진다. 해결하고 보니 꼭 필요한 때와 장소에만 해결책이 자발적으로 나타났다. 이 점에서 일반적이고 포괄적인 해결책을 찾는 TRIZ와 차이가 있고, 시간과 비용 면에서 유용하다.
- 문제점이 곧 해결책(problem is solution): 원치 않는 효과(undesirable effect)를 해결책으로 이용한다. 해결하고 보니 해고하려던 구성요소가 도리어 영양가 있게 사용되었다.
- 학력이 높다 해서 다 창의성이 있는 것은 아니다.

TRIZ에서 ASIT으로의 4단계는 (1) 이상적인 해결책에서 한정된 세계의 원리로, (2) 모순의 극복(해결)에서 관계변화의 원리로, (3) 40가지 발명의 원리에서 5가지 기법으로, 그리고 (4) TRIZ의 일부 요소 배제이다.

ASIT는 2가지 원리와 5가지 기술을 이용한 체계적 사고기법이다. 2가지 원리는 한정된(고립된) 세계의 원리(closed world)와 관계(질적인) 변화의 원리(qualitative change)이다. ASIT에서 추구하는 해결책은 다음의 원리(조건)를 만족시켜야 한다.

- 한정된 세계의 원리란 문제가 포함되어 있는 세계와 해결책이 포함되어 있는 세계는 비슷해야 한다는 것이다.
- 관계변화의 원리란 원치 않는 효과(undesired effect)와 악화 요

인(worsening effect) 사이의 관계를 변화시켜야 한다는 것이다.

문제의 세계(problem world)란 문제 주위에 나타나는 모든 객체 (object)들의 집합을 말한다. 문제의 세계는 문제객체(problem objects) 와 환경객체(environment objects)로 나뉜다. 해결의 세계(solution world) 란 모순이 극복된 모든 해결책들의 집합을 말한다. 여기서 '문제의 세계±객체(들)＝해결책의 세계' 관계가 성립한다. 해결의 세계는 새로운 유형의 요소를 포함하지 않지만 기존요소의 제거나 추가 변형은 허용된다.

5가지 기술은 단일화(unification), 증식(multiplication), 분할(division), 대칭파괴(breaking symmetry), 객체제거(object removal)가 있다. 기법들은 한정된 세계 속에서 창조적인 아이디어를 찾도록 도와준다.

- 단일화는 문제 세계 안에 있는 요소(객체)가 문제해결을 위한 행동(action)의 행동대원(agent)이 된다는 것이다.
- 증식은 문제세계 안에 있는 요소(객체)와 같은 유형의 새로운 요소(객체)를 추가하는 것을 말한다. 복제 또는 증식 기술은 문제의 세계에 존재하는 구성요소 가운데 동종의 새로운 요소를 추가 투입하여 활용함으로써 문제를 해결하는 기법이다. 추가된 새로운 객체는 문제해결을 위한 행동의 행동대원이 된다. 창조적 해결책은 가장 전통적인 해결책과 같은 행동을 제안한다. 그러나 행동대원이 다르다.
- 분할은 문제의 세계 안에 있는 요소(객체)를 분할하는 것으로 분할된 부분은 공간 또는 시간 속에서 재구성된다.

- 대칭파괴는 문제에 존재하는 통일된 요소를 변화시켜 각개로 재구성하는 것을 말한다. breaking unity이다. 객체 내의 대칭 (통일된 요소), 시간상의 대칭, 집합적인 대칭을 깨뜨린다.
- 제거는 문제의 세계에서 객체를 제거한다.

ASIT에서의 문제해결기법은 다음과 같다.

- 준비단계: 일반적인 해결책을 떠올린다.
- 1단계: 문제의 세계(problem world)를 구성요소로 정의한다. 문제의 세계는 문제에 포함된 모든 요소(object)의 집합을 말하며 주요(문제)요소와 주변요소로 구분된다.
- 2단계: ASIT기법을 적용하기 위한 준비를 한다. 원하지 않는 결과(undesirable effect)와 행동(action)을 찾는다.
- 3단계: 행동을 수행할 구성요소를 찾는다. 행동은 적용기법에 따라 없는 경우도 있다.
- 4단계: 적절한 ASIT기법을 적용한다. 처음에는 모든 기법을 하나씩 적용시켜본다.
- 5단계: 아이디어의 핵심을 3~5개 문장으로 간결하게 구체화시킨다.

사람은 자유롭게 생각하는 것 같지만 실은 일정한 과정을 반복적으로 거치며 생각하는 방식조차 습관적 패턴을 띠게 된다. 호로위츠는 훈련을 통해 이런 사고과정의 어떤 단계에 창의력을 촉발하는 기제를 작용시킬 수 있다며 이런 창의력 훈련방식을 'ASIT'라 명했다.

ASIT는 우리의 굳어진 사고패턴을 파괴하는 방법으로 재미있는 문제를 던진다. 예를 들어 차가 기름부족으로 멈췄는데 주유소는 2km 밖에 있다면 어떻게 해야 할까? 답은 앞바퀴의 바람을 빼서 연료통 바닥에 남아 있는 연료를 배출구로 보내는 것이다. 이처럼 사고의 허를 찌르는 문제를 풀다 보면 자연스레 독창적으로 생각하는 습관이 생긴다(호로위츠, 2003).

32. 인사이트 트립

현대카드, 현대캐피탈의 사장과 임원, 부서장들은 매년 함께 세계여행을 떠난다. 통찰력, 곧 인사이트를 얻기 위해서다. 이른바 인사이트 트립(insight trip)이다. 신사유람단처럼 집단적으로 아이디어를 찾아다니는 관찰여행이다. 해외의 유명 마케팅 전문회사와 디자인 회사, 방금 지은 건물, 도시개발현장, 박물관, 갤러리, 콘서트 홀, 성공한 식당이나 바, 가게, 콜센터 등 톡톡 튀는 아이디어로 소문난 곳이라면 모두 방문대상이 된다. 벤치마킹할 요소가 있는 기업도 업종을 불문하고 찾아간다.

배워서 꼭 일에 접목하려는 의무감은 없다. 긴장감 없이 재미있게 본다. 하지만 인사이트 트립을 하고 나면 자연스럽게 다른 기업의 성공 에센스를 이해하고 그 요소들을 사업에 어떻게 접목할 수 있을까 고민하게 된다. 평소 많은 것을 광범위하게 보고 알고 있는 회사와 그렇지 않은 회사, 고민하는 회사와 그렇지 않은 회사의 창의력 수준은 다르다.

창조적 조직 만들기

　기업은 현재 창의적인 인물을 선호하고 있다. 이 문제에 관한 한 예외적인 기업은 없다. 생산현장에서도 창조성이 요구되고, 기업경영자에게도 창조성이 요구된다. 창의력이 필요하지 않다고 말하는 기업은 죽은 기업밖에 없다.

　창조성은 그저 얻어지는 것이 아니다. 창의력을 높이는 방법만 사용한다고 아이디어가 척척 나오는 것도 아니다. 기업이 창의성을 바탕으로 한층 성장하려면 집단적 사고, 관료적 분위기, 시간적 압박 등을 경계해야 한다. 남들과 다른 관점에서 사고하는 소수를 중시할 뿐 아니라 생각이 다르고 자기의견에 당당한 사람들을 적극적으로 채용할 필요가 있다. 개인 창의성을 발휘하기 위해서는 적절한 환경과 프로세스가 제공되어야 하고, 창의성을 발휘할 수 있는 리더십이 지속적으로 요구된다. 조직 자체가 먼저 창조성을 살리는 조직이 되어야 한다는 말이다. 나비효과처럼 작은 창의적 변화가 큰 변화로 이어질 수 있기 때문에 서로를 중시하고 존중하는 풍토가 이루어져야 한다. 당신의 작은 생각이 기업을 바꾸고 사회에 희망을 줄 수 있다.

1. 창조적 조직 만들기

조직의 창조성을 자극하는 방법들은 많다. 구성원들에게 적극적으로 동기부여를 하는 것도 빼놓을 수 없는 방법이다. 하지만 조직을 활성화하고, 비전을 제시하며, 혁신을 생활화하는 것만큼 중요한 것은 없다. 조직이 창의성을 발휘하게 하려면 무엇보다 조직을 살아 움직이는 활성조직으로 만들어야 한다. 조직은 살아 있는 유기체이기 때문이다. 활성화가 조직의 DNA이다. 구성원이 창의적 제안을 하는 것은 조직을 살리기 위해서다. 산 조직은 삶에 대한 의욕이 강하고, 아이디어도 지속적으로 내놓는다. 아이디어를 내면 칭찬을 하고 쓸모를 생각한다. 실수를 해도, 시기적으로 맞지 않아도 격려한다.

그다음 비전조직으로 만드는 작업이 필요하다. 비전(vision)은 '보이지 않는 것을 보이게 한다'는 라틴어 '비지오(visio)'에서 나온 것이다. 따라서 비전은 '존재하지 않는 것을 존재하게 한다'는 점에서 창의와 맥락을 같이한다. 자동차·비행기·우주선은 과거 발명가의 머릿속에 있던 것들이다. 당시 그것은 보이지 않는 것이었다. 그러나 끊임없는 노력을 거쳐 지금은 실용화되고 있다. 지식경영이나 창의성에서 무형지식이나 암묵지를 강조하는 이유는 우리가 실제 사용하고 있는 지식은 빙산의 일각이며 아직도 꺼내 쓰지 않은 대부분의 좋은 아이디어들이 수면 아래 잠겨 있기 때문이다. 보이는 지식(형식지)은 이미 지나간 지식이지만 보이지 않는 암묵지는 미래의 지식이다. 따라서 우리는 지식의 무한한 보고인 무의식에 도전할 필요가 있다. 창의조직은 보이지 않는 것을 보이게 하고, 존재하지 않는 것을 존재하게 하는 조직임을 알 수 있다. 조직의 미래는 보이지 않는 것에 얼마만큼 도전하고, 존재하지 않는 것에 얼마만큼 끈질기게 집착하는가에 달려 있다.

조직을 혁신조직으로 거듭나게 해야 한다. 최근 정부부처에 혁신이라는 단어가 많이 붙어 있다. 예를 들어 '인사담당관'이라 부르지 않고 '혁신인사담당관'이라 부른다. 그만큼 혁신을 생활화하고자 하는 뜻이 담겨 있다. 혁신(innovation)이란 원래 '새로운 것(novus)을 향하여(in)'라는 뜻을 가지고 있다. 혁신은 새것을 추구한다. 기술에서 새로운 것은 기술혁신이 되고, 경영관리에서 새로운 것은 경영혁신이 된다. 혁신을 위해 필요한 것이 아이디어이다. 그러나 혁신은 단순히 아이디어 내기(ideation)가 아니라 시장성 있는 아이디어를 창출해야 의미가 있다. 시장성(쓸모)이 없으면 이노베이션이라 하지 않는다.

혁신은 처음부터 완벽한 것을 기대하지는 않는다. 사람이 신이 아닌 까닭에 보이지 않는 것을 보이게 하고, 존재하지 않는 것을 존재하게 만든다는 것은 사실 불가능하다. 따라서 인간의 창의성은 뭔가 새로운 것을 생각하고 개선만 해도 창조적으로 간주된다. 완전하지 않아도 콘셉트(concept)나 이미지만 제시해도 유용하기 때문이다.

조직이 창의적으로 변하기 위해서는 무엇보다 창의성에 대한 사회적 인식이 바뀌어야 한다. 우리 사회가 창의성을 중시하지 않은 적은 없지만 다른 나라에 비해 상당히 뒤져 있다. 가까운 일본은 1990년부터 정보사회 이후의 사회를 창조사회로 규정하고 창의경영과 지식경영을 발전시켜왔다. 한국은 1990년대 후반에 가서야 지식사회에 대한 관심을 나타냈다. 지식사회의 변화는 하루가 다른데 10여 년 늦어졌다는 것은 상당히 늦었다 할 수 있다. 그러나 실망할 필요는 없다. 드러커의 말대로 미래는 지식사회로 가며, 우리는 지금 지식사회의 입구에서 그 사회의 그림자가 어른거리는 것을 살짝 보았을 뿐이다. 본론은 아직 시작되지 않았다는 말이다.

그렇다면 우리 조직은 더 힘 있게 뛸 준비를 해야 한다. 이를 위해 조직문화를 창의성을 창출하는 문화로 과감히 바꿔야 한다. 위험이 따르겠지만 자유와 창의를 보장하고, 성숙하지 못한 아이디어라 할지라도 경청하고 지원한다. 통상적인 규칙과 절차에 어긋난다 할지라도 관용하는 자세를 취한다. '이 달의 최고 아이디어 상'을 제정하여 아이디어가 지속적으로 제시될 수 있도록 하고, 아이디어로 얻은 성과는 충분히 보상한다.

조직의 핵심인 조직구성원의 마인드가 달라져야 한다. 무라야마 노보루는 직장인을 삶은 개구리형, 민들레 홀씨형, 다나카형, 그리고 피카소형 등 4가지 유형으로 나눈다. 조금씩 뜨거워지는 냄비를 벗어나지 못하고 익어버리는 개구리처럼 변화에 민감하지 못한 삶은 개구리형이나 봄바람에 휘날리는 민들레 홀씨처럼 정처 없이 직장을 옮겨 다니는 민들레 홀씨형은 창의성과 거리가 멀다. 적어도 2002년 노벨화학상을 받은 다나카 고이치처럼 한 직장이나 분야에서 일생을 건 다나카형이 되든지 변화를 적극적으로 받아들이고 스스로 날마다 변화를 주도하는 피카소형으로 옷을 갈아입어야 한다. 피카소는 평생 여러 차례 자신의 그림 스타일을 바꾼 끝에 오직 자신만의 독특한 미술세계를 쌓았다. 지식사회는 오늘도 창의적으로 자신을 변화시켜나가는 조직에게 푸짐한 상을 내린다.

2. 창조적 조직을 위한 페퍼의 제안

6가지 유형의 상사가 가진 태도와 생각에도 문제가 있지만 제프리 페퍼는 기업의 관행에 문제가 있음을 지적한다. 기업은 창조적인 잠재력(creative potential)을 최대한 끌어내도록 한다. 직원들은 기본적으로 창의적이기 되기 위해 노력한다. 그러나 회사는 직원들의 창의력을 구속하는 경향이 있다. '창의적이되 실패해서는 안 된다', '창의적이되 예산을 맞춰라', '창의적이되 다른 사람들이 하는 것을 해라' 등 기업의 경영진은 관행적으로 직원들의 창의력에 제약을 가한다. 의사들이 하는 히포크라테스 선서의 첫째는 '해를 끼치지 말라(do no harm)'이다. 사람들의 창의력을 끌어내기 위해서는 그런 관행들을 삼가야 한다.

잠재적 창조역량을 최대화하려면 창조성을 관리할 생각을 하지 말고, 직원들에게 자유를 주어야 한다. 이를 위해서는 의사결정 권한을 아래로 내려보내야 한다. 중앙에 권한이 덜 집중되는 것이다. 창조성을 관리(manage)하는 것은 불가능하다. 창조성은 대부분 밑에서부터 위로 올라오는 것이기 때문이다. 재능 있고 똑똑하고 잘 교육된 사람들을 뽑아, 그들이 기술(skill)을 사용할 수 있도록 해야 한다. 구글은 어떤 종류의 서비스를 도입할지를 놓고 투표를 한다. 내부시장(internal market)을 형성하는 것이다. 또 구글과 코닥은 종업원들에게 어느 정도의 자유시간을 준다. 공식적인 회사 일 이외에 자기가 정말 하고 싶은 일을 하도록 하는 것이 경쟁력을 유지하는 비결이다.

구글의 에릭 슈미트 회장의 핵심전략은 기본적으로 좋은 인재를 확보하고 유지하면서 그들을 풀어놓는 것(turn them loose)이다. 그들의 재능과 기술을 이용해서 새로운 제품과 서비스를 만들어 회사를 성공으로 이끄는 것이다. 혁신과 제품서비스의 질을 높이기 위해서는 어떻게 사람을 경영하고 유지하느냐에 달려 있다. 사우스웨스트항공(Southwest Airlines)과 시스코시스템스(Cisco Systems)는 직원들의 잠재력을 끌어내 탁월한 성과를 거두었고, 멘즈웨어하우스(Men's Warehouse)는 사양산업인 남성용 의류산업에서 인력개발에 집중 투자함으로써 지속적인 성장을 거두었으며, 에스에이에스 인스티튜트스(SAS Institute)는 소프트웨어업계의 관행인 스톡옵션제도와 인센티브를 제공하지 않고도 놀라운 성과를 거두었다.

조직구성원들의 창의성을 살리고, 몰입(commitment)하도록 유도하는 직장을 만들려면 고용의 안정성이 필수적이다. 하지만 현실에서는 고용의 안정성을 해치는 대신 유연성을 확보하려는 기업들이 다운사이징과 구조조정을 일삼고, 이게 오히려 기업 경쟁력 회복의 원천으로 간주되고 있다는 것이다. 그는 많은 기업들이 단기적인 성과를 위해 장기적으로 조직에 치명적인 문제를 일으키는 처방을 남발하는 것을 안타까워한다.

페퍼는 핵심인재 중심의 시각에서 벗어나 직원 하나하나가 가지고 있는 창조적 본능을 극대화할 수 있는 여건을 조성하는 것이 창조경영의 요체라 주장한다. 이것은 창조경영을 내세운 대부분의 기업들이 글로벌 경쟁에서 승리하려면 핵심인재를 개발하고 이들의 창의성을 활용하는 것이 중요하다고 여기는 것과는 생각이 다르다. 나아가 창조적 경영을 위해 CEO가 갖추어야 할 가장 중요한 덕목으로 그는 '정직함'을 꼽는다. 단순한 정직함이 아니라 어떤 상황에서도 반드시 유지하는 '가차 없는 정직성(brutal honesty)'이다.

페퍼는 이에 대처하기 위해 평범한 사람들에게서 비범한 결과를 끌어내는 리더십을 발휘하도록 권한다. 부즈 앨런 해밀턴의 보고서를 보면 여러 기업들이 많은 돈을 들여 유능한 CEO들을 끌어들이지만 효과는 미미하다. 이것은 비범한 사람들이 좋은 결과를 내지 못하고 있다는 증거다. 따라서 평범한 사람들이 비범한 결과를 만들어낼 수 있는 시스템을 만들어내는 것이 중요하다. 도요타가 성공한 비결도 바로 여기에 있다. 영리하지 못하다 하더라도 좋은 아이디어를 낼 수 있는 환경을 만들어주면 예상치 못한 결과를 얻을 수 있기 때문이다. 이것은 기업이 얼마나 능력 있는 개인과 영웅을 보유하고 있느냐 하는 것과는 다르다.

3. 창의조직과 SVM모델

미국인에게 통용되는 소프트웨어를 만들겠다고 실리콘 밸리에 진출한 NEC, 후지쓰 등이 이렇다 할 히트상품을 내놓지 못하자 그 이유에 대해서 여러 가지 논의가 일고 있다. 일본은 그동안 소프트웨어 산업의 부진을 획일화된 교육 탓이라고 간주해왔다. 10명의 범인보다 한 명의 천재가 필요한 소프트웨어 산업에서 일본의 집단교육 시스템이 개인의 창의성을 죽이는 역할을 한다는 것이다. 그러나 미국 현지에서 현지 두뇌들을 동원해서 벌이는 싸움에서도 일본기업들이 성과를 거두지 못하는 것은 그 이유가 다른 데 있다는 것이다. 그것은 본사의 과도한 참견으로 경쟁력을 잃었다는 것이다. 일본의 경직된 기업문화가 시간을 다투는 창의성 경쟁을 방해한다는 분석이다.

실리콘 밸리에는 성공하는 기업의 모형이 있다. 업계 스탠더드(S)가 되기 위해 일단 핵심적인 기술개발에만 주력하고, 생산과 판매는 위탁하는 버추얼기업(V) 형태를 취한 뒤 성공 시의 엄청난 부 획득으로 모티브(M)를 삼는다는 이른바 SVM모델이다.

일본기업들은 이 가운데 모티브에 약하다는 분석이다. 미국의 하이테크 기업에서는 미리 정해진 가격으로 자사주를 살 권리를 주는 스톡옵션이 실시되고 있다. 좋은 프로그램을 만들면 회사주가 올라가 자신은 돈방석에 앉을 수 있어 천방지축인 천재들도 애사심을 갖게 된다. 창조에 부합한 보상이 따르는 것이다. 그러나 일본기업은 이를 시행하지 않고 있다. 연공서열을 중시하는 본사의 임금체계와 상충되고, 사원 간의 큰 임금격차를 받아들이지 못하기 때문이다.

그밖에 우수한 인력공급에 한계가 있는 실리콘 밸리에서 인재확보에 문제가 있다는 점, 빠른 템포로 돌아가는 첨단시장에서 의사결정과정이 지나치게 늦고 현지책임자에게 실질적인 권한이 없다는 점도 지적되고 있다. 이것은 기업이 보다 창조적이기 위해 여러 조직적 측면의 후원이 있어야 한다는 것을 보여준다.

4. 예술과 창조경영의 융합

애플의 스티브 잡스는 평소 영국 낭만주의 시인 윌리엄 블레이크의 시를 읊는다. 펩시 CEO 인드라 누이와 버진의 리처드 브랜슨은 수준급 기타리스트다. 빌 게이츠는 수시로 미술작품과 역사적 유물을 수집한다. 사치 앤 사치의 케빈 로버츠는 틈날 때마다 무용수의 동작에 빠진다. 세계에서 가장 창의적인 CEO로 꼽히는 이들이 예술세계와 접하는 이유는 예술에서 창조성이 나오기 때문이다(김현진, 2007b).

생리학자 마이클 루트번스타인(M. Root-Bernstein)은 아인슈타인, 다빈치, 피카소, 리처드 파인먼, 마서 그레이엄 등 창의성이 빛나는 천재들을 수집하여 분석한 결과 인류 역사를 바꾼 이들의 공통된 특징은 생각의 도구들을 자유자재로 사용하는 사람들이었음을 발견했다. 그들이 사용한 생각의 도구들은 관찰, 형상화, 추상, 패턴인식, 유추, 몸으로 생각하기, 감정이입 등이었다. 그는 이 연구결과를 창조경영과 연결시켜 여러 기업들을 대상으로 창조 컨설팅을 했다. 그가 주력하는 부분은 조직 구성원들의 상상력 훈련분야다. 창조경영은 조직 내부의 창의적인 괴짜 구성원들을 키우는 데서 시작하기 때문이다. 결국 사람이다. 창조적인 사람 없이는 아무리 창의적인 시스템이 있더라도 효과를 발휘할 수 없다.

창조성은 일부 천재들에 국한된 것이 아니다. 일반인들도 훈련을 통해 발현할 수 있다. 생각의 도구를 이용하면 자기 안에 있는 창조성을 자연스럽게 발휘할 수 있다. 그가 주로 사용하는 방법은 예술, 놀이, 그리고 감정이입이다. 역사학자 마이클 코헨은 감정이입을 통해 역사이해를 한다. 코헨은 자유를 찾아 비밀철도를 타고 도주한 19세기 흑인노예들의 공포와 결핍감을 떠올리기 위해 작은 나무상자 속에 몸을 웅크린 채 일곱 시간 동안 열차를 탔다. 이런 것이 상상력을 극대화할 수 있다.

창조성에서 왜 예술이 중요할까? 시, 음악, 공연이야말로 세상을 보는 다른 눈을 제공하기 때문이다. 예술작품은 창조적 사고의 가장 좋은 도구이다. 예술은 독특한 경험을 제공해 기존사고방식을 뒤흔들어 놓는다. 예술은 수학, 과학, 어학 못지않게 인재들에게 중요한 역할을 한다. 훌륭한 기업이 되려면 예술 진흥을 위해 힘쓰고, 직원들에게 어떻게 자유를 줄까 고민해야 한다. 금요일 오후나 월요일 점심시간에 뭔가 다른 경험을 해보도록 한다. 영화를 보러 간다든지 유희시간을 주는 것도 좋지만 독특한 업무상황을 주는 것도 한 가지 방법이다. 예를 들어 혁신실험실을 설치해 예상치 못한 프로젝트를 주고 예상치 못한 마감시간을 제시하는 것이다. 이렇게 뭔가 신선한 경험을 줘서 다르게 생각할 수 있는 공간을 열어준다.

창조경영은 누구도 떠올리지 못한 문제를 만들어 이를 속 시원히 해결해주는 것이다. 이것이 다른 기업들을 앞설 수 있는 열쇠다. 이를 위해서는 남들과 다른 생각이 필요하다. 기업의 경영전략은 항상 예상치 못한 돌발상황을 대비해야 한다. 보수적인 기업은 혁신에 대한 계획을 세워두지 않는다는 점에서 문제가 있다. 신제품을 발명할 때 '나는 이런 제품을 만들었으면 좋겠다'고 지시하면 그 제품은 성공할 수 없다. 그 정도로 생각해낼 수 있다는 것은 전혀 새롭지 않다는 것을 뜻하기 때문이다. 전혀 사전에 계획이 없는 것들을 떠올리는 것이 진정한 혁신의 힘이다. 기존 방식에 갇혀 있으면 이렇게 될 수 없다. 아무도 보지 못한 것을 보게 하려면 일단 구성원들에게 창의성을 허락할 수 있는 분위기를 만들어주어야 한다. 창조성은 허락할 때만 발현이 가능해진다. 혁신을 위해서는 기존의 것을 뛰어넘는 전혀 다른 차원의 사고가 필요하다. 기존의 것을 잘 관리하는 수준으로는 혁신이 불가능하다.

창조성은 아무도 생각지 못했던 문제를 스스로 찾아내 해결하고,

뭔가 재미있는 것을 발굴하는 능력이다. 창의적 인재는 미술, 음악, 시 등 다른 영역의 세계도 자유자재로 활용할 수 있는 사람들이다. 다른 세계는 뭔가 새로운 시각을 제공하기 때문이다. 따라서 다른 문화적 배경을 접해보고, 다른 구조의 언어로 생각하는 것도 중요하다. 영어로 생각해 답이 나오지 않으면 스페인어로 생각하면 답을 얻을 수 있기 때문이다.

조직에는 지속적으로 성과를 창출해내는 성실한 사람도 필요하다. 하지만 조직의 운명을 좌우하는 것은 새로운 것을 끊임없이 만들어내고 틀에 갇히기 싫어하는 사람이다. 이런 사람의 목소리가 클수록 조직에 혁신의 향이 강하게 퍼지게 된다.

창의적 괴짜들을 관리하는 방법은 힘들다. 그들은 "내가 왜 이 일을 하는지?"라는 질문에 대한 답을 먹고 살며, 이 답이 없을 때는 싫증을 내기 때문이다. 이들은 새로운 도전을 스스로 만들고, 새로운 문제를 해결하는 데 관심이 있다. 주의를 지속하는 시간이 짧지만 완전히 몰입할 수 있는 뭔가를 찾았을 때는 무서운 에너지를 발휘하게 된다. 이들은 돈과 같은 물질적 보상 대신 더 많은 기회를 주는 것을 선호한다. 따라서 기업은 그들이 좋아하는 것을 찾을 수 있도록 도와주어야 한다. 그러면 기업의 역사가 바뀔 수 있다.

5. 창조성을 높이기 위한 제도들

조직의 창의성을 높이기 위해 경영자는 구성원의 아이디어가 활발하게 전개되도록 조직분위기를 조성하고 그것을 제도화할 필요가 있다.

1) 면접 및 추천제도의 확산

우리나라는 지금까지 신입사원을 뽑을 때 대량지원과 대량선발에다 기계적 선발이라는 관행을 유지해왔다. 그러나 최근 이러한 선발 방침에 대한 혁신이 일고 있다. 신입사원 선발에 있어서 기존의 기계적인 대량선발 대신 그 지원자가 참으로 우리 조직에 들어와 얼마만큼 창조성을 가지고 헌신할 수 있는 인물인가를 가리는 데 그 비중을 높이고 있기 때문이다.

이를 위해 면접이 강화되고 추천서의 형식도 달라지고 있다. 지금까지 대부분의 면접이나 추천서는 모두 형식적인 것에 불과했다. 그러나 면접의 기법도 다양하게 개발되고 그 내용도 달라지고 있다. 또한 추천서도 그의 재능과 성격을 잘 아는 교수나 추천인들의 자세하고 솔직한 기록을 요구하고 있다. 사원을 뽑는 단계에서부터 창조성이 높은 사원을 선발할 경우 그들에게 투자하는 교육비의 효과 그리고 업무효과는 그렇지 않은 것과 크게 다르다.

2) 15% 룰 프로그램과 30% 룰 프로그램

3M에서는 연구원이 자신의 근무시간 가운데 15%를 부여된 자기 업무 이외의 창조적인 연구에 사용하도록 허용하고 있다. 이것이 바로 15% 룰이라 불리는 프로그램이다. 홀마크(Hallmark)는 디자이너들이 30%의 시간을 재충전 시간으로 활용할 수 있도록 제도화하고 있다. 이 제도는 각자가 업무와 직접 관련이 없더라도 자신의 꿈과 관심분야에 몰두하도록 해 더 나은 아이디어를 창출하도록 한다. 이

제도는 창의력이 핵심경쟁력이 되는 때에 실험정신, 혁신, 창의적 사고를 높일 수 있는 역발상 제도라 할 수 있다.

3) 사가(思暇)제도의 확산

오랫동안 직장생활을 한 종업원들에게 몇 주 사가를 주어 창조성을 높이도록 하고 있다. 이 기간에는 무조건 회사를 떠나야 하고 아무리 급한 일이 있어도 전화 연락조차 하지 못하도록 한다. 일을 완전히 잊도록 하는 것이다. 일 년 내내 틀에 박힌 업무에 파묻히고서는 창의성을 발휘할 수 없기 때문이다.

일정 기간 회사를 떠나도록 한 것은 이 기간 회사를 떠나 있으면서 새로운 사고방식을 체득하고 이를 조직에 활용하기 위한 것이다. 이 제도는 앞으로 창의적이고 진취적인 사고를 할 수 있는 사람만이 성장을 이끌어낼 수 있다는 인식에 기반을 두고 있다.

4) 휴직학습제

6개월에서 1년간 휴직시켜 공부를 시키는 방법이다. 날로 치열해지는 국제경쟁에서 이기려면 특정 분야에 대한 전문지식을 취득해야 함은 물론 보다 유연한 사고방식을 통해 전문성을 창조적으로 발현시켜 나갈 필요가 있기 때문이다. 이 기간 동안은 회사에 출근하거나 전화 연락도 하지 않도록 한다. 이런 점에서 이 제도를 사가제도의 확대로 간주하기도 한다.

창조성을 높이기 위한 방법은 이에 국한되지 않는다. 교육훈련, 인

사고과, 승진 및 보상 등 조직·인사의 여러 측면에서 많은 방법들이 개발되어 활용되고 있다. 문제는 방법이 중요한 것이 아니라 종업원에 대한 경영자의 근본적인 인간관의 변화이다. 무엇보다 Y이론적인 인간관의 확립이 필요하다. X이론적인 인간관을 고수하면서 종업원으로부터 창조성을 기대하는 것은 나무에서 고기를 얻으려는 것과 같다.

5) 사내개인연구실제도

사내개인연구실제도는 전문기술자들의 창의성을 개발하기 위해 완전독립연구를 보장하는 특별연구실제도를 말한다.

소니는 전문기술자들 가운데 VCR기술과 컬러신호변환기술자, 초대형 화면 점보트론 개발자, 디지털 VCR 신호처리 기술자, 컴팩디스크 플레이어 등 광학관계전문가, 카세트라디오 등 디자인 전문가 등 창조 소니의 주역들에게 개인연구실을 제공함으로써 개인의 창의력을 인정하고 그들의 능력이 충분히 발휘되도록 하였다.

소니의 전문직특별연구실제는 기사장(chief engineer)이나 주임연구원 등의 직책을 그대로 유지하면서 독립연구실을 주고, 자유로운 연구를 위해 연구주제의 선정, 연구원 선발, 예산운용, 장비도입, 조직구성 등을 완전 독립시켰다. 예산은 전액 본사가 부담한다.

6) 사내제안제도

작업장에서의 생산성과 품질관리의 향상을 위해 개인적인 제안들을 얻어낸다. 제안들은 종종 제안함에 투함된다. 위원회가 각 제안의 실행 가능성 여부를 평가한다. 좋은 제안을 했을 때 여러 방법으로 포상한다.

사내제안제도는 주로 평사원들의 참신한 감각과 자유로운 아이디어를 상품생산과 회사정책에 활용하기 위해 아이디어 창안을 장려하기 위한 제도이다. 이 제도는 기업마다 다양하게 운용되고 있다.

- 대우는 섬유경공업사업본부 소속의 섬유3부를 여성의류팀으로 독립시켜 독자적인 아이디어에 따라 사업계획을 수립하고 추진할 수 있도록 하는 등 여러 부서를 사원들이 자체적으로 운용토록 했다.
- 삼성전자의 '타임머신'은 소속부서도 없고 출퇴근도 자유로운 10여 명의 인원의 특별팀으로 각자 원하는 주제에 대해 연구하고 결과를 사장에게 직접 보고하도록 했다.
- LG도 '신문고'라는 이름의 사내제안제도를 만들어 사원이 낸 아이디어가 사장 직속부서로 전달되도록 하고 있다.
- 평사원 30여 명으로 구성된 LG금속의 청년중역회의도 경영자 입장에서 회사에 각종 제안을 한다.
- 코오롱은 부서별로 주말을 이용해 1박 2일 동안 원하는 장소에서 각종 토론을 벌이게 하고 필요한 비용을 부담해주는 등 사원들의 아이디어 개발에 힘쓰고 있다.

타임머신팀, 뉴턴제도, 독립사업조직

석종훈에 따르면 삼성전자 정보통신부문 타임머신팀은 각자가 편한 시간에 자유롭게 출퇴근한다. 목표와 활동계획은 스스로 관리하고 기안에서 최종결재까지 자기 사인 한 번으로 끝난다. 관련예산도 알아서 책정하고 집행한다. 인간의 창의력과 잠재력은 무한하다. 현대 기업조직이 물리쳐야 할 가장 큰 적은 거추장스러운 절차와 조직의 경직성이다. 타임머신팀은 자연스럽게 새로운 아이디어가 나오고 또 그 아이디어가 적극 수용되는 미래형 기업조직이다.

타임머신팀의 업무는 신제품 개발, 신시장 개척, 미래산업분야에 대한 아이디어를 창출하는 일이다. 기존 조직관리 개념에서 보면 파격적인 이 모임은 입사 3년 된 평사원의 건의로 탄생하였다. 개성과 창의력을 말살하는 조직은 살아남을 수 없다며 획기적인 조직개편을 주장한 것이다. 이 건의가 부장단에 받아들여졌고, 일상적인 시간과 공간 개념을 초월하여 새로운 시각에서 아이디어를 찾는다는 뜻에서 타임머신이라는 이름이 붙여지게 되었다.

타임머신에 탈 탑승자도 특이한 방법으로 뽑았다. "당신은 지금 63빌딩에서 떨어지고 있습니다. 소감을 말해보십시오", "불륜현장을 배우자에게 발각되었을 때 뭐라고 말하겠습니까?" 등 1백여 개에 이르는 기상천외한 질문에 어떻게 대답하는가를 관찰한 끝에 선발되었다.

회사 측은 정보유출 위험을 무릅쓰고 모든 팀원들에게 대표이사 사장과 같은 자격에서 사내정보를 제공받도록 지원하고 있다. 강박관념을 갖지 않도록 활동기간 1년 동안 아이디어를 내지 못하더라도 승진 때 가산점을 받도록 보장했다. 타임머신팀원들이 찾아낸 아이디어는 기술개발 가능성, 사업타당성을 두고 검토된다. 삼성의 경우 사내에 타임머신팀과 같은 조직이 있다는 사실만으로도 사원 모두에게 자발적으로 근무하자는 인식이 확산되고 있다. 석종훈에 따르면 삼성전자에서는 이외에도 가전부문과 컴퓨터부문에서 뉴턴제도, 독립사업조직(IBU: independent business unit)과 같은 제도를 실시하고 있다. 뉴턴제도는 자기 업무분야가 아니더라도 좋은 아이디어가 떠오르면 회사로부터 예산을 지원받아 연구하는 제도이며 실패해도 책임은 없다. 독립사업 조직은 회사경영관리와 예산운영에 독자적 권한을 갖는 초소형 조직으로 자기가 조직해 스스로 능력을 발휘하도록 하는 것이다.

7) 관심분야 연구회

관심분야 연구회는 관심분야가 같은 사원끼리 자발적으로 연구회를 조직하여 창의력을 발휘하도록 하는 것을 말한다. 이 연구회는 팀 단위 공식조직은 아니지만 회사 내에서 마음이 통하는 직원들끼리 뭔가 새롭고 효율적인 제품생산이나 제도개선 또는 신규사업개발을 위해 만든 것으로 회사 차원에서 문제의식을 갖고 있는 사람들로 조직되며 조직에 창조적인 바람을 일으키고 있다.

이러한 연구회 조직은 1980년대 초 일본기업들이 창안해 사용하고 있는 것으로 미쓰비시상사는 '21세기를 생각하는 서클' 등 1천여 개의 관심분야연구회를 가지고 있다. 우리나라에는 삼성 등에 도입되어 효과를 거두고 있다.

이것은 개인 차원의 창안제도에서 벗어나 직원들의 창의력을 발휘할 수 있도록 한 것으로 회사에서는 이것의 활성화를 위해 연구활동비를 지급하고, 연구에 필요한 서적 및 연구비는 별도로 내주며 필요한 경우 해외출장도 허용해주고 있다.

삼성의 경우 '탑건', '더 높은 곳을 향하여', '구인방' 등의 이름을 가진 70여 연구회들이 있다.

탑건

이공계출신으로 구성된 탑건은 신소재개발을 목표로 야채나 고기의 신선도를 유지시켜주는 특수세라믹을 개발해냄으로써 바이오냉장고의 기본구조를 완성시키는 데 기여했다. 이 회원들은 사무실 한구석에 연구공간을 만들고 근무시간을 쪼개가며 관련전문서적을 탐독하고 국내 광산을 방문하며 외국 전시회에도 참석하였다. 탑건은 '테크노벨리'팀이라는 회사 내 공식조직으로 흡수됐다.

더 높은 곳을 향하여

'더 높은 곳을 향하여'는 신사복팀 직원으로 구성된 것으로 이탈리아의 기술협조로 개발한 자체 브랜드 로가디스 신사복을 이탈리아에 수출하는 방안을 모색하고 있다.

구인방

기계팀 및 신규사업팀 직원으로 짜여진 '구인방'은 유휴지를 레저공간으로 활용하는 방안을 연구하고 있다.

이 밖에도 EU지역의 주재원들로 그 지역의 자금조달 및 자금운용을 연구하는 금융연구회 등도 있다. 코오롱상사는 특정 주제에 관심 있는 사원들이 자발적으로 모여 토론하는 스터디그룹제도를 만들어 업무시간에도 모임을 가질 수 있도록 하며 보다 창의적인 활동을 고무하기 위해 모임에 보조금도 지원하고 있다.

8) 사내기업가제도

사내기업가제도는 관심분야 연구모임에서 발전하여 사내에서 독자적 사업기회를 확대하는 것으로 신규사업이나 신상품에 대한 창의적 아이디어를 가진 사원들에게 창업을 지원하는 '회사 내 회사' 곧 벤처사장제이다.

사내기업가제도란 이처럼 조직에 창의력과 활력을 불어넣기 위해 사원들이 제안한 벤처비즈니스를 독자적으로 추진할 수 있도록 지원해주는 것을 말한다. 기업은 별도의 자본금을 마련하여 이 사업을 추진하도록 할 뿐 아니라 실적에 따른 이익분배와 인센티브제, 독립채산제 등을 도입하고 있다.

과거에는 참신한 아이디어를 가진 사원이 있어도 하의상달이 제대로 되지 않아 회사 밖으로 나가야만 꿈을 이룰 수 있었으나 벤처비즈니스를 회사 밖이 아닌 안에서 추진하는 것이 바로 사내기업가제도이다. 이 제도가 성공하려면 회사가 아랫사람들의 아이디어에 최대한 귀를 기울여야 하며 조직이 민주화되어야 한다.

미국 및 일본 기업들은 이미 이 제도를 통해 조직혁신을 꾀하고 있다. 3M사는 대학을 포함한 사내외에서 사업아이디어를 모집하여 채택되는 경우 일정한 계약에 따라 사업화를 위한 자금을 지원해주고 있다.

- 일본능률협회는 "21세기의 기업은 사내기업가를 어떻게 육성하느냐에 달려 있다"고 말하고 기업을 상대로 한 교육프로그램을 강화시키고 있다.
- 일본 후지제록스의 자회사로 일본어 학습용 교재를 제작 판매하는 '아드리아네 랭귀지 링크사'는 에토라는 27세의 여사원을 사장에 임명했다. 입사 4년 만에 자신의 아이디어로 사장이 된 것이다.
- 삼성, 대우, SK, CJ 등에서도 이 제도를 도입했다. 삼성의 '테크노벨리'는 우리나라의 대표적인 보기에 속한다.

삼성은 탑건의 리더인 과장을 벤처 사장으로 앉혔다. 이 회사는 탑건의 연구테마인 화인 세라믹을 상업화하는데 성공했다. 즉, 자체 개발한 신소재 부품을 삼성전자에 납품하는 것을 비롯하여 여러 독자적인 프로젝트를 추진하고 있다.

CJ는 사원이 참신한 사업아이디어를 낼 경우 사업화에 필요한 자금과 인력을 지원하고 실적에 따라 이익의 20%까지 급여 이외의 인센티브를 추가로 제공하는 사내기업가제도를 도입했다. 사내기업가는 정상적인 급여를 받고 벤처비즈니스의 팀장이 되어 사업조직을 구성하고 필요한 자금을 지원받아 사업에 착수하게 된다. 회사 측은 연 1회 사업평가를 하며 사업이 궤도에 오를 수 있도록 3년간 지원하고 이익이 발생하면 인센티브를 주되 실패해도 현업으로 복귀시킬 뿐 인사상 불이익을 주지 않는다.

CJ는 기간을 정해 주 소비층이 10~20대인 신세대 사업, 멀티미디어 등 미래형 첨단아이디어사업을 중심으로 사내기업가를 공모하기도 하고, 수시로 아이디어를 접수하기도 한다. 사내기업가의 자본금과 운영자금은 회사 차원에서 벤처기금을 조성해 지원하며 초기에는 30억 원 규모로 출발했지만 매년 이 기금을 늘려나갈 방침이다.

CJ의 사내기업가제도와 유사한 형태로 주식회사 유공이 사원의 아이디어로 팡이제로 제품의 사업부를 구성하여 히트 상품화했으며 미국 3M, 스위스의 스워치 시계 등에서 운영 중이다. CJ는 경쟁이 치열한 기존 아이템보다 전혀 새로운 사업영역, 새로운 감각을 요구하는 상품을 발굴해 사업화하는 데 중점을 두고 있다.

새로운 인재상은 같은 얼굴, 같은 생각을 가진 동질, 균질형의 조직인이 아니라 서로 다른 얼굴을 가진 개성적이고 창조력이 풍부한 개인이다. 기업도 마찬가지이다. 이제는 관리의 시대에서 전략의 시대로, 통치의 시대에서 서비스의 시대로 바뀌고 있다.

앞으로 기업은 창조적인 기업 활동, 창조적인 경영전략, 창조적인 관리 등 창조성과 독창성을 필요로 한다. 경영자나 종업원은 획일적인 고정관념이나 관행을 탈피하여 유현하고 독창적인 발상과 행동을 이끌어내 창조적인 인간, 창조적인 기업으로 탈바꿈해야 한다.

 창조성과 혁신전략

1. 기업의 창조성을 높이기 위한 4가지 측면

　많은 기업이 계획이나 관리도 힘들고 기존 절차와 구조를 방해하는 데다 위험과 실패를 수반한다는 이유로 창의적인 행동을 회피하려는 경향이 있다. 그러나 무한경쟁 시대에 마지막 성공 잣대는 창의성이다. 창의성은 미래 기업을 성공적으로 이끌고 성장시키는 가장 중요한 질서이다.

　인시아드(INSEAD)의 토마 마나레이에 따르면 기업의 창의성은 크게 개인 아이디어, 창의력 향상절차, 창의력 제고를 위한 환경, 가치가 담긴 제품 등 4가지 측면에서 결정된다(이호승, 2005).

　그는 개인적인 창의력을 구성하는 4가지 요소로 CORE를 제시하고, 각 요소 수준이 높을수록 개인 창의성도 높다고 보았다.

- C(Curiosity): 얼마나 호기심이 왕성한가?
- O(Openness): 새로운 것에 대해 얼마나 개방적인가?
- R(Risk tolerance): 얼마나 위험을 감수하는가?
- E(Energy): 얼마나 활력이 넘치는가?

창의력은 특별한 사람이나 천재만이 발휘할 수 있는 것이 아니다. 단계적 프로세스에 의해 점진적으로 향상되거나 동기화, 협업 등 결과물로 나타날 수도 있고, 때로는 배짱 좋은 사람들도 달성할 수 있다.

창의력을 향상시키는 절차도 중요하다. 그는 창의적 절차를 향상시키는 4가지 단계로 관찰, 사고, 즉흥화, 상상력과 돌파구를 제시했다. 경영자들은 빠른 속도로 일하고 움직이기 때문에 생각하는 것을 싫어하는 경향이 있다. 일기를 쓰는 것은 사고력을 키워주는 좋은 수단이다. 브레인스토밍이나 마인드매핑 등 창의성 향상 과정들을 적극 활용해야 한다.

창의력을 키울 수 있는 환경을 조성한다. 개인이나 조직의 창의력 계발도 중요하지만 창의력을 키울 수 있는 환경도 중요하다. 창의력을 기를 수 있는 환경을 마련하려면 집단적 사고, 관료적 분위기, 시간적 압박 등을 경계해야 한다. 남들과 다른 관점에서 사고하는 소수가 다수에게 영향을 미칠 수도 있다. 생각이 다르고 자기 의견에 당당한 사람들을 적극적으로 채용해야 한다.

독창적 아이디어를 담은 결과물도 중요하다. 결과물(제품) 자체가 독창적 아이디어를 표방하고 특별한 가치를 담아야 한다. 현재 주류를 최상의 것으로 여기는 것은 금물이다.

개인 창의성을 발휘하기 위해서는 적절한 환경과 프로세스가 제공되어야 하고, 리더십과 지속적인 노력이 필요하다. 작은 창의적 변화도 큰 변화로 이어질 수 있기 때문에 중시해야 한다.

2. 역발상 전략

경영에는 전통적으로 '옳다'고 여겨지는 원칙들이 있다. 대기업을 이끄는 경영자부터 몇 명의 부하직원과 함께 일하는 작은 팀의 팀장까지, 조직의 리더는 대개 과거로부터 배워 온 이런 원칙들을 아무 의심 없이 따르기 마련이다. 예를 들면 신입사원을 채용할 때는 그 기업의 문화와 맞는 사람을 채용하라든지, 조직에 꼭 필요한 사람만을 고용해 생산성을 극대화하라든지 하는 것이 그런 원칙들이다. 기업(또는 조직)이 어느 정도 궤도에 오르기까지 이런 원칙들은 큰 역할을 하기도 한다.

하지만 '혁신'이라는 관점에서 보면 전통적인 원칙들은 걸림돌이 될 수도 있다. 스탠퍼드 대학 경영학 교수 로버트 서튼에 따르면 과거의 눈으로 볼 때 '이상한 아이디어(Weird Ideas)', 즉 '역발상'이 오히려 기업의 활력소가 되고, 나아가 기업을 살리는 길이다. 이러한 생각은 갑자기 나온 뜬금없는 이야기가 아니다. 그가 미국의 여러 기업들에서 실제로 일어났던 사례들을 분석해 내린 결론이다. 그는 14가지 '역발상의 법칙'을 설명하면서 역발상이란 곧 창의력과 맞닿는다는 점을 강조한다.

흔히 조직의 융화를 추구하는 경영자는 자기 마음에 드는 사람만을 고용하려 한다. 동료 또는 부하직원과의 마찰을 두려워하기 때문이다. 임원들은 자신의 마음에 들지 않는 사람들을 승진시키기 꺼려하고, 이로 인해 비슷한 성향을 가진 사람들끼리 경영층을 형성하게 되는 경우가 많다. 하지만 이는 자신의 마음에 들지 않는 사람이 곧 '자신이 갖지 못한 능력을 가진 사람'이란 점을 간과한 것이다.

애플 컴퓨터의 창업주인 스티브 잡스는 1976년 투자사로부터 "마케팅 전문가를 영입하지 않으면 투자를 하지 않겠다"는 통보를 받고 마이크 마쿨라를 경영진에 끌어들인다. 마쿨라는 곧 마이크 스콧을 애플 컴퓨터로 영입했다. 마쿨라, 스콧 모두 경험이 풍부한 전문경영인이었다. 당시만 해도 기술과 의욕만 있던 '히피 스타일'의 젊은이 잡스가 나이 많은 '원칙주의자' 경영진과 마찰을 빚는 것은 당연했다. 이들은 만나면서부터 서로를 싫어하기 시작했고, 심지어 스콧과 잡스는 면전에서 소리를 지르며 싸우기도 했다. 그러나 이들의 개인적인 마찰은 기업의 성패와는 무관했다. 스콧이 가지고 있던 재무와 마케팅 능력은 잡스가 가진 애플 컴퓨터의 기술력과 훌륭히 융합해 기업을 키워냈다. 서튼이 이 일화에서 발견한 '역발상'은 "당신을 불편하게 하는 사람, 당신이 싫어하는 사람을 고용하라"는 것이다(서튼, 2003).

3. 삼성의 비상식 경영

요즈음의 시대를 가리켜 비상식 사회, 탈상식 사회 또는 역발상 사회라 한다. 얼마 전만 해도 상식이 통하는 사회가 되어야 한다고 했는데 지금은 상식보다 비상식을 선호하는 움직임이 강하다.

그렇다고 상식을 버리자는 것은 아니다. 상식을 벗어난 행동을 해도 그것을 오히려 곱게 봐주는 노력들이 있게 된 것이다. 왜냐하면 상식적인 사고, 상식적인 행동을 가지고서는 창의성이 발휘될 수 없다고 생각하기 때문이다. 그래서 과거에는 상식적으로 생각할 수 없었던 사고나 행동들이 기업에서 인정을 받고 있는 것이다.

삼성그룹에서는 1989년에 신입사원 교육용으로 『비상식의 경영』이라는 책을 펴냈다. 이 책은 '사내한'이라는 단서가 붙어 있어 대외적으로는 그리 알려지지 않은 책이다. 삼성은 사원들로 하여금 이 책을 읽고 독후감을 제출하도록 하였다.

비상식의 경영이란 상식을 벗어난 괴짜 경영이라기보다 세상의 통념이나 업계의 관행에 구애받지 않는 독특하고 혁신적인 경영을 뜻한다. 이 책은 노무라증권, 리쿠르트, 백만석호텔, 평안당, 미놀타 카메라, 신월화학, 호소가와 미크론 등 일본의 사례를 통해 경영자의 사고발상과 조직운용, 위기극복의 슬기 등을 보여주었다. 이 책은 변화하는 세계에서 상식에 입각한 경영보다 비상식경영이 새로운 패러다임을 낳는다고 전제하고 이 경영방식을 적극적으로 활용하라고 말하고 있다.

『비상식의 경영』에서 제시되는 이른바 비상식 경영을 보면 젊음을 살리는 기업문화, 놀이정신이 살아 있는 기업풍토, 독창적 상품과 대담한 투자, 정보화를 통한 하이테크 하이터치 경영, 국제기업 매수와 글로벌화 등이 있다. 이러한 방법들은 지금 별로 비상식에 속하는 것이 아니고 오히려 상식에 속하는 것이지만 변화보다 안정을 추구하고자 하는 당시의 경영풍토에서는 비상식에 해당하는 것이었다. 당시에는 비상식이었던 것이 패러다임을 바꾸고 이제 상식으로 자리를 잡게 된 것이다.

그러면 지금 비상식으로 제시되는 것들로 무엇이 있는가? 사장이 반바지 차림으로 출근한다, 직원이 실수하면 오히려 상을 준다, 사장실에 책상이 없다, 한 은행에 은행장만 69명이나 된다, 과장이 부장을 지휘한다 등 수많은 보기들이 있다.

사장이 반바지 차림으로 출근한다는 것은 상식을 벗어난다. 사장이 정장을 한다고 권위가 생기는 것도 아니고, 사장도 일을 해야 하기 때문에 옷은 각기 편한 대로 입고 일하는 것이 자율적이고 효율적이 아니겠느냐는 것이다. 그래서 여름에는 피서지 차림을 방불케 하는 차림으로 출근을 한다. 물론 외부 손님을 만나야 할 경우에는 정장을 한다. 그러나 그 날은 일주일에 어느 하루로 몰아놓는다.

실수를 하면 포상을 하는 회사도 있다. 동방전자는 직원들이 신고한 실수보고서를 모아 연말에 최우수 실수상을 준다. 실수내용은 알리고 싶지 않고 꼭 숨겨야 한다는 유혹이 가장 큰 실수에게 상이 돌아간다. 포상금은 50만 원이다. 실수를 감추면 똑같은 사건이 재발해 결국 회사가 손해를 보게 된다는 생각에서 나온 제도이다.

하나은행은 은행장이 무려 69명이나 된다. 서울에 58명, 지방에 11명이 있다. 지점장은 없다. 지역 하나은행을 표방하는 이 은행은 은행 명칭에서부터 다른 은행과 다르다. 일반적으로 하나은행 강남역지점이라 해야 할 터인데 강남역 하나은행이다. 그래서 지점장도 하나은행 강남역 지점장이 아니라 강남역 하나은행장이다. 명함만 은행장으로 격상시킨 것이 아니라 권한과 책임도 무겁다. 이것은 은행이란 고객을 직접 상대하는 지점이 중심이 되어야 한다는 하나은행의 철학에서 나온 것이다.

LG와 GM이 합작한 경영정보시스템 회사인 STM의 사장실에는 사장 책상이 없다. 한쪽 구석에 PC가 있고, 사무실 중앙에 임원회의를 위한 소형 원탁 테이블 하나가 전부다. 사장 책상이 없는 것이다. 결재는 대부분 PC 내 전자우편으로 한다. 주방기구업체인 한샘의 임원들도 결재를 하지 않는다. 사장은 신시장 개척에 전념하겠다며 모든 권한을 전무에게 위임하고 공동대표이사제도를 실시했다.

동방전자는 상식적인 팀제와는 달리 팀장은 직급에 관계없이 능력과 지휘력에 따라 맡는다. 지금의 총무팀장은 과장이고, 그 밑에 차장이 팀원으로 근무하면서 과장의 지시를 받는다. 능력 앞에서 연공서열이 무시되는 것이다. 예전 같으면 상사가 부하를 관리하는 것이 순리이지만 앞으로는 부하가 상사를 관리하는 시대가 올 것이라고 말한다.

동방플라자 삼성생명 보험융자부 융자창구에는 신입사원들이 앉아 있는 것이 아니라 고참 대리나 과장들이 앉아 있다. 대부분 입사 후 융자 대출업무만 보는 베테랑들이다. 이들에게는 소신껏 일할 수 있게 신용대출이나 지급보증대출에 관한 전결권도 주어져 있다. 이로 인해 업무에 서투른 말단사원들이 실수를 저질러 고객에게 불편을 주는 일은 줄어들게 되었다.

이러한 보기들은 한마디로 낡은 틀을 벗어 던지고 새로운 사고로 경영을 함으로써 기업의 에너지를 새롭게 창출하고 국제경쟁력 시대에 차별화의 효과를 얻어 보겠다는 데 뜻을 두고 있다. 그래서 기업들은 이를 가리켜 '거꾸로 혁명'이라 부른다.

남다르게 한다는 것은 창조적인 것이며 차별화되는 것이다. 새로운 발상으로 새 상품을 개발하거나 새로운 개념으로 새 전략을 구사해 고객을 만족시키고, 경쟁에 차별화를 꾀하는 기업이 점차 늘어갈 때 국제경쟁력에서 살아남을 수 있다. 종전의 사고방식과 관행으로는 안 된다는 것이 비상식 사회로 이끄는 힘이 되고 있다. 경쟁력이 없으면 망할 수밖에 없기 때문이다.

4. 3M의 창의 및 혁신전략

창의력을 강조하지 않는 기업은 없지만 창의력을 어느 기업보다 중시하는 기업으로 3M이 꼽힌다. 우리가 흔히 사용하고 있는 스카치테이프, 컴퓨터 디스켓, 포스트잇 등으로 널리 알려진 3M은 미네소타 채광제조공업(Minnesota Mining and Manufacturing Company)의 약자이며, 이것이 보여주듯 연마재의 원료인 금강사의 채굴 및 판매를 목표로 1902년에 설립되었다.

3M은 "고객의 필요를 제품에 반영시킨다"는 고객지향의 마케팅 개념에 입각하여 꾸준한 연구와 혁신, 신제품 개발을 통해 사업영역을 확대해왔다. 현재 산업재, 소비재, 환경보호 관련제품, 의료기구 등의 분야에서 6만여 가지 이상의 독창적 제품을 생산 판매하고 있다. 3M에서 개발, 생산하여 우리의 일상을 바꾸어 놓은 독창적 제품에는 이제는 보통명사가 되어버린 스카치테이프, 개발 도중 실패한 접착제에서 착안한 포스트잇 노트, 의사라면 누구나 탐을 내는 리트만 청지기 등이 있다.

3M은 무엇보다 창조성을 강조할 뿐 아니라 조직 전체를 창조발생 환경으로 만들고 있다. 1994년 현재 세계 61개국에 진출해 생산

시설 및 연구소를 두고 있다. 3M은 각 나라마다 고객의 필요성에 맞는 제품을 생산하고자 한다. 3M은 창의와 혁신이라는 표어 아래 끊임없이 신제품을 개발하고 있다. 막대한 연구비를 투입하여 고객의 기대에 적합한 독특한 신제품을 계속 생산해내는 것이다. 신제품을 위한 아이디어를 중시하고 혁신을 조장하는 조직풍토에서도 이같은 3M의 기업정신을 엿볼 수 있다. 모방을 통한 제품은 생산하지 않으며 아무도 시장에 내놓지 않은 신제품을 통해 시장을 공략한다는 것이 3M 마케팅전략의 핵심이다.

5. 인텔의 R&D 지원전략

실리콘 밸리에 자리한 인텔 본사는 겉으로 보기에 무척 허술해 보인다. 정문에 경비원도 없다. 펑크스타일을 하거나 청바지 차림의 근로자들이 간단히 출근 체크만 하고 자기 사무실로 향한다. 조립식 건물에 칸막이만 설치했을 뿐 화려함이란 찾아보기 어렵다.

인텔이 컴퓨터 혁명을 이끄는 비결은 여기에 있다. 대기업이 갖기 쉬운 권위주의, 형식주의를 배격하고 모든 직원이 창의력을 발휘하도록 배려한다. 창의성이 최첨단 기술개발의 원동력이고 남보다 한 발 앞선 기술로 새로운 시장을 창출하는 것이 인텔의 정신이다.

이 회사는 1980년대 중반 일본 업체의 저가공세에 밀려 대량해고 및 일부 생산라인을 폐쇄하고 직원의 봉급도 줄였다. 그러나 연구개발 투자만은 소홀히 하지 않았다. 총매출의 14.3%를 신기술 개발에 과감히 쏟아 부었다. 매출액 신장률이 40%였던 호황기에도 매출액 대비 R&D 투자비율이 8%였던 것에 비하면 모험에 가까운 투자였다. 불황기에도 호황기를 대비해 연구개발을 등한히 하지 않는 것이 이 기업의 특징이다.

기술 하나로 성공한 기업인만큼 인텔의 기술개발에 대한 정열은 남다르다. 1985년 불황 이후 10년 동안 R&D 분야의 투자액을 연평균 21%나 늘려왔다. 신제품이 나온 지 1~2년이면 경쟁사의 복제품이 나오는 현실에서 새롭고 앞선 기술만이 경쟁력을 유지하기 때문이다.

6. 분사경영전략

급변하는 환경에서 대기업은 물론 중견기업이 직면하는 최대의 경영과제는 기동력을 가진 중소 벤처기업의 장점을 받아들여 조직의 비대화와 대기업병을 극복하고 신규사업개발에 도전하는 것이다. 창의력이 뛰어난 젊은 인재를 발굴하고 유능한 중년세대가 활약할 수 있는 활동의 장을 부여하여 조직의 활성화를 기하는 것도 중요하다.

최계봉은 이러한 과제를 기업들이 효과적으로 해결할 수 있는 전략으로 분사경영을 제시하였다. 분사란 본사조직을 분할하여 소조직화하고 이들에게 권한을 위양하는 것이다. 이는 소조직에 속한 종업원들에게는 자아실현의 꿈을 실현할 수 있는 비전을 제시함으로써 일할 의욕을 주고, 본사의 최고경영자에게는 소조직화된 기업집단의 효율적 관리와 자원의 효율적 배분을 통해 기업집단 전체의 지속적인 성장을 추구하게 하는 경영전략을 의미한다.

그는 분사경영의 유형으로 소사장제, 사내벤처, 분사제를 들었다.

소사장제는 1990년대 초 우리나라 중소업체를 중심으로 크게 확산되기 시작하여 현재는 산업계에 폭넓게 정착되어 가고 있으며, 이를 가리켜 한국적 분사경영 시스템이라 부르기도 한다. 사내벤처는 신규사업과 신제품을 개발하거나 기업력을 강화할 목적으로 기업이 자사 내의 라인조직에서 분리하여 자율적이며 독립적인 사업체를 설립하여 사업 활동을 수행하는 것을 말한다. 그리고 분사제는 조직의 활성화 등을 위해 기존회사를 분할하거나 신설 부문을 분사화해 기업 전체의 발전을 추구하는 것을 말한다(최계봉, 1995).

7. 아이잭슨의 창조성 극대화 전략

상상력만 가지고는 조직실적으로 연결되지 않기 때문에 평가도 중요하다. 지식의 생성과 이를 바탕으로 하는 상상력(imagination)의 발산을 통해 창조성을 발휘하고 이 창조성이 조직의 성공으로 연결될 수 있는지 여부를 평가(evaluation)함으로써 창조성을 극대화할 수 있기 때문이다.

아이잭슨에 따르면 창조성은 3개의 요소, 즉 지식과 상상, 평가가 결합되어 창출되는 산물이다. 지식의 축적과 상상력의 발산을 통해 창조성을 발휘한 뒤 이 창조성이 조직의 성공으로 연결될 수 있는지 여부를 평가해야 창조성을 극대화할 수 있다는 것이다.

혁신과 성장의 원천은 개인의 창의력에서 시작하며 그것이 팀, 사업부, 조직 등으로 이어지고 나아가 국가와 문화까지 확장된다. 창조성을 높이기 위해서는 개인, 조직, 사회가 주는 심리적 압박감을 해소하는 것이 중요하다. 스트레스가 없어야 창조성이 배가되며 심리적 안정이 창조성 발휘의 원천이다.

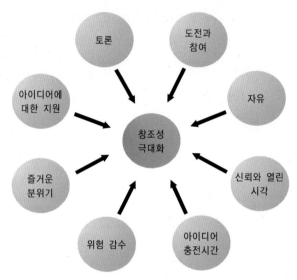

조직 내 창조성 극대화를 위한 조건

창조성과 조직문화

3M에는 십계명 외에 11계명이 있다. 그것은 "아이디어를 죽이지 말라. 황당한 아이디어를 환영한다"는 내용이다. 이것은 조직이 얼마만큼 창의적 아이디어를 중시하는가를 보여준다. 3M과 같은 창의적 조직은 실패의 자유를 허용하고 있다. 그만큼 조직문화가 다르다. 창의성이 발휘되기 위해서는 조직문화를 보다 열린 문화화하지 않으면 안 된다.

1. NIH 신드롬 제거와 변혁적 패러다임의 추구

사람들은 '여기서 발안되지 않은 것(NIH: not invented here)'을 거부하는 성향이 있다. 이것을 가리켜 NIH 신드롬이라 한다. "당신들이 멋대로 정한 것이니까 마음대로 하면 되지 않느냐"는 일종의 냉소주의다.

이 신드롬을 극복하기 위해서는 다른 사람들에게서도 좋은 아이디어나 해결책이 있다는 열린 마음이 필요하다. 그렇지 않으면 그 아이디어를 받아들이도록 피곤하게 설득하든지 심지어는 보상을 제의하는 일마저 벌어지게 된다. 우리의 고정관념을 깨고 변화를 적극적으로 수용할 필요가 있다.

20세기 과학사 최대의 업적은 패러다임이론이다. 한 사람이 처음에 혁신적인 이론을 만들어 한때의 학문의 틀을 정해 놓으면 그다음 사람이 그 형식과 개념의 틀 위에서 연구업적을 쌓아올리면서 하나의 학파를 형성한다. 이것이 패러다임의 형성이다. 기존의 틀 안에서만 연구하는 것은 창조라기보다는 수수께끼나 문제풀이의 수준이다. 그러나 그 틀에 맞지 않는 문제에 봉착했을 때 또 다른 사람이 기존의 틀을 깨고 새로운 패러다임을 만들어 간다. 한국인은 무엇이나 정통성에 충실해야 한다는 사고를 가지고 있는데 정통성을 너무 고집하면 패러다임의 변혁 및 대발명을 할 수 없다.

우리는 일본을 모방의 나라라고 말한다. 창조는 모방으로부터 출발한다는 말이 있기는 하지만 우리가 아는 것과는 달리 일본은 원리원칙에 구애받지 않고 오히려 남이 만들어 놓은 것을 토대로 그 기반 위에 조금이라도 새로운 것을 개량하여 만들어냈다.

1900년 일본에서 생산된 팩시밀리는 1년 동안 115종이나 된다. 어림잡아 3일에 한 개 꼴로 신제품을 만들어낸 셈이다. 그 모두가 획기적인 발명일 수는 없으나 115단계를 거치면 처음의 것과는 전혀 다른 새로운 제품이 나오기 마련이다.

프랑스에서 알루미늄보다 가볍고 철보다 강한 유리섬유를 발명했다. 구미의 여러 기술자들은 이것을 비행기나 우주선에 이용할 것만을 시도했으나 일본은 낚싯대나 골프채를 만들어 그 기술을 축적함으로써 응용의 범위를 넓혀나가는 데 성공했다.

일본인들은 이처럼 큰 것을 바라지 않고 작은 것, 하찮은 것들을 개량하고 그 성과를 조금씩 축적하여 제품을 만들어낸 것이다. 일본의 마쓰시타전기는 한때 모방했다라는 뜻을 가진 일본어인 '마네시타'라는 평을 듣기도 했지만 이것은 남들이 발명한 것을 잘 이용하여 신제품을 만들어내는 뛰어난 기술을 지녔음을 의미한다.

일본은 제2차 세계대전 직전 세계 제일의 속력과 전투능력을 가진 제로전투기를 제작했다. 당시 상식으로는 전투기라면 반드시 알루미늄제라야 한다고 생각했지만 비행기 후미 날개부분을 가벼운 섬유로 대치함으로써 기존관념에 얽매이지 않은 자유로운 사고방식을 통해 신제품을 만들어냈다.

두 칼을 사용하는 것으로 유명한 일본의 검객 미야모토 무사시는 하나의 긴 쇠칼을 잘 사용하는 다른 검객의 도전을 받자 보통사람들은 두 개의 긴 쇠칼로 대항할 것이라 생각했다. 그러나 그는 보통 사람의 생각과는 달리 칼이 꼭 쇠라야 한다는 통념을 버리고 단단한 긴 나무칼을 만들어 싸워 이겼다. 두 개의 긴 쇠칼을 사용할 경우 무게 때문에 칼을 마음대로 사용할 수 없다는 판단이 앞섰기 때문이다. 창조적 사고는 이처럼 기존의 틀을 깨는 발상의 전환에서 출발한다.

2. 현상타파적 사고

현상타파적 사고를 위해 내들러와 히비노가 제시한 원칙들을 살펴보면 다음과 같다(Nadler & Hibino, 1990).

- 독특한 차이의 원칙: 모든 문제는 독특하며, 독특한 해결책을 필요로 한다.
- 목적전개의 원칙: 목적에 초점을 맞추는 것은 문제의 불필요한 점을 배제시켜 준다.
- 앞의 앞을 내다봄의 원칙: 앞을 바라보는 태도로 해법을 찾으면 그 해결책에 대한 방향이 제시되고, 그것이 보다 큰 목적을 불어넣어준다.
- 시스템 사고의 원칙: 모든 문제는 보다 큰 문제 시스템의 일부분이며, 한 가지 문제의 해결은 필연적으로 다른 문제를 가져온다. 어떤 요소와 특성이 해결책을 구성하고 있는가에 대해서 명확한 틀을 갖는 것은 실행 가능성과 실시를 보증해준다.
- 목적에 적합한 정보수집의 원칙: 과도한 자료수집은 그 문제영역에 전문가를 만들어낼 수도 있다. 그러나 그것에 대해 너무나 많이 알고 있다는 것이 다른 뛰어난 해결책의 발견을 방해할 수도 있다.
- 참여 및 헌신의 원칙: 해결책을 찾고자 하는 사람은 그 개발에 적극적으로 참여하지 않으면 안 된다.
- 계속 변혁의 원칙: 해결책 모색에 활력을 유지하기 위해서는 계속 변혁하는 자세를 가져야 한다.

3. 이중고리 조직학습

아지리스(C. Argyris)는 오늘날 대부분의 조직은 온도조절장치와 같이 운영된다는 점에서 단일고리 학습조직(single-loop learning organization)이라고 말하고, 이중고리 학습조직(double-loop learning organization)으로 바꾸어야 한다고 주장한다. 즉, 단일고리 정신(single-loop mentality)으로부터 탈피하지 않으면 안 된다.

단일고리 학습이란 경영자들이 온도조절장치로 방안의 온도가 너무 높거나 낮은 때를 감지하고, 그다음 적절한 스위치로 교정시키는 것과 같이 현재의 정책으로부터 편차를 감지하도록 훈련받고 있으며 훈련된 방법에 따라 조직의 목표를 달성하도록 한다. 이러한 학습은 자체의 가정에 의문을 제시하거나 목표를 수정하는 작업을 할 수 없다. 비판과 충고를 받아들이지 않고 자신의 생각만 고집하기 때문이다.

만일 온도계가 자체적으로 30도로 고정되어 있는지 의문을 가질 수 있다면 실수를 방지하고 자체 프로그램뿐 아니라 내재된 정책과 목적도 검색하고 고칠 수 있다. 이렇게 할 수 있도록 하는 것을 이중고리 학습이라 한다(Argyris, 1977). 창의적인 조직이 되기 위해서는 현재의 체제에 대해 아무런 의문을 제기하지 않는 단일고리 학습조직보다 조직의 근간이 되는 정책과 목표에 대해 의문을 제기할 수 있는 이중고리 학습조직이 되어야 한다.

단일고리 학습과 이중고리 학습

단일고리 학습	이중고리 학습
• 현 체계에 의문제기 않음	• 현 체계에 의문제기
• 자기의 생각만 고집	• 비판과 충고 수용
• 기존 틀 유지	• 기존 틀 탈피
• 목표수정 안 함	• 목표수정

아지리스와 쇤(D. Schön)은 조사 대상자 약 천 명의 경영자 모두가 단일고리 학습으로만 교육되어 그들의 근간이 되는 이론과 가정에 대해 의문을 품을 수 없다는 것을 인정하는 것조차 거의 불가능하다는 것을 발견했다 (Argyris & Schön, 1978). 대부분의 경영자들은 승부욕이 강하고 지적인 면을 강조하지만 문제해결상황에서는 직위를 이용하거나 지위를 획득하는 일, 과업을 통제하는 일 등에 관심이 많았다. 그들은 가정에 의문을 품거나 자기들의 이론과 불일치되는 일을 피하고자 한다. 왜냐하면 이와 달리한다는 것은 다른 사람에게 이길 가능성을 열어주기 때문이다.

대부분의 경영자들은 자기들이 어떤 일을 함에 있어서 새로운 방법의 학습에 개방되어 있고, 도전적인 정책을 가질 수 있다고 말하지만 사실 그들은 그렇지 않았다. 그들은 이미 단일고리 학습에 의해 그들의 가정에 의문을 품을 수 없다는 사실조차 인식하지 못하고 있었다.

이중고리 학습을 고무시키기 위해서는 연수회와 세미나를 활용하는 방법이 있다. 이 방법들은 대부분 사무실을 떠나 당면한 문제를 다른 각도에서 풀어보도록 한다. 이를 위해서는 단일고리 학습의 징조가 나타나지 않도록 종업원들을 개방화하고, 주요정책에 대한 도전을 환영하며, 진실을 말하는 것에 대해 어떤 비판을 가하지 않는다는 확신감을 심어줄 필요가 있다. 문제가 표면화되고 토론되며 해결책이 나오고 실행에 대한 일정이 정해진다. 조직의 근간이 되는 가정을 다시 검토하여 더 나은 결정이 되도록 하는 것이다.

그러나 아무리 이중고리 학습이 이루어졌다고 해도 그 학습이 직장에서 계속 이어지기는 쉽지 않다. 연수회에서 새롭고 개방적인 이중고리 학습이 실시되었다 해도 다시 직장으로 돌아오면 그들을 종래까지 지배해온 이론과 승부욕으로 인해 이전의 단일고리 상태로 쉽게 되돌아가게 된다. 그러므로 경영자는 이중고리 학습이 활용되도록 장기적으로 교육하고 이 학습이 지속적으로 적용되도록 해야 한다.

4. 기록과 지식창고의 이용

기업이 커져 업무가 복잡해지고 생산하는 제품이 다양해지면서 기록의 중요성이 점차 커지고 있다. 지식산업의 최대 자원은 기록이다. 적는 자가 살아남은 시대가 왔다. 그 기록을 인터넷에 올려 공유하면 지식의 축적 및 이용, 확대 및 창출이 가능해진다.

창조시대에는 적는 습관이 중요하다. 모든 것을 적어 기록으로 남기면 도움이 된다. 낭비를 제거하는 방법, 일 잘하는 방법, 홍보 잘하는 법, 가격 잘 결정하는 법, 수요동향 예측 잘하는 법, 배송기간 줄이는 법 등을 사내 인터넷망을 통해 올리고 서로 사용한다.

LG전자에는 사내 엑스퍼트 제도가 있다. 각 사업부에서 추천을 받은 500여 명의 엑스퍼트가 직원들의 질문에 답을 한다. 다른 직원도 질문과 대답을 검색해볼 수 있다. 사내 인터넷망에 100만 건이 넘은 다양한 경영정보가 들어 있다. 이 회사가 높은 실적을 내는 이유 가운데 하나는 적는 문화 덕분에 업무효율이 높아졌기 때문이라는 평가다.

기록은 소프트웨어 업체의 중요한 자산이다. 국내 모바일게임업체 게임빌은 '지엑스 라이브러리(GX Library)'를 운영하고 있다. 회사는 지난 10년간 게임을 개발하면서 적어놓은 노하우를 이 지식창고에 쌓아두었다. 예를 들어 국내외에서 사용하는 수백 종류 휴대전화의 특성과 모델별로 게임을 개발할 때 주의해야 하는 내용이 들어 있다. 이 지식 때문에 남보다 빨리, 오류가 없는 게임을 만든다.

5. 칭찬과 격려

카네기가 강철 왕이 될 수 있었던 것은 열의를 일으키는 능력이 있었기 때문이다. 카네기가 가진 열의란 칭찬과 격려다. 칭찬은 고래도 춤추게 한다. 사람은 인정받기를 좋아한다. 칭찬은 창의력을 높여준다. 조직의 도파민(dopamine) 역할을 하는 것이 바로 칭찬이다. 도파민은 창의성을 높여주는 뇌신경 호르몬이다. 비판하기 전에 칭찬하라. 과정칭찬도 중요하다. 아기가 첫걸음을 떼었을 때 칭찬한다. 결과만 칭찬하지 말고 과정도 칭찬한다. 그때그때 칭찬하면 동기가 유발된다. 힘을 키우게 된다. 그 힘이 조직의 원동력이 된다.

피그말리온 효과를 생각하라. "너는 잘할 수 있을 줄 알았는데." 상사의 그 한마디에 따라 부하가 달라진다. 듀이에 따르면 사람은 누구나 중요한 사람이 되고자 하는 욕망을 가지고 있다. 프로이트에 따르면 사람은 누구나 위대해지고 싶은 욕망을 가지고 있다. 그 욕망을 자극하고 일으켜 세우는 것이 칭찬이다.

에디슨이 초등학교에 다닐 때 친구들이 별로 없었다. 선생님은 엉뚱한 데가 있는 에디슨을 더 이상 가르칠 수 없어 집으로 돌려보냈다. 선생님이 에디슨을 엉뚱하게 본 것은 에디슨의 내면세계를 보지 못했기 때문이다.

그런 에디슨을 어머니는 사랑과 관심으로 돌보았고 남들이 볼 때 엉뚱한 행동도 어머니는 칭찬과 격려에 인색하지 않았다. 하루는 에디슨이 계란을 품고 있었다. 사람들이 볼 때 아주 황당한 짓이었다. 그러나 어머니는 그런 에디슨을 격려해주었다. "에디슨, 어떻게 그런 생각을 했어? 아주 기발한 발상이구나!" 에디슨은 이런 어머니의 배려와 칭찬 속에 꿈을 키워나갔다. 그는 결국 최고의 발명왕이 될 수 있었다.

삼성SDI 천안사업장에서는 '칭찬 백지수표' 제도가 있다. 업무성과가 뛰어나거나 기발한 업무혁신 아이디어를 내는 직원들을 보면 간부들이 즉석에서 이 수표를 끊어준다. 직원들은 분기별로 모아 사내경영지원팀에 제출하면 현금화할 수 있기 때문에 사실상의 현금보너스와 같다. 이 수표는 1회 발급 한도액이 10만 원이고 분기별 1인당 30만 원까지 현금화할 수 있다. 회사 측은 임원과 제조그룹 장 10명에게 분기마다 모두 700장의 백지수표책을 발급한다. 수원의 브라운관 공장의 경우 '칭찬 택배'가 유행이다. 회사 측은 매주 한 명씩 칭찬 대상자를 선정하여 간단한 다과와 즉석 사진기, 문화상품권 등을 담은 박스를 택배로 선물하고 있다. 칭찬과 격려가 아이디어를 낳고 조직을 활성화시킨다.

칭찬은 남으로부터 듣는 데만 있지 않다. 자기 자신에 대한 칭찬도 중요하다. 각자는 태어날 때 수억 만분의 1의 경쟁을 뚫고 나온 존재이다. 이 땅에 태어나서 그 많은 사람과의 경쟁에 서 있다는 사실만으로도 뿌듯하다. "넌 위대해. 잘해낼 수 있어." 나는 할 수 있다는 자기암시, 자신을 사랑하는 것은 남을 칭찬하는 것 못지않게 중요하다.

6. 실패를 허용하라

하버드대 에이미 에드먼슨 교수에 따르면 창조경영의 최대의 적은 실패를 처벌하는 문화이다. 아이디어를 내면 괜히 피곤하다거나 실패하면 나만 손해라는 인식이 팽배하면 회사는 정체되거나 후퇴한다. 실패를 용인하지 않는 완벽주의는 창의적인 혁신을 가로막기 쉽다.

창의적인 사람들은 실패를 두려워하지 않고 새로운 기회로 받아들인다. 실패가 창의성을 직접적으로 자극한다. 지나친 완벽주의는 창의적 혁신을 가로막는다. 중요한 것은 실패에서 뭔가를 배우고 다시는 반복하지 않는 것이다. 실패를 처벌하는 문화는 창의의 싹을 죽인다. 실패를 허용함으로써 심리적 안정감을 심어주라.

실패에서 배우는 법

· 혼합하라. 디자인 회사 아이데오(IDEO)는 엔지니어, MBA, 언어학자, 심리학자, 생물학자 등을 한 팀에 모아 창의적 아이디어를 끌어낸다.
· 실패비용을 줄인다. 저렴한 모형이나 모의실험을 통해 가능한 많은 시행착오를 겪고 최선의 해결책을 찾는다.
· 실수는 실패가 아니다. 3M에서 실수로 만든 불량 접착제가 포스트잇이란 신상품으로 변신했다.
· 아이디어를 수집하라. 아이데오 직원들은 '테크 박스'란 상자에 자신이 경험한 실패담과 성공담, 각종 아이디어를 넣어 동료들과 공유한다.

제품의 역사를 보면 실패나 우연에서 얻은 교훈이 많다는 것을 알수 있다. 다음은 그 보기이다(윤희영, 2012).

1920년대 미국의 한 음식점에서 요리사가 햄버거를 태우고 말았다. 당황한 요리사는 탄 부분을 치즈 조각 아래 감춰놓고 시치미를 뗐다. 이 사실을 모른 종업원이 그대로 손님에게 갖다 줬다. 손님은 되레 맛이 좋다고 칭찬을 했다. 이것이 소문이 나면서 치즈버거가 유명세를 타게 되었다.

전자레인지는 레이더를 연구하던 한 미국 엔지니어가 1945년 새로 나온 진공관으로 실험을 하던 중에 나온 아이디어였다. 주머니 속 초코바가 녹기 시작하는 것이 이상해 옥수수로 다시 실험을 해봤다. 팍팍 터지는 옥수수를 본 엔지니어는 그 원리를 요리에도 사용할 수 있겠다 싶어 전자레인지를 만들었다.

감자칩은 1853년 뉴욕에서 불만에 찬 식당손님이 프렌치프라이가 바삭바삭하지 않다며 주방으로 돌려보내면서 탄생했다. 화가 난 주방장은 가능한 얇게 썰어 바짝 튀긴 후 소금에 처박았다가 다시 내

보냈다. 주방장은 손님의 극찬을 받았다.

아이스크림콘은 1904년 세인트루이스 국제박람회 때 생겨났다. 와플을 팔던 상인이 옆 가판대의 아이스크림 판매상이 접시를 다 써버린 것을 보고, 와플 하나를 둘둘 말아 접시 대신 쓰게 해준 것이 계기였다.

비아그라는 심장약을 연구하던 과학자들에 의해 우연히 발견되었다. 실데나필이라는 성분으로 심혈관 약품과 혈압 낮추는 효능 실험을 했는데 실험 대상자들이 약을 되돌려주려 하지 않았다. 발기효과가 생기는 부작용이 좋았던 것이다. 이밖에 우리가 잘 아는 합성섬유 가발이나 포스티잇도 이런 과정으로 생겨난 제품들이다.

이금기의 굴 소스

한국에 양념소스 간장이 있다면 중국엔 이금기(李錦記)가 있다. 이금기는 홍콩의 세계적 소스 기업이다. 이금기라는 상호는 창업자 이름가운데 앞의 두 글자를 따고, 가게라는 뜻을 가진 기(記)를 붙여 만든 것이다. 여기서 생산되는 이금기 소스는 전 세계에서 하루에 100만병이나 팔릴 만큼 주부들의 사랑을 받고 있다. 채소에 이 소스를 조금만 넣어도 요리가 된다며 좋아한다.

굴 소스는 이 회사의 대표적 상품이다. 굴 소스라 한 것은 굴을 졸인 소스이기 때문이다. 이 제품은 실수에서 나온 제품이라는 특성이 있다. 광둥성 주하이에서 어민들을 상대로 허름한 식당을 하고 있던 리캄성(李錦裳)이 1888년 어느 날 굴을 삶다 깜빡 잊고 밖에 나갔다. 돌아와 보니 굴이 갈색 즙으로 졸아있었다. 놀라기도 했지만 더 놀란 것은 맛도 좋은데다 향이 그윽했다는 것이다. 이것이 굴 소스가 태어난 비밀이다. 실패를 허용해야 한다는 말이 결코 헛말이 아니다.

실수로 만들어진 이 소스에 대한 인기가 높아지자 상업화에 나섰다. 1920년 대 이금기는 굴 소스로 세계시장에 도전했고, 지금은 100여 개국으로 수출되고 있다. 중국인과 중국음식이 있는 곳에 이금기가 소스가 있다 할 만큼 중국음식의 필수품이 되었다. 현재 이금기의 매출 대비 수익률은 스위스의 최대 식품기업 네슬레와 맞먹을 정도이다.

맛과 향기만 좋다고 잘 팔리는 것이 아니다. 품질관리도 철저하다. 이금기의 품질관리모토는 '100-1=0'이다. 100개가 괜찮아도 불량품 한 개가 나오면 아무 소용이 없다는 뜻이다. 이것이 125년간 기업 이금기를 이어온 정신이다. 좋은 제품 뒤에는 언제나 그것을 올곧게 지켜내려 한 사람들의 마음과 노력이 깃들어있다. 제품에도 혼이 들어있다고 하는 말이 틀리지 않는다.

7. 소비자의 목소리에 귀를 기울이라

미래사회의 가장 중요한 특징은 집단지성(collective intelligence)이다. 소수의 잘난 사람들이 조직의 의사결정을 전담하던 시대는 지나갔다. 최근 기업에 신제품을 개발하거나 새로운 디자인을 채택할 때 소비자들의 의견을 수렴해 최종결정을 내리는 크라우드소싱(crowdsourcing)을 사용하는 것도 그 보기다.

집단지성이 지배하는 사회는 자연히 감성사회의 특성을 갖게 된다. 의사결정 과정에서 많은 사람들의 마음을 움직여야 하기 때문이다. 논리와 이성으로 일을 해결하던 시대는 가고 이해와 공감이 절대적으로 필요한 감성시대가 도래했다. 정부도 기업도 당위성만 내세울 것이 아니라 사람들의 마음을 얻어야 한다.

세계적 광고회사 사치앤사치의 CEO 케빈 로버츠(Roberts)는 일주일에 적어도 세 번 소비자와 만나야 한다고 말한다. 그는 고객의 생일파티에 초대되는 것을 목표로 하라는 구체적인 행동지침까지 제시한다. 그들과 친하게 놀면서 새로운 아이디어를 탐색할 수 있다는 것이다. 소비자의 소리를 직접 듣기가 쉽지 않은 경우 차선책은 바운더리 스패너(boundary spanner), 곧 외부와의 접점에 있는 회사 직원들의 말을 귀담아 듣는 것이다. 이들은 리더에게 고객의 변화와 새로운 트렌드를 전하는 현장의 전사들이다.

군중의 힘과 크라우드소싱

필립 코틀러는 고객을 고객이 아닌 파트너로 간주한다. 그는 공동창출 (co-creation) 개념을 적용한다. 덴마크의 블록 장난감 기업 레고(Lego)가 아주 잘하고 있다.

과거에는 기업이 제공하는 메시지가 프로모션의 전부였고 소비자들은 이를 받아들이는 수동적인 입장이었다. 그러나 지금은 인터넷 등을 통해 소비자들이 똑똑해지고 더 나아가 그들끼리 정보를 주고받는다. 따라서 기업은 소비자들의 상호작용에서 유리한 메시지가 자연스럽게 일어나게 하는 군중(swarm)의 힘을 이용해야 한다.

예를 들어 위키디피아의 콘텐츠 구성은 뚜렷한 리더 없이 군집세계의 간단한 규칙에 의한 결과로 나타난 것이다. 대중 시장에 일방적으로 브랜드의 메시지를 전달하는 것이 아니라 소비자들 사이에서 자연스럽게 브랜드의 메시지를 확산시켜주는 사람이 중요한 것이다.

폴크스바겐은 독일에서 국민차라는 이미지를 다시 심으려고 독일의 일반시민인 호스트 쉬라머(Horst Schlamer)가 면허증을 따고 차를 사기 위해 시도하는 모습들을 담은 개인의 동영상 블로그를 이용했다. 이 블로그는 곧 독일에서 최고가 되었고, 블로그와 입소문을 타고 생겨난 군중의 힘에 의해 폴크스바겐은 어렵지 않게 목적을 이뤘다.

크라우드소싱(crowdsourcing)은 대중(crowd)과 외부자원활용(outsourcing)을 합성어이다. 기업의 제품 서비스 개발에 대중이 참여해 기여 정도에 따라 기업과 수익을 공유하는 방식이다. 이 단어는 2006년 저널리스트 제프 하우가 잡지 「와이어드」 (Weired)에서 처음 다루어졌다.

크라우드 소싱을 기반으로 제품을 생산하는 미국 기업으로 '퀄키 (Quirky)'가 있다. 퀄키 온라인 게시판에는 매주 2500건이 넘는 아이디어가 올라온다. 20만 회원이 투표를 통해 이를 거른다. 이를 퀄키가 재평가해 제품생산과 판매를 맡는다. 아이디어 제안자는 자신의 이름과 사진이 제품과 함께 나가고 이익의 30%를 받는다.

신세계는 퀄키의 제품 237종을 신세계몰을 통해 판매했다. 과일에 직접

꽂아서 과일즙을 스프레이처럼 뿌릴 수 있게 만들 과일즙 짜개, 코드가 서로 꼬이지 않도록 휘어지게 만든 멀티탭 등이 있다.

롯데마트는 통 큰 아이디어 공모전을 통해 수상작을 선정했다. 13일 만에 2600건의 아이디어가 모였고, 리를 특허청, 변리사, 제조업체 등 전문가가 심사에 아기 띠용 가방걸이 등 수상작을 선정했다. 아이디어를 낸 사람은 1년 동안 롯데마트에서 판매한 해당 상품의 매출액 1%를 받는다.

8. 상반된 아이디어를 접할 수 있는 시스템을 만들어라

불편해도 다양한 의견을 들을 수 있는 마음자세를 유지한다. 다양한 시각을 접할 수 있는 자신만의 시스템을 만들어 활용한다. 리더가 자신과 같은 의견, 듣고 싶은 이야기에만 시간을 할애하면 그것은 시간낭비다. 상반된 아이디어를 다양하게 접하고 이를 통해 자신의 생각을 재조명하는 것이 필요하다.

인텔의 앤디 그로브는 이를 가리켜 '구원의 카산드라'라고 한다. 카산드라는 그리스 신화에 나오는 여자 예언자다. 우리 각자에게도 구원의 카산드라를 가지고 있어야 한다. 이들이 애정을 가지고 직언해주고 있는지 확인해보라.

전자제품 유통업체 베스트바이(Best Buy)는 1999년 10조 원이었던 매출이 2008년 40조 원으로 늘었다. 성공비결은 브래드 앤더슨(Anderson)의 탁월한 리더십에 있다. 그는 가정형편이 넉넉지 못했고, 평균 이하의 성적 때문에 대학에 바로 진학하지 못하고 2년제 커뮤니티 칼리지를 졸업했다. 1960년대 후반 앤더슨의 칼리지 시절 학기 첫날 역사학 교수로부터 이해할 수 없는 과제를 받았다. 미국

남북전쟁 중 벌어진 어떤 전투를 기술한 두 권의 책을 읽고 학기말까지 감상문을 써오는 것이었다. 왜 동일한 전투를 이해하기 위해 두 권의 책을 읽으라는 것일까? 앤더슨은 학기 내내 두 권의 책과 씨름하면서 같은 사건을 이렇게 다른 관점에서 해석하고 평가를 내릴 수 있다는 사실에 큰 깨달음을 얻었고, 이 교훈은 그가 인생을 살면서 가장 중요한 철학 중 하나가 되었다. 하나의 사건을 다양한 시각에서 관찰하려는 그의 노력은 그가 회사의 CEO가 된 후 여러 어려운 결정을 내리는 데 중요한 역할을 하였다. 평균 이하였던 앤더슨을 성공한 리더로 탈바꿈시킨 비결도 여기에 있었다(정동일, 2008).

9. 체험과 함께 의미 있는 관계를 형성하라

누군가를 창조적으로 만드는 것보다 창조적인 것을 막는 것이 훨씬 쉽다. 누군가 뭔가 새롭고 다른 일을 할 때마다 벌을 주면 된다. 다른 사람과 똑같이 하라고만 하면 된다. 망하고 싶다면 이렇게 하라. "잘하는 사람을 따라 하라, 실패하면 벌하라, 권위자의 말을 믿어라." 그러면 망한다. 무조건 따라하고 남의 말을 믿으면 실수도 없지만 발전도 없다.

노암 촘스키는 "나는 다른 사람들이 내게 말한 것을 결코 믿지 않았다. 항상 내 스스로 알아내려고 했다"고 말한다. 이 말은 어떤 권위자가 말했다고 해서 그냥 믿어버리면 당신 스스로 알아내려는 도전을 방해한다는 말이다.

창의성은 사람의 능력(IQ)보다는 오히려 성격이나 기질과 관련이 있다. 창의성은 도전하고, 실수하고, 스스로를 한번 바보로 만들어보며, 다시 추슬러 도전하는 것이다.

심리학자 하워드 가드너는 창조성이 개인 내부의 특성이나 소질에 있는 것으로 파악하는 전통적인 특성론(trait theory)의 관점을 거부한다. 그는 자신의 다중지능이론을 배경으로 창조성에 대해 자신의 관점을 전개한다. 그에 따르면 인간은 내부에 어떤 분야의 대가가 될 만한 소질을 싹으로서 가지고 태어난다. 하지만 이것만 가지고 그냥 창의성을 발휘할 수 있는 성인으로 성장해 가는 것은 아니다. 우선 그런 소질을 심화하고 강화시킬 수 있는 적절한 일의 체험기회, 곧 실습이나 연습, 훈련, 교육을 필수적으로 가져야 한다. 아울러 이런 체험의 과정 또는 그 이후에 타인들, 곧 가족이나 친구, 경쟁자, 후원자 등과 의미 있는 인간관계가 형성되어 있어야 한다.

10. 인문학적 사고를 접합하라

1929년에 시카고대학 총장으로 취임한 로버트 허친스는 "인류의 위대한 유산인 인문고전 100권을 달달 외울 정도로 읽지 않은 학생은 졸업을 시키지 않는다"고 선언했다. 이른바 시카고 플랜(Chicago Plan)이다. 이 플랜의 도입으로 당시 삼류대학이던 시카고대가 하버드대보다 더 많은 노벨상 수상자(73명)를 배출하는 세계적인 명문대학으로 발전했다.

중국과학원은 박사과정 학생들에게 노자를 통달하도록 하고 통과하지 않으면 탈락시킨다. 미시적으로 옹졸해져만 가는 학문적 사고와 시야를 거시적으로 펼쳐내는 수단으로 노자를 첨단과학에 접목한 것이다. "발가락 끝으로 서면 오래 서 있질 못하고 큰 보폭으로 걸으면 멀리 가지 못한다." "하늘과 땅 사이는 마치 대장간의 풀무 같은 것이다. 아무것도 없이 텅 비어 있으면서 무에서 우러나는 힘이 끊임없고 움직이면 움직일수록 그 힘이 커진다." 일상적인 말이지만 그의 말에서 많은 생각을 하게 한다. 이것은 인문적 사고가 중요하다는 것을 가르쳐준다.

이 인문학적 사고가 기업에도 중시된다. 삼성을 창업한 이병철은 "내 모든 경영비법은 논어(論語)에서 나왔다"고 했다. 빌 게이츠는 인문학이 없었다면 나도 없고 컴퓨터도 없었을 것이라 했다. 구글 부사장 테이먼 호로비츠는 IT 분야에서 성공하기 위해선 인문학을 전공하는 것이 유리하다 했다. 그리고 스티브 잡스는 자신의 상상력은 IT기술과 인문학의 결합에 기초한다고 밝히면서 소크라테스와 점심을 함께할 수 있다면 애플이 가진 모든 기술을 내 놓겠다 했다. 인문학에 대한 찬사가 대단하다.

인문학은 창의성과도 관계가 깊다. 인문학(humanities)은 문학·역사·철학 등 인간에 대한 탐구를 통칭하는 것으로, 사람에 대한 이해와 통찰력을 제공해준다. 수백, 수천 년의 인류역사를 통해 살아남은 지혜의 보고인 인문고전은 상상력과 무한한 창의력을 샘솟게 하는 샘물이다. 기업이 보다 선도자 역할을 하려면 상상력과 창의력으로 무장된 인재를 양성하는 일이 중요하다. 창의력과 상상력을 가진 인재 양성을 위해서 인문학 교육에 투자하고, 기업 활동에 인문학적 사고를 접합할 필요가 있다.

11. 스토리텔링을 하라

미국의 마스카라 브랜드 메이블린의 탄생 배경에는 이야기가 있다. "넌 얼굴이 예쁘지 않아"라는 핀잔과 함께 남자 친구한테 딱지를 맞은 여동생 메이블을 위해 오빠가 만들어낸 것이 마스카라다. 수십 년 전에 잠시 회자되고 말았을 이 에피소드는 '제2의 메이블을 찾습니다'라는 캠페인으로 부활했다.

창조성에서 자주 등장하는 것이 스토리텔링(Storytelling)이다. 스토리텔링이 중요한 이유에 대해 다니엘 핑크는 말한다. "현재 우리에게는 사실(fact)들이 넘쳐난다. 그런 사실들을 스토리로, 문맥으로 엮어내지 못하면 사실은 증발된다."

스토리텔링은 마케팅에서 아주 중요한 역할을 한다. 아기자기한 줄거리를 좋아하는 건 사람의 본성이다. 한정된 예산으로 마케팅 효과를 오래 지속시킬 수도 있다. 오리콤 브랜드전략연구소가 국내외 100여 기업의 스토리텔링 사례를 다섯 달간 분석해 성공 마케팅의 비법을 뽑아봤다. 스토리텔링 마케팅의 성공 여부는 스토리를 잘 전달하는 기법보다 스토리 자체의 콘텐츠에 달렸다. 많은 기업이 이 마케팅 기법을 구사하고 싶어 하지만 제대로 된 스토리를 찾는 게 어렵다고 말한다. 하지만 소재는 의외로 가까운 곳에 있다. 개발자와 소비자를 통해 현장의 목소리를 들을 필요가 있으며, 소비자의 반응도 중요하다. 자연스럽게 우러나오는 이야기가 아니면 거부감을 느낀다. 수시로 스토리와 연관된 이벤트를 벌이고 이를 과학적으로 평가하고 관리하지 않으면 아무리 재미난 스토리라도 잊힌다. 따라서 스토리 관리도 중요하다(최지영, 2009).

12. 하드 싱킹과 소프트 싱킹을 조화시키라

창의성은 하드 싱킹(hard thinking)과 소프트 싱킹(soft thinking)의 조화가 필요하다. 하드 싱킹은 직선적이고 논리적이며 수치로 측정할 수 있고 가까이서 분석하는 사고방식이다. 이에 반해 소프트 싱킹은 부드럽고 직관적이며 멀리서 보는 사고방식이다.

하드 싱킹이 차이점을 꿰뚫는 관념이라면 소프트 싱킹은 전혀 다른 두 대상 간에도 교집합을 찾는 관점이다. 하드 싱킹이 흑백논리라면 소프트 싱킹은 무지갯빛 변주이다. 전자가 이성이라면 후자는 감성이고, 전자가 좌뇌라면 후자는 우뇌이다.

하드 싱킹은 논리적이고 구체적이며 정확하지만 시야가 좁고 상황이 달라지면 적용이 안 된다. 그러나 소프트 싱킹은 은유적이고 확산적이며 유머와 재미가 있다. 얼핏 모순되어 보이는 개념을 동시에 함축하기도 한다. 이 두 방식은 서로 대비되면서도 서로를 필요로 하며 조화를 이룰 때 예술적인 감흥을 준다.

루트번스타인의 '생각의 탄생'을 보면 역사 속에서 뛰어난 창조성을 발휘한 사람들은 '청각적 형상화'를 사용한다. 우리는 대부분 음악은 듣고 그림은 본다. 하지만 창조적 천재들은 음악을 본다, 머릿속에서 음악을 그리는 것이다. 다빈치도 패턴 인식을 통해 새로운 생각을 떠올리곤 했다. 그는 한 가지 형상에서 무한히 다양한 대상을 그려냈다. 그들은 마음의 눈으로 관찰하고, 머릿속으로 형상을 그리며, 모형을 만들고 유추하여 통합적 통찰을 얻었다.

아이디어를 싹 틔우는 시기에는 소프트 싱킹이 유용하다. 존재하지 않는 새로운 존재를 만들려면 과거에 얽매이지 않아야 한다. 하지만 다음 실행단계에서는 하드 싱킹을 발휘해야 한다. 숫자로 측정하고 논리적으로 실행계획을 세우며 솔루션을 정교하게 만들어야 한다. 소프트 싱킹만 하면 뜬구름만 잡느라 결실을 맺지 못하고, 하드 싱킹만 하면 새로운 흐름을 읽지 못하고 굴러온 떡을 차버리게 된다(우종민, 2011).

13. 보상하라

보상은 사람을 창조적으로 만드는 데 중요한 방법이다. 아이디어를 내는 데 있어 시장성의 원리를 도입하는 것이 중요하다. 좋은 아이디어 창출에 보상이 따른다면 사람들은 필요성에 의해 아이디어를 쏟아낼 것이다. 그러나 창의력이 뛰어난 사람은 자존심이 강하고 자신만의 원칙이 있기 때문에 돈만 가지고 그들의 마음을 움직일 수 없다. 당근과 채찍 대신 설득과 감동이 중요하다. 창조적 인재를 충분히 배려하고 그들을 믿어준다. 그를 믿고 기대하고 있다는 것을 느낄 수 있도록 시간을 할애하고, 그들의 생각을 존중하고 경청한다면 좋은 결과를 얻을 수 있다(최인철, 2008).

14. 자연과 가까이하라

창조성은 책상보다 의외로 자연에서 얻는 수가 많다. 사람들은 자연을 즐기며 자연을 통해 많은 생각을 하게 된다. 다빈치도 가우디도 자연에서 소재를 얻고 상상을 하고 작품을 남겼다. 자연은 생각의 교과서다. 자연을 보며 그것과 대화하라. 풀릴 것 같지 않은 경영문제도 자연 속에서 답을 얻을 수 있다. 창조성에 관한 한 자연은 우리가 생각하는 것 이상으로 많은 수확을 얻게 한다.

가우디의 사그라다 파밀리아

가우디는 자연이 그의 교과서였다. 수학을 좋아하고 홀로 사색하기를 즐겼다. 결혼은 하지 않았다. 그는 탱고를 추는 여인을 보며 곡선의 아름다움을 깨달았다. 그는 곡선을 여러 건축물에 도입했다. 직선이나 직각이 인간의 선이라면 곡선은 신의 선이라 했다. 그리고 곡선이 구조적으로 가장 안정된 상태라 했다. 혁명적인 발상이었다.

자연의 영향을 받은 그는 몬세라트 산을 좋아했다. 6만여 개의 봉우리를 가지고 있는 이 산은 예수님이 십자가에 달리는 순간 태어났다는 전설이 있다. 신앙심이 깊은 그는 자주 이곳을 찾았다. 그는 자연을 가장 완벽에 가까운 구조로 보았다. 그리고 이 구조를 건축에 재현하고자 했다. 그 건축물이 바로 사그라다 파밀리아다. 마치 그 산 봉우리들이 교회로 옮겨진 것 같은 형상을 하고 있고, 곳곳에 곡선의 세계가 펼쳐져 있다.

말년에 그는 이 교회를 짓는 데 전념했다. 사그라다 파밀리아는 예수님의 탄생, 죽음, 그리고 부활을 상징으로 삼았다. 그의 나이 31세에 착공해 43년간 건축했지만 예수의 탄생부분만 그의 손으로 완성하고, 나머지는 아직도 진행 중이다. 예수의 죽음과 부활 부분이 완성되면 사그라다 파밀리아는 장엄한 건축물로 탄생할 것이다.

그는 교회를 지으면서 신의 은총이 가득한 빛의 공간이 되기를 바라면서 설계했다. 이 교회는 신이 머무르는 곳, 기도하는 곳이 될 것이며 종교를 올바르게 볼 수 있는 넓게 열려진 공간이 될 것이라 했다. 비록 자신은 고독하게 살았지만 사람들이 이곳에 와 위안받기를 기원했다. 그에게 있어서 교회는 이처럼 신을 만나는 곳이자 신에게 닿는 곳이다.

말년에 그의 삶은 산책, 공사, 기도생활이 전부였다. 1926년 상념에 잡힌 채 무심코 건널목을 건너다 그만 자동차에 치이고 말았다. 죽은 지 3일이 되어서야 그의 죽음을 알게 되었다. 그동안 행려병자로 간주되었다. 위대한 건축가가 그렇게 가다니 가슴이 아프다.

그는 지금 사그라다 파밀리아 지하 묘소에 묻혀 있다. 그는 죽었지만 교회는 지금도 지어지고 있다. 고독하게 살았던 그지만 많은 사람들에게 하늘의 위로를 받을 수 있는 공간을 제공하고자 했다. 얼마나 아름다운 마음인가. 그는 건축물을 통해 교회는 무엇이어야 하는가를 가르쳐주고 있다. 가우디의 사그라다 파밀리아는 바로 이런 곳이다.

15. 자유롭게 대화하라

작은 변화와 자극을 통해서도 조직 구성원의 창의성을 높일 수 있다. 그 보기로 점화효과가 있다. 점화효과란 먼저 제시된 정보에서 연상된 개념이 나중에 제시된 정보를 해석할 때도 영향을 주는 것을 말한다. 독일 브레멘대의 옌스 푀르스터는 실험 참가자를 두 그룹으로 나누어 진행한 실험을 통해, 점화효과가 창의성을 높이는 데 영향을 준다는 것을 입증했다. 즉, 한쪽 그룹에는 자유와 일탈의 상징인 펑크족을, 다른 쪽에는 논리적이고 보수적인 공학자를 머릿속에 떠올리게 했다. 그 뒤 창의력 테스트를 했더니, 펑크족을 연상한 그룹이 훨씬 월등한 창의력을 보였다. 이것을 기업에 어떻게 적용할 수 있을까? 업무 시작 전에 그저 판에 박힌 듯 일하도록 하기보다 직원들에게 주제 제한 없이 자유로운 대화를 나누거나 다양한 그림 또는 영상을 볼 수 있는 시간을 마련해주면 효과가 높을 수 있다.

대화를 할 때 묻고 적어도 5가지 다른 생각을 내놓고 토론하도록 하라. 나아가 비판을 허용하는 태도가 중요하다. 남의 비판도 기꺼이 받아들일 마음가짐이 되어야 한다. 비판을 두려워하면 그 순간 창의적인 사고는 불가능해진다.

민들레 영토의 복합문화 공간 아이디어

지승룡은 신촌·명동·대학로·고대 등을 중심으로 '민들레 영토'를 성공적으로 운영하고 있다. 민들레 영토가 많은 사람들에게 어필할 수 있었던 것은 무엇보다 복합문화공간이라는 새로운 아이디어로 시장을 공략한 데 있다. 그는 카페를 단순히 차를 마시는 곳이 아닌 복합문화 공간이라는 새로운 개념으로 발돋움시켰다. 민들레 영토는 그 자체의 성공을 이루었을 뿐 아니라 만화 카페·보드 게임 카페 등 비슷한 복합문화 공간의 아류작들을 만들어내면서 이 시대의 문화코드를 주도하는 역할을 했다.

나아가 그는 경영자가 고객에 대해, 그리고 다가올 세대들에 대해 갖추어야 할 가장 중요한 경영 마인드를 가지고 있었다. 즉, 고객은 내 주머니를 채워주는 사람이라는 생각보다 나는 고객의 필요를 채워주는 사람이라는 생각의 혁신이 필요하고, 이에 따라 경영자는 고객의 필요에 민감하게 깨어 있어야 한다는 것이다. 다가올 세대에 필요한 경영마인드는 감성의 리더십이다. 이 리더십에서 다가올 세대에 어필할 수 있는 가장 큰 핵심은 감동이다.

그의 경영핵심에서 빼놓을 수 없는 부분은 사랑이다. 합리적인 경영은 합리적인 유통과정을 통해 최소한의 경비로 최대한의 이윤을 남기는 것이지만, 합리적인 경영을 이루기 위해서는 사랑이 필요하다(지승룡, 2001).

16. 몰두하고 집중하게 하라

특정 주제나 목표에 관해서 강박적으로 몰두하고 집중하면 효과적이다. 강박관념이라 하면 흔히 병적이고 부정적인 인상이 강하다. 그러나 창의성 훈련 전문가인 에릭 마이젤 등은 오히려 강박관념을 잘 활용하면 얼마든지 생산적인 변화가 가능하며, 그렇게 각자가 자신에게 맞는 생산적인 강박관념을 만들어낼 수 있을 때 삶에 의미가 깃들고 활기가 넘치며 원하는 목표에도 이를 수 있다(에릭 마이클·

앤 마이클, 2010).

생산적인 강박에 쫓기면서 머릿속의 구상을 원고지에 옮기려 하거나, 남다른 성과를 올리기 위해 애쓰면서 회사를 운영해나갈 때, 또는 친구나 자녀가 난해한 과학문제를 이해하게끔 옆에서 도와줄 때 뇌의 힘이 발휘된다.

17. 마음을 움직이라

유한킴벌리 문국현 사장은 직원의 마음을 움직이는 3H 경영으로 유명하다. 그는 '대한민국 희망보고서 유한킴벌리'를 통해 직원들의 손을 움직였을 때에는 잠재능력의 20~30%를 끌어낼 수 있을 뿐이지만 머리를 움직이는 지식노동자로 양성하면 40~50%의 잠재능력을 발휘하게 할 수 있고, 마음까지 움직인다면 잠재능력의 120%를 끌어내는 것이 가능하다고 주장한다. 사람의 능력은 발에만 있는 것이 아니라 머리에도, 그리고 가슴에도 있다는 것을 마음속 깊이 느꼈다는 것이다. 직원의 능력을 120%까지 끌어내려면 머리와 뜨거운 가슴까지 활용해야 한다는 것이 그의 주장이다. 그는 이를 3H 이론으로 설명한다. 3H는 손(Hand), 머리(Head), 마음(Heart)을 말한다. 즉, 직원들의 손을 움직이기보다는 머리를, 머리를 움직이기보다는 마음을 움직여야 한다는 것이다. 이를 위해 유한킴벌리는 직원의 건강관리, 평생학습지원, 참여유도와 같은 인간존중경영을 늘 실천하고 있다.

♟ 창조시대의 창조기업과 그 과제

1. 창조시대의 창조기업

어느 시대를 막론하고 기업은 있었다. 그러나 창조시대에는 창조기업들이 태어날 뿐 아니라 이를 바탕으로 더 발전할 것이다. 우리 시대에 창조기업으로 인정을 받은 기업들은 무엇이 다를까 살펴보기로 한다.

1) 3M, 자유와 실패에 대한 관용

3M은 광산에서 강옥(鋼玉)을 채취하다 도산한 회사다. 이 기업이 기사회생한 것은 돌이나 쇠를 갈고 닦을 때 사용하는 사포 같은 연마재 때문이다. 연마재의 입자를 상어 이빨처럼 만들어 갈고 닦을 수 있게 한 것이다. 재료를 유리 깨듯이 조각내 연마재 입자를 만들고 서로 다른 모양의 조각들을 합했다. 연마과정에서 입자가 깨져도

상어이빨 모양을 유지해 연마력을 높였다. 연마재는 재기의 발판을 마련해준 창업제품인 셈이다.

3M은 1902년에 창립되었다. 기업도, 기술도 100년이 넘었다. 하지만 연마재에 이어 스카치테이프, 포스트잇, 교통표지판의 반사소재, LCD TV용 광학필름, 청진기, 반창고 등 창의제품은 계속 이어지고 있다.

3M이나 록히드마틴에는 스컹크팀들이 있다. 이 팀들은 기본적인 아이디어들을 발전시켜 나간다. 매우 작은 조직이지만 이곳 사람들은 종일 생각만 한다. 리스크는 높더라도 매우 혁신적인 아이디어들을 떠올리는 데 몰두한다. 많은 인원이 있는 것은 아니지만 이들에게는 어마어마한 자유가 주어진다. 그로 인해 조직 전체에 혁신과 괴짜적인 생각을 순식간에 퍼뜨릴 수 있다. 스컹크는 몸집은 작지만 그가 뿜어내는 냄새는 방 안을 가득 채운다. 그들은 아무도 생각해내지 못한 자신만의 문제를 발견해낸다. 즉, 소비자의 새로운 문제를 해결해주고자 하는 것이다. 이것이 바로 창조경영의 출발점이다.

포스트잇은 실패와 우연의 산물이다. 3M의 과학자 아트 플라이는 매주 교회 합창연습 때마다 불편을 느꼈다. 합창단이 부를 찬송가 페이지를 표시하기 위해 찬송가책에 종이를 끼워뒀지만 종이가 자주 빠지는 바람에 페이지를 놓치곤 했기 때문이다. 그는 "종이를 책에 임시로 끼워둘 수 있는 방법은 없을까" 고민하기 시작했고, 3M의 한 연구원이 발표회에서 소개한 접착제를 떠올렸다. 그 연구원은 강력한 접착력을 가진 제품을 만들려고 했지만, 개발된 접착제는 접착력이 약하고 실용성이 떨어지는 실패작이었다. 하지만 플라이는 그 연구원과 임시 북마크 연구에 착수했고, 활용도를 메모지로 넓혔다. 그는 제품 견본을 사내에 배포하면서 시장성을 설득했고 1980년 시판에 성공했다.

포스트잇 개발이 우연히 이뤄졌다고 해도 그것을 가능하게 한 3M 의 환경은 결코 우연히 창조된 것은 아니다. 가장 대표적인 것이 15% 룰이다. 구글이 20% 룰로 벤치마킹한 시스템이다. 근무시간의 15%를 자신이 생각한 창조적 활동을 위해 사용하는 것이다. 15라는 숫자가 아니라 15% 룰이 갖는 자유라는 개념이 중요하다. 룰을 안 지켜도 그만이지만 중요한 것은 회사라는 자동차의 핸들에 자기 손 을 조금이라도 얹어 자신이 조종하는 느낌을 갖게 하는 것이다. 그 러면 도전하고 혁신적이 아니 될 수 없다.

이 기업에게 있어서 혁신은 일회성 이벤트가 아니다. 수천 번, 수만 번 계속된다. 혁신은 문화적 이슈이고 정체성, 가치, 생각하는 방식이다.

짐 콜린스는 3M을 세계 최고의 비전 기업으로 꼽았다. 그에 따르 면 진화하는 기계다. 거북이처럼 지속적으로 성공 적응력을 지닌 기 업이다(콜린스 · 포라스, 2009). 한 CEO가 GE의 '효율경영'을 따라 해 실적을 올렸지만 직원의 창의력은 짓눌렀다. 다시 3M식 경영을 한 3년 뒤 GE는 무너졌다. 달에 첫 발자국을 찍은 암스트롱의 부츠, 육상선수 존슨의 황금신발도 3M의 기술이다. 자유와 실패에 대한 관용, 그 본질이 100년간 누가 사장이든 3M을 키웠다.

2) 교토식 경영, 모남과 다름

일본 교토에는 교세라와 일본전산, 롬, 무라타제작소, 호리바제작 소, 옴론, 도세, 니치콘, 일본전지, 삼코가 있다. 주로 첨단 IT분야의 핵심부품 업체로 저마다의 분야에서 압도적인 시장 점유율로 세계 톱에 위치하고 있다.

교토에는 교토식 경영이라는 말이 나올 정도로 개성 있는 경영자가 많다. 맨손으로 창업한 기술자 출신의 오너가 많고 강한 개성과 카리스마로 리더십을 발휘하고 있다. 이나모리 가즈오 교세라 명예회장이나 나가모리 시게노부 일본 전산사장 등은 경영의 신으로 불리고 있다.[1]

교토 기업의 특징은 무엇보다 다른 사람들의 영향을 받지 않고, 자기 철학, 자기 스타일을 확립해 밀고 나간 데 있다. 그리고 문제의 본질을 추구했다. '인간은 어떤 존재인가, 어떻게 해야 즐겁게 일하게 할 수 있나, 글로벌 경영환경에서 일본식 경영방식을 어떻게 바꿔야 하나' 이런 의문에 깊이 천착했다. 기득권에 안주하는 일본 기업 중에 유일하게 그건 잘못되지 않았나 하는 비판정신도 갖고 있다. 사원들의 자주성이 강하고 매우 적극적인 것도 특징이다. 경영자가 권한을 위임하니 스스로 열심히 하고 획기적인 이노베이션을 하게 된다. 위에서 안 시키면 안 하는 일본의 다른 회사들과는 다르다.

일본식 경영과 교토식 경영

구분	일본식 경영	교토식 경영
경영자의 출신	현장 출신자의 내부 승진	기술자 출신 오너
사고방식	동질성 요구, 전체주의적	다양성 존중
사업구조	종합형, 다각화	전문 특화형
시장 지향성	국내시장 → 세계시장으로	세계시장+국내시장
자금 조달방식	간접금융(차입 경영)	직접경영(무차입 경영)

---

1) 다음은 이나모리와 자신에 대해 언급한 나가모리 사장의 말이다. "이나모리 회장이 저보다 12살 위인데, 공통점이 3가지 있습니다. 첫째, 열심히 일하고, 둘째, 미래의 꿈을 보는 소년이었고, 셋째, 삼류대학 출신이라는 것입니다."

인사 시스템	연공서열, 종신경영	성과주의, 유연한 고용
기업 간 거래	계열 중심 수직적 거래	개방형 수평적 거래

그중에 하나가 호리바제작소다. 이 회사는 창의경영을 한다. 회사 사훈은 '재미있고 즐겁게'이다. 인생에서 가장 소중한 시간을 바치는 회사라면 재미있고 즐겁지 않으면 안 된다고 생각하기 때문이다. 혁신을 먹고 사는 벤처기업이 성공하기 위해서는 종업원이 회사에서 재미있고 즐겁게 일하지 않으면 안 되고, 그러기 위해서는 그들의 개성과 창의를 살려주는 것이 중요하다. 일은 힘들다는 전제는 바보 같은 생각으로 간주된다. 상사가 솔선수범해 즐거운 분위기를 만들어야 한다.

창업자인 호리바 마사오는 창의경영을 위해 모남을 강조한다. 모난 사람이 모나지 않은 사람보다 더 뛰어날 가능성이 높다고 보기 때문이다. 그는 신입사원 면접 때 "귀하는 다른 사람과 다른 것이 무엇이냐" 묻는다. 다른 사람과 똑같은 사람은 필요 없다는 말이다. 삐져나온 못은 더 삐져나오게 하라 한다. 심지어 그는 자기와 같은 생각을 하는 직원에게선 월급을 돌려받고 싶다고 한다. 그만큼 다름과 모남을 중시한다. 거기에서 창의가 나오기 때문이다.

3) 보잉사의 창조적 경영

보잉사는 창조적 경영을 하는 기업으로 잘 알려져 있다. 휘트니 로켓다인(옛 보잉 로켓다인)은 탄탄대로를 걷던 과정에서 1980년대 중반 위기에 부닥쳤지만 혁신 테크닉을 적용해 새로운 제품을 개발함으로써 위기에서 벗어나는 데 성공했다. 휘트니 로켓다인은 로켓 엔진을 제조하는 업체로 40여 년 전 특수엔진을 개발해 성공적으로 사업을 벌여왔다. 그러나 1986년 챌린저호가 폭발하는 사건으로 최대 난관에 봉착했다. 대단히 어려운 상황이었지만 솔루션을 찾는 데 성공해 델타포로 불리는 새 엔진을 개발했다. 새 엔진은 디자인이 크게 바뀌었고 대기압력에 따라 최적 출력을 찾는 융통성 있는 시스템을 갖추게 되었다. 회사는 창조적인 방법을 찾기 위해 워크숍을 개최해 여섯 색깔 모자, 트리즈 등 다양한 기법을 활용했다. 자동차 브레이크 시스템에 문제가 생겼을 때 사람들은 대개 브레이크만 보지만 차량 전체를 살피는 것이 더 낫다. 창조세션에서 혁신적인 방법을 찾을 때는 기존사고를 뒤집어 해답을 문제 바깥에서 찾을 필요가 있다.

4) 월트 디즈니사의 창의성

"파란 코끼리를 꿈꾸라!" 월트 디즈니사의 이매지니어(imaginer)들은 어린 시절의 상상력을 잃지 않고 어른이 된 지금에도 끊임없이 아이디어를 쏟아낸다. 이들은 1955년 꿈의 나라인 디즈니랜드를 꾸미고, 놀이기구 롤러코스터를 만들어냈다. 그리고 디즈니랜드를 통해 수억의 방문객으로 하여금 꿈을 꿀 수 있는 기회를 준다. 디즈니 이매지니어들은 다음과 같이 말한다(월트 디즈니 이매지니어, 2005).

'난 못해'라는 환상을 깨라

창의력을 키우고 발휘하기 위해 무엇보다 필요한 것은 '난 못해'라는 환상을 깨는 것이다. 이를 위해 두려움을 없애는 작업부터 시작한다. 그들 모두 남보다 창의력이 뛰어난 인물은 아니다. 우리 모두는 무한한 창의력을 갖고 태어나지만 부정적인 현실에 부딪혀 창의성을 점점 잃게 된다. 하지만 그들은 다르다. 그들에게 있어 한계란 없고 도전에 대한 두려움도 없다. 어린 시절의 자유로운 상상을 마음껏 얘기하고 실현시킨다.

그들은 한 번씩 길을 잃어보라고 말한다. 스스로를 끊임없이 놀라운 세상에 투입시키라는 것이다. 무엇인가 경험해보지 못한 새로운 것, 낯선 것을 평소와 전혀 다른 방식으로 해본다. 무모하지만 자유로운 꿈이었고, 이제는 약간의 용기가 필요한, 무엇인가 새로운 일에 도전해보는 것이 무기력한 우리의 삶에 활력을 준다.

스스로에 대해 강한 믿음을 갖는다

우리는 도전해보지도 않고 먼저 실패할 것을 예상하고 두려워한다. 이 때문에 쉽게 꿈을 접는다. 그러나 어떤 사람들은 다른 사람에 비해 도전하고 일을 해낸다. 이것은 그들의 능력이 특출해서가 아니다. 스스로에 대한 믿음을 가지고 있기 때문이다. 스스로 예술가라고 생각하고 이를 받아들이면 남은 일은 실제로 예술을 하는 것뿐이다. 간단하다. 변명 따위는 하지 않는다. 진정 예술가가 되고 싶다면 그냥 그렇게 되어버리면 된다. 아무거나 내키는 대로 결과물에 대해 아무 걱정하지 말고 그냥 그리기 시작하라. 늘 종업원으로 머물러 있지 말고 내가 사장이라 생각하고 행동해보라. 그러면 아이디어가 나온다.

올바른 해답은 없다. 흰 종이를 도전정신으로 가득 채우라

아무것도 쓰여 있지 않은 흰 종이가 있다고 가정해보자. 어떤 사람은 내가 그 종이에 무엇을 어떻게 쓸 수 있을까, 또는 내가 틀리지

않을까 고민한다. 어떤 사람은 흰 종이에 채워 넣을 많은 생각에 기대에 부푼다. 종이는 그냥 종이일 뿐이다. 그곳에 나의 뜻대로 무엇인가를 채워 넣기만 하면 된다. 정답은 없다. 내가 바로 정답이고, 최선을 다하면 그것이 최고가 되는 것이다. 획일적인 틀에 맞추어 사는 것에 익숙해져 있어 주도적이고 새로운 것에 대해 두려움을 가지고 있기 마련이지만 백지 위에 내 마음대로 내 손이 생각이 가는 대로 그려보면서 억눌려 있던 창의력을 되살리는 것도 좋을 것이다.

오늘의 허우적거림은 내일의 경쟁력이다

경험이 최고의 교사이다. 오늘 실패했다면 좌절하지 말고 내일은 어떻게 살까 꿈꾸면 된다. 오늘 실패했다고 앞으로의 인생이 모두 실패하는 것은 아니기 때문이다. 남들이 성공한 그날, 나는 실패했지만, 언젠가 다른 사람들도 실패하는 그날, 나는 과거의 실패를 밑거름 삼아 남들보다 하루 더 앞서 나가면 된다.

누구든 상상할 수 있고, 누구든 꿈꿀 수 있다

꿈꿀 수 있는 사람이 꿈꾸지 못하는 것은 실행할 수 없기 때문이다. 우리가 꿈꿀 수 있다면 실행할 수 있음을 알라. 더 나은 내일을 기대하면서 매일 꿈을 꾸라. 그 꿈의 실현성에 대해 자신감을 가져라. 나의 꿈을 현실로 실현시키는 것은 바로 당신이다. '나도 할 수 있다'는 믿음이 당신의 미래를 밝게 이끌어 줄 것이다. 확신과 적극적인 자세를 잃지 말라. 그것이 당신을 움직여 성공으로 이끌 것이다.

5) 난타, 발상의 전환

난타는 주방에서 일어나는 재미나는 일화들을 한국의 전통가락인 사물놀이 리듬에 주방도구들을 사용한 독특한 공연 연출이다. 1997년 10월 첫 공연 때부터 국내 공연계에 이슈가 되어 당시 좌석점유율 110%의 경이적인 기록을 세우며 한국공연사상 최다 관객 동원 기록을 세웠다. 이러한 국내 성공분위기를 이어, 1999년 에딘버러 페스티벌에서는 최고의 평점을 받으며 해외무대를 시작해 미국, 독일, 러시아, 중국, 호주 등에서도 성공을 거두었다. 2004년 2월 아시아 공연물 최초로 뮤지컬의 본고장인 브로드웨이에 전용관이 설립되었다. 또한 한국관광공사는 서울의 10대 볼거리로 난타를 선정했다.

난타는 주장기구들을 두들겨 가며 수많은 리듬과 비트로 상황들을 연출하는 작품이다. 난타의 특별함은 리듬과 비트에 있다. 하지만 난타라는 이름처럼 권투에서 마구 두드리는 그런 리듬과 비트가 아니다. 이미 전 세계적으로 독창성을 인정받은 사물놀이에서 그 리듬과 비트를 가져왔다. 사물놀이 악기 대신 주방에서 흔히 사용하는 프라이팬, 냄비, 주걱 등으로 새로운 느낌의 리듬과 비트를 탄생시켜 다른 공연에서 경험하지 못하는 특별함을 느낄 수 있게 했다. 난타에는 대사가 없다. 대사가 없어도 많은 이들이 난타를 보며 신명나 즐겁게 웃는다. 그 이유는 국내 작품들이 해외에 진출할 때마다 발목을 잡았던 언어의 한계를, 난타는 비언어 공연을 택하여 세계인과 자유롭게 공감할 수 있게 한 때문이다.

난타는 초기 기획단계에서부터 세계시장을 목표로 만들어진 작품이다. 좁은 국내시장은 물론 세계무대에서도 통할 수 있는 공연을 만드는 것이 목표였다. 기존에도 많은 국내 공연들이 같은 목표를 가지고 준비하여 해외 무대진출을 시도했다. 그러나 한국어로 된 작품들은 외국인들에게 국내 관객에게 주었던 동일한 감정과 내용을 전달하는 데는 한계가 있었다. 이 언어의 벽에 맞서, 난타는 오히려 리듬과 비트, 웃음과 비언어를 선택하여 그 한계를 넘어서는 데 성공했다(김상수 외, 2008).

다빈치 다시 보기

피렌체가 미켈란젤로의 도시라면 밀라노는 다빈치의 도시다. 밀라노에 갔을 때 다빈치는 살아 있었다. 도시 곳곳에 그의 창조가 빛나고 있었기 때문이다. 예술은 길다.

'최후의 만찬', '모나리자'의 작가 레오나르도 다빈치. 그는 명성 못지않게 힘든 삶을 산 인물이다. 피렌체의 유명한 공증인 세르 피에르의 아들로 태어났지만 서자 출신이라 차별을 받아야 했다. 교육도 제대로 받을 수 없었다. 어린 시절 그는 학교 대신 밖으로 나가 철따라 변하는 자연을 만나고, 밤이면 하늘의 별을 세며 천체를 익혔다. 그는 자연을 교과서 삼아 삶의 궁금증을 풀어나갔다. 그의 과학적 지식과 예술적 감성은 그렇게 조금씩 키워졌다. 그의 창조성이 자연과 함께 있었다는 점에서 자연은 심성 키우기에 아주 좋은 친구라는 생각이 든다.

아들이 데생에 소질을 보이자 아버지는 그를 화가 베로키오 공방에 견습생으로 보냈다. 허드렛일부터 시작한 그가 어느 날 스승이 그리다 만 그림의 귀퉁이에 천사들을 그려 넣었다. 스승은 제자의 솜씨에 놀랐다. 훗날 그는 "스승을 능가하지 못하는 제자는 무능하다"라고 했다. 그는 그만큼 다르고 싶었다.

공방에 있을 때 그는 보티첼리를 비롯해 유명한 예술가들을 보았다. 하지만 그는 그들의 방식을 따라 하기보다 자신의 방법을 개발해나갔다. 그는 말한다. "예술은 자연의 딸이다. 다른 예술가의 방식을 흉내 내지 말라. 그렇다면 예술은 자연의 딸이 아니라 자연의 손녀가 되고 말테니까." 모방만 하면 발전이 없다는 말이다. 그는 새로움과 함께 늘 변화를 꿈꾸었다.

베로키오의 공방에서 조각과 미술, 공예 등을 익힌 다빈치는 일감을 많이 받지 못하자 돈벌이를 위해 피렌체의 베키오 다리 옆 '세 마리 달팽이'란 이름난 술집에서 일했다. 일한 기간은 잠시였지만 그의 요리 노트는 평생 계속됐다. 그가 추구한 요리는 간소하지만 혁신적인 것이었다. 나이 서른에 밀라노 대공 루도비코 스포르차의 궁에서 전속 화가로 일하며 17년 동안 머물렀다. 그는 그곳에서도 주방과 요리 혁신을 주장했다. 그는 무엇을 하든지 혁신적이었다.

사실 그는 채식주의자였다. 부유층들은 기름진 음식과 진수성찬을 즐겼지만 그는 샐러드, 과일, 채소, 면 등을 즐겨 먹었다. 그리고 "식탁을 떠나자마자 서 있자. 점심을 먹은 뒤에 바로 잠들지 말자. 술은 자주 마시되 적게 마시고 절제하자. 화장실에 가는 일을 미루지 말자"며 자신을 다스렸다. 절제도 창의력이다.

그는 예순 일곱의 나이에 세상을 떴다. 길이 남을 걸작과 엄청난 분량의 기록물을 남겼으면서도 그는 "나는 내게 주어진 시간을 허비했다"고 한탄했다. 하지만 조르조 바사리(Giorgio Vasari)는 그를 가리켜 이렇게 칭송했다.

"우리는 이따금 자연이 하늘의 기운을 퍼붓듯, 한 사람에게 엄청난 재능이 내리는 것을 본다. 이처럼 감당하지 못할 초자연적인 은총이 한 사람에게 집중되어서 아름다움과 사랑스러움과 예술적 재능을 고루 갖게 되는 일이 없지 않다. 그런 사람은 하는 일조차 신성해서 뭇 사람들이 감히 고개를 들 수 없으니 오직 홀로 밝게 드러난다. 또 그가 내는 것들은 신이 손을 내밀어 지은 것과 같아서 도저히 인간의 손으로 만들었다고 보기 어렵다. 레오나르도 다빈치가 바로 그런 사람이다."

사생아라는 편견을 극복하고 자신의 결핍을 예술로 승화시킨 인물, 바닥 청소와 잔심부름에도 희망을 접지 않은 인물, 자신의 재능을 늘 혁신과 결부시켜 나간 인물, 그래서 결국 못하는 것이 없는 천재가 된 인물, 그가 바로 다빈치다.

2. 창조경영을 위한 기업의 과제

우리는 지금 창조시대에 살고 있다. 앞으로도 창조성 또는 창의력은 주요 키워드가 될 것이다. 지금까지 기업은 창의력이 있다고 생각되는 인물을 선발하거나 아니면 독창적인 아이디어를 사는 것으로 창의력을 대체해왔다. 그러나 지금은 구성원 모두가 업무에 있어서나 기술에 있어서 창의력을 발휘하도록 요구받고 있다. 조직의 전반적인 환경이 구성원 모두로 하여금 창의력을 발휘할 수 있는 환경으로 재조정되고 있다. 사내분위기, 상사의 리더십, 부하의 교육도 창의력을 키우는 쪽으로 달라지고 있다.

1) 창조적 환경의 필요성

창조시대를 맞아 조직은 NIH(Not Invented Here) 신드롬을 과감히 타파해야 한다는 생각이 급속히 파급되고 있다. 이것은 조직성원이 자사개발상품에 만족하여 개발해야 할 것이 없다며 새 상품, 새 기술에 도전하지 않는 증후군을 말한다. 구성원이 현재에 만족하여 미래에 도전하지 않고, 창의력을 개발하지 않으려 한다면 그 조직의 앞날은 어둡다.

지금까지 규격화된 공업화사회의 대량생산방식은 일률적이고 집단적인 것으로 개인의 어떤 창의성 없이도 지속될 수 있었다. 그러나 이제는 일률적이고 규격화된 것은 무용지물이 되어가고 있다. 하드가 아닌 소프트를 생산하지 않으면 안 되는 시대가 온 것이다. 이런 일은 지금까지처럼 획일적이고 집단적인 교육에 의해 사육된 타입의 사람들에게는 맞지 않다.

앞으로 필요한 것은 어느 나라를 막론하고 정보화사회에 필요한 강한 개성의 인재를 키우는 일이다. 정보화와 글로벌화가 진행될 미래는 창조성 있는 강한 개성을 요구한다. 공업화사회에서도 지적 생산물의 가격상승률이 눈에 보이는 상품의 가격상승률을 상회해 왔으나 21세기는 이 경향이 더욱 심화될 것임에 틀림없다.

규격화되고 일률적인 인간을 대량생산해 내는 교육은 앞으로의 시대에 맞지 않을 뿐 아니라 오히려 해악적 요소를 갖고 있다. 세제 개혁과 비연공서열, 능력제 등 정부와 기업의 모든 분야에서 우수한 두뇌가 자유롭게 창조성을 발휘할 수 있는 환경을 조성하지 않으면 안 된다. 이것과 관련해 오늘날 우리 사회가 안고 있는 문제는 인재의 공동화(空洞化) 현상이다. 산업은 재편이 가능하지만 인재의 공동화를 메우는 일은 몇십 년이 걸리기 때문이다. 따라서 교육의 혁신은 빠르면 빠를수록 좋다.

2) 인간존중

개방화되고 소비자 지향적으로 급변하는 산업 환경에 대응하기 위해서는 변화를 빨리 감지하고 대응할 수 있는 유연한 조직, 기존의 방법에 얽매이지 않는 체제와 의식이 필요하다.

네브라스카 대학 이상문 교수는 사이먼의 체스실험을 바둑에 빗댄 바둑이론으로 설명하고 있다. 보통의 바둑판은 포석이나 행마 등 기존체제에 익숙한 고수들이 초심자보다 훨씬 복기를 잘하지만 어린아이가 아무렇게나 둬놓은 판에서는 초심자가 기존체제에 얽매인 고수에 비해 복기를 더 잘하게 된다. 바둑판이 마구 바뀌는 것과 같은 요즘의 경영환경 아래서는 과거의 고수보다 경영혁신을 통해 창조력을 발휘할 수 있는 초심자가 더 필요한데 조직구성원에게 변화의 욕구를 심어주지 못하고 여전히 과거의 고수 차원에 안주하기 쉽다. 이런 환경에서 중요한 것은 초심자를 인정하는 풍토이다.

변화하는 세계에서 과거만 생각하는 경영자는 조직을 성장시킬 수 없다. 지금까지 성공한 각종 경영혁신운동의 내면에는 인간존중의 경영, 창조적 인력관리, 경영전략과 비전의 공유 등이 자리 잡고 있었다. 이런 점이 살아 있어야만 조직이 고수에서 초심자로 바뀌는 데 따른 불안감을 해소할 수 있다.

3) 고정관념의 파괴

요즈음 기업에서는 남과 다른 시각으로 세상을 볼 줄 아는 사람, 생각을 뒤집을 줄 아는 사람, 정답은 언제나 여러 가지일 수 있다고 생각하는 사람에 관심을 보이고 있다. 창의성을 발휘하려면 고정관념을 탈피해야 한다. 다르게 생각하면 다르게 보인다. 루빈(Rubin)의 잔은 어느 관점에서 보느냐에 따라 촛대형의 술잔으로 또는 마주 보는 두 사람으로 보인다. 마찬가지로 우리의 고정관념을 바꾸면 새로운 것을 볼 수 있다.

창의력에 있어서 우리는 또 다른 고정관념을 가지고 있다. 콜롬비아 대학의 조사에 따르면 5세 어린이의 90%가 창조적이던 것이 17세에 이르면 10%만이 창조적이 되고 30세에는 2%가 창조적이었다. 이처럼 17세에 이르는 사이에 창조력이 급격하게 저하되는 것은 잘못된 인식과 교육 탓이다. "나는 창조적이지 못하고 상상력이 모자라다"는 선입견을 갖게 만들고 그 결과 창조의욕을 상실하게 된다는 것이다. 창조력을 높이기 위해서는 우리의 선입견을 버려야 한다.

4) 시간의 창조적 활용

시간은 누구에게나 24시간, 즉 1,440분이 주어진다. 그러나 이 시간을 어떻게 활용하느냐에 따라 시간가치는 크게 달라진다. 인류의 역사를 돌아보면 이러한 시간가치의 차이에서 개인의 우열이나 기업 및 국가의 흥망성쇠가 결정되었음을 알 수 있다. 특히 기술이 고도화된 정보화 사회에서는 시간가치의 차이가 더 크게 나타난다. 예를 들어 대도시의 한 시간과 산골마을의 한 시간은 물리적으로는 같은 시간이지만 시간가치는 수십 배의 차이가 있다. 같은 대도시의 거주자들 가운데도 컴퓨터와 정보통신 등 첨단기술을 활용하는 사람은 재래식 업무방식으로 일하는 사람보다 시간가치를 높일 수 있다. 이처럼 시간가치의 격차가 커짐에 따라 시간경쟁이 나타나는 것은 자연스러운 현상이다. 정보화 사회의 시간경쟁에서 앞서 나가기 위해서는 새로운 시간대응 기술, 곧 시테크를 활용해야 한다.

시테크란 정보 및 정보기술을 활용하여 적은 시간으로 높은 성과를 올리는 동시에 여유시간을 창조하여 삶의 질을 향상시키는 기술이다. 예를 들어 지금까지 열 시간 걸리던 일을 컴퓨터나 정보통신 기술을 이용하면 네 시간 만에 처리할 수 있다. 따라서 여섯 시간의 여유시간을 만들게 된다. 이 경우 적은 시간으로 업무를 처리하기 때문에 생산성 향상이 가능하고 여유시간 일부는 재충전과 삶의 질을 높이는 데 활용할 수 있다. 즉, 시테크는 업무성과와 개인생활의 욕구를 함께 만족시킨다는 면에서 일석이조의 효과가 있다.

지금까지 산업사회의 시간관은 "1분 1초라도 아껴 써라", "일찍 자고 일찍 일어나라"는 사고방식이 중심이 되어왔다. 이것은 근무시간을 늘리고 낭비시간이나 휴식시간을 줄이는 것으로 이어져 과로사와 같은 산업사회의 폐단이 나타나게 되었다. 또한 삶의 질을 높이려는 인간의 욕구와 충돌하면서 많은 갈등을 일으키고 있는 실정이다. 최근 선진국에서는 "시간을 지배하는 자가 성공한다"는 인식이 확산되고 있다. 그리고 시간을 아껴 쓰자는 소극적 관점에서 벗어나 시간을 창조하자는 적극적 관점으로 바뀌고 있다. 시테크는 인간의 노동력대신 정보기술과 전략적 지혜를 활용하는 것이다. 이러한 기술은 비단 기업뿐만 아니라 가정에서도 활용하여 성과를 높일수 있다. 노는지 일하는지 모를 정도로 업무에 임하는 것은 시간 창조적 삶이 아니다. 그러나 일도 창조적으로 하고, 남은 시간도 창조적으로 활용할 때 비로소 시간 창조적이라 말할 수 있다.

5) 자유와 열린 사고

구성원들에게 자유로운 분위기를 보장하고 열린 사고를 하도록 하지 않으면 창의력을 발휘할 수 없다. 우리의 사고를 개방하지 않으면 모든 것을 획일적으로 생각하고 자기중심적으로 처리하기 쉽다. 매슬로우에 따르면 망치질만 전문적으로 하는 사람은 모든 문제를 못과 같은 것으로 본다. 다른 식의 사고를 거부한다. 그래서 카프카는 사람은 저마다 스스로 만든 창살 속에 살고 있다 하였다(김용남, 1995).

조직이 창조적이기 위해서는 보다 열린 태도를 유지해야 한다. 정보를 공유하고 자유로운 토론이 이뤄질 수 있도록 한다. 성원들로 하여금 다른 사람의 생각과 아이디어에 보다 넓게 접하고 많은 정보를 받아들여 더 새롭고 특이한 아이디어를 산출할 수 있도록 해야 한다. 다양한 문화, 다양한 개인으로부터 지적 자극을 받을 때 일찍이 생각하지 못했던 창조적인 사고가 발생하기 때문이다. 개방적 사고는 창조하는 사람들로 하여금 상호작용을 촉진하고, 상호작용은 창조를 촉진한다. 따라서 경영자는 조직의 벽과 경계선만 고집하지 말고 그것을 과감히 부숴 미지의 세계로 나아갈 수 있도록 해야 한다. 나아가 경영자가 조직성원의 실패까지도 용납하고, 그것마저 자산으로 만드는 성숙함을 보일 때 조직의 창의성은 커진다.

소니의 기획담당 이사를 역임한 구로키 야스오가 소니의 기획비밀을 털어놓았다. 워크맨의 개발과 영업에서 기획 분야를 지휘한 그는 소니를 세계적 전자업체로 성장시키는 데 공헌한 인물이다. 그에 따르면 기획이란 누구든지 일하면서 이렇게 하면 더 낫겠다고 생각하게 되는데 업무를 개선시키고 일의 수준을 발전시키는 이런 생각들을 문서화하는 것이다. 그가 제시한 소니의 기획 비밀은 다음과 같다(구로키 야스오, 2002).

- 상하관계에 얽매이지 않고 누구든지 자유롭게 발언하는 분위기를 만들기 위해서는 상사가 먼저 그런 분위기를 연출해야 한다.
- 기획에 대해 스스로 만족해도 소비자들이 좋은 점을 이해하지 못하면 구매로 이어지지 않는다. 먼저 시장을 교육해야 한다.
- 상품 기획의 철칙은 소비자의 측면에서 생각하는 것이다. 소비자의 마음을 움직이기 위해서는 소프트웨어적 논리로 하드웨어를 바꾼다.
- 무엇인가 취미생활을 만들어 때로는 일에서 벗어난다. 맹목적

인 회사 제일주의는 기획에 전혀 도움이 안 된다.
- 사람은 감정에 이끌려 물건을 산다. 그것은 트렌드에 의해 좌우된다. 따라서 소비자보다 한 발 앞서서 새로운 트렌드를 발견해야 한다.
- 설령 웃음거리가 되더라도 적극적으로 발언하는 자세가 중요하다. 비즈니스 사회에서 침묵은 금이 아니라 악이다(아이디어를 내야 하는 경우).
- 무조건 고개를 숙이는 예스맨도 안 되지만 무조건 '아니오'를 외치는 반대파도 문제가 많다. 쌍방의 절충에 신경을 쓰는 기획자가 된다.

6) 정서적 지원

하버드대 교육심리학 교수 하워드 가드너는 프로이트, 아인슈타인, 피카소, 스트라빈스키, T. S. 엘리엇, 마사 그레이엄, 간디 등 동시대를 산 7명을 분석하고 창조성이 어떻게 다른 분야에서 발현되고 그들의 공통점이 무엇이며 시대적 특징이 어떤 영향을 주었는지 분석했다. 그는 어린 시절의 호기심, 주변의 사회적·정서적(인간관계) 지원, 문제의식, 감성을 창조의 에너지원으로 삼았다. 금욕적 삶(프로이트·엘리엇·간디), 고립(아인슈타인·그레이엄), 주변과의 끝없는 마찰(스트라빈스키) 등, 그들은 자기 재능을 발휘하기 위해 원만한 삶 대신 극단적 행동을 택했다. 한 분야의 기본 터득에 10년, 창조성 만개에 10년 등 10년 주기설도 창조적 대가들의 공통점이다. 프로이트 곁에는 친구 의사 벨헬름 폴리스가 있었다. 그가 없었다면 정신분석 분야의 탁월한 성취는 불가능했을 것이다. 자기성찰적 습성을 지닌 고독한 프로이트는 지음(知音)과의 10년 서신 왕래를 통해 중년 초반의 힘든 시기를 넘길 수 있었다. 인간관계는 대가들이 지적 고립을 탈피하고 창조적 도약을 할 수 있게 만드는 중요한 요인이다(Gardner, 1993).

인간은 상상할 수 있다는 점에서, 그리고 그 상상을 실현시킬 수 있다는 점에서 위대하다. 그럼에도 불구하고 그 많은 상상능력 가운데 아주 일부만 사용되고 있다. 많은 부분이 사장되고 있는 것이다. 지금 대부분의 사람이 80% 이상의 능력을 사장시키고 있다면 어떤 생각이 들까? "나는 능력이 없다고요?" 경영에서 패배주의는 금물이다. 적극적 사고가 중요하다. 당신은 생각보다 위대한 사람이다. 문제는 그 능력을 당신 스스로 어떻게 발휘하는가에 달려 있다. 기업은 당신을 주목하고 있다. 이제 당신이 능력을 보여줄 때다.

참고문헌

경제정보연구소, 『글로벌 기업의 핵심역량』, 이철 옮김, 사계절, 1994.

구로키 야스오, 『MR. SONY 기획의 비밀: 소니 스타일을 훔쳐라』, 조주영 옮김, 홍익출판사, 2002.

김용남, 『이제 창의력만이 살길이다』, 바들산, 1995.

김태홍 외, 『스타크노믹스』, 소프트뱅크 미디어, 2000.

노무라총합연구소 총합연구본부, 『창조의 전략』, 범문사, 1991.

도그 밀러, 「미래조직」, 『미래의 조직』, 피터 드러커 외(지음), 이재규 외(옮김), 한국경제신문사, 2003.

로버트 슬레이터, 『잭 웰치와 GE방식 필드북』, 물푸레, 2000.

야마기와 아리부미, 『현대경영기법』, 김영국 옮김, 신세대, 1995.

유필화·이상현, 『남다른 회사만이 세상을 바꾼다』, 한언, 2000.

윤은기, 『IMF시대를 이기는 골드칼라』, 신원문화사, 1998.

윤헌, 『아이다이야』, 무한, 1998.

이광현, 『핵심역량 경영』, 명진출판, 1995.

이면우, 『신사고이론 20』, 삶과 꿈, 1995.

_____, 『신창조론』, 한국경제신문사, 1998.

이몽룡, 『이것이 경쟁력이다』, 정암문화사, 1994.

이장우, 『벤처경영』, 매일경제신문사, 1997.

이호선, 『기술혁신 영향요인의 조직상황이론적 접근 및 한·미·일의 국제비교』, 한국과학기술원 박사학위논문, 1988.

이순철, 『신경영기법』, 매일경제신문사, 1997.

정갑영, 「시장구조와 기술혁신」, 『산업과 경영』, 24·2, 1987, 97~117.

정운찬, 『한국경제 아직도 멀었다』, 나무와 숲, 1999.

정창덕, 『한국 재창조의 길』, 무한, 1998.

조종래·이정훈, 『기업의 창조성과 혁신의 제고방안에 관한 연구』, 한국생산성본부, 1988.

조지프 나이, 『권력의 미래』, 윤영호 옮김, 세종서적, 2012.

짐 콜린스·제리 포라스, 『성공하는 기업들의 8가지 습관』, 김영사, 2009.
최계봉, 『분사경영』, 대한상공회의소, 1995.
최정우, 『발상의 전환이 세상과 인생을 바꾼다』, 새로운사람들, 1995.
칼 프랭클린, 『세상을 바꾼 혁신 vs 실패한 혁신』, 고원용 옮김, 시그마북스, 2008.
케빈 리베트와 데이비드 클라인, 『지식경영과 특허전략』, 세종서적, 2000.
헨리 페트로스키, 『이 세상을 다시 만들자』, 최용준 옮김, 지호, 1998.

Argyris, C., "Double-Loop Learning in Organizations", *Harvard Business Review*, 15(Sept.-Oct. 1977): 115~125.

Argyris, C. and Schön, D., *Organizational Learning,* Addison-Wesley, 1978.

Busse, T. V. and Mansfield, R. S., "Theories of the Creative Process: A Review and A Perspective", *Journal of Creative Behavior,* 14·2(1980): 91~103.

Cummings. L., Hinton, B., and Gobdel, B., "Creative Behavior as a Function of Task Environment: Impact of Objectives, Procedures, and Controls", *Academy of Management Journal,* 18(Sept. 1975): 489~499.

De Bono, E., *Lateral Thinking,* Penguin Books, 2009.

De Geus, A., *The Living Company,* Longview Publishing, 1997.

Drucker, P. F., *Innovation and Entrepreneurship,* Harper, 1985.

ERIMA, *Creativity and Motivation in Industrial R&D,* 1976.

Farris, G. F., "Motivating R&D Performance in a Stable Organization", *Research Management,* Sept. 1973: 22~27.

Gardner, H., *Creating Minds,* Basic Books, 1993.

Gordon, W. J. J., *Synectics,* Collier-Macmillan, 1961.

Guilford, J. P., "Some Misconceptions Regarding Measurement of Creative Talents", *Journal of Creative Behavior.* 5(1971).

Haefele, J., *Creativity and Innovation,* Rineholt, 1962.

Hamel, G. and Prahalad, C. K., *Competing for the Future*, Harvard Business School, 1994.

Hazelton, J., "Bureaucracy, Creativity and the Need for New Organizational Forms and Relations", *Creative and Innovative Management,* Ballinger Pubishing Co., 1984: 239~245.

Jonash, R. S. and Sommerlatte, T., *The Innovative Premium*, Basic Books, 2000.

Kao, J. J., *Managing Creativity,* Prentice-Hall, 1991.

Levitt, T., "Creativity is Not Enough", *Harvard Business Review*, May-June, 1963.

Maier, N. R. F., *Problems Solving and Creativity in Individuals and Groups*, Brooks-Cole, 1970.

Nadler, G. and Hinino, S., *Breakthrough Thinking,* St. Martin's, 1990.

Newman, W. H., Summer, C. E., and Warren, E. K., *The Process of Management,* Prentice-Hall, 1972.

Nonaka, I. and Takeuchi, H., *The Knowledge-Creating Company*, Oxford University Press, 1995.

Nystrom, H., *Creativity and Innovation*, John Wiley, 1979.

Pierce, J. L. and Delbecq, A. L., "Organizational Structure, Individual Attitudes and Innovation", *Academy of Management Review,* Jan. 1977: 27~37.

Rothenberg, A., *Janusian Thinking in the Creativity Questions,* Duke University Press, 1976.

Schumpeter, J. A., *Capitalism, Socialism and Democracy*, Harper, 1947.

Ward, T. B., Finke, R. A., and Smith, S. M., *Creativity and the Mind: Discovering the Genius Within,* Plenum, 1996.

Watson, J. D., *The Double Helix,* Atheneum, 1968.

Wertheimer, M.(ed.), *Productive Thinking,* University of Chicago Press, 1982.

금원섭·박유연, "과거 집착한 소니는 추락, 변신 나선 히타치는 도약", ≪조선일보≫, 2012년 11월 9일.

김형기, "교수가 변해야 대학이 산다", ≪조선일보≫, 1999년 9월 20일.

매일경제, "경영의 왕도는 없다", ≪매일경제≫, 1999년 8월 30일.

송병락, "기업전쟁 4.0시대 …… 기술이 아니라 마음을 얻어야 이긴다", ≪조선일보≫, 2012년 11월 17~18일.

이경미, "역할놀이(RPG) 아시나요", ≪조선일보≫, 1998년 2월 25일.

이인묵, "대기업이 주도하는 '혁신 4.0' 시대 활짝", ≪조선일보≫, 2012년 9월 1~2일.

차학봉·탁상훈, "기술력 과신, 트렌드 오판이 파나소닉 쇼크 불러", ≪조선일보≫, 2012년 11월 3일.

Barron's, Aug. 2, 1999.

양창삼 ────────────────────────────────

서울대학교(정치학 학사 및 석사)
서울대학교 대학원(경영학 석사)
웨스턴일리노이대학교 대학원(MBA)
펜실베이니아주립대학교
연세대학교 대학원(경영학 박사)
총신대학교 대학원(목회학 석사 및 신학 석사)
한국사회이론학회 회장
한국인문사회과학회 회장
연변과학기술대학교 상경대학 학장
한양대학교 경상대학 학장
한양대학교 산업경영대학원 원장
현) 한양대학교 경상대학 경영학부 명예교수

『스마트경영을 위한 핫트렌드 83』(2011)
『경영환경의 변화와 조직의 혁신전략』(2008)
『조직행동』(2007)
『조직혁신과 경영혁신』(2005)
『디지털 조직과 디지털 경영』(2003)
『열린 사회를 위한 성찰과 조직 담론』(2003)
『공맹사상에서 문명충돌까지』(2002)
『리더십과 기업경영』(2002)
『창의성 개발과 기업경영』(2002)
『e조직이론』(2001)
외 다수

경영혁신과
창조경영

초 판 인 쇄 | 2013년 5월 17일
초 판 발 행 | 2013년 5월 17일

지 은 이 | 양창삼
펴 낸 이 | 채종준
펴 낸 곳 | 한국학술정보㈜
주　　　소 | 경기도 파주시 문발동 파주출판문화정보산업단지 513-5
전　　　화 | 031) 908-3181(대표)
팩　　　스 | 031) 908-3189
홈 페 이 지 | http://ebook.kstudy.com
E - m a i l | 출판사업부　publish@kstudy.com
등　　　록 | 제일산-115호(2000. 6. 19)

ISBN　　978-89-268-4312-3　03320 (Paper Book)
　　　　　　978-89-268-4313-0　05320 (e-Book)

이담 는 한국학술정보(주)의 지식실용서 브랜드입니다.